宁波商人研究丛书

丛书主编
李 瑊

郑源兴年谱长编

孙善根·编著

上海社会科学院出版社
SHANGHAI ACADEMY OF SOCIAL SCIENCES PRESS

“宁波商人研究丛书”编纂委员会

总序一

近代上海是中国最发达的工商业经济中心，更是一个移民城市，曾被称为“客帮垄断的舞台”①。在上海的众多移民中，宁波移民群体或者称为宁波商帮占有最为引人注目的地位，也可以说是最成功的移民群体。首先宁波移民商帮群体数量庞大，清末已达四十余万，20 世纪 20 年代后几达百万之谱，②产生了众多的著名工商经济界人物，其中有不少的所谓“大王”，如“五金大王”叶澄衷、“火柴大王”刘鸿生、“医药大王”项松茂等，在各自行业中都成为顶尖的头面人物。在代表上海工商业者利益的团体组织中，宁波人同样扮演着重要角色。1902 年成立的上海商业会议公所，此后历经改组为上海商务总会和上海市总商会，从创立开始到 1929 年总商会被改组的 27 年间，共换届 18 次，其中宁波籍的严信厚、李厚佑、周金箴、朱葆三、宋汉章、虞洽卿、傅筱庵 7 人共 14 次当选总理(会长)，总任职年限达 23 年③。

19 世纪末 20 世纪初这一段时期内，上海 20 多个客籍商帮人数总和中，宁波帮人数占到七成，广东帮约占一成，其他各帮合占两成。④

作为一个区域性的商帮，宁波籍商人为何在近代上海的经济社会生活中地位如此显赫并取得显眼的成功？长期以来引起不少学者的兴趣和研究，观察这些研究成果，大多从地缘邻近上海，宁波人有闯劲、讲信用、有传统等方面入手开

① [日]根岸佶：《上海的行会》，日本评论社 1951 年版，第 15 页。

② 宁波政协文史委员会编，孙善根执编：《〈申报〉宁波帮企业史料》，宁波出版社 2012 年版，“前言”。

③ 陶水木：《浙江商帮与上海经济近代化研究》，上海三联书店 2000 年版，第 234 页。

④ 参考当时设在上海的日本东亚同文书院调查资料。东亚同文会编：《支那经济全书》(第 7 辑)，第 158 页，转引自丁日初主编《上海近代经济史》(第一卷)，上海人民出版社 1994 年版，第 659 页。

展研究。例如出版过多部研究宁波商人著作的学者乐承耀在《宁波帮经营理念研究》一书中，就从搏击市场、开拓创新、涉足全国、注重人才、恪守信用、精心组织等方面①来分析宁波商人的成功，这种做法，在研究宁波帮成功的成果中很有代表性。或者是针对成功宁波商人的一个个传记似的写法，典型者如《宁波帮企业家的崛起》、"宁波人在上海"系列丛书第一辑：《创业上海滩》②等，又或者从一个个行业或领域中分析宁波人取得的成功③。但以上这些研究成果对宁波商人在近代上海之所以能够崛起的总结中有一个共同点，就是对以地缘、血缘、业缘为中心组织起来的宁波团体组织与宁波商人间的互动，宁波商人和宁波商人间以及宁波商帮各行业间的相互关系和影响的分析较少或突出不够。

笔者认为，近代宁波商人之所以能够在上海崛起和成功，一定有其他商帮不具备而宁波商人独有的特色和优势，否则难以说明为何是宁波商人而不是其他商人取得这种成功。从这种思路出发进行资料收集和分析，笔者认为近代宁波商人在上海的崛起和成功中，三大因素为其他商帮不突出或不具备，这才成就了宁波商帮的成功。

这就是宁波商帮在上海建立了强大的以地缘、血缘和业缘为中心的同乡组织，这个同乡组织得到宁波帮商人的真心支持和拥护，能够有效地发挥组织、动员和有成效的活动，这些活动反过来进一步使得宁波商帮成员更加团结，也更有活力和实力。其次是在经济经营活动中充分发挥了金融的力量和作用，使金融成为工商企业的有力后盾，彼此间又相互渗透和互助共同发展。第三是依靠上海位居中西交汇的地利之变，充分发挥引进、吸收进而创新的经济后发优势，在自身成功的同时也推动了上海和中国的发展。这些因素的综合和影响相互推动，是宁波商人在近代上海取得明显成功的前提和保障。以下分别对这三方面因素进行一些初步的分析，以阐述笔者的观点：

---

① 乐承耀：《宁波帮经营理念研究》，宁波出版社 2004 年版，"目录"。

② 浙江省政协文史资料委员会编：《宁波帮企业家的崛起》，《浙江文史资料选辑》（第 39 辑），浙江人民出版社 1989 年版；上海市宁波经济建设促进协会、上海市宁波同乡联谊会合编：《创业上海滩》，上海科学技术文献出版社 2003 年版。

③ 如李瑊：《上海的宁波人》，上海人民出版社 2000 年版。

一、 同乡组织：四明公所与宁波商人旅沪同乡会

作为移民和客居他乡群体中的个人，在远赴他乡生活和创业时，首先关注和考虑的问题是安全、工作、庇护、意外及老年病故的后事处理等事务，这也是中国许多城市都有按照地域设立原籍所在地的会馆公所，期望通过在客居地营造一个以原籍为中心的团体来管理和处理这些事务的缘故。

宁波人很早就来到上海谋生，因此很早就设立有这方面功能的组织，给宁波同乡提供帮助，而这种组织在长期的运作中，反过来又必然能够获得同乡的认可、支持和连带的向心力。这一点，张让三在叙述宁波人在上海组织同乡设立四明公所时的《张让三手撰上海四明公所缘起》一文中，就很清楚地描述了这种情况："宁波之为郡，背山面海，地狭人稠，往往出外贸易，兼营航海之利。风帆浪舶，北至辽沈，南迄闽广，中入长江，而以上海为集市居货之地。概甬人之旅沪，自明至清数百年于兹矣。嘉庆二年丁巳，乡人念客地人众，疾病死亡，旅榇寄殡，苦于无所，爰有费元圭、潘凤占、王秉刚诸君，创捐一文善愿。凡旅沪者，每人岁输三百六十文，由首事钱君分投劝捐。陆续购置上海坐落廿五保四图改字民地，建造厂屋，停寄柩棺，而以空地为丛冢。八年癸亥，复建正殿，供奉关帝，因额曰'四明公所'。"①因此，在1919年上海四明公所修订的章程第一条中，仍然强调"本公所以建丙舍、置义冢、归旅榇、设医院等诸善举为宗旨"②。

从张让三的文章中可以看出几点：一是宁波人出外谋生有传统，足迹遍布沿海南北各地和长江沿岸，而长期以来均以上海为集市居货的中心。二是宁波人的地缘组织源远流长，清嘉庆二年（1797年）就设立了客居上海以地缘为中心的同乡组织四明公所，成立所需的经费是以广大宁波人每人每天捐一文钱的方式凑集，是"集众人钱办众人事"而成立的组织。三是用凑集的钱在上海购地建造厂屋，用作"停寄柩棺，而以空地为丛冢"，中心事务是客居沪上人口逝世后柩棺的处理。这种状况长期延续，直到1919年四明公所修订章程时，仍然以"建丙舍、置义冢、归旅榇、设医院等诸善举为宗旨"。也因此，由广大宁波人凑钱成立

---

① 《张让三手撰上海四明公所缘起》，《上海四明公所档案选》（一），《档案与史学》1996年第6期，第18页。
② 《上海四明公所已未年修订章程》，《上海四明公所档案选》（一），《档案与史学》1996年第6期，第18页。

的四明公所自然成为旅沪宁波人在外的活动中心和庇护中心，是宁波人心中自己的组织。广大旅沪宁波人对她的维护之心自然十分强烈。这也就是同治十三年(1874 年)法租界开马路，侵入四明公所冢地时引发旅沪宁波人的强烈反弹，以至于付出死亡七人的代价进行保卫。① 当光绪二十四年(1898 年)法国人又一次谋划侵入时，再一次引发上海"南北市同盟罢工，势将酿成重案"，后经"南洋大臣特派按察使来沪查办"，并经"各国出面和解"，才使得"法人让步，重造围墙，明定界址"，解决了问题。两次迫使法国人让步，惊动清政府高层并使得各国出来调解，在沪宁波人如果没有四明公所这样的组织居中调度，组织动员和调动安排等一系列活动，是难以取得这种成功的。

就在这期间，四明公所在上海的势力还有不少的扩展，"光绪二十年(1894 年)甲午，复在上海朱家桥购地三十四亩，建厂舍三十余间，名曰'东厂''西厂'"。在四明公所之下，包含有按照各行业宁波人组成的行业性团体，"按其名业共计百余，皆总汇于公所"。② 也就是说，在沪宁波人以四明公所为中心，下属百余各行各业的行业性组织，触角遍布上海各领域。也因此有"上海各社会以甬人为巨擘"的说法。③

20 世纪初，在原有四明公所的基础上，上海宁波旅沪同乡会成立，该会与此前四明公所相比出现一个大的变化，这就是在组织力、境界和活动内容等方面都上了一个新的台阶，其对以地域为中心团结和活动的宁波人所带来的影响和凝聚力，至少也同样上升了一个台阶。宁波旅沪同乡会以"集合同乡力量，推进社会建设，发挥自治精神，并谋同乡之福利"④为宗旨，经费来源为会员所交会费和同乡捐助，活动围绕的中心是团结同乡、服务同乡、增进同乡福利、促进家乡建设等方面。

宁波旅沪同乡会的活动涉及多个方面，不过总体来看，主要集中在社会救助和推进办学教育两大方面。社会救助方面一是开展无息借贷，早在 1911 年 6

---

① 具体情况可参见《第一次四明公所血案档案史料选编》，《档案与史学》1997 年第 1 期。

② 《张让三手撰上海四明公所缘起》，《上海四明公所档案选》(一)，《档案与史学》1996 年第 6 期。

③ 《张让三手撰上海四明公所缘起》，《上海四明公所档案选》(一)，《档案与史学》1996 年第 6 期。

④ 董启俊：《宁波旅沪同乡会》，浙江省政协文史资料委员会编《宁波帮企业家的崛起》，浙江人民出版社 1989 年版，第 43 页。

月，就成立了免利借钱局，借以救济和扶助同乡失业、无业和流离上海者。此后并增设职业贷金，有专会组织和司理其事。其次是救助和资助无钱返回原籍者。1911年辛亥革命期间撤退武汉居留的宁波人；1922年撤退日本东京、横滨地震同乡回籍；1931年长江大水灾，汉口危难，组成"急救汉灾会，派轮载被难同乡，直放宁波，并派出医士赴汉口进行救护工作；1932年'一·二八'淞沪抗战、1937年'八·一三'抗战发生，同乡会都设专会办理救护、收容、遣送被难同乡的善后工作。如'八·一三'之役，办理救济、救护，历时三个月，租救护车二十辆，在沪设收容所十四所，在甬设一所，租轮船四艘，免费遣送同乡回甬二十余万人"。这些活动，是宁波旅沪同乡会进行活动的一部分，从中可以看出，如果没有一个组织来领导和操作这些事项，是难以开展并取得成功的。其三是在救济、救护、救灾之外的赈济和施诊施药。"1911年9月，宁属各县水灾，同乡会募集五万元以赈济家乡灾民。1915年8月，宁绍水灾，即联合绍兴七邑同乡会，设'浙江宁绍义赈分事务所'募款赈济。"类似的赈济救灾，经常进行之外，"平时也对贫病同乡，进行施诊施药或受施主委托代办施衣等事宜"。[①]

在推进办学教育方面，宁波旅沪同乡会投入了大量财力、物力和精力。在办学教育方面，包括设立和推进小学教育、中学教育，设置各种奖学金等。小学教育方面，1927年在上海设立的小学已有10所，学生在抗战前人数最多时达到3460人。另外，宁波旅沪同乡会在推进家乡建设特别是道路和水利等方面也做了不少工作。如"1926年起为建造灵桥筹款；1930年为筑鄞慈镇公路筹款；1929年参加'协浚曹娥江委员会'；1946年组织'宁波整理东钱湖协赞会'，请恢复梅湖，以保障鄞、奉、镇三县之水利；同年7月拨款协助鄞、镇两县防疫等"[②]。

美国当代著名社会学家布劳认为，社会组织可以分为四种基本类型：经营性组织、互惠性组织、社会服务组织和公共服务组织。经营性组织是以最大利润为目标的企业组织，如工厂、公司等；互惠性组织主要是指谋利于成员的组织，如工

① 以上参见和引自董启俊：《宁波旅沪同乡会》，浙江省政协文史资料委员会编《宁波帮企业家的崛起》，浙江人民出版社1989年版，第43—44页。

② 引自董启俊：《宁波旅沪同乡会》，浙江省政协文史资料委员会编《宁波帮企业家的崛起》，浙江人民出版社1989年版，第45—46页。

会、兴趣团体等；社会服务组织是指那些致力于某种服务对象的组织，如学校、医院等；公共服务组织则是服务于社区公共利益的组织，如政府、图书馆等。显然，这里的互惠组织即是社会团体组织（社团）。

社团是既不同于政府又不同于企业的第三类组织。通常被视为政府和企业之外的第三部门。这些组织具有公共服务的使命。四明公所和宁波旅沪同乡会在当时的中国社会中，实际就是这种第三类组织的中国化体现。

近代中国内忧外患，时局动荡，在既无社会保障体系，政权保护又经常不到位的情况下，四明公所和宁波旅沪同乡会的成立和活动，特别是在赈济、救灾、教育、医疗和帮助家乡建设等公共利益方面的活动，无疑在很大程度上弥补了近代中国政府在社会保障体系中的缺失，在某种程度上取代和扮演了一种政府应有的角色。尤其当它是以一种同乡范围的组织出现时，它所具有的以地缘为中心，血缘和业缘等为核心的组织特色，加上其有效和普惠性的组织活动，必然使其得到广大宁波人的支持和拥护，具有强大的凝聚力。在近代中国的其他商帮中，很难找到像宁波旅沪同乡会这样有效率和能够开展多种活动的社会组织。

作为一个地域性的商帮，近代上海的宁波移民数量多，以地缘、血缘和业缘为中心形成各种小团体，四明公所和宁波旅沪同乡会作为核心又居于这些小团体中联络和组织，成为大的能够和商帮同进退的核心社会组织。在这种组织面前，成员的贫富和所居的社会层次反而在某种程度上退居其后，发挥核心作用的是血缘关系，发挥持久和广泛作用的凝聚力是地缘和业缘关系，而大家都以宁波这个地缘因素为纽带团结在一起，共同争取自己的利益和权利的特点十分突出。

这里通过宁波商人成立宁绍轮船公司维持会的事例进行典型案例分析：

20世纪初，由于经济贸易的发展，上海和宁波间的客货贸易已渐有规模，再加上宁波人移民上海日渐增多，宁波至上海间的交通益显重要。这一点，正如1909年上海宁绍商轮公司总理虞洽卿、协理严义彬、方舜年呈邮传农商两部注册禀文中所说："上海为中国商业中心点，而尤为宁波工商根据地，诚以宁波地少人众，非奔走谋食万难自养。沪甬航路，一一可达，故联袂携眷，纷至沓来，侨寓之数，几占全埠人口之半……公司自去年六月间创议招股起，截至八月底止实收第一期股份洋银二十五万元，每股先交两元，计之集股已达资本之过半，而实收又占定额四分之一。”①

需要指出的是，虞洽卿等宁波商人出面组织宁绍轮船公司，得到了广大各阶层宁波商人的支持，代表了广大宁波民众的民意。1908年7月6日《申报》刊载文章称，宁绍商轮公司5日在四明公所开会，宁绍两帮到会者四千余人。会议“先由发起人虞洽卿君报告发起公司之原因，并请到会同乡公决应否创办”，结果是“全体高呼速办”。会议“旋推李薇庄君为临时议长，宣布发起人(初六日止)已认股洋四十八万七百元，并声明由发起人中按照认股权数投票公举暂时经理五位，当举定虞洽卿、严子均、李薇庄、叶又新、方樵苓五人”。在随后举行的同乡演说中，有多人发表意见，其中有“愿各同乡各抱此志，勿使我宁绍人失自立之资格”的演说；有“提议订造轮船宜大宜坚者”“提议先租合宜商轮驶走者”“提议他日股东会议事权需定五股为一权者”等各种演说发表。该日还有兆丰、会余、和康、宏大、瑞丰各钱庄“缴到代收股款三千八百五十一股，每股收四成，计收现洋七千七百零一元，此外又继认股份七万余元”，“众情极为踊跃”。至五点钟会议结束后，认股缴股者仍然纷纷不散，“计前经认定股洋及已收者共得洋五十七万元有奇”。②

宁绍商轮公司的兴办得到广大宁波绍兴等地民众支持，是有原因的。宁波与上海间的交通主要靠轮船，一夜就可到达，往来甚便。上海为中国商业中心点，而宁波商人则视上海为宁波工商根据地。清末时宁波人侨寓上海者数量越来越多，对航运需求甚殷。而此时往来上海宁波之间的航轮，“只有英商太古北京轮、招商局江天轮两艘，乘客极为拥挤，统舱票价单程为一元，在当时已觉很高，经营者获利甚丰”。“后法商东方公司以沪甬线利益甚厚，就以立大轮加入行驶。因为营业竞争，太古和招商联合跌价，统舱票减至五角。相持一年，三公司互相妥协，票价复涨至一元”。后虞洽卿代表宁波商人向三公司交涉，要求将统舱票价永久定为五角，以便平民往来。在谈判时据说虞洽卿曾说过一句话：“如

① 《上海宁绍商轮公司呈邮传农商两部注册禀》，《时报》清宣统元年三月十四日(1909年5月3日)。

② 《宁绍商轮公司开会情形》，《申报》1908年7月6日。

果你们不同意，则宁波人将自己设立公司，购轮行驶。”[①]结果降低票价的要求遭到太古、东方和招商局拒绝，谈判失败，于是虞洽卿遂邀集同乡发起组织宁绍轮船公司。

宁绍商轮公司于 1908 年设立后，在马尾造船厂购了 1 只 2641 吨的轮船，定名“宁绍”，在上海宁波间往来。[②]

可以想见，要在已被英商、法商和中国轮船招商局垄断势力的航线上分一杯羹，难度可想而知。在宁绍公司的创设和发展过程中，充满着外资轮船公司的排挤和倾轧。当时上海黄浦江沿岸设置码头的较好地段，都已被外商占尽，宁绍公司成立时，虞洽卿在租用码头时连遭日商、法商等拒绝，历尽艰难才在南通企业家张謇的帮助下租用到大达码头。宁绍轮开航时，在船上立了一块牌子，上写“立永洋五角”，表示永不涨价，[③]得到华商热烈拥护。但洋商为挤倒宁绍，凭借雄厚资力，把票价从 1 元跌至 3 角，太古还以送乘客毛巾、肥皂等来招揽客人。在这种困难的局面下，广大旅沪宁波人爆发出来惊人的团结力，宁绍商帮下属各行业团体纷纷开会表态并订立守则支持宁绍商轮公司，同时组织“航业维持会”，支持宁绍商轮公司与外商轮船公司竞争。

例如 1909 年 8 月宁绍商帮绸缎顾绣衣业同人，为维持宁绍商轮起见开会集议，其业董的演说就很典型，这里不嫌累赘引用如下：“今日诸公到此大都均为宁绍商轮事而来，足见诸公热心公益，感佩感佩。这桩商轮事情，是我宁绍帮中之极大一起好事，发起人乃虞君洽卿，真是难得。既为同乡义务，又可以挽回利权。在诸公固大家都明白的，现在某轮大跌其价，诱我宁绍人趁他的船，其所以不惜拆蚀其真本钱者，盖一心想我宁绍商轮生意稀少，将来不久公司必然倒闭。诸公想想看，可恶不可恶。若是我宁绍公司果然被他逼倒，是我宁绍帮从此破气，必为别帮所笑，且将来某船必欲大增其价，不怕我宁绍人不去趁他的船。仔细想想看，不得不大家争一口气。近日各业中如糖行、海味行、参行以及水果行、鲜咸货

---

① 上引均见方腾：《虞洽卿论》（中），《杂志》1943 年第 12 卷第 3 期。

② 交通部、铁道部交通史编纂委员会编：《交通史航政编》（第一册），上海民智书局 1931 年版，第 376—377 页。

③ 孙筹成、黄振亚等：《虞洽卿事略》，中国人民政治协商会议浙江省委员会、文史资料研究委员会编《浙江籍资本家的兴起》，浙江人民出版社 1986 年版，第 116 页。

行等莫不纷纷开会，互结团体，以求抵制之策。凡一切往来货色，均装搭自己轮船。且闻各业均以签字为凭，故看日日报纸上亦极赞颂我宁绍人团力之坚固，因思我业中惟宁绍帮人居其多数，若不大家争一口气，则在各业中必均讥诮我看轻我了。所以今日特邀诸公到此，自后或往返沪甬，必要趁自己宁绍轮船，万万不可见目前之小利，去趁他外国人的船了。并请诸公回去后，向店中各友及栈司等人互相诰诫，是则鄙人深幸，抑亦宁绍全体诸同胞所深幸，抑亦宁绍全体诸同胞所深幸也。"同时该业同人提议订立支持宁绍轮船公司条规五条，分别为一、各店朋友往返沪甬者均趁同乡宁绍轮船。二、一应货物亦均装宁绍轮船不得私装某轮。三、同业往来信客或有趁某船者，概不与他寄带信件。四、各店逐年预先买存宁绍船票以备往返所需。五、各朋友如有欲贪贱船价者，可照廉之价向店主领票，各店主自愿津贴。"以上各项条规均经大众赞成。"①

在同一天里，宁绍商帮中的书业团体和豆米业团体也分别召开同行会议商量支持宁绍轮船公司。如书业团体制定以下办法："凡吾同业往来宁绍者务趁宁绍轮船各号，装运货件亦然。""宁绍人之旅沪者甚众，同业诸君遇有不愿搭趁宁绍轮船者，务祈尽力劝导。""同业各家现在担任筹款预购船票，以备同人便于购取，如遇无业无力同友酌量津贴，或送船票。""同人公举邬任甫君为经理员，并查察同人有不遵守者议罚。"②沪南豆米业商量支持宁绍轮船公司的条规与书业团体的一样外，还规定"宁绍航业维持会所送捐簿，为津贴无业无力同乡船价之需，议由各行量力捐助，多多益善。自初五日为始，由司月担任按户劝集，以尽义务，俟有成效，再行报告"③。

从这些史料看，书业团体派人监察同人是否遵守条规，沪南豆米业派人按户劝集对宁绍商轮公司的捐助等，都是实实在在的对宁绍商轮公司的支持。也正因为有这些广大的宁绍旅沪群体同人的支持，宁绍商轮公司不仅获得宁绍航业

① 以上引文均见《时报》清宣统元年七月初五日（1909 年 8 月 20 日），转引自聂宝璋、朱荫贵编《中国近代航运史资料》（第二辑）（下册），中国社会科学出版社 2002 年版，第 1058 页。

② 《时报》清宣统元年七月初九日（1909 年 8 月 24 日），转引自聂宝璋、朱荫贵编《中国近代航运史资料》（第二辑）（下册），第 1059 页。

③ 《时报》清宣统元年七月初八日（1909 年 8 月 23 日），转引自聂宝璋、朱荫贵编《中国近代航运史资料》（第二辑）（下册），第 1059 页。

维持会的十多万元捐助，站稳了脚跟，还在宣统二年八月，以三万九千伍百两白银购定前太古之通州轮，加以修理及添置各件，“遂得以有甬兴轮”。① 与宁绍轮“两船一来一往逐日无间”。②

1917 年，虞洽卿在回顾这一段历史时说：“码头既定，购船为先。当时派徐忠信君往福州船政局购买轮船一艘，命名宁绍，计英洋三十万元。加添舱面火舱等元四万余两，即于己酉年（宣统元年）五月二十三日开驶。当是时也，计购船价以及沪甬两处建造码头栈房，已用去洋七十余万元，所缴股款不过念八万元，不敷之款，皆由四明银行及和德（虞洽卿）等人张罗筹垫，公司形状，岌岌可危。是以太古、招商、东方有宁绍公司半年必将闭门之说，故并未跌价竞争。各股东因船价未跌也，其第二期股款乃于两星期内陆续缴到。然不几时，太古招商以为欲倾复我公司，自非跌价不可，北京三等舱先跌二角，再跌一角五分，江天三等舱先跌三角，再跌二角。竞争之下，宁绍公司趁客日渐减少，于是乎有宁绍航业维持会者，发起于徐乾麟、孙梅堂等数百人出购维持票，以补助公司。奔走呼号，专以维持宁绍航业为宗旨……。”③

而得到广大宁波同乡支持帮助的宁绍商轮公司，也尽可能地给予回报。1911 年，当辛亥革命爆发，武汉形势十分紧张之时，宁绍商轮公司就及时派船赴汉，向急待离开的同乡伸出援手。宁绍公司总理虞洽卿君致汉上诸同乡书中说：“敬启者，近因汉上告警，昨前等日长江各轮南下趁客，异常拥挤，水脚飞涨，闻统舱价至八九元，房舱价至十六元之多。伏查我宁绍两府同胞，旅汉者不少，在艰寒之人，何堪出此重价，至有因此而不能回来者。万一战事再亟，祸患何堪设想，言念及此，深为悯恻。兹敝公司特与鸿安公司恳商，此次德兴轮提前于念五晚上驶，专备我宁绍人情急回沪之用，凡各客水脚酌定一适中之价，如有实在贫苦孑身难归者，亦准免收水脚，所有不足之数，由敝公司担任，并派招待员一人赴汉照

---

① 虞洽卿：《宁绍轮船公司的创办与发展过程》，《时报》1917 年 5 月 14 日，转引自聂宝璋、朱荫贵编《中国近代航运史资料》（第二辑）（下册），第 1068 页。

② 交通部、铁道部交通史编纂委员会编：《交通史航政编》（第一册），上海民智书局 1931 年版，第 377 页。

③ 虞洽卿：《宁绍轮船公司的创办与发展过程》，《时报》1917 年 5 月 14 日，转引自聂宝璋、朱荫贵编《中国近代航运史资料》（第二辑）（下册），第 1067 页。

料，至于宁绍两府以外之人，因船身窄小，载不能容，势难趁搭，局外者谅之。”①

如此种种，带来的后果之一，就是宁波人建立在团结心和凝聚力基础上的活动必然进一步扩大自身的影响力，进而导致该组织具有更大的威望和号召力。

二、 金融与工商企业相互渗透及互助

金融是经济发展的血液，重要性不言而喻。宁波商人在上海的发展和成功，金融在其中同样发挥了无法替代的关键作用，这一点，许多已有的研究成果都给予了注意，李瑊和陶水木的著作中还辟专章和专目进行说明。② 如李瑊所著的《上海的宁波人》一书中，第三章“浙江财团：宁波人与上海金融业”中，就分“宁波人与上海钱庄业的发展”“宁波人与上海近代银行业”“宁波人与上海金融业”等三小节对其进行阐述。陶水木著作《浙江商帮与上海经济近代化研究》的“附录三”中，分别收录了1912年、1924年、1926年、1928年、1930年、1932年、1934年的上海钱庄数、资本及经理姓名，在这些附录中，浙江籍的钱庄数都占一半以上，浙江籍的钱庄中又以宁波籍的老板占多数。③《上海钱庄史料》一书收录了近代上海著名的九大钱庄家族集团④，其中五家都是宁波籍，超过一半。

银行业中同样如此，1897年近代中国第一家银行中国通商银行在上海成立时，9个总董中，3个就是宁波人，分别是叶澄衷、严信厚和朱葆三。其后不久又全部由旅沪宁波商人发起组织了一家商办性质的银行——四明银行。这家银行成立于1908年，与浙江兴业银行同为上海华商银行中资历最老的一批银行之一。发起人主要为朱佩珍、吴传基、方舜年、严義彬、周晋镳、虞洽卿等，都是清一色的宁波人。四明银行资本一百五十万两，有发行钞票权。发行钞票的利益大，所负的风险也不小。因为当时中国人的心理普遍不信任钞票而信任现银，所以一有时局变动，就容易发生挤兑风潮。四明银行的资本并不算雄厚，所以也曾发

---

① 《1911年宁绍公司总理虞洽卿致汉上诸同乡书》，《时报》清宣统三年八月二十八日（1911年10月19日），转引自聂宝璋、朱荫贵编《中国近代航运史资料》（第二辑）（下册），第1060页。

② 参见“‘浙江财团’：宁波人与上海金融业”，李瑊著《上海的宁波人》，上海人民出版社2000年版。“工商、金融互为挹注”，陶水木著《浙江商帮与上海经济近代化研究》，上海三联书店2000年版。

③ 参见“附录三”，陶水木著《浙江商帮与上海经济近代化研究》，上海三联书店2000年版。

④ 中国人民银行上海市分行编：《上海钱庄史料》，上海人民出版社1978年重印版，第730—751页。

生几度风潮。“每次都靠旅沪宁波同乡的群起支持”，而“稳渡难关。有一次，几乎所有宁波人所开设的商店，都收兑四明银行的钞票，甚至有许多宁波籍的工人，看到有人伫立在四明银行之外等候兑现，他们肯自动倾囊取出现洋，换进四明银行的钞票”。经过各层次宁波人的维护，四明银行的挤兑风潮，仅仅经过“一两日来，就自然平息下去了”。“上海的市民也大都知道四明银行有宁波同乡全体做后盾，是不会动摇的，对四明银行钞票的信心也因此增强。所以宁波人爱乡心的热烈和富有团结力，是为一般人称道的。”①

成立地域性明显的银行而得到该地域民众的支持，这点容易理解，可是上述所引的资料中表露出来的一点却值得注意，这就是四明银行面临挤兑风潮时，在排除外来压力且没有人监督的情况下，并非该银行中的成员却是宁波人开设的商店都甘愿冒着风险出面收兑四明银行的钞票，仅从这一点，就可以看出宁波人远超其他地区人的团结和凝聚力。而且更值得注意的是，同样在没有外来压力的情况下，会有宁波籍工人主动拿出自己的现洋帮助收兑四明银行的钞票，以收入不多的普通工人主动帮助银行分散和承担风险，这样的情况在近代上海以致整个近代中国，可能都是极其罕见的事例，也是其他移民群体中没有听说过的事情，从这一点看，说宁波人爱乡心热烈和富有团结力，且不分贫富和身份，可说名副其实。有宁波人对四明银行支持奠定的社会基础，该银行得以存续和发展也就不足为奇了，这一点，也得到银行界人的认可：“辛亥光复，国内银行兑现提存，几同一辙，而该行（四明银行）卒赖以评定者，甬商之力也。”②

此后，宁波商人又在上海设立和投资了多家银行③，通过这种金融与实业的交互支持渗透，扎下了宁波商人在上海经济中难以撼动的根基和扩展的基础。

总体来看，宁波商人在金融与实业结合，相互渗透相互支持和共同发展方面大体可分四种类型：

第一种类型是经营传统商业起家，然后投资于钱庄业，再进一步投资于工商

① 方腾：《虞洽卿论》（中），《杂志》1943 年第 12 卷第 3 期。

② 徐寄庼：《最近上海金融史（1881—1928 年）》，（香港）大东图书公司 1978 年版，第 30 页。

③ 可参见宁波政协文史委员会编，孙善根执编：《〈申报〉宁波帮企业史料》，宁波出版社 2012 年版，“第一章企业筹备与开业”中，就载有多家宁波人开设和投资的银行。

业，多业发展的类型。如《上海钱庄史料》记载的九家钱庄家族集团中，镇海李家和慈溪董家，“都是以沙船业起家的”。镇海叶家和方家，“都是以经营洋货洋布起家的”。而曾经出过上海钱庄业领头人秦润卿的宁波秦家，“则以经营颜料起家”。[①] 这些家族都是经营传统商业起家后，再投资于钱庄业。其中镇海方家就特别典型：方家在“清嘉庆年间(1796—1820)开始经营商业，先设粮食、杂货店于镇海县憩桥，经过六七年的时间，积蓄数百金，辗转至上海经营食糖买卖。获利后，开设义和糖行，并招致族内子弟多人至沪协助经营。这是镇海方家在上海发展的开始”。1830年左右，方家方性斋“在南市设立履穌钱庄，兼营土布及杂货。称为南履穌(后改组为安康)，存放款仅六七万两。那时上海尚未开埠，贸易范围不大，钱庄规模也很狭小。上海开埠后，方家又在北市设立北履穌(后改组为寿康)，专营钱庄业务”。后方家因居住地不同而分为“新方”和“老方”，但无论“新方和老方都是由商业而钱业，同时仍经营许多商业：如糖业、沙船、银楼、绸缎、棉布、药材、南货、鱼业、书业、地产业等。它们以上海为重心，旁及杭州、宁波、绍兴、汉口、南京、沙市、宜昌、湖州、镇海各地，真可说是商业巨擘了”。[②] 此后，这个家族接连五代人中都有成功的企业家，“而且一代比一代强”[③]。其第四代中的方椒伯，曾两任上海总商会副会长，第五代中的方液仙，是近代中国化学工业社的创办人，在20世纪20—30年代，“曾和友人合伙开办龙华制革厂、鼎丰珐琅搪瓷厂以及橡胶制品厂、硫酸厂等，大都为国人首创的化轻工厂”[④]。方液仙在企业初创时期资金困难，得叔父钱庄老板方季扬入股，“方季扬入股后，中化社在资金调度上有了多家钱庄作后盾，使中化社的发展如虎添翼，后劲坚实”[⑤]。

第二种类型是宁波钱庄广泛向工商企业投资，在支持工商实业发展的同时

---

① 中国人民银行上海市分行编：《上海钱庄史料》，上海人民出版社1978年重印版，第728—729页。

② 中国人民银行上海市分行编：《上海钱庄史料》，上海人民出版社1978年重印版，第730—732页。

③ 汪仁泽：《镇海柏墅方氏家族史》，浙江省政协文史资料委员会编《宁波帮企业家的崛起》，浙江人民出版社1989年版，第95页。

④ 汪仁泽：《镇海柏墅方氏家族史》，浙江省政协文史资料委员会编《宁波帮企业家的崛起》，浙江人民出版社1989年版，第109页。

⑤ 汪仁泽：《镇海柏墅方氏家族史》，浙江省政协文史资料委员会编《宁波帮企业家的崛起》，浙江人民出版社1989年版，第111页。

获取自身的发展。《上海钱庄史料》第十二章收录了几家钱庄在近代中国的资产负债情况，从中可以看出近代钱庄与近代中国工商企业的密切关系。如宁波秦家的恒隆钱庄在1919年至1927年的8年时间里，向几十家近代工商企业放款百余次，其中包括汉口第一纱厂、大生纱厂、恒丰纱厂、达丰染织厂等20多家纱厂；汉冶萍煤铁厂矿公司、水泥公司、贾汪煤矿、内地自来水公司等著名企业①。值得注意的是，"恒隆钱庄因为经理陈子壎曾任宁波震恒钱庄经理，与宁波钱业一向有密切联系"，因此能够调用宁波的头寸。"例如1919年红账中调用甬洋293224元，连同宁波钱业存款共达37万两之多。"因为陈子壎"在上海宁波籍工商业中很活动"的缘故，"宁波钱业在阴历三、九月底经常放'六对月'长期放款"，其中大部分就"托由恒隆经手代放，最多时达二、三百万两"。而且，恒隆钱庄成立后"经常用同业拆款并大量吸收各银行的存款，拆款最多时在100万两以上"的方式进行放款，这种做法，"运用得法，盈利较多"②。

第三种类型是宁波籍企业家普遍向金融业投资，入股钱庄特别是银行业。企业家向金融业投资，在近代中国来说，是一个普遍的现象。金融业与实业的关系，正如宁波籍近代著名实业家刘鸿生所说："一个银行，如果没有工商企业的关系，就不能长久存在；而工商企业，如果没有银行作支柱，也就会陷于停闭。"③他们知道，入股金融业后，企业在经营中需要资金支持时可以获得方便。这一点本文第一部分中提到的虞洽卿在所说创办宁绍商轮公司的过程时就很典型："当是时也，计购船价以及沪甬两处建造码头栈房，已用去洋七十余万元，所缴股款不过念八万元，不敷之款，皆由四明银行及和德张罗筹垫。"④

辛亥革命以前，宁波商人创办或参与创办、经营的银行除中国通商银行外，还有大清银行、四明银行、浙江兴业银行、浙江银行等。下表是上海宁波籍企业家在银行投资并兼职情况的不完整统计情况一览表：

---

① 《上海钱庄史料》，第842—843页"1919—1927年工业放款表"。

② 上引均见《上海钱庄史料》，第839页"恒隆钱庄"。

③ 上海社会科学院经济研究所编：《刘鸿生企业史料》，上海人民出版社1981年版，第293—294页。

④ "1917年虞洽卿通告：宁绍轮船公司的创办与发展过程"，《时报》1917年5月14日，转引自聂宝璋、朱荫贵编《中国近代航运史资料》（第二辑）（下册），第1067页。

表一　上海宁波籍企业家在银行兼职一览表

姓名	所属工厂企业	银行任职	银行创立年月	银行资本额（千元）
朱佩珍	定海和舟山电灯公司	1915 年中华商业银行董事长	1912 年	1933 年 5000
朱佩珍	定海和舟山电灯公司	1896 年中国通商银行总董	1896 年	1896 年 5000 千两
叶澄衷	燮昌火柴厂	1896 年中国通商银行总董	1896 年	1896 年 5000 千两
刘鸿生	大中华火柴公司	1931 年中国企业银行董事长	1931 年 11 月	原额 1000
刘鸿生	大中华火柴公司	1935 年中国国货银行监察	1928 年 7 月	原额 5000
刘鸿生	大中华火柴公司	1921 年中国煤业银行发起人兼董事	1921 年	原额 400
虞洽卿	三北轮船公司机器厂	1941 年中贸银行发起人	1941 年	原额 3000
傅筱庵	龙章造纸厂、上海内地自来水公司	1935 年中国通商银行常务董事	1896 年	1896 年 5000 千两
傅筱庵	龙章造纸厂、上海内地自来水公司	1915 年中华商业储蓄银行董事	1912 年	1933 年 5000
竺梅先	民丰和华丰造纸厂	1930 年大来商业银行董事长	1930 年 9 月	原额 500
金润庠	民丰和华丰造纸厂	1935 年大沪商业储蓄银行监察	1932 年 11 月	1933 年 500

资料来源：陈真、姚洛合编：《中国近代工业史资料》（第一辑），生活·读书·新知三联书店 1957 年版，第 812 页。

此表统计的情况并不完整，但也可管中窥豹。部分宁波籍企业家除在银行兼职外，还在钱庄业中也有投资，如刘鸿生除在上表三家银行投资外，还在志裕钱庄、怡诚钱庄、义昌钱庄、中央信托公司、道一银行、五丰钱庄和诚孚钱庄投资。[①] 此外，宁波商帮中的不少钱业人士与银行业保险业间也有兼职情况，陶水木等学者所著《江浙财团研究》第二章表 16 就统计了近三十位上海宁波籍钱业人士在银行、保险业中的兼职情况。[②]

① 上海社会科学院经济研究所编：《刘鸿生企业史料》，上海人民出版社 1981 年版，第 285 页。
② 陶水木等：《江浙财团研究》，人民出版社 2012 年版，第 112—114 页。

第四种类型是当企业做到一定规模后，为了方便周转和统筹调度资金，方便创办的各企业间相互调剂而创办金融机构。这种类型最典型的例子是刘鸿生企业集团。据刘鸿生的儿子刘念义后来回忆此事时说："在1930年左右，我父亲已经先后办了火柴、码头、水泥、煤矿、毛纺等企业。但是这时各个企业之间的资金并不能直接调拨：一则怕彼此拖累，二则是各企业的董事、经理各自为谋，彼此间存在着矛盾。但一个企业的资金，总是有时多、有时少，多的时候存在银行里给别人用，少时向银行借款又要支付利息。为了集中调度资金，便于各企业间相互调剂，就决定自己开设一个银行。"①刘鸿生自己曾说："吃银行饭的人最势利，当你需要款子的时候，总是推说银根紧，不大愿意借给你，即使借给你了，因为利息高，自己所得的利润，大部分变为银行的利息。而且届期催还得很紧。"这是他创办自己的银行，使企业和金融相结合的一个动机。他创办银行的另一个动机，是"想吸收游资，以充实企业资金的来源"。②

三、 引进、吸收进而创新的经济后发优势

19世纪中叶以后，伴随着西风东渐和东西方贸易日渐扩大和发展，以及随着中国向西方学习，走上工业化道路的不断推进，经过几代中国人的努力，许多过去未曾有过的产业和行业陆续诞生并有所发展，在此过程中，宁波商帮因为是客帮，还有许多人来上海时是从学徒干起，有一股闯劲，又因为从宁波到上海，一直都处于中西交汇的中心地带，背后具有广大宁波人的人力和金融支持，甲午战争以后，实业救国的浪潮又经久不衰，种种因素的综合作用下，宁波商帮从引进外国商品、技术到逐渐自己吸收技术、设厂制造，走上进口替代道路，进而在与外商激烈商战竞争中发挥中国本土优势，走出创新之路，已成为必然的趋势。

从19世纪末期开始，宁波商人在近代工商企业中的投资比重逐渐增大。"到20世纪20年代，一大批宁波帮企业在工业制造、轮船航运、内外贸易、金融服务、文化产业、建筑房地产、公用事业和新式服务业等领域脱颖而出，其中一批工业制造企业的成功创办尤为引人注目。宁波人在近代棉纺织工业、火柴工业、

---

① 上海社会科学院经济研究所编：《刘鸿生企业史料》，上海人民出版社1981年版，第293页。
② 上海社会科学院经济研究所编：《刘鸿生企业史料》，上海人民出版社1981年版，第294页。

日用化学工业、制药工业、电器工业、造纸工业、电力工业以及橡胶工业等领域，创办了一系列规模庞大的工业企业，有的还发展为企业集团。”①航运界的虞洽卿、西药和娱乐业的黄楚九、钱庄业的秦润卿、银行界的宋汉章等，也都是业中翘楚，且不少人都横跨多个领域进行经营，称得上一时之盛。

“创办燮昌火柴厂的叶澄衷，大中华火柴公司的刘鸿生，五洲大药房的项松茂，中国化学工业社的方液仙，大中华橡胶厂的余芝卿，信谊化学制药厂的鲍国昌，亚光制造有限公司的张惠康，美华利企业集团的孙梅堂，三友实业社陈万运、孙九成，中国亚浦耳电器厂的胡西园，华成烟草公司的戴耕梓、陈楚湘，天一影片公司的邵醉翁，明星影片公司的张石川，以及首次把好莱坞经营方式引入中国电影业而有‘中国早期电影业教父’之称的柳中浩等，都在近代企业的开拓与经营上取得了巨大成功。”②其中五洲大药房在项松茂的主持下，发展成为规模庞大的医药、医疗器械、医疗用品、日用化工生产销售集团；大中华橡胶厂则是一个能生产胶鞋、汽车与脚踏车胎等系列产品的国内首屈一指的民族橡胶工业企业集团；鲍咸昌、鲍国昌等参与发起创办的商务印书馆则是近代中国最大的文化出版机构。

兴办这些产业的中国工商业者，因为大多是这些产业在中国最初的拓荒者，在他们的创业过程中，不可避免地要学习、引进并且克服许多技术、知识、管理、资本和其他方面的困难，并且还要面对外资激烈的竞争，因此，必然在开放吸收和融合外来技术及管理经营等方面知识的基础上进行改革，进行创新，走出一条自己的发展之路。他们倡导“国货”、主张“商战”、抵制外货的倾销和垄断，开创了中国前所未有的产业，其中，特别是“创新”不可避免地成为推动他们产业发展和应对各种挑战的最重要武器。他们在制度、行业和产品等多个方面进行的创新，是他们得以迅速崛起的重要手段。

在面对强大的外资压迫和本国封建政府掠夺的不利环境，迫使这些创业者采取各种打破常规的创新手段，以获取生存和发展的空间。尽快扩展规模，获取规模经济效益就是其中之一。

---

① 宁波政协文史委员会编，孙善根执编：《〈申报〉宁波帮企业史料》，宁波出版社 2012 年版，“前言”。
② 宁波政协文史委员会编，孙善根执编：《〈申报〉宁波帮企业史料》，宁波出版社 2012 年版，“前言”。

刘鸿生在上海创办的企业资本集团，是包括鸿生火柴厂、上海水泥厂、章华毛绒纺织厂、中华煤球公司、华丰搪瓷公司、大华保险公司、华东煤矿公司、中国企业银行在内的跨行业经营的企业集团。其中，火柴工业是支柱产业。1920年，刘鸿生企业集团的第一家火柴厂鸿生火柴厂设立，此后经过十年发展，到1930年时，刘鸿生主持将鸿生火柴厂与上海浦东荧昌火柴公司、南汇中华火柴公司合并为大中华火柴公司。1931年大中华火柴公司又合并九江裕生厂、汉口燮昌厂，后又收买扬州耀扬火柴厂，承租了芜湖大昌火柴厂，并进杭州光华火柴厂，规模不断扩大。1936年又成立以大中华火柴公司为中心的“中华全国火柴产销联营社”这一销售联合体，刘鸿生也成为近代中国的“火柴大王”。①

刘鸿生之所以要创办一系列企业并合并组织火柴联营集团，用他自己的话来说，是：“吾国火柴业在瑞商竞争之下，风雨飘摇，有岌岌不可终日之势，自弟发起荧昌、中华、鸿生三厂合并为大中华之后，对内渐归一致，于是对外始有占优势之望，足见合并一事，为吾火柴业今日谋自立之要图，非此即无从对外而维持其生存也。当此对外竞争剧烈之日，自应群策群力，团结一致，厚植我之势力，以与外商相抗，始能立于不败之地。”②

但是要在激烈的中外商战和同行间的竞争中胜出，根本的一点，还在于要创制出名牌产品和树立起品牌意识，最好是能够创出独家优质品牌。他们懂得，只有产品过硬，才是企业发展的根本之道。于是，树立品牌意识，创制名牌产品，便成为这些成功的宁波商人谋求成功的根本之道。这里以五洲固本皂药厂为例进行观察：五洲大药房最初只有人造自来血等不多的产品，“自1921年盘进固本皂厂后，才增制肥皂，嗣后陆续添制新品”。“到20世纪20年代，该厂的皂类产品计达三十余种，分家用块皂、家用条皂及各种香皂、药皂等，以‘五洲固本’‘荷叶荷花’等为商标；药类有补益及内外科各种药剂，其中家庭成药220种，药典制剂527种，化妆品23种，原料药品10种，共计780种，以地球牌为主要商标。各厂的产量，药类及卫生化学等用品，每年约值200余万元；皂类以家用皂为大宗，平均每天可出3000箱（30年代中期），年销约值300余万元。皂类专销国内，药类

① 上海社会科学院经济研究所编：《刘鸿生企业史料》，上海人民出版社1981年版，第143—144页。
② 上海社会科学院经济研究所编：《刘鸿生企业史料》，上海人民出版社1981年版，第139页。

广销暹罗、吉隆坡、三宝垄、纽约、小吕宋、台湾等国家和地区。”“自 1904—1935 年，五洲皂药厂及附属厂所产药品、皂品共获美国旧金山巴拿马运河纪念会、农林部、美国费城展览会、首都流动展览会、浙江省政府、上海五国货团体展览会等国内外各种机构颁发的优等、最优等奖项 48 次。”①

五洲固本皂药厂能够做出这样的成绩，是因为他们延聘了一批专家，精心研制和创新技术，才能够制作出精品来的。这些专家中，包括“毕业于德国柏林大学的化学博士、曾任北京大学教授的叶汉丞被聘为五洲固本皂药厂厂长，全面主持该厂制药制皂两部；从美国留学归来的化学专家，一直在政界盘桓难以酬志的徐佩璜被聘任该厂制造部主任兼总技师；此外，还有张玉麟等一批专业技术人才也相继被聘任要职，同时留用了两位在德商经营时经验丰富的技术工人，此二人贡献所长，协助技术人员攻克了不少生产技术难关”。“五洲厂的技术人员在掌握了制造技术要领以后，把原来并无生产基础的国货肥皂推上精品水平，一举打垮不可一世的英国‘祥茂皂’，在中国工业史上创造了光辉的业绩。”②

当时像五洲固本皂药厂这样的企业，绝非个别，而是普遍现象，可以举出一大批来。宁波商人的这种创新思维并非仅仅体现在生产上，在宣传推广自己的商品上，同样别出心裁，花样翻新。最典型者莫过于黄楚九雇用飞机播撒广告一例了。《申报》1926 年 5 月 28 日登载一条广告称：“荷兰飞机来沪献技，已有数日。本埠发行百龄机补片之九福公司，印就百龄机广告纪念明信片四十万张，定于今日（天雨顺延），由该公司飞行时散发。”次日，对于该事《申报》继续报道称：“本埠九福公司，昨日（二十八）下午三时许，假荷兰飞机散发百龄机传单十万份，此传单印刷精美，式如邮政明信片，上绘一飞机图，并有天台山农题‘天上人间都不老，飞机散遍百龄机’字样。”以飞机播撒广告，本就惊世骇俗，黄楚九还在一部分明信片上加盖图记，拾得者可持向该公司换折扇一柄。“故当飞机翱翔空际之时，万头仰观，皆冀一得此空前纪念品云。”③这种创新思维和超前手段，是宁波

① 五洲大药房编：《五洲大药房三十周年纪念刊》，第 136、173—179 页，转引自李瑊《上海的宁波人》，商务印书馆 2017 年版，第 134 页。

② 李瑊：《上海的宁波人》，商务印书馆 2017 年版，第 155 页。

③ 上引见《申报》，1926 年 5 月 28 日、5 月 29 日，转引自宁波政协文史委员会编，孙善根执编《〈申报〉宁波帮企业史料》，宁波出版社 2012 年版，第 145 页。

商人出奇制胜的一个典型例证。

综上所述，宁波商人在近代上海的成功绝非偶然，尤其是具有凝聚力强大的区域性组织，以其为中心团结和居中调度旅居上海宁波人的各种活动；大范围的产业和金融业的相互协调调度和彼此渗透支持，是其他商帮中很少见到的现象。利用依靠上海位居中西交汇的地利之变，充分发挥引进、吸收进而创新的经济后发优势，创办和创新自己的行业和品牌，进而在中外工商业的激烈竞争中获取市场和份额。这些因素的相互影响和相互推动以及综合作用，是宁波商人在近代上海取得明显成功的前提和保障。

朱荫贵　复旦大学历史系教授

2020 年 10 月

总序二

“宁波商帮”[①]（简称“宁波帮”或“甬商”），是历经古、近、现的“长时段”商帮，以“无宁不成市”之名享誉时代。鸦片战争后，宁波商人在新的条件下迅速崛起，以近代商人群体的姿态跻身全国著名商帮之列，在近现代中国社会经济领域贡献卓著，影响深远，是传统向近代转型最为成功的商帮。“宁波帮”也是孙中山、毛泽东、邓小平这三位著名中国领袖都重点关注过的商帮。目前，宁波商人活跃在世界一百多个国家和地区，海外“宁波帮”有几十万人，在多个领域和多个层面发挥着难以替代的作用，这也成为中国商业史和中国经济史亟待开发的重要宝库。

“宁波帮”的含义

宁波商帮是以亲缘和地缘纽带联结起来的商人群体，有着悠久的经商传统，以极富经商才能和冒险精神而著称一时。宁波人外出经商古已有之，但结成商帮则在明朝末年。天启、崇祯年间，宁波鄞县的药材商人在北京设立鄞县会馆，学术界公认此为宁波商帮初始形成的标志。“宁波帮”的称谓始于何时，何人所创，难以准确考定，但至少到清朝末年，它已被普遍使用[②]，只是很少有人对其特定指称作明确的规范界定，人们只是约定俗成地用“宁波帮”称呼宁波籍工商经济人士。

---

① 本文所论及的宁波是指广义的“大宁波”，包括宁波府城及所属的鄞县、镇海、奉化、慈溪、象山、定海。本文中提及的姓名，凡未特意标注者，均为宁波籍工商业者。

② 宁波市政协文史委编：《宁波帮研究》，中国文史出版社2004年版，第43页。

20世纪初年编撰的《中国经济全书》中指出："上海之所谓宁波帮者，即系表示在上海的宁波商人之意。"按照曾任天津浙江旅津同乡会会长张章翔的说法："宁波帮是以乡谊为基础，在业务上、生活上互相需要、互相结合、互相利用的一个具有封建地域性的商业结合体。因人兴衰更替，具有实际活动而无具体组织，因之各地对宁波商人称之为'宁波帮'。这就是称号的由来。"[①]《宁波帮大辞典》前言中将"宁波帮"的概念界定为："宁波帮"系指近代以来在宁波地区以外的一定区域从事工商活动的宁波籍人士。而所谓宁波籍，既包括旧宁波府七县（镇海、定海、鄞县、奉化、慈溪、象山、南田），亦包括现属宁波市属的余姚、宁海籍人士。《宁波帮研究》中宁波帮的含义是："主要指明清以来宁波府旧属各县在各地活动的工商业者，以血缘、地域关系为基础和纽带，所结成的地域性商人群体。其主要构成成分，是在明清时期的各类商人和手工业者，在近现代则包括了各种类型的近代企业家、金融家和其他工商业者。"书中还将"宁波帮"的概念归纳有七种不同的含义。[②]

由上述几种具有代表性的"宁波帮"的含义可以看出，"宁波帮"是一个见仁见智的概念，其主要歧义在于：一、宁波帮何以成帮？近代所谓商帮，一般并没有明确的界定，无非是工商界的惯称，用以区别界内人士的籍贯。由于没有一个固定具体的组织，宁波帮的概念歧义丛生，有些论著甚至将文化、教育领域的宁波籍人士也列入其中。另外，对于"宁波帮"是否只是指在宁波以外地区从事经济活动的工商业者，宁波本地的经商者是否包括在内，对此学界也有不同的意见。二、"宁波帮"概念的泛化。由于宁波地区行政区划几次变更，原属绍兴地区的余姚在1949年后划归宁波地区，使余姚商人在1949年前后存在"归属"不同的问题，目前的相关论著则将余姚商人归于宁波帮的范畴，类似的情况还有定海[③]、宁海[④]商人。不仅如此，还有人习惯将紧邻的宁波、绍兴两地的商人合称为"宁绍帮"，更广泛的"宁波帮"甚至涵盖了江苏、安徽商人。有的国外研究者使用

① 张章翔：《在天津的"宁波帮"》，《天津文史资料选辑》第27辑，第68页。

② 宁波市政协文史委编：《宁波帮研究》，中国文史出版社2004年版，第43页。

③ 1949年前属于宁波地区，1953年2月划归舟山。

④ 原属台州地区，1952年1月划归宁波，1956年10月复隶台州，1961年10月仍归属宁波。

“浙东帮”或“大宁波帮”“大宁波财阀”等概念，实际上是一种泛化了的宁波帮概念。三、宁波帮人士社会身份、社会角色的多样性，也导致“宁波帮”范畴难以确定。如鄞县人张寿镛创办上海光华大学，并担任校长达20年，是著名的教育家、知名学者，他又任浙、鄂、苏、鲁四省财政厅厅长及政府财政部次长、中央银行副行长等职，并参与创办上海女子商业储蓄银行，担任交通银行董事长、四明银行监察人。类似这样“一身数任”的情况在宁波帮中并不少见。四、1984年8月，改革开放总设计师邓小平发出了“把全世界的‘宁波帮’都动员起来建设宁波”的号召，赋予“宁波帮”新的时代蕴义，扩大了“宁波帮”的内涵和外延。其时邓小平所说的“宁波帮”不仅指一般意义上的“宁波商帮”，实际上涵盖了所有在海外发展的经济、文教各界的甬籍人士。

“宁波帮”有关概念的泛化，以及有些论著叙述的随意性，给学者的研究增加了困难。研究者在论著中议及宁波帮时，都须首先对其进行“自我”界定。规范“宁波帮”的含义，这也是今后研究中需要首先解决的问题。

甬商研究的历史回顾

近代以来，“宁波帮”在新的环境中脱颖而出，随着其经济实力的日益增加，影响的日渐显著，逐渐受到各界的瞩目，在各类报刊上屡被提及。1906年《商务官报》中杨荫杭的《上海商帮贸易之大势》一文在介绍上海各商业帮口时，以宁波帮和绍兴帮、钱江(杭州)帮并列。

上海通社在20世纪30年代编辑的《上海研究资料》(续集)载有《上海四明公所研究》，该文论述宁波帮与上海的经济发展，着重探讨四明公所发展沿革、主要事业及对宁波帮发展的影响，20世纪40年代末一些宁波商人转赴海外发展。其后几十年间对商人及商帮的研究陷于沉寂，特别是“帮”的概念被打上政治烙印，“宁波帮”之称也因此多为人们所忌讳。海外学者在此期间开始关注宁波帮商人的历史贡献。早在20世纪50年代，根岸佶在《上海的行会》[1]中就专门论及了在上海的宁波帮，并对四明公所、宁波旅沪同乡会的发展沿革，宁波与江浙

① 《上海のギルド》，日本评论社，1951年发行。

财阀等问题进行了考察。20 世纪 70 年代，美国学者 Susan Mann Jones 的《1750—1880 年宁波的金融势力：钱庄》(*Finance in Ningpo：The 'Ch'ien Chuang，1750—1880*)①、《"宁波帮"和上海的金融势力》(*The Ningpo Pang and Financial Power at Shanghai*)②探讨了宁波帮在上海金融业的活动，特别是宁波帮开设的钱庄与上海金融业间的关系。西方学者的相关论文将历史学和社会学等诸多学科相互结合，运用定量分析、实地调查等多种研究方法，观点颇予人以启迪。

20 世纪 80 年代初期，随着改革开放逐步发展，人们观念日益解禁，学界开始对以前被"概念化""政治化"了的"买办""民族资产阶级""资本家"等概念重新审视。丁日初、杜恂诚合撰的《虞洽卿简论》③一文可谓具有双重意义，既为学术界当时"打破禁区"的代表作，也是大陆学界重新关注宁波商人研究的新起点。

1984 年，在改革开放的历史背景下，邓小平发出"把全世界的'宁波帮'都动员起来建设宁波"的号召，更加促使人们关注"宁波帮"的历史和现状。《瞭望》1986 年第 28 期吴克强《饮誉四海的"宁波帮"》是较早介绍宁波帮的文章，随后张敏杰发表论文《论宁波帮》④。林树建《宁波商帮的形成及其特色》⑤将研究视角转向近代宁波帮，考察了宁波帮的形成环境和过程、主要行业、经营特色，并与徽商作了比较研究。

随着中国市场经济的勃兴，商人研究自 20 世纪 80 年代起逐渐成为"显学"，呈现出方兴未艾之势，出版了一大批相关的著述，其中"上海资本家(资产阶级)群体"及延伸论题的研究更受到中外学术界高度重视，取得了可喜的进展和重大突破。但凡论及中国(上海)近代工商业、民族资产阶级、企业家、商业团体和组织的发展历程时，大多会提到宁波商人，或以宁波商人的代表人物、著名企业、同

---

① 载威尔莫特编《中国社会的经济组织》(W. E. Willmott：*Economic Organization in Chinese Society*)，斯坦福大学出版社 1972 年版。

② 载伊懋可和施坚雅编《横跨两个世界的中国城市》(Mark Elvin and G. William Skinner：*The Chinese City between Two World*)，斯坦福大学出版社 1974 年版。

③《历史研究》1981 年第 3 期。

④《探索》(浙江省社会科学联合会)1987 年第 6 期。

⑤《宁波帮企业家的崛起》，浙江人民出版社 1989 年版，第 1—23 页。

乡组织为例。当然，这些论著只是将宁波帮商人作为近代民族工商业者、民族资本家群体的重要组成部分来阐述，而很少从地域商帮的角度加以审视。

随着中国改革开放的进一步发展，在市场经济的热潮中，宁波商人研究愈来愈成为学术界关注的热点，一些高校硕士、博士研究生也将相关课题作为学位论文的选题。这些文章和著作对宁波帮从形成原因、发展历程、经营特点、转型过程、经济成就等各个层面进行探索，一定程度上填补了这一研究领域的空白，特别是上述硕士、博士论文的相继修订出版，拓展了宁波帮研究的深度和力度。

亟待深入的甬商研究

研究宁波商帮在中国近现代社会经济发展过程中的作用，以及其从传统商帮转型为近现代工商业群体的成功经验是经济和经济史学者一向着力较多的课题，迄今为止已有不少相关研究成果面世，但遗憾的是，不少文章在选题上缺乏突破与新意，一些文章很少挖掘第一手的原始档案资料，多流于泛论，资料也欠翔实；或随意引用已出版论著的参考文献，甚至不加以规范的注释，致使很多文章“千文一面”，人云亦云，缺乏独立创新的观点和见解，更缺少扎实、细致、严谨的微观分析，以及深层次、全方位、多学科、多视角的综合研究。之所以如此，原因多端，其中主要原因除了研究视角尚未打破原有框架，尚须有所突破外，就是资料的来源和类型较为单一，缺乏对新资料的挖掘；选题范围亟待拓展，研究方法需要更新。

商人与社会转型和变迁是一个内容丰富的研究课题，在厘清宁波商人在中国近代社会经济领域重要建树的同时，着力剖析其中重要人物及群体在社会转型时期的奋斗过程和心路历程，揭示个人、群体与社会系统之间的各种关系——包括个人与亲缘、地缘及业缘间的依附、联合、疏离、超越等多重关系，是一个热点问题，也是一个难题。而且，对于宁波商人如何顺应时势，由沙船业、钱庄业逐渐向航运业、银行业转变，其间传统的经营策略、企业特性（如家族企业）、经营者的心态理念在近代如何变化等依然语焉不详，建立在翔实资料基础上的深层次的研究成果数量不多，因此亟待研究者更新研究方法，拓展研究内容，更新研究视角，注重运用多样化的研究方法，以社会学、经济学、计量学、历史学等多学科方法的相互渗透和借鉴，进行全面、系统的考察，既探讨中国社会对宁波帮的影响——如社会环境因素对宁波商人本身的影响，分析宁波商人对中国近现代经济发展的作用——如宁波商人经济行为的显性和隐性社会功能，商人及经济行为、商业文化在何种情况下影响社会变革和发展，怎样影响，程度如何等，更重要的是，还要思考和研究宁波帮为何在近现代中国能够成为转型最成功的商帮，决定其成功的根本因素是什么，以及为何至今在海外依然能够卓有成就的深层次因素。

一般而言，宁波商人的研究主要分为两个层面：一是宁波商人本身的发展轨迹及内部之间的各种关系，包括内部结构、经营范围、精神特质、经商理念，成员之间（同一区域及不同地区）的经济社会交往和联系途径，商业资本的来源及运用，商业运作模式，原料供应和产品销售渠道、市场体系、信用关系、海外贸易，及至经济伦理、利益倾向、文化教育事业、社会慈善事业等。宁波商人是跨古代、近代、现代"长时段"的著名商帮，活动范围和经营领域广泛，至今对其研究的广度和深度远远不够。

宁波商人研究第二个层面的内容是它与社会体系之间的多重复杂关系。近代中国社会风云际会，局势多变，其风云人物、社会群体的发展轨迹，与社会变革互为表里，更何况宁波商人是近代民族工商业群体的重要组成部分，而目前既有的论著多着重叙述宁波商人的经济行为，对于其多层面的社会活动及其与社会变迁的互动关系则极少论及。宁波商人的宗教信仰、乡土观念，与同乡同业组织、工商社团、重要历史事件、宁波地域文化、作为客籍商帮与当地社会文化的互动关系，都存在着许多尚未触及和有待深入的研究领域。如政商关系是目前学界关注的一个热点问题。宁波商人社会关系网络广泛，由于地缘等因素，其与蒋介石国民政府有特殊的、多层的关系，我们可以从宁波商人与政府的关系以及这种关系在不同历史时期的演变，政府干预与经济发展之间的关系等许多方面加以研究。

社会变迁和经济发展离不开人物的活动，迄今为止，人物个案研究的涵盖面非常有限。长期以来，宁波帮人物研究的叙述重点都集中在少数具有代表性的人物身上，如严信厚、朱葆三、叶澄衷、虞洽卿、秦润卿、刘鸿生、项松茂、方液仙等。[①] 宁波帮历史悠久，内部构成复杂，人们多瞩目于上海的"宁波帮"巨商，对于其他地方的宁波帮人士，如天津的童承初、严蕉铭、王铭槐、叶星海，汉口的史晋生、宋炜臣、盛竹书、卢鸿沧等人则很少提及，更遑论实证研究，对于其他地区一般人物的研究则基本上是一片空白。即便是对严信厚、朱葆三、虞洽卿、秦润卿、刘鸿生等人的研究，以及陆续出版的有关他们的一些通俗性读物，也大多尚停留在整理、收集资料的浅层面，文章的选题主要集中在经济活动，兼及一些政治活动，深层次、全方位、多视角的研究尚付之阙如。

宁波商人不仅在中国经济发展过程中占有重要的一席之地，在上海、北京、天津、汉口、重庆等重要城市同样多有活动，参与政治、社会、文化事业的活动尤见突出。特别在近代中国各类社会组织中占据着举足轻重的地位。如严信厚、周金箴、朱葆三、李云书、虞洽卿等宁波商人长期担任上海总商会的领导职位，虞洽卿还曾担任全国商团联合会名誉会长，周金箴曾担任中华全国商会联合会总干事，王才运曾担任上海南京路商界联合会第一届会长，厉树雄曾任上海保险业联合会会长，周祥生曾任上海出租汽车业同业公会会长等。宁波帮在全国各地的著名工厂、商号、钱庄等机构不胜枚举，从苏州孙春阳南货铺、北京同仁堂药店、上海童涵春堂、上海荣昌祥呢绒店、天津物华楼等著名店铺，到宁波通久源轧花厂、上海中国化学工业社、三北轮埠公司、汉口既济水电公司、重庆渝鑫钢铁厂等工业企业及固本肥皂、双钱牌橡胶制品、三角牌毛巾、亚浦耳电灯泡、美丽牌香烟等国货名牌产品，再到四明银行、中国通商银行、东陆银行、上海华商证券交易所、宁绍人寿保险公司等金融机构，宁波商人创办和经营了大批声誉卓著的名牌企业和名牌产品。但目前从企业史的角度研究宁波帮著名企业的研究成果较为缺乏。行业史方面，对于宁波商人在银楼、医药、成衣、航运等占优势的行业的经

① 中国社会科学院近代史研究所、中华民国史研究室编:《中华民国史资料丛稿·人物传记》第 11 辑，中华书局 1981 年版；浙江省政协文史资料委员会编:《宁波帮企业家的崛起》浙江人民出版社 1989 年版；孔令仁主编:《中国近代企业的开拓者》(上、下册)山东人民出版社 1991 年版；马学新等主编:《近代中国实业巨子》，上海社会科学院出版社 1995 年版；赵云声主编:《中国大资本家传》(时代文艺出版社 1994 年版)第 5 辑、第 6 辑、第 8 辑中有刘鸿生、虞洽卿、朱葆三、叶澄衷、黄楚九等人的传记；宁波市政协文史资料委员会编:《活跃在沪埠的宁波商人：商海巨子》，"宁波文史系列丛书"第 1 辑，中国文史出版社 1998 年版；洪钧杰主编:《群星灿烂——现当代宁波籍名人》(上、中、下)，宁波出版社 2003 年版。另上海、浙江、宁波及各地的文史资料中也有很多回忆文章。

营活动也存在许多研究空白点。

宁波商人以上海为基地，以金融资本为主体，以工商、航运各业为助力，金融与实业相互支持共同发展，是近代上海综合实力最强、最具社会影响力的“强势”商人群体，凭恃着强大的经济实力，影响遍及江浙、京津、汉渝及海外等地。不少宁波商人成为当地商业巨子，在商界高居要津；有些地方的某些行业为宁波商帮所垄断；有些地方的商业团体为宁波商帮所掌控。在近代上海，宁波籍工商业者以其特定的社会构成、群体特征，成为沪上经济领域中不可小觑的强势集团。20世纪二三十年代，正是甬商在上海势力发展极盛之时，他们以宁波旅沪同乡会等同乡组织为凝聚点，充分发挥其擅长经商的特点和优势，逐渐渗透到上海经济的各个领域，再加上“江浙财团”的雄厚财力作为社会背景映衬，从而在上海社会经济领域居于“王者”地位。近代天津是北方的重要经济中心，沿海各省南北土产物资的集散地，《畿辅通志》说，天津“地当九河要津，路通七省舟车”，“商旅往来之帆辑，莫不栖泊于其境”。宁波帮和广东帮是天津商界两个势力最大的帮口，天津未开埠前，宁波商人就不断从海路来津，在北大关一带经营南北土产、洋广杂货。1860 年天津根据《北京条约》开埠后，宁波商人更蜂拥天津，依靠原来在此经商的亲友、同乡，使宁波商帮的势力迅速壮大。宁波商帮和广东商帮是最早进入天津法国租界设店经营的中国人，早期设在法租界的宁波帮名店有冠生园南味店，李同益西服店(另一说是李同益呢绒店)等。近代汉口商贾辐辏，宁波人在汉口经商的也为数不少。宁波商帮在汉口主要经营水产业、银楼业、货运业、火柴业、水电业、杂粮业、洋油业、五金业和银行业。据《夏口县志》载，汉口的水产海味业和银楼首饰业，大半为宁波帮所垄断。作为汉口宁波商帮重要活动场所的浙宁公所，宣统元年(1909)重加修葺，改名宁波会馆。近代苏州是一个市肆暄阗的繁华城市。宁波的丝绸业商人曾在这里创立宁绍会馆，煤炭业商人也设有坤震公所。在阊门外煤炭公所里，有一块煤炭业商人所立的石碑，碑文上载曰：在苏州经营煤炭业的，都是宁波绍兴籍商人。光绪年间，宁波帮商人曾在南濠大街 147 号创立浙宁会馆。宁波帮商人在杭州、台州、温州等地经商的人数也不少。如他们在杭州收购丝、茶，推销进口洋货，并大量开设钱庄。同治、光绪年间在杭州开设的宁波帮钱庄有慎粹、豫和、赓和、阜生、阜源、和庆、元大、惟康、介康、寅源、崇源、崙源、堃源、聚源、同源、益源等近20家。

宁波商人从业领域多，遍布区域广，留存的史迹既多且杂。汗牛充栋、浩如烟海的资料既为学者的研究提供了便利条件，也为研究工作增加了困难。所谓研究资料的发掘和拓展，不仅表现在对文献资料的整理，也反映于对各种实物资料的综合认识。上海民间有大量宁波帮留存的故痕遗迹，包括信函、契约、婚帖、账簿及至历史建筑遗存，它们都可以与文献资料互相补充印证；许多乡音未改的"老宁波"讲述的"自己的故事"，更是宝贵的口述资料。数量和类别如此巨大的"资料工程"仅靠个人的力量是难以完成的，需要相关机构投入相当的力量联合进行发掘和整理，才能为进一步的深入研究奠定坚实的基础。

晚清人物及相关研究一般都涉及广阔的历史背景。微观实证研究不足，很多文章只是简单地以上海的"点"取代全国的"面"，以偶见和片断取代普遍的事实，使人们很难全面了解和准确估量宁波帮在近现代中国社会经济发展中的地位和影响。有鉴于此，探究宁波商帮人物在近现代中国社会经济领域的作为和贡献，就需要从收集和整理资料入手，由考辨人物事迹—汇编研究资料—编撰年谱—撰写传记等项工作逐一展开，再将其置于广阔的社会背景下审视，从整体上准确把握时代特征，对其政治参与、组织活动、经济行为、思想理念、心理结构甚至生活方式、习惯癖好、性格心理等各个层面进行剖析，力求从全新的视角分析历史人物。时代的发展要求宁波帮的研究朝着细微处着手、新方法分析、多学科交叉、大视野考察的方向深化发展。相信在新的时势的推动下，只要研究者摒弃急功近利的心态，去除心浮气躁，一定能在宁波商人研究的学术园地中撷取到丰硕的成果。

著名历史学家、国学大师钱穆曾说过："一段历史的背后，必有一番精神，这一番精神，可以表现在一人或某几人身上，由此一人或几人提出而发皇，而又直传到下代后世。"在近代上海乃至近代中国，宁波商人之所以建树宏蔚，声名遐迩，更多的是源于其精神力量的发散。作为一个商人群体，他们理所当然地关注物质利益，他们全心全意地赚钱，但他们赚钱并不是为了肥田润身，自我享受，

“人知致富之难，而不知不自私其富之为尤难也”①。几乎每个甬商的创业过程，都有着可歌可泣的奋斗史实。许多甬籍工商名人出身寒素，一无凭借，白手起家，是通过长期之苦干，最终成就了伟大的事业，而且许多宁波商人经商致富后，没有把所蓄积的钱财依附于外资企业或购地收租，而是走上了自办企业的崎岖之路。他们“有勇往直前的精神和毅力”，始终矢志不移地致力于他们的事业。“其他各成名者，咸能不骛震世之名，不图非法之利，孜孜实干，百折不回，一旦功成业就，而人群亦被其福，不求名而名益彰，此所谓‘桃李无言，下自成蹊’，实至而名归，非倖致者也。”甬商创办的近代大小工商企业，在发展进程中无不历经曲折、坎坷和艰辛，恰似一幕幕鲜活生动的故事，呈现出感人至深的生命力和创造力，在历史的长河中闪烁着耀眼的光芒。

总之，宁波商帮的研究是一个艰巨的系统工程，也是一个大有可为的领域，特别是在当今建设社会主义市场经济之时，随着宁波经济的飞速发展，浙商(其中宁波籍人士亦被称为“新宁波帮”)在中国经济舞台上迅速崛起的经验和历程，宁波商帮的精神遗产更凸显出鲜明的现实意义。众多宁波商人鲜活生动、厚重多姿的人生风采，其对同乡深厚的情谊，对故乡的眷恋之意，所彰显的团结、公益、奉献的精神传统，着实令后人感动景仰。人们需要从先辈成功的经验中汲取灵感、寻找智慧，总结出可供今人借鉴的现实启悟。梁启超曾说：“所谓精神者何？即国民之元气是矣。”宁波商人为今人留下了丰厚的文化遗产和精神财富，这是用来培养、涵育我们元气的养分，是今人奋发前行的底力和基础。我们要探讨追索文化的精神价值，不仅要使人们能够认识和认同这种精神价值，更重要的是，要将其精神内涵、人文品格内化在我们的心灵和生命之中，使之发荣滋长、发扬光大，这才是对先辈们最好的纪念！

鉴于宁波商帮史料收集及研究的重要性及紧迫性，我们决定在上海大学成立上海宁波商人(甬商)研究中心，编辑出版“宁波商人研究丛书”，以期深入推进对甬商代表人物、群体、家族、企业、行业、事件、社会组织等不同方面的实证研究。丛书注重学术性、思想性，著作类型包括学术专著、人物年谱、资料集等。此

① 盛炳纬：《叶氏怀德堂碑记》，怀德堂排印《叶公澄衷荣哀录》。

事得到公牛集团阮立平先生的慨然相助，阮先生事业隆旺，且颇富人文情怀和文化意识，他欣然玉成此事，实可谓功德无量的善举懿行，在此谨向阮立平先生致以诚挚而衷心的感谢！

李　斌　上海宁波商人(甬商)研究中心主任

2020年6月

目　录

引言：不应该被遗忘的蛋大王

众所周知，对外贸易是推动近代中国经济发展的重要力量，而长期以来，丝与茶在中国对外出口中一直占据龙头地位。进入民国以后，由于日本、印度等国相关产品的崛起，中国丝茶出口受到巨大挑战。其间中国蛋品出口却异军突起，在20世纪30年代乃至此后的四五十年代更是名列出口商品的前茅，不仅有力地弥补了丝茶出口的不足，而且为国家赚取了可观的外汇收入。这其中郑源兴及其主持的上海茂昌公司居功至伟，十分引人注目。时人称，中国蛋业的发展"使国外同业、国内洋商，同深惊叹，刮目相看，先生实与有力焉"①。郑源兴成为三四十年代少数几个闻名全国的行业大王。1954年7月，茂昌公司进行清产核资。当年底，公布的茂昌公司资产总额与大名鼎鼎的荣氏家族企业一起在全国各私营企业中名列前茅。② 同业崔蔚人也称：郑源兴发起创办的茂昌公司产品曾在伦敦的国际冰蛋市场上有着卓越的享誉与地位，并起过举足轻重的作用。③ 但长期以来，刚健有为并对国家与民族有着重要贡献的蛋大王郑源兴及其茂昌公司在大陆相关学术研究乃至在宁波商帮研究与宣传中都少有提及，甚至张冠李戴，几乎被人遗忘，这实在是一个不应该的缺憾与疏忽。

郑源兴(1891—1955)，字福明，浙江奉化萧王庙街道慈林村人。13岁去上海一家小蛋行学业，19岁任朱慎昌蛋行经理，后来集资2万元创办承余蛋公司。1923年，资本额增至20万元，增设茂昌蛋厂，经营外销鲜蛋和冰蛋的业务。

---

① 本书编辑部：《中国名人年鉴上海之部》，1943年，第392页。

② 袁恒通：《茂昌蛋业冷藏公司沿革史(修正稿)》，上海市档案馆藏，档案号：Q229-118。

③ 崔蔚人：《蛋大王郑源兴》，政协文史与学习委员会编：《文史资料选辑》合订本第146辑，中国文史出版社2011年。

1928年增资200万元，改为茂昌蛋业冷藏公司，自任经理。英商和记洋行以5万两白银、1,000元月津贴求茂昌退出竞争，他断然拒绝。1925年至1926年间，上海茂昌蛋公司为了扩大冰蛋生产能力，又在原址邻近的黄浦路44号，购买空地一方，建设4层厂房及冷库，冷库容量1,000吨，日产冰蛋能力达30吨。同时将原有厂房，改作公共冷气堆栈，供上海市各鱼行、肉店、海味店、餐馆、水果业、南北干果业、乳制品进口业堆存货物。又增添制冰设备一套，日产机冰20吨，供应渔轮及其他行业，这是中国第一家大型冷藏企业。郑源兴具有强烈的开放进取的企业家精神。他用重金聘用专家，精制冰蛋，承接冷藏客货，开国人办冷冻业的先声。他精通英语，略谙俄、法、德、日语，曾多次前往欧美考察蛋业，积极与外商与外国政府斡旋。同时他重视企业制度建设，努力建立现代企业制度并不断加以完善，企业具有强大的凝聚力。公司内建立出勤奖励、养老退职金等制度，建造职工住房，开办职工夜校，设立医务室等，职工有优惠购买公司股票、参加股东会、享受分红权利。他审时度势，抓住机遇，努力做大做强企业。1930年在青岛创办冰蛋厂，后增设干蛋厂12家，鸡蛋收购网点数百处，又沿黄浦江建仓库、码头，在郊县开办养鸡场，在英国伦敦设立分公司(海昌公司)，在法、德、荷、意、美、日、菲律宾、澳大利亚等国设立分理处，盛时职工近两万人。他目光敏锐，见识远大，又敢于担当，处事公允，为此得到同业乃至外商的一致推崇与拥戴。郑源兴长期担任中国冰蛋业同业公会会长、世界蛋业公会理事长，带领中国蛋业开拓进取，披荆斩棘，不仅屡屡叫板在华外商，而且走出国门，攻城略地，乃至占据了20世纪三四十年代世界蛋品市场的半壁江山而名闻中外，“蛋大王”的赞誉实在是名至实归。至1937年淞沪抗战前夕，茂昌拥有全国33%的冰蛋生产份额和运销西欧数量。在茂昌的不懈努力下，蛋品出口成为我国对外贸易的重要商品，有的年份甚至占据第二的地位①，受惠的蛋户更是遍及大江南北，多达数

① 据后来为茂昌公司高层的袁恒通记述：在1949年前中国共有冰蛋制造厂8家，英美商所设的占其7，我国人经营的仅茂昌1家。茂昌自青岛分公司建成后，沪青二厂能年产冰蛋1.5万余吨、鲜蛋5万余箱。当时蛋品占我国出口贸易第二位，而茂昌出口占我国蛋品总输出的30%左右，创远东冰蛋出口最高纪录。而据中国台湾学者张宁统计，在1929—1938年郑源兴担任上海市蛋商业公会理事长期间，中国鲜蛋与蛋品的输出数量与价值，在全国输出总值比较中排名第三。1939—1940年日治初期升至第二位。由此可见，蛋业对国家税收有多重要。(袁恒通：《茂昌蛋业冷藏公司沿革史(修正稿)》，上海市档案馆藏，档案号Q229－118；张宁：《跨国公司与中国民族资本企业的互动：以两次世界大战之间在华冷冻蛋品工业的发展为例》，(台北)《中央研究院近代史研究所集刊》第37期，2002年)

百万人。

表 1　1905—1935 年中国蛋品出口量值　　单位：海关两

年份	输出金额	在出口产品中之地位	年份	输出金额	在出口产品中之地位
1905	2,021,589	—	1925	33,012,530	5
1910	4,000,089	—	1926	38,174,830	6
1915	8,426,286	15	1927	33,526,302	9
1916	12,331,477	10	1928	43,776,041	5
1917	14,318,070	9	1929	51,719,803	3
1918	11,053,215	10	1930	79,710,940	3
1919	24,932,494	7	1931	58,827,838	4
1920	21,457,401	6	1932	44,302,413	3
1921	24,697,199	8	1933	36,479,624	3
1922	29,955,239	7	1934	30,243,526	3
1923	29,621,994	8	1935	32,069,462	3
1924	31,523,164	6	1939	28,000 吨	2

数据来源：上海商品检验局畜产检验组：《中国出口蛋业(续)》，《国际贸易导报》第 9 卷第 2 期，1937 年。

表 2　1927—1949 年茂昌公司鲜蛋和冰蛋出口统计

年份	鲜蛋(箱)	冰蛋(吨)	年份	鲜蛋(箱)	冰蛋(吨)
1927	24,000	10,650	1936	59,688	12,260
1928	37,000	12,305	1937	53,131	9,151
1929	63,665	14,550	1938	35,155	6,732
1930	54,450	13,950	1939	28,246	14,114
1931	39,485	10,610	1940	15,022	13,616
1932	35,920	8,765	1941	—	601
1933	51,535	8,792	1947	—	1,580
1934	35,470	11,380	1948	—	3,721
1935	37,553	15,088	1949	—	1,379

数据来源：《茂昌股份有限公司蛋制品价格及出口数量统计表》，1938—1950 年，上海市档案馆藏，档案号 Q229-1-35-2。

茂昌的发展与崛起，极大地改变了以往人们对华商在与外商竞争中总是妥协、退让与无奈的猥琐形象，说明在近代中国的社会历史条件下，只要存在市场

凡　例

一、本书旨在比较全面、翔实地记录近代实业巨子、蛋业大王郑源兴的生平、事迹和思想，其内容主要采集自当年报刊图书、档案史料与本人著述等。为对本书传主生平事迹有一个大致的了解，书首作一概述，以为引言。

二、谱主生平事迹按公元纪年，民国元年以前附以农历纪年。

三、引文力求采用原件、原书或报刊最初文本为准，原件无标点者，按照常用标点符号用法标点。对原文中的繁异字，一般以现行简化字处理，有些古体字，则保留原字。对原文中因字迹模糊而辨别不清的字用“□”表示。

四、出于信息等原因，近代报刊等文献中同音字之间混用情况相当普遍，如“承余”有时为“承裕”。为保持文献史料的真实性、原始性，这种情况一般不予更改，明显的错别字则予以更正。

五、所引数据无确切日期者，或系于月末（是月），或系于年末（是年），或系于相应位置。

六、本书各条纪事基本上都注明出处，以便于检索或进一步的研究。

七、一些需要说明的概念、人物或补充材料，略作注释，用小字列于本条之下，便于参考。

八、引文内日期及其他数字，按原件汉字书写，叙文、注释中有关日期、数字，一般用阿拉伯数字记述。

九、为更好地反映历史原貌，相关老照片、手迹、书影置于书中，另附郑源兴在当年报刊上发表的主要文章与相关文献，以及本书主要引用的参考文献索引。

1891年(清光绪十七年) 1岁

3月10日(农历二月初一),出身于浙江省宁波奉化慈林①村一个郑姓农民家里。据其后人回忆,父亲"老郑给他取名源兴,意思是兴旺的源泉;字福明,就是幸福光明的缩略"。源兴是家里第二个孩子,还有一个比他大几岁的姐姐。慈林村是奉化县城西部的一个小山村,为萧王庙镇所辖。这里离后来大名鼎鼎的蒋介石老家溪口不过10余里路。慈林三面环山,村里只有郑、袁两姓住民,其中郑氏一支据说由镇海十七房迁入。村中主要出产为野生的竹笋及种植茶叶、芋头、萝卜等,村民往往以此农产品运到附近的集市——萧王庙或稍远一点的县城出售,换回需要的日用品。萧王庙由于有河流通往县城乃至宁波,交通便捷,一直是奉西大镇,商业发达,也是慈林村民了解与走向外面世界的通道。[郑爱青、戴丽荣、郑美珠:《华人大班郑源兴(1891—1955)》,未刊资料,2011年印刷,第264页]

如今的慈林村村口

① 这里地属萧王庙,关于慈林名称的由来,据说是由于这里长期为袁姓、郑姓避难之所,大约1244年,南宋皇帝在与这里出生的朝臣袁浔闲聊,得知此地庇护着大量的避世难民,因此赐名慈林。

1893 年(清光绪十九年)　3 岁

是年,母亲去世。“比他只大数岁的姊姊便充做保姆,两个孩子拼命地生活下去,个子也越长越瘦。”不久,郑氏续弦,但三年后,继母因故离开。故儿时的源兴多数时间与姐姐相依为命,相处的时间最多,直至 10 岁时姐姐出嫁。[郑爱青、戴丽荣、郑美珠:《华人大班郑源兴(1891—1955)》,第 4 页]

郑源兴故居外景

1899 年(清光绪二十五年)　9 岁

是年前后,曾到邻村私塾接受为期三个月的教育,后因贫困辍学。[郑爱青、戴丽荣、郑美珠:《华人大班郑源兴(1891—1955)》,第 9 页]

1900年(清光绪二十六年) 10岁

是年前后，与姐姐开始在家中养鸡，这是郑源兴接触与了解后来终身与之打交道的事业的开始，姐姐出嫁后继续此事，其后人认为"这是源兴蛋业的开始"。[郑爱青、戴丽荣、郑美珠：《华人大班郑源兴(1891—1955)》，第21页]

1904年(清光绪三十年) 14岁

是年，奉化旱灾严重，村民生计断绝。跟随在上海弄堂做摊贩生意的舅父王姓赴上海谋生，先是作舅父的帮手，后进入菜市街金记蛋行学艺。据其后人回忆：作为一名学徒，源兴住在店里，负责所有店里和东主家中的一切粗活。……每天早上，源兴把每层楼都打扫干净，把店主房间的马桶清理，买些店主夫妇所需的食品杂货，整理职员的桌子，准备开市。[郑爱青、戴丽荣、郑美珠：《华人大班郑源兴(1891—1955)》，第27页]

1905年(清光绪三十一年) 15岁

是年，继续在金记蛋行学艺。

1906 年(清光绪三十二年) 16 岁

是年,学徒满师,由店主介绍,到天潼路郑源泰蛋行工作。据说,由于其精明干练,胆大心细,又肯吃苦,深获店主信任,不久被提拔为副经理。其间,为加强对蛋行的管理,制定了几条店规而获罪于同人,工作难以开展。后被隔壁的朱顺昌(又作朱慎昌)蛋行"挖走",聘为该行副经理,并借给他 400 元作为股份。时为辛亥革命前夕的 1910 年,郑源兴年仅 20 岁。(崔蔚人:《蛋大王郑源兴》,政协文史与学习委员会编《文史资料选辑》合订本第 146 期,第 125 页)

1910 年(清宣统二年) 20 岁

是年,担任朱慎昌蛋行副经理。

1911 年(清宣统三年) 21 岁

是年,曾往黄河流域一带城镇进行考察,"看看有什么机会"。同时,"替新店东建立一套临时制度,让农村个体户或合营的鸡农,可以把鸡蛋交到距离最近的当地指派收购员,换取等值的物品。他们可以换取食物、生活必需品或金钱"。[郑爱青、戴丽荣、郑美珠:《华人大班郑源兴(1891—1955)》,第 45 页]

1915 年　25 岁

是年前后，由于第一次世界大战爆发，海外蛋品需求激增，中国蛋业进入全盛时期，各地蛋厂纷纷设立。郑源兴也于此时设立万和盛、源通蛋厂。[袁恒通：《茂昌蛋业冷藏公司沿革史(修正稿)》，上海市档案馆藏，档案号：Q229－118]

是年，与杭州女子冯蕉影(原籍宁波慈溪)成婚。

中年时的冯蕉影

1916 年　26 岁

4 月 23 日，儿子学俊出生，初为人父。[郑爱青、戴丽荣、郑美珠：《华人大班郑源兴(1891—1955)》，第 78 页]

是年，联合上海几家主要蛋行，集资 2 万元，在上海黄浦路 36 号创办承余蛋行，任副经理。公司主要业务为赴内地采办鲜蛋，转售于沪上各出口洋行，同时也售给参加公司的成员，以便在各自经营的蛋行开展批发或零售业务。成员包括郑源泰蛋行郑兴炎，朱顺昌蛋行郑源兴，新记泰蛋行郑奎元，郑恒记蛋行郑方杏、郑方正昆仲，介顺蛋行楼其梁，协记蛋行刘泉皋，董源兴蛋行董佑章，永泰蛋行杨久和等 8 家。“当时业务仅限于向苏北、皖北、皖南、浙江及长江沿岸迄汉口、宜昌等地采购鲜蛋，运沪后大部分售予外国蛋厂，少部分销售给各蛋行供应市销。”[袁恒通：《茂昌蛋业冷藏公司沿革史(修正稿)》，上海市档案馆藏，档案号：Q229－118；刘祖赉：《茂昌蛋业冷藏公司的历史回顾》，青岛市政协文史资料研究委员会编《青岛文史资料》第 6 辑，1984 年，第 101 页]

1918 年 28 岁

8 月，以本人与承裕蛋行名义分别向宁波旅沪同乡会建造新会所、设立商业学校事宜各捐洋 10 元。(《宁波同乡会募捐消息》，《申报》1918 年 9 月 1 日)

9 月，又向宁波旅沪同乡会建造新会所、设立商业学校事宜捐洋 2 元。(《宁波同乡会募捐消息》，《申报》1918 年 9 月 18 日)

是年，独自在黄浦路百禄坊的过街楼上，以几只钵斗和几个工人，加工试制咸鸡黄，是为其设厂制造蛋品的起点。故后来有“茂昌是由三只钵斗起家”的说法。(崔蔚人：《蛋大王郑源兴》，《文史资料选辑》第 146 期，第 125 页)

是年，次子出生，但 4 年后患天花而亡。[郑爱青、戴丽荣、郑美珠：《华人大班郑源兴(1891—1955)》，第 83 页]

1920 年 30 岁

4 月，宁波旅沪同乡会为建造新会所、设立商业学校，发起征求沪上同乡入会活动。为此组成 14 队，分头进行动员与征集工作，其中郑源兴加入由蛋业前辈楼其标担任队长的宁鼎队。

《申报》报道说：“宁波同乡征求会，昨由总队长王正廷君召集各队长到会商议进行方法。到会者乐振葆、陈文鉴、周茂兰、何楳轩、董杏生、戴畊莘、邵声涛、刘耀庭、丁仁德、庞炳生、任矜苹。当将征求方法详细讨论，均称早已分头进行，务必超过原定每队二千五百分之数，并议定由各队自行邀集各队员联络办理，以期达到原定总数，于半月前缴足云。兹续报各队姓名如后：……宁鼎队：正队长楼其标，副队长楼善和、余其昌，参谋徐仰仙，队员忻佑生、方国栋、童番甫、范金友、金茂土、邵元成、韩珊璜、刘同华、陈麟甫、徐云卿、施大明、李安琛、郑奎元、张纪联、陈祖本、韩瑞大、郑立卿、俞锦林、郑源兴、刘全高、朱友笙、郑芳杏(下略)。”(《宁波同乡会征求会消息》,《申报》1920 年 4 月 25 日)

9 月,向中华慈善团合办湘陕闽浙筹赈处捐洋 5 元。(《中华慈善团合办湘陕闽浙筹赈处第十六次敬谢诸大善士》,《申报》1920 年 9 月 25 日)

是年,向镇海同义医院①捐洋 4 元。[《镇海同义医院二十年纪念汇志》,《民国九年份特捐报告(1938 年)》,宁波档案馆藏,档案号:旧 3-2-1]

20 世纪 30 年代宁波著名的慈善医院镇海同义医院外景

1921 年　31 岁

是年初,陷入与英商来生洋行的官司。对于此案《申报》进行连续报道,但这场官司似乎是个乌龙案,后来不了了之。

1 月 4 日,据《申报》报道:英商来生洋行在公共公廨呈控唐鼎臣②、郑源兴欠银二万五千两,已由公廨将各被告先后传案谕令,照章交保听候排审。(《昨日

① 该院 1918 年由旅沪镇海商人叶雨庵、董杏生等发起成立,后发展成为宁波一地最大的乡村慈善医院而名闻遐迩。现改为宁波市康宁医院。

② 鄞县人,长期从事蛋业,时任英商来生洋行买办,并在安徽亳县创办鼎记蛋厂,专事运销国外之蛋制品。

公共公廨讯案纪》,《申报》1921 年 1 月 4 日)

1 月 28 日,《申报》报道说:“昨午后公共公廨民一庭由俞襄谳会同英包副领事,讯理英商来生洋行诉唐鼎臣、郑源兴不还借款美金一万元、欠银一千三百六十六两案。据见证西披来格生供,来生系我父名,与弟在沪开设洋行,被告借款系前年十二月二十七号向我个人借去,并有借据,惟无保证。欠款系被告欠父亲所开之来生洋行账目云云。被告代表律师即称适西披来格生供伊系债权人,则来生无起诉之资格,要求将案注销,并与原告律师辩论之下。结果着两造律师将原禀修改,候展期再讯。”(《昨日公共公廨讯案纪》,《申报》1921 年 1 月 28 日)

3 月 23 日,此案续审,报道说:“英商西披来生在公共公廨呈诉英商来生洋行买办唐鼎臣并承裕蛋公司郑源兴不还借去美国金洋一万元及利息一案,昨奉俞襄谳会同英副领事包君集讯。先由原告代表律师上堂,诘据原告声称,来生洋行系父亲爱司来生所开,唐鼎臣为买办。我向在美国营业,于公历一千九百十九年十二月间来沪,带有金洋钞票。至十二月二十七号唐有急需,与我订定口头契约,借去金洋一万元,约过中国年关归还,利息按月一分,郑源兴当亦在场,载明于呈案之日记簿内,系个人名义,所借不涉行中之事,与我父毫无关系,逾期不还,是以控追云云。而唐郑两被告各延律师到堂,分向原告盘诘一过,即据原告之父投案,亦由原告代表律师诘据,供称原告系我之子,被告前年向其商借金洋一万元,我亦目睹是实,并由被告代表律师向之诘问前情一过,中西官核供判被告均交原保,候展期再讯。”(《指控不还金洋之集讯》,《申报》1921 年 3 月 23 日)

3 月 26 日续审,报道说:“英商西披来生在公共公廨呈控来生洋行买办唐鼎臣及承裕鲜蛋公司郑源兴不还借款美金一万元一案,原告证供已志本报。前日下午由廨续审,经唐之律师向唐诘据供称,前年我在爱司来生处为买办,至去年十二月二十七号止,经办货物十三批,被欠银一万零八百八十三两,由爱司来生立与我欠据一纸。时郑源兴与原告及爱司来生父子均在场目睹。后向爱司来生索偿欠款,彼乃以一万元美金交我作抵一部份之欠款,惟爱司来生嗣又向我及郑告贷,我因其旧欠未清不允,西披来生遂令我向有利银行探问美金价格,拟将受抵金洋变卖。后我商由爱司来生，同意将美金卖去，所得仍不敷所欠。其时原告已赴美，及其回沪，云美国蛋黄价昂，请我代办一千箱。我以与原告素无往来，当即拒却。原告乃请示其父爱司来生与我订合同，代为购办，每箱价目美金十一元，向承裕公司定购千箱，计价一万一千元。将货装去后，原告延不付款，故原告父子两人实欠我蛋价美金一万一千元，及前欠除受抵美金变卖外之三千余两，均有账可查。我已向英按察使署起诉，不料原告反投贵公堂朦控云云，并由汇丰银行出口汇票大班温脱、有利银行大写劳尔，分别到堂证明去年四月间，被告至伊等银行探问美金价格，出售美金情形。旋由原告律师向以上人证盘驳一过，俞襄谳及英包副领事以时将暮，宣谕退庭，展期续讯。"（《唐鼎臣郑源兴被控案之续审》，《申报》1921年3月26日）

是年，女儿爱青出生。"源兴替她起个名字叫爱青，是喜爱鲜绿的意思"。［郑爱青、戴丽荣、郑美珠：《华人大班郑源兴(1891—1955)》，第83页］

1922年　32岁

年初，向鄞县东乡九都一图周家岙修复去年被大水氽去桥路捐洋5元。（《鸣谢》，《申报》1922年5月5日）

7月间，与同乡蛋业前辈楼其梁等发起设立南市乙种商业学校及附属义务国民学校各一所。《申报》报道说："甬籍旅沪商人楼其梁、董佑章、郑奎元、刘全高、郑源兴、朱友生、郑芳桢、杨久和、郭小泉、刘颐云等，近发起南市乙种商业学校及附属义务国民学校各一所，完全由承余堂设立，贫民子弟概不收资，提出市房数幢以固基金，公推董佑章、包鹤年为学务董事，聘定董浚敏为校长，王立炯等为教职员，从事设备。定本年秋季开学，闻已缮就简章呈县立案云。"（《蛋业巨商创办学校》，《申报》1922年7月9日）

1923年　33岁

是年，在收购倒闭的美商大美冰厂基础上，成立茂昌公司，以蛋业前辈楼其梁为董事长，聘原大美经理卡尔登为厂务主任兼工程师，聘大美厂的金绍南为厂务副主任，郑源兴为经理，郑方正为副经理，以各蛋行人员为骨干，自行设立冰蛋厂，以便冲破外商进出口洋行堡垒，直接向国外推销。对外定名为葡商茂昌洋行（英文名为 China Egg Produce Co.），对内定名为茂昌蛋厂。对于为何挂外商牌子，据后来成为茂昌公司重要人物的袁恒通分析，其主要原因有三：

（1）外商蛋厂利用特权及资力雄厚，经济侵略日益加深，采购鲜蛋初尚到少数大都市，继而深入内地市镇进行设厂，不仅上海蛋价为其操纵，即产地价格亦为其垄断，任意压低收购价，极尽其巧取豪夺能事，承余公司有被消灭的危险性。

（2）承余公司曾委托美商大美机冰厂加工冰蛋 10 吨，用双钥匙牌商标，由英商洛士利洋行潘国祺转英国伦敦总行试销，认为质高价廉，愿为经销，试制及推销成功，销路有了把握。

（3）国人自己采购鲜蛋沿途捐税重重，成本很高，而外商则利用不平等条约的关税特权，使用三联单，一切内地常关卡厘捐（即子口税），可以抵付海关税，因此利用葡商名义向上海葡萄牙领事馆注册，以便在内地采购鲜蛋，同样可以利用三联单，享受与外商同等权利，降低成本，获取较大利润，与外商蛋厂竞争，名虽洋商，实无外人投资。［袁恒通：《茂昌蛋业冷藏公司沿革史（修正稿）》，上海市档案馆藏，档案号：Q229－118］

1924年　34岁

11 月 7 日午后，出席百老汇路商界联合会职员会，并为兵灾善后事宜，“与承余公司郑奎元、刘金高、郑芳桢合捐七十元”。报道说:“国闻通信社云,昨日午后二时百老汇路商界联合会开职员会。邓志扬主席,决议事件如下:(一)主席报告本会前因救济灾民故,托益利号办到台米一百石有奇,价洋一千零四元,已由会于益利存款项下支取垫付等情,并请筹议一切,议决是项垫款指定将来募集之兵灾善后捐款内拨还之,其所存之米则俟价银拨还后,交由商界总联合会运灾区赈施。(二)公推邓志扬、许廷佐、王汉礼、鲍仲禹、刘仲英君等为兵灾善后募捐员,准于九日分途出发,向各商号劝募,并由到会诸君先认捐助银额如下:邓志扬五十元,王汉礼二十元,承余公司郑源兴、郑奎元、刘金高、郑芳桢合七十元。时已钟鸣四下,遂散会。”(《百老汇路商联会开会纪》,《申报》1924 年 11 月 8 日)

是年春,茂昌开始为洛士利洋行代制冰蛋,运销英国各埠,并获得成功。(崔蔚人:《蛋大王郑源兴》,《文史资料选辑》第 146 期,第 126 页)

1925 年　35 岁

4 月,向公共公廨诉丁龙记商户“霸屋不迁”,结果胜诉。报道说:“郑源兴诉丁龙记霸屋不迁案,被告延包仁律师代辩,堂谕予限被告三个月迁移,准原告具结收回自用,不得另租他人。”(《公共公廨讯案汇录》,《申报》1925 年 4 月 17 日)

5 月 24 日,其间,北方津浦路一线由于军阀混战,交通断绝,茂昌等收集的大量鸡蛋难以运出,“均渐变坏”。为此与和记、海宁洋行电告北洋政府交通部。该部于是日致电济南张督办、津浦路局,要求予以设法疏运。其电曰:

济南张督办、津浦路局鉴:

据蚌埠和记、茂昌、海宁洋行电称,自津浦南北军队移防,车辆悉被征用,商货因之阻滞。九十次车停开旬余,百货堆积如山。敝行等存蚌埠鲜蛋千余吨,计值七十万金,无车辆运,均渐变坏,血本将归乌有,务恳贵部转电济南张军长,饬属放还车辆,恢复九十次车开行,俾敝蛋业装运,并恳饬路局指拨车辆，专运鲜蛋，以保血本等情。查近来津浦沿线存货约有二十万吨，只以军队留车过多，几使货运完全停顿。转瞬夏令，阴雨连绵，枵腐极为可虑，自应调集车辆，赶紧疏通，以抒商困。除饬局设法疏运，电请张督办放还车辆外，即希查照，饬将占车迅予放还路局备用，仰即设法疏运为荷。交通部寒。（《交通部致济南张督办津浦路局电》，《交通公报》第 913 号，1925 年）

是年，为进一步开拓英国市场，出资 10 万元，在伦敦设立海昌公司，重金聘原英商培林蛋厂经理葛林夏为经理，专销茂昌 CEPCO 商标冰蛋，为打入欧洲市场迈出重要一步。当时郑源兴与葛林夏签订了一份十分富有激励的合约，概括起来，主要有以下几条。（1）海昌公司总部设在伦敦，在联合王国、北爱尔兰以及欧洲大陆全力推销以茂昌公司英文名字（China Egg Produce Company，CEPCO）为商标的各类蛋品。葛林夏全权负责办公室租赁、职员雇用和一切推销事宜。（2）在遵守合约的前提下，海昌公司被授权拥有自行报盘、受盘和签订交易合同的权利。（3）海昌公司必须认真研究不断变化的市场情况，为茂昌公司提供有助于蛋品销售的一切建议，并且每月底将销售报告交给茂昌公司。同时，茂昌公司

伦敦海昌公司货仓旧址（2018 年 7 月 18 日伦敦大学罗国晖博士拍摄）

在价格波动、业务方式变更等方面，茂昌公司给海昌公司提出建议。(4)海昌公司不得从事任何与茂昌公司业务无关的业务与投资活动。(5)茂昌公司每年支付给葛林夏 1,200 英镑的薪水，并且将海昌公司每年所获净利的十一分之一作为红利奖励给葛林夏，且保证这份红利不低于 500 英镑。如果这一成净利不足 500 英镑，其差额由茂昌公司支付。[袁恒通：《茂昌蛋业冷藏公司沿革史(修正稿)》，上海市档案馆藏，档案号：Q229－118；《茂昌股份有限公司关于聘请伦敦分店代理人的契约》，1927 年 1 月，上海市档案馆藏，档案号：Q229－1－4－53]

1926 年　36 岁

12 月 12 日下午，接待奉化孤儿院筹备处张泰荣等，欣然表示“极为赞成”该院事业。张泰荣在当天日记中写道：

> 十一月初八日(十二月十二日)　日曜日　天雨
>
> 晨赴同乡会查明未注之各同乡通讯处后，即将付邮手续完竣，返旅馆检点客账，忽小叔来，以曾有电报相告也。相晤之下，畅叙一切，并交捐册一本、洋一百元，旋同用午膳。膳后与汪子祥先生同赴黄浦路茂昌公司访郑源兴，其人甚和蔼，谈孤儿院事，极为赞成。傍晚回旅馆略憩，又出邀英卿同至美球钟表店一洽锡庆所托买表事，又至王秋程处，略叙片时，辞出至旅沪第八公学周琪处宿夜。[奉化市档案馆：《张泰荣日记》(第一卷)，宁波出版社 2015 年版，第 282 页]

青年时期的张泰荣

1927年　37岁

1月7日午后，出席百老汇商界联合会选举大会，当选为评议(员)。《申报》报道说："百老汇路百老汇路商界联合会，于昨日下午二时开六周选举大会，到会员职员百余人。公推刘春华主席，开会秩序(一)主席报告开会宗旨，(二)全体起立向国旗行二鞠躬礼，(三)总务主任刘仲英报告一年中经过情形，(四)会计主任报告账目，(五)来宾朱保罗演说，(六)会长邓志扬当众开启选柜，推朱贤林、刘仲英二君检票，林荣华、童文正、李孝义、周龙璋四君唱票，结果被选职员：正会长许佐廷，副会长沈厚齐、童耀德，总务科长刘仲英，评议张景清、刘春华、周继发、林荣华、郑源兴、周龙璋等。(《各商联会消息》，《申报》1927年1月8日)

2月，茂昌蛋厂与永丰泰、庆德堂等商号致函所在的菜市街商界联合会，要求房东洛士利洋行"收回加租成命"。报道说："菜市街商界联合会昨为永丰泰、庆德堂等要求援助加租事，特致函房东洛士利洋行请体恤商艰取消成议。原函云，谨启者，敝会兹接会员永丰泰、干丰泰、庆德堂、同泰、华裕隆、倪顺兴、裕甡祥、薛长盛、顺泰、三泰、云兴馆、邵顺昌、正大、生隆昌、瑞丰祥、茂顺昌、协顺祥、稻香村、永丰祥、茂昌等来函，略称会员等顷据房东洛士利洋行通告，自丁卯年起一律加租三成云云。阅悉之下，不胜骇异。查敝处房屋新旧不等，共计数十幢，其中新屋房租颇大，会员等迁入营业，亦仅及二年，而旧屋则已于去年加过一次。当此商情疲敝，市面不振，百物昂贵，开支浩大，会员等勉强维持已有左支右绌之势。故此次房东通告加租三成，实躬不堪负担。素仰贵会热心公益，维护商业，用特联名盖章具函前来，敬恳鼎力援助，转请房东洛士利洋行，体恤商艰，取销加租原议，迫切陈词，立盼裁夺等语前来。据此，查目下商市不振，商家营业殊属困难，而百物昂贵，开支尤为浩大。此中苦况，自系实情，用敢代为请命，敬恳贵洋行体恤商艰，并念多年宾主感情，收回成命，将加租原议取消，不胜感幸之至。临颖神驰，伫候明教。"(《函请收回加租成命》，《申报》1927年2月14日)

4 月，在接受企业债务基础上，在象山石浦改组成立茂昌分公司。相关信息可以从刊登在 1927 年 4 月 27 日的《申报》上获得：

浙江石浦茂昌公司受盘施茂昌蛋行紧要声明

敬启者，施茂昌蛋行，系施鹏飞即阿华君独资开设。当民国十四年向上海朱慎昌与顺昌两行借洋二千五百元，嗣因乏款归还，于本年二月十九日由该行主施鹏飞君挽中史桂卿君出立推据，愿将该行原有行基生财及应收账款统归朱慎昌、顺昌两行接受，以作偿还借款。双方接洽妥当，遂将施茂昌改组为茂昌公司，此后营业盈亏均由本公司负责，与施君丝毫无关。所有以前该行人欠款项当然由本公司照收，或该行欠人款项，概归施君自理，与本公司不涉。恐外间不知真相，特登申新两报声明，诸希公鉴。

1927 年与葛林夏(左)及儿子学俊(前)等合影

10 月中旬，茂昌公司重金聘用的美国技术人员卡尔敦回国。《申报》称其首创冻蛋业，“在华十年内所办事业实不在少”。报道说：“上海泰晤士报云，首创本埠冻蛋业之卡尔敦，已于星期六日乘约克逊总统轮返美。闻将休养家邦，不复来沪。卡氏初入蛋业后，见其时制蛋纷法之不善，潜心研究，发明一机。其原则犹为今日欧美通用之密克式机所引用，既而几经改良，制出蛋粉甚佳。忽其新机为火所毁，卡遂别求新法，悟真空制奶粉法之可有借鉴，乃创为真空干蛋机，于是制造蛋粉无须火焙，可用甚低之温度而保存其原味。嗣即挈以来华，其所制蛋粉之佳良，遂为中国冠。然仍不以自足，久之乃创冻蛋业，为海宁洋行、太平公司先后造冰藏栈、冰冻厂。嗣又集合中国蛋商，设茂昌洋行，兼营蛋粉与冻蛋，最近复开办冻鱼业，以冰冻鲜鱼，贩运各地。综其在华十年内，所办事业实不在少云。”（《首创冻蛋业卡尔敦回国》，《申报》1927 年 10 月 24 日）

10 月 23 日，作为奉化孤儿院董事，托人转告来公司募捐的奉化孤儿院院务主任张泰荣，“谓年内准如数介入”。张泰荣在当天日记中写道：

> 九月廿八日（十月廿三日）　日曜日　天晴
>
> 晨，至同乡会，后访汪宝棠，不晤。至世界药厂找云程，知住在德裕里，遂造访得遇，更知济民在，近方赴杭，乃与畅谈半天，午膳。膳后走访邬志坚、张南章、郎清和尚等，皆不遇。访周荆庭，谓即介。朱守梅处，交捐册一本。郑源兴，由袁恒通转洽，谓年内准如数介入。晚回颇迟，竹书兄亦在新社，饭后因培因兄之邀，游永安屋顶乐园，装置之精，美不胜述，我等遍游后

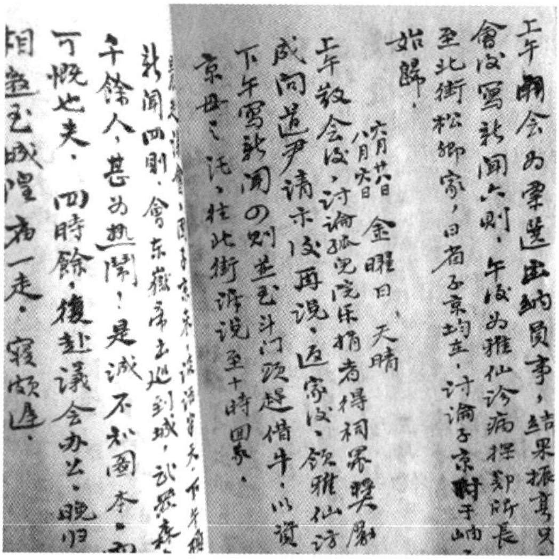

部分张泰荣日记影印件

看影戏《济公活佛》之一段，哀感动人。十一时归寝。[奉化市档案馆：《张泰荣日记》(第一卷)，第 334 页]

10 月 24 日，接待奉化孤儿院院务主任张泰荣及董事王才运，张氏在当天日记中写道：

沪上红帮领袖、奉籍商人王才运

九月廿九日(十月廿四日)　月曜日

天晴

今晨起颇早，盥洗后，即访才运先生，同用早饭。饭后雇车与才运先生到各家接洽，访汪宝棠、何绍裕、张云江、俞东照、郑源兴、何耿星、孙梅堂、邬志豪、王廉方、邬志坚、孙经培、朱守梅、袁履登等，计收集新写二千余元许。一方承王君竭力赞许，孤儿院名誉因此益隆。王君且宣言，愿努力于孤儿院，共负任肩，诚孤儿之幸也。可见凡事只要实做，天下明眼人固甚多也。[奉化市档案馆：《张泰荣日记》(第一卷)，第 335 页]

是年秋，与董事郑奎元、刘全高赴青岛度假，“发现胶济铁路沿线及青岛附近各地蛋源丰富，运输便利，气候又较上海为优，便计划在青岛设厂，就地加工出口鲜蛋和冰蛋”。同年，为开辟新的货源，派人在青岛李村设立采购鲜蛋分庄。(刘祖赉：《茂昌蛋业冷藏公司的历史回顾》，青岛市政协文史资料研究委员会编《青岛文史资料》第 6 辑，1984 年，第 106—107 页)

是年，茂昌公司设立鲜蛋装箱部，出口鲜蛋。其时，茂昌冰蛋日产量最高可达 60 吨，年产量达 8,000 余吨，职工 1,000 余人，加上季节工、临时工，总数不下三四千人，事业进入兴旺期。(崔蔚人：《蛋大王郑源兴》，《文史资料选辑》第 146 期，第 127 页)

1928年　38岁

4月11日，茂昌公司所呈函请土货内地出口已经完税，从内地运沪请准免重征的要求，获国民政府财政部关务署批复同意。批文如下：

> 呈一件，为茂昌洋行函请土货由内地出口已经完税运沪准免重征请示遵由。呈悉，查土货复进口按照征收内地税办法，应征一.二五内地税，与土货出口应征二.五内地税，并非同一税项，自不得以重征论。惟此就海关应征之内地税而言，至常关征收税并无进口差别，税率之规定与海关办法显有不同，其所应征之内地税自不能袭用海关税目，以为准则。此次茂昌洋行在芜湖、裕溪等处采办鲜蛋土货，由内地出口时，既向该属常关报完正税及内地税，现在轮驳到申，照章虽应投报常关完税，而按照征收内地税办法第三条内列土货出口其在任何常关已照章完纳内地税者，经过他常关不再征收统一税项之规定，该属常关之内地税局自不能再征同一税项之内地税，致背定章，仰即知照，此批。（《国民政府财政部财政日刊》，第121号，《国民政府财政部关务署批第九〇八号》，1928年4月11日）

7月1日晚，南市茂昌蛋行遭劫。报道说："南市董家渡一枝春茶楼下层，有茂昌蛋行，系北市茂昌分行，在各内地收买蛋货，运至总行。前晚八点三刻时，行已收市，突闻叩门甚急，云访经理翁先生，如不在，则可由账房接洽，因北市三茅阁桥协记行，欲买大批鸭蛋。该行信以为真，启门后，突进入盗匪四人，身穿罗纺长衫，头顶草帽，形式颇似商人，当先一盗出示手枪恫吓，禁阻声张。账房董富康瞥见盗匪后，即被迫令交出账簿，看见账簿结束处有存款五千余元，后令交出钥匙，将各人赶往上楼。盗等将手提箱内所藏钞票洋一千六百元及现洋二十余元，一并劫取，分纳衣袋，即一声暗号，偕把门两盗启扉向南而逸。该行即报一区一所，由赵巡官督带巡长追捕，盗已去远，未能拘获，即赴该行勘视被劫真象，回报刘所长核示。”（《茂昌蛋行遭劫》，《申报》1928 年 7 月 4 日）

是年，向天主教三德堂的永安地产公司租下南市十六铺外滩枫泾路的一块地皮，自建九层钢筋混凝土的冷藏仓库，设有制冰设备，仓容量 2,000 吨。该仓库于次年对外营业，定名为沪南堆栈，后改称沪南冷藏部（简称“南厂”）。（崔蔚人：《蛋大王郑源兴》，《文史资料选辑》第 146 期，第 127 页）

是年，向国民政府经济部注册成立茂昌蛋业冷藏股份有限公司，除去“葡商”两字，下设厂务、进货、出口、会计、运输、冷藏等部，是为国内首屈一指的全能蛋品加工企业。［袁恒通：《茂昌蛋业冷藏公司沿革史（修正稿）》，上海市档案馆藏，档案号：Q229－118］

是年，向青岛日商浪华油坊购入青岛港附近商河路四号的旧厂房及空地两块，设立茂昌青岛分公司筹备处。（崔蔚人：《蛋大王郑源兴》，《文史资料选辑》第 146 期，第 127 页）

是年，开始在法租界永嘉路（当时称西爱咸斯路）617 号建造自用大宅。据说，当时这里还没有开发，四周都是棉花田。“源兴有一个梦想，他要建造一幢可以跟英国宏伟大宅媲美的房子，这横跨 617 至 621 三幅屋地的大宅把他的梦境变成真实。”次年，大宅建成使用，从此郑源兴一家一直居住在这里。“在这高三层的大宅里，每层都有五个宽大舒适的房间，617 和 621 在楼梯转角处远多设一个房间，当地俗称亭子间。顶层和中层各有浴室三间，底层只得两间。仆人宿舍在 617 和 621 小厨房的楼上，有小螺旋楼梯直达。617 车库楼上有两处房间，住了司机和园丁。

厨房烹煮用的是煤气，水汀暖气运整间大屋。地板、窗框、楼梯等所用上等木料都是经过处理，从英德两国输入。房间的窗户都很大，屋两端的房间更有宽敞的露台。底层的法式落地玻璃窗望向花园。

屋外底层窗户下的花床，种满了茉莉花，花香在漫长的夏日里飘进屋内，终日不散。沿着草地两旁种了果树。许多时候，草地用白色带子围起，中间架起球网，变作两个网球场。草地远处花园的尽头，是源兴的温室，在冬天把最心爱的花保护好。那里还有个小水池，池水不深，上面架了一座中式小桥，孩子们最爱

在上面追逐嬉戏。”[郑爱青、戴丽荣、郑美珠:《华人大班郑源兴(1891—1955)》,第111页]

上海永嘉路郑宅全貌

1929年 39岁

4月初,茂昌蛋厂为其所购“日货充公,贿洋没收”事,致函上海市救国会,要求“迅予召集公断会,以释商艰”。(《市救国会第二次执委会议》,《申报》1929年4月13日)

8月间,所在的郑源泰蛋行向中国红十字会时疫医院捐款20元。(《中国红十字会时疫医院谨谢》,《申报》1929年8月11日)

11月6日晚,设在苏北高邮的茂昌蛋行遭劫。报道说:“县属二沟镇,昨晚(六日)七时,突来股匪三四十人,各执枪械,扼守镇西人字河两岸,声言来镇洗劫。公安分局毕巡长得讯率警抵御,激战数十分钟,无奈人少势孤,被匪抢去长枪两支,毕乃率警退回,一面派人至二垛公安队及一沟水巡队求援。匪闻求援消息,始呼啸而去。事后调查,只茂昌蛋行损失数十元。(《高邮股匪拟洗劫二沟

镇》,《申报》1929 年 11 月 11 日)

12 月,向上海二马路中国红十字会望平街东首筹振处捐洋 5 元。(《二马路中国红十字会望平街东首筹振处谨谢五十四次宝塔捐》,《申报》1929 年 12 月 8 日)

是年,租借青岛青城路一号日商石桥洋行仓库,试制出口冰蛋,并自建新式厂房。次年 3 月,工程完工,全部投资达 120 万元。每日可迅速冻冰蛋 60 吨,冷藏容量为 3,000 吨。该厂于 1930 年底投产,定名为茂昌股份有限公司青岛分公司。任郑方正为驻青岛的常务董事,列铁臣为经理。每日可拷蛋五六十吨,年产冰蛋五六千吨,职工达六七百人[①]。(崔蔚人:《蛋大王郑源兴》,《文史资料选辑》第 146 期,第 128 页)

1930 年　40 岁

2 月 18 日下午,主持茂昌股份有限公司创立会。公司成立,"以投票法选举董事",结果郑奎元、刘泉皋、楼其梁、郑源兴、郑芳桢当选,"以投票法选举监察人",结果郑星炎、朱金水当选。[《茂昌股份有限公司董事会决议录》(第一册),《茂昌股份有限公司股东会议记录》,上海市档案馆藏,档案号:Q229-1-183-25]

茂昌公司首任董事长郑奎元

2 月 22 日,茂昌股份有限公司第一次董事会议召开,郑源兴没有出席,但仍被推举为代表公司董事。"郑奎元君被选为董事长。"[《茂昌

① 据老青岛人回忆,泰山路的西头与商河路、青海路交界处有一栋浑厚的红色建筑,格外显眼,它以前是青岛茂昌蛋厂,是 20 世纪 30 年代由奉化人郑源兴所建。我国早期工运领导人陈少敏曾经在这里做过工,她以蛋厂女工的身份配合时任山东省委代理书记的任国祯开展工作,先后组织了青岛纱厂、四方机车厂、烟厂等工人运动。中华人民共和国成立后,曾担任过中国纺织工会主席、全国总工会副主席和党组副书记,是中共第八届中央委员。

股份有限公司董事会决议录》(第一册),上海市档案馆藏,档案号:Q229－1－183－25]

6 月 7 日,上海特别市蛋业同业公会成立,被推举为主席委员。为此 6 月 19 日上海特别市蛋业同业公会在《申报》刊登公告,文录于下:

上海特别市蛋业同业会公告

本会奉令依法改组,业于六月七日正式成立。兹特公告如下:(一)名称:上海特别市蛋业同业公会,(二)地址:北京路一百号,(三)职员:主席委员郑源兴,常务委员郑源兴、陆伯岐、王锡蕃、徐传鑫、张瑞芝,执行委员郑源兴、沈松盛、徐传鑫、王锡蕃、陆伯岐、乐楚廷、王理荃、郑芳桢、顾光敷、邱尔刚、张瑞芝、董明祥、朱纪笙、金泰亨、朱金水,(四)商整会证明书号数:整字第三十三号。(《上海特别市蛋业同业会公告》,《申报》1930 年 6 月 19 日)

据其后人记载,郑源兴为公会"定下的目标不是完全跟政府对抗,而是说明其他会员把产品标准化,使他可以进一步帮助他们输出海外。他把茂昌(标号 CEPCO)沿用的鸡蛋采购、分级、包装、订价、输出等规则更新,供全会使用"。[郑爱青、戴丽荣、郑美珠:《华人大班郑源兴(1891—1955)》,第 157 页]

而据其同事刘祖赉回忆,同业公会主要制定并执行"联购鸡蛋的协议",其主要条款有两点:

其一,划片采购:将我国产蛋地区划分为上海、青岛及天津 3 个采购区域。协议规定各厂不得越界采购。这次协议除 8 家同业订约遵守外,上海茂昌与英商和记洋行另有口头君子协定,即和记洋行今后不在青岛设立冰蛋厂,以换取上海茂昌同意放弃在汉口开设冰蛋工厂的打算。

其二,议价分货:各区冰蛋工厂各自议定本区内各厂设庄地点及采购鲜蛋价格,报送上海中国冰蛋业同业公会备案。各区每周例会一次,除讨论各区货源、市价等问题外,还要按照各家分货比例进行结算,多退少补,超购部分予以削价处理,借以维护协议的贯彻执行。为保持住冰蛋业的垄断地位,1935 年,上海中国冰蛋业同业公会委托上海茂昌用旧法币 2 万元,将青岛辽宁路东段由赵智远开设的美丰蛋厂(早已停业)收买下来,赵智远也由茂昌聘为顾问,聘期十年。赵智远承诺受聘期间,不得自行经营一切蛋品业务。上海中国冰蛋业同业公会在收买美丰的同时,还委托上海茂昌以旧法币 5 万元,将已停业的上海中央冷藏公司全部设备收买,雇工拆卸标卖。(刘祖赉:《茂昌蛋业冷藏公司的历史回顾》,青岛市政协文史资料研究委员会编《青岛文史资料》第 6 辑,1984 年,第 102 页)

8—12 月,赴欧美考察①,其"经过大略,自八月间,由上海趁东洋轮前往,先到美国,次到英国,其他德法等国调查"。其工作重点在伦敦并取得了巨大成功,在葛林夏的协助下,郑源兴会见了和记、怡和等外国蛋厂总部的负责人,其有关成立中国冰蛋业公会(Refrigerated Egg Packers Association of China)以维护中国冰蛋在欧美市场的销售规模和价格水平的主张,得到了外商蛋厂的支持。[《茂昌股份有限公司董事会决议录》(第一册),上海市档案馆藏,档案号:Q229 - 1 - 183 - 25]

在海上航行途中留影(1)

在海上航行途中留影(2)

11 月 11 日,出席在伦敦怡和洋行总部召开的中国冰蛋业公会成立会议,作为茂昌公司代表,与和记、怡和、班达、海宁、高瑞和培林 6 家外资蛋厂的代表协商,决定对中国出口至欧洲的冰蛋实施限额销售,目的是解决生产过剩与价格下

① 据袁恒通记载,郑源兴为了解海外冰蛋供销情况并组织行业团体等事宜,先后 8 次出国赴欧美考察。由于史料的局限,本书编入查到的 5 次。

跌的问题,“以使和记蛋厂和其他蛋厂的冰蛋分别在1933年3月31日和1932年6月30日之前维持在各自销售需求的产量水平上”。其关键在于对成员在欧洲市场上的销售份额进行了划分。最初“确定总的销售规模,冰蛋为5万吨,鲜蛋为15万箱,分别对应的金额为250万英镑和50万英镑”,其中“冰蛋和鲜蛋分别占预估销售金额的80%和20%的比例”。此次会议的召开,标志着中国冰蛋业公会及其组建的价格卡特尔的正式成立。(《茂昌股份有限公司有关远东到欧洲冷冻吨位分配表、伦敦与茂昌公司往来业务电报、中国冰蛋业公会会议事录、中国冰蛋业与有关公司业务信件》,1930年11月11日,上海市档案馆藏,档案号: Q229-1-108;《茂昌股份有限公司有关远东到欧洲冷冻吨位分配表、伦敦与茂昌公司往来业务电报、中国冰蛋业公会会议事录、中国冰蛋业与有关公司业务信件》,1930年12月30日,上海市档案馆藏,档案号: Q229-1-108)

1931—1932年度中国冰蛋业公会会员的销售比例

公司名称	冰蛋(%)	鲜蛋(%)	80%冰蛋+20%鲜蛋的加权	合计
和记洋行	36	21	28.8+4.2	33%
茂昌公司	24	22.5	19.2+4.5	23.7%
培林洋行	16	35.5	12.8+7.1	19.9%
班达洋行	11	7.5	8.8+1.5	10.3%
高瑞公司	8	11	6.4+2.2	8.6%
海宁公司	5	2.5	4.0+0.5	4.5%
总额	100%	100%		100%

数据来源:《中国冰蛋业会议议事记录》,1930年12月30日,上海市档案馆藏,档案号: Q229-1-108。

11月下旬,署名发起蛋业前辈、镇海旅沪士绅楼其梁九十寿庆活动。(《预祝镇海楼其梁先生九十大寿敬告同乡亲友》,《申报》1930年11月23日)

12月1日,中国冰蛋业公会在伦敦成立销售份额分配委员会(The Distribution Committee),分配委员会(以下简称“委员会”)由各家蛋厂的代表组成,每家蛋厂的代表不得超过2名却仅有1个投票权,决议遵守少数服从多数的原则。委员会制定的销售规则共计17条款。概括起来,主要有以下几个要点。

(1) 委员会负责管理所有成员在英国和欧洲大陆的冰蛋销售事宜。每个成员的代表必须将销售合同交给委员会审批，并且接受和遵守委员会的决定。(2)委员会以各成员原有的销售量为基础，确定它们的份额比例。每年初，委员会根据成员的配额比例和存货量，决定每个成员本年从中国运入的冰蛋数量。每个成员一年最多销售的数量必须在其配额之下。(3)只有一等、二等的冰蛋才能销售，在英国市场上销售的二等冰蛋不能超过总销售量的7.5%，在欧洲大陆，二等冰蛋也不能超过总销售量的7.5%。(4)委员会根据市场变化适时确定最低销售价。最低售价是到岸价(CIF)加上不同存储地点和条件引起的不同额外费用，并依据销售量的不同而实施差异性价格。每个成员必须同意并且保证其销售的价格不得低于委员会确定的最低销售价格，不过它们有权利卖出比最低价格更高的价格。分配销售份额和确定最低售价是委员会最重要的两个职能。(《茂昌股份有限公司与培林、班达、怡和及海宁等六家公司组成同业公会的档案》，1931年2月，上海市档案馆藏，档案号：Q291-1-5-308)

12月23日下午，作为公司总经理，向公司第二次董事监察联席会议提交书面报告，报告本年8月赴欧美考察情形。并认为公司营业困难，“筹备减省”，董事监察全体通过。[《茂昌股份有限公司董事会决议录》(第一册)，上海市档案馆藏，档案号：Q229-1-183-25]

1931年　41岁

1月17日，作为会员，出席中国国际贸易协会成立大会。会议“由实业部长孔祥熙主席致会词，张公权报告筹备经过情形，任嗣达代理主席，讨论并通过国际贸易协会章程，末选出张公权等理事十七人，陈嘉庚等候补理事九人”。(《国际贸易协会详报》，《大公报》天津版1931年1月22日)

1月18日下午，出席茂昌公司第三次董事监察联席会议。[《茂昌股份有限公司董事会决议录》(第一册)，上海市档案馆藏，档案号：Q229-1-183-25]

1月22日，青岛分公司经理刘铁臣出席工商部青岛商品检验局召集的输出蛋业各商谈话会，讨论应对美国限制对华蛋品检验诸问题。该局并要求茂昌公司将会议相关决议转告同业。可见公司在青岛蛋业界具有重要地位。相关会议记录如下：

本局招集输出蛋业各商谈话会记录(一月二十二日)

出席者：局长　周主任　何鹤全　谷延庥　李事务员　茂昌公司　培林洋行　兹美洋行　天成洋行　石桥洋行

主席：局长

记录：谷延庥

一、开会如仪

二、主席报告

本局开办年余，各方颇有相当认识，但关于企图国外贸易发展各事项，有须从长计议者颇多，故特招请诸君来局讨论。今承诸君牺牲宝贵之光阴，惠临本局，至为感谢。

三、讨论事项

(1) 美政府对我国干蛋严格检查及拒绝进口应谋对策案

主席报告：近年来，美国政府对于我国制造之干蛋，时有借口陈腐不适用途拒绝入境之事发生，以致商人损失甚大。长此以往，我国蛋业输出商之前途极为可虑。兹为避免此种危害起见，特招集会议共筹妥善方策以应付之，务望到会诸君不吝发表意见。同时，本人主张凡我青岛输出蛋商，各将工厂设备、资本、制造及运输各事项逐一制成报告，以便由局汇送驻外各领事馆代为宣传。至本局，对于检验设备亦加以充实，凡经本局检验出口者，均将质量详细说明以求得各方之同情，则美国政府为舆论所迫，今后当不能再作无理之挑剔。然此犹为消极方法，更有进者，如美政府仍不稍改前辙，则本局当呈请国民政府，暂以美政府之对我者对彼，但对于此点，颇望商民与本局自为坚固之团结，自能强而有力。

天成洋行答称：敝行制造干蛋历有年所，对于出口检查，向取严格，去岁输往美国蛋粉曾有百十箱被拒入境，嗣经请求复验，计合格者百零五箱，不合格者仍有五箱，其不合格之原因系在船上置火炉旁受热之故，所幸损失甚小，但陕西河南等处土法制造者曾被全数拒绝入境，损失甚大，其货品之疵点当亦不少，倘能从事改良，今后自能较佳。惟美国不合格之品运至欧洲，往往合格，是亦可以明了美政府之用意所在。至局长发表之主张，绝端赞成，俟敝行开工后随时可以派员前往检验及调查制造情形。

培林、兹美洋行经理答称：美国产量极多，农事团体极为坚固，对于任何进口货均示不满，故对于干蛋之疵点，更得借口反对。敝行等对于局长今后之主张，极为赞同，至宣传办法，最好在各种工作时，请局中派人将工作顺序由始至终拍成照片，并说明底细，以便呈部转送各国。

茂昌公司经理答称：敝公司拟在此际停工时间，利用余暇从内地收货起至船上，一律拍照，与局长所主张之实况宣传用意正相符合。至三月底开工后，再请局中派人前往查勘，俾将工作之始末制成照片及说明，以便宣传。

周主任报告：现在美国检验酸度之方法，本局对于运美货品亦采用之，希望各行及各公司亦改用是法，并研究其所限酸度是否太高。如有意见，可随时向本局发表。

主席宣布决议：诸君对于此案意见既属一致，今后实施当然不成问题，则此案决议即为：俟三月底各行及各公司开工后，由商品检验局派员前往将工作之始末拍制照片，并说明详情，以便汇呈实业部转致驻外领事馆从事宣传。

(2) 鸡及鸡蛋展览会筹款办法案

主席报告：本局鉴于鲜蛋及蛋制品需要之巨，美政府对于干蛋检查之严，有提倡生产及改良质量之必要。现拟从筹办鸡及鸡蛋展览会着手，一方予以奖励以鼓舞生产者之兴趣，一方面在展览会闭幕后将种种改良意见普告出品者以图进步。至经费一项，明华银行张经理已允担任一二千元，本局拟呈请实业部拨款一二千元。惟本局为求完善起见，拟筹款一万元，不足之数可否由各蛋业输出商共同负担，即希公决。

天成洋行经理答称：产后六至八周之鸡蛋以制干蛋，其干黄之酸度即至一度以上，而农家习惯夏季所产之蛋以价廉，故类多储至秋冬始行出售，是以产品尤劣，颇望商品检验局予以矫正。又鸡瘟年年流行，鸡蛋生产量因之大受影响，敝行主张于提倡生产及改良质量之外，更宜注意鸡瘟之预防。至局为展览会经费嘱令共同分担，敝行极为赞同。

茂昌公司、兹美、培林洋行经理答称：对于分担展览会经费办法事，均极赞成。今后关于商业方面各事项，局中如须敝行等帮助者，仍愿竭诚尽力。

周主任报告：关于预防鸡瘟事，本局已早见及此。去岁，在台西镇设血清制造所专制各种血清及预防液，就中家禽虎列拉血清一种，刻已有大量出品。不日，拟在附近养鸡各农家施行，义务注射更逐渐推广。

主席宣布决议，展览会分担经费事既承诸君一致赞成，则此案谈话即可告一结束，其办法为请茂昌公司刘经理转告各同业，并担任筹备各项事宜。(《检验月报》第16期，1931年)

1月24—27日，《大公报》连续刊登柳汝祥《中国之加工蛋业》一文，其中在“主要生产地之生产状”一节中介绍了上海一地中外蛋厂的大致情况。文录于下：

加工蛋厂其初多系设在生蛋生产主要地方，嗣以政局不宁，运输不便及金融机关之不完备等因，前在乡间地方所设之蛋厂，业已停办。现今蛋厂，均集于交通较便，金融完备，营业安全之都会，其中以上海为最大，次为汉口、天津、南京等地，上海，现有蛋厂六家，生产力每年约在四万五千吨(约七十五万担)左右。兹将各主要蛋厂之所在地，及其内容略举如下：

(甲)上海

厂名	国别	资本	年产力(单位：吨)	制品种类
茂昌蛋厂	中	2,000,000元	10,000	冷冻蛋、湿冻蛋黄
培林蛋厂	英	2,000,000元	10,000	冷冻蛋、湿冻蛋黄
班达蛋厂	美	500,000两	5,000	冷冻蛋、湿冻蛋黄
海宁蛋厂	美	500,000两	5,000	冷冻蛋、湿冻蛋黄
怡和蛋厂	英	500,000两	5,000	冷冻蛋、湿冻蛋黄
和兴蛋厂	中	50,000两(注：原文如此)	5,000	冷冻蛋、湿冻蛋黄

上述六厂之中，班达、海宁、怡和三厂除制冷冻货品之外，并有干燥制品之设备。

3月17日午后，出席茂昌公司第四次董事监察联席会议。[《茂昌股份有限公司董事会决议录》(第一册)，上海市档案馆藏，档案号：Q229-1-183-25]

4月11日，茂昌公司冷气堆栈部在《申报》刊登通告，对积欠栈租3个月以上者催收租金①。通告曰："谨启者，下列各户因地址不明积欠栈租已至三个月以上，照章须将货拍卖作抵，今特再通告限各户于七日内将所欠栈租来行，完全付清后并随将存货出完，否则敝部当照章将存货当众公卖以抵偿栈租，倘有不足之数仍须向各户追偿。再者，各户或有货已出清，而栈租尚未清偿者，亦限七日内来付，否则当亦依法追偿，特此布告，诸希公鉴。各户名号如下(下略)"(《茂昌公司冷气堆栈部催收栈租通告》，《申报》1931年4月11日)

位于上海黄浦路的茂昌公司旧厂

4月15日，主持茂昌股份有限公司第一次股东会，"报告本公司十九年度营业状况"。会议选举朱金水、郑麟诗为公司监察人。[《茂昌股份有限公司股东会

① 其间茂昌持续开展租赁业务，租金收入成为公司收入的重要组成部分。

议记录(1931—1939)》,《第一次股东会》,上海市档案馆藏,档案号:Q229－1－186]

5月11日,宁波旅沪同乡会第六届选举揭晓,当选为执行委员。报道说:“旅沪宁波同乡会依照会章,每年选举执行、监察及基金委员,本届(第六届)投票选举,业于本月十日举行,昨为开票之期。自上午九时起至下午五时止,由该会公推推林子佩、徐芹香、方椒伯、毛和源、毛鲁卿、邱嘉梁等六人为监票员,当众开票,市社会局科派员琼森监选,结果选出方椒伯、王伯元、虞洽卿、张继光、邬志豪、孙梅堂、穆子湘、王东园、徐庆云、毛和源、何绍庭、吴经熊、张䌹伯、金廷荪、乐振葆、俞佐庭、邵宝兴、陈翊庭、李权时、吴志芬、郑源兴、陈忠皋、戴成祥等二十三人为执行委员。许廷佐、郭外峰、洪雁宾、陈良玉、贺宷唐、刘聘三、叶翔皋、戴景槐、毛志认、周宗良、蔡琴荪、周葶荪等十二人为候补执行委员。袁履登、陈蓉馆、蔡仁初、谢蘅牕、余葆三、徐圣禅、陈楚湘、董杏生、项松茂、邬挺生等十人为监察委员。张咏霓、陈掌文、胡孟嘉、魏伯桢、徐伯熊等五人为候补监察委员。秦润卿、盛安孙等二人基金委员,李寿山为候补基金委员。

该会又昨日下午二时,举行新会所落成十周年庆祝典礼,到张继光、徐芹香、洪沧亭、方椒伯等会董会员四百余人,济济一堂,颇极一时之盛。”(《甬同乡会选举揭晓》,《申报》1931年5月12日)

时为工商部国际贸易局局长的郭秉文

5月31日,出席工商管理协会举办的第九次聚餐讨论会。报道说:“中国工商管理协会昨日假座联华总会开第九次聚餐讨论会。原请清华大学教授陈达先生讲演《劳工立法之实际问题》,旋因美国戴乐协会董事、科学管理专家白鲁塞氏来沪,遂由陈达教授介绍,改请该氏演讲。是日到会者有陈达、郭秉文、潘公展、王云五、胡庶华、郭乐、黎照寰、潘序伦、蔡正雅、潘仰尧、任士刚、赵叔通、许超、郑源兴、赵禹锡、李升伯、常必诚、计健南、陶乐勤、王荫乔、沈燕谋、吴蕴初、盛灼山、曹云祥等。孔理事长因公未到,公推郭秉文主席。餐毕，首由该会干事长曹云祥报告工商管理人员养成所，经详细讨论，因经济关系暂缓进行。次由主席介绍 RWBrare 氏演说，略谓此次因调查基督教在东方所办之事业来沪，今承贵会招待，得与工商领袖相聚一堂，非常荣幸。惜为期短促，对于贵国工业情形无暇详细考察。至科学管理非惟注重减轻成本，增加生产，尤应顾虑供求之调和。敝国经采用科学管理后，实业确已日益发达，惟对于销路方面尚少顾及，致供求不能相无，出货难免堆积，仍有不景气之现象。此次旅行东方，愈觉经济问题与国际间有重大关系，非一国所能单独解决。今后希望中美两国人士互相了解，本合作之精神，联络一致，以增加两国间利益与友谊云云。至二时半宾主始尽欢而散。”(《白鲁塞演讲科学管理》,《申报》1931 年 6 月 1 日)

6 月 12 日，接待来访的奉化孤儿院张泰荣，答应为该院捐款。张泰荣的当天日记写道：

六月十二日(四月廿七日)　金曜日　天晴

访董心斋、陈粹甫、孙鹤皋、江辅臣，均未遇，仅晤王和兴，收来常年费一百廿元。晤郑源兴，承认半总队，有余力时增任半队。访王一亭，请看阳明字及请书汉、次二君联。

邀才运先生同至永安看藤器，似少可以仿做之物，将来工厂方针，或须改变。

寄宝信函，附捐册五本。四时下宁绍轮。同房林君，供职郑源兴南京经理处，谈甚洽。[奉化市档案馆：《张泰荣日记》(第二卷)，宁波出版社 2015 年版，第 565 页]

8 月 22 日，出席甬同乡急救汉灾①会议并当场认募。报道说：“宁波旅沪同乡会暨上海四明公所，昨为讨论急救旅汉被灾同乡办法，在西藏路该会演讲厅，召集大会，到百余人。推虞洽卿为主席，开会如仪，主席宣开会辞，略谓汉灾奇

① 1930 年夏秋间，长江发生罕见的大水，中部的两湖一带尤其严重，宁波人在汉口营生者众，为此旅沪同乡发起救援。

重，旅汉同乡日在水深火热之中，厥状凄惨。本会与绍兴七县旅沪同乡会、上海四明公所所组织之赴汉急救团，携带粮食药物，业已出发，需款綦殷，请各同乡踊跃输将，共襄义举云云。次由张申之报告办理急救汉灾情形。次讨论募款办法，邬志豪君提议，拟分认募及认捐两项办法，认募者须担任队长，每队额定洋二千元，认捐者则自由签认捐数，其目的暂定二十万元，方椒伯君附议，经主席提付讨论，议决通过。当场认募者有乌崖琴、毛和源、楼恂如、袁履登、张继光、陈松源、方椒伯、何绍庭、王贯心、孙梅堂、徐圣禅、王伯元、俞佐庭、洪贤钫、方式如、葛虞臣、杨永祥、邬志豪、郑澄清、厉维雄、郑源兴、浙宁会馆，张申之与蔡琴孙合组，竺梅先与金润庠合组，风静齐与石芝坤合组，葛虞臣与朱子奎合组等，计共念六队（洋五万二千元）。认捐者有张咏霓二千元、忻耘青一千元、董杏生一千元、秦润卿五百元、陆维镛五百元，以及陈楚湘、陈忠皋等各二百元，计共二万元，以上两合计洋七万二千元，其因事未到会同乡亦拟分别往募云。”（《甬同乡会救灾会议》，《申报》1931 年 8 月 23 日）

同月，实业部根据上海蛋业公会救济出口蛋业的呼吁，“咨财部研究关税情形并咨外部向美国交涉减税”。《大公报》报道说：“实业部前据上海市蛋厂业同业公会呈，以该业叠遭打击，商民无力维持，请设法救济等情。当经抄发原呈，令行工商访问局，派员前往查明实情，并拟具救济意见呈部，以凭核办去后。嗣据呈复称，派员至蛋厂公会切实调查，据该员复称，据新旭蛋厂代表声称，目下中国蛋粉，美国市场每磅（镑）美金二角，若加以入口税美金二角七分，合计为每磅（镑）美金四角七分，而美国土产蛋粉，每磅（镑）成本为美金四角四分，相差已有三分。吾国新订税则，每担蛋粉纳税银四两五钱，外加浚浦捐三厘，约计每磅（镑）负担出口税五分二厘，同业蛋厂（上海蛋厂业公会所有蛋厂皆散布于江苏、山东、河南、安徽一带），因内外交逼，停业者已有半数，其余诸家，因抛货关系，忍痛开工，然亦不能持久。至于救济办法，惟有一方免征蛋粉出口税，使国外市价可以减低，一方增加鲜蛋冰蛋出口税，间接减轻蛋粉成本。盖鲜蛋冰蛋什九属于洋商，洋商利用雄厚之资本，横施压迫，以致蛋价高，竞争日烈，华商资本薄弱，不得不退避三舍，实已创巨痛等语前来。查核该蛋厂代表所言，尚属实情，本局审慎讨论，救济目前治标之策，一为免征蛋粉出口税，减轻成本，一为组织蛋粉出口贸易公司，树直接贸易之基础，藉省佣金之负担，并推广他国销路，前已将研究经过详细具复在案。治本之策，亦分二项，一、令饬蛋厂业严格进货，改良出品。查吾国蛋粉之出口贸易，所以有不安现象者，外人之加税及恶意宣传，固为重大原因，华商中之惟利是图，不顾大局，以劣货混充及进货太滥，亦所不免。大凡新鲜鸡蛋所制之蛋粉，其酸度不过一度左右，倘能贮藏得法，每月不过增加一度，即使迁延二月，亦不致超过外人之规定（五度），一方对出口蛋粉应施严格检查，使一二败类无所施技，同时指导蛋厂，改良制造，出品精良，使外人无所借口。二、合并内地小厂，筹大规模之冰蛋厂，按海关统计册报告，近五年来蛋类出口，以冰蛋为最猛进，销路亦最广阔，然吾国之冰蛋厂，除茂昌公司外，皆在洋商掌握之中。以市场大势所趋，华商不知改变途径，兢兢于制造蛋粉一项，欲不失败，安可幸得。故为久远之计，宜联合内地各小厂，团结一气，筹划大规模之冰蛋厂，以与外人抗衡，而维对外贸易。抑有言者，近来鲜蛋出口，亦被外人把持，华商既无冷库贮藏，安能转运出洋，筹建冰蛋厂刻不容缓，可见一斑。至于此次美国增加关税，权操于人，吾国除竭力交涉要求修改外，或可采行关税保护政策，将美国输入之商品吾国出品所能替代者，如果品及罐头品两项，增加入口税（依民国十八年海关贸易册报告，两项合计值关银三百四十余万）是亦抵制方法之一云云。该部审核之下，当以我国蛋产向为出口大宗，年来各国提倡养鸡事业，不遗余力，蛋产增多，于是利用增加关税政策，蛋商复因而竞向市场贬价倾销，以致我国制蛋事业日见衰落，在国际市场上自难与人争胜。前项救济办法，洵属要图，除关于本部主管方面业经分别办理外，关于关税部分，将来如何规定，特咨请财部，发交国定税则委员会，研究参考。至此次美国增加关税，自应交涉要求修改，并咨外交部，转令驻美公使，体察情形，向美政府商酌核减矣。”（《救济出口蛋业》，《大公报》天津版1931年8月29日）

9月初，茂昌公司在外虹桥东堍沿河新建钢骨水泥洋栈一大间，向外招租。报道说：“外虹桥东堍沿河新建钢骨水泥坚固三层楼洋栈一大间，约计宽大五千方尺，交通便利，租价低廉，欲租者或有另趸货物欲临时租栈者，均向黄浦路四十四号茂昌公司接洽可也。”（《栈房召租》，《申报》1931年9月4日）

9月8日，实业部上海商品检验局经营蛋品对外贸易登记规则公布实施。

作为蛋业同业公会主席委员，接受上海社记者采访，对此表示支持，并呼吁同业对于出口之蛋品，“吾业应自知警惕，善自为之，不必待政府之监督也”。次日《申报》报道说：

实业部上海商品检验局拟订之经营蛋品对外贸易登记规则，经呈奉实业部公布施行，上海社记者，昨访本市蛋业同业公会主席委员郑源兴君，叩其对于该项规则之意见。兹摘录其谈话如次：

（问）依照经营蛋品对外贸易业登记规则，应取具殷实同业二家之担保，贵业感觉不便否？

（答）查此项登记规则实行以来，于敝业并无若何不便，原敝业家数不多，因对外关系，平时已有相当联络，彼此资力如何，信用如何，经历如何，出品如何，均各知之有素，故取具同业担保，比较取他业铺保尤易。

（问）蛋品出口例应报验，如检验局认真检验，则劣货自不能蒙混出口，何必定要取具同业担保？

（答）检验蛋品与检验其他货品不同，倘出口厂商，遇不得已之情势时，存心取巧，偶而尝试，则无论检验如何严密，亦防不胜防。本年中西各报所载，某公司因将蛋中掺水混装出洋，被国外买方发觉，涉讼法庭一案，可为明证，就管见所及，该规则所以取具同业担保者，盖恐一局耳目难周，欲借同业互相监视，以资防微杜渐耳。

（问）现在该项登记，凡属中外出口蛋商，会否完全照办？（答）就余所知者，已经全数照办。

（问）以后蛋品出口，能保完全良好，可免国外借口乎？

（答）实业部对于各商品检验局办理出口蛋业登记，倘能坚持取具殷实同业二家之铺保，全国一律照办，自可免除国外借口。谈至此，郑君复郑重谓记者曰，年来蛋品在国际市场，竞争极为剧烈，吾国蛋业同人，非一心一德，力求货物之精良，价格之平衡不可，偶一不慎，即予仇我者以大好宣传之资料，而置我业于万劫不复之境地，言之寒心。所以吾业应自知警惕，善自为之，不必待政府之监督也云。旋即与辞而出。（《郑源兴谈蛋品登记规

则》,《申报》1931年9月9日)

1931年汉口大水惨象

是月,因汉口大水成灾,以茂昌公司名义向国民政府救济水灾委员会捐洋1,000元。(《国民政府救济水灾委员会财务组第二次经收捐款清单合行公告鸣谢》,《申报》1931年9月14日)

10月6日,出席茂昌公司第五次董事监察联席会议并提出公司积余先令处置办法,获会议认可。[《茂昌股份有限公司董事会决议录》(第一册),上海市档案馆藏,档案号:Q229-1-183-25]

11月2日,在宁波天童寺为董事长郑奎元六秩做寿并召开公司董监会议,会上决定出资向沙逊洋行购买厂基。[《茂昌股份有限公司董事会决议录》(第一册),上海市档案馆藏,档案号:Q229-1-183-25]

11月14日,主持茂昌公司第六次董事监察联席会议。"追认卖买本公司厂基房屋事及报告经过情形,由董事监察联席会议追认照行。"[《茂昌股份有限公司董事会决议录》(第一册),上海市档案馆藏,档案号:Q229-1-183-25]

12月7日,主持茂昌公司第八次董事监察联席会议。"会议冷气栈主顾要求本公司作押款事报告情形,决议限额照行。"[《茂昌股份有限公司董事会决议

旧时天童寺外景

录》(第一册),上海市档案馆藏,档案号:Q229－1－183－25]

12月17日,主持茂昌公司第九次董事监察联席会议,“议决维护稳当生意起见,预揭先令限价”。[《茂昌股份有限公司董事会决议录》(第一册),上海市档案馆藏,档案号:Q229－1－183－25]

12月21日,出席茂昌公司第十次董事监察联席会议。[《茂昌股份有限公司董事会决议录》(第一册),上海市档案馆藏,档案号:Q229－1－183－25]

12月29日,茂昌公司外虹桥沿浜狄思威路七号钢骨水泥三层楼栈房在《申报》刊登招租信息:“外虹桥沿浜狄思威路七号钢骨水泥三层楼栈房一间约计三千六百方尺,内有中高大保险库一间,光线充足,交通便利,租价低廉,欲租者向黄浦路四十四号茂昌公司接洽。”(《洋栈召租》,《申报》1931年12月29日)

12月,为避免同业恶性竞争,前往伦敦,“向英国各冰蛋进口商游说,酝酿成立西欧进口中国的托拉斯组织。谈判卒因产销双方争执产销份额相持不下,未获成功”①。(刘祖赉:《茂昌蛋业冷藏公司的历史回顾》,青岛市政协文史资料研

① 对于此事,袁恒通却在回忆录中认为此次郑源兴赴英谈判获得成功。他说:郑源兴前往伦敦,在葛林夏协助下,与外商进行个别谈判,成功说服停止价格战,联合组织“冰蛋业同业公会”,以各厂原有的销售额为比例分配营业,在销售方面采取统一定价。(袁恒通:《茂昌蛋业冷藏公司沿革史》(修正稿),上海市档案馆藏,档案号:Q229－118)

究委员会编《青岛文史资料》第 6 辑，1984 年，第 103 页）

是年，著名的国货团体——上海机制工业联合会创办的《国货新声》杂志就政府颁布工厂法开辟专栏，邀请实业界人士讨论，郑源兴也应邀著文表达自己的意见。他认为"我国工业尚在极幼稚时代，欲期事事合法合理，追踪欧美，亦犹孩提之童，开始学步，而骤欲令其奔驰于寻丈之间，未有不踣仆者也"。（《国货新声》第 34 期，1931 年）

是年，向泰利地产公司租下黄浦路 34—36 号及闵行路 50 号新翻建的全部房屋，作为扩充冷藏仓库及制冰之用，定名为沪北冷藏部（简称"北厂"）。

上海永安地产公司设计的茂昌公司冷藏栈大楼

1932 年　42 岁

1 月 3 日，主持茂昌股份有限公司第二次股东会临时股东会。会议通过"照公司法更正之公司章程各条"。"主席报告二十年度营业状况，略云二十年度营业平平，官利勉强可发，呈之于应给请各股东表决，经各股东全体举手表决通过。”[《茂昌股份有限公司股东会议记录(1931—1939)》，《第二次股东会临时股东会》，上海市档案馆藏，档案号：Q229-1-186]

1月底，上海爆发日军进攻上海的“一·二八”之战，上海各界奋起救援前线将士。郑源兴及其企业员工也积极行动起来，其中茂昌公司同人先后“捐款二百二十元”“牛肉二百九十四斤”。(《上海市商会征集救济慰劳捐款物品第一分办事处(银行公会)代收慰劳金公告》，《申报》1932年2月26日；《上海市商会征集救济慰劳捐款物品第一分办事处(银行公会)代收慰劳品公告》，《申报》1932年2月27日)

而据其后人记载，当时“源兴举家和茂昌上下投入所有时间物资，跟其他上海市民一起努力抵抗日本人的侵略。他和一些商人合作，收买国民党军按时帮助他们向封锁线开枪扫射，拱形一条通道，好让补给品秘密运进城里。他们小心策划，尽量利用黑夜掩护行动”。而617号大宅则成为战时的避难所，“617满是到来避难人。最初只是时节常来过访的亲朋戚友，随着便是茂昌的职员和家眷，不久他们的亲戚和宁波的同乡都来了，最后大群无家可归的人也挤进来。617

上海“一·二八”事变中逃难的市民

尽力给他们提供食物；晚上他们睡在大宅各处地上、走廊、楼梯；白天受炮火声时，他们挤进楼下和二楼，每一个角落都塞满了人”。［郑爱青、戴丽荣、郑美珠：《华人大班郑源兴(1891—1955)》，第 137—138 页］

8 月 3 日，接待奉化孤儿院张泰荣，表示“所认款项，谓无论如何困难，必不爽约，稍宽时日续介若干云云”。张的当天日记记录如下：

八月三日(七月初二日)　水曜日　天晴

起床甚早，再访竺为品，收回册一、银一百四十元、桥捐十元。回社，诰旌、际青相候，乃送诰旌至北站，以伊赴镇江履新也。告别，访郭永澜先生。孙纫兰先生付支票二百七十元，折交祖同代为收藏，并托在三十六元以上代脱廿关五千元。访陈掌文先生未晤，情形特殊，弥感募捐苦痛。访竺梅先先生，收回册五本。访张伯琴先生，洽定自二十二年起认常年经费六十元。访袁恒通，陪访郑源兴，所认款项，谓无论如何困难，必不爽约，稍宽时日续介若干云云。

访陈忠皋，晤王涨兴，前交之册遗失备函证明，认款二百，以已毁之建设券抵充，惟尚待与县府洽后可定。访子佩，谈甚久。驱车至民益厂，与兄叙谈至晚十二时，宿厂内，咳嗽更剧。［奉化市档案馆：《张泰荣日记》(第二卷)，宁波出版社 2015 年版，第 632 页］

是月，上海蛋业公会呈请行政院秘书处，要求撤销安徽省蛋业营业特种税。“业经批示覆请查照转陈。”“训令安徽省财政厅查明办理。”(《财政公报》1932 年第 54 期，函)

9 月初，主持的上海蛋业公会与茂昌公司向东北义勇军“慨捐巨款”，其中蛋业公会捐大洋 1,000 元，茂昌公司捐大洋 150 元。(《捐助东北义军昨讯》，《申报》1932 年 9 月 8 日)

9 月 8 日下午，出席国际贸易局召集的讨论应付菲律宾政府增税具体办法会议。报道说：“国际贸易局，以本市火腿、鸡蛋、腊肠、猪油等物，系大宗出售国外之食品，近以斐律滨政府，增加火腿、鸡蛋等食品税率，昨日下午二时，假市商会召集各关系出口商会议应付办法。到有市商会代表骆清华、火腿业公会代表蔡晓和、肠业公会代表叶家兴、郑源兴及国际贸易局代表张盘孙等，议决具体应付办法如下：(一)先考核斐货输华之数额，如比较华货输斐为多，则一方以增加斐货进口税为对抗策略。(二)由各关系商业公会，陈述对抗意见，函报市商商以资根据，再由市商会转呈。(三)通知美国，注意中美邦交，转劝斐政府，请勿实行。(四)建议政府厘定斐货税则，以谋对抗。”(《讨论应付斐政府增税具体办法》,《申报》1932 年 9 月 9 日)

10 月 29 日，主持茂昌股份有限公司第三次股东会临时股东会。会议补选郑星炎、朱金水为董事；应佐卿、楼文治为监察人。[《茂昌股份有限公司股东会议记录》(1931—1939),《第三次股东会临时股东会》,上海市档案馆藏，档案号：Q229-1-186]

12 月 8 日下午，接待奉化孤儿院张泰荣，“约月内至少介五百元应用”。张的当天日记记录如下：

十二月八日(十一月十一日)　木曜日　天晴

上午奔走三四处，仅晤培因，常捐约月内解。新学会社留膳后告辞，至荣桂寓未晤，驱车赴横浜路底访郑坡，途径战区，依旧是瓦砾颓垣，黄土衰草，日光寒兮风萧萧，胀触之冰，有非可言喻者矣。至其寓，洋式小屋数间，布置井井，冰资钦佩，惜适未晤面，留片，托胡如升君转达。

至虹口，又虚行数家，仅晤郑源兴君，约月内至少介五百元应用。[奉化市档案馆：《张泰荣日记》(第二卷),第 651 页]

后据不久的张氏 1933 年 1 月 5 日日记，郑源兴果然捐洋五百元。其日记写道：

一月五日(十二月初十日)　木曜日　天阴

致纫兰兄信托购会际联合赈灾票及询郭氏捐款，致祖汉函询各方解入款项。旋即接其来函，知郑源兴最近曾介入捐洋五百元。

教员与沐君商定，拟聘胡定怡君，函询曼人先生。午后往大桥向志康、立成洽定长款。

黄日初君来详述其筹办华东农场之经过，托函崧老担任名誉董事长，予允其写信，但未确切的有所表示。[奉化市档案馆：《张泰荣日记》(第二卷)，第664页]

是年，买下毁于"一·二八"淞沪之役战火的华东蛋厂旧址及相关设备，次年即在此建起五层楼厂房，作为制造马口铁蛋听、堆栈、办公室及扩充制造干蛋设备之用。

1933年 43岁

年初，创刊的《青岛工商季刊》调查栏以《上海茂昌公司之过去与现在》为题，详细报道了茂昌公司的状况，并附有当年中国蛋业状况的各类图表，相当醒目。文章认为"吾国现有蛋厂，以茂昌公司之沪青两厂范围最大，设备亦最新式完善"。文录于下：

上海茂昌公司之过去与现在

吾国现有蛋厂，以茂昌公司之沪青两厂范围最大，设备亦最新式完善。该公司资本银币二百万元，为国人所经营，上海为总厂，青岛为分厂，青岛厂设备系最新式，在世界蛋厂中，可称首屈一指。兹将该公司过去情形，及现在状况分述如次。

(一) 沿革：民元以前，蛋业向无团结，嗣后因欧美日本华蛋销数年有增加，而同业中各自为政，不相联结，总觉力量薄弱，有时穷于应付，遂组织进出口货合作机关，先后成立协新昌、协新慎、公记、信义公等蛋号或公司。迨民国五年由介顺、协记、新记、朱慎昌、郑源泰、郑恒记、裕兴、永泰、董源兴等行号，组织承余顺记蛋公司，资本定为二万元，向内地采办鲜蛋运沪，销售于本埠出口洋商。民国十二年第一次改组，资本二十万元，增设茂昌蛋厂，直接经营出口冰蛋，制造机冰，兼营冷藏。当时承余顺记营业仍旧，至民国十七年第二次改组，成立茂昌公司，资本定为二百万元，系无限公司性质，将承余生意完全划并茂昌，承余只为茂昌之金融机关，惟承余原有资本二十万元并未变动。民国十八年在青岛设分公司，租用外商旧厂，作为临时制造冰蛋之所，一面自行建造最新式冰蛋厂，十九年落成。是年上海总公司又第三次改组，改为股份有限公司，并向政府注册。

（二）组织：

(1) 总公司　总公司在黄浦路四四号四楼，设董事五人，监察二人，总经理一人，经理、副经理、协理各一人，分进口、出口、装箱、厂务、冷气、堆栈、报关、运送、制罐等各部，各部均有主任，内地采办鲜蛋汇款及现金出纳，均归承余顺记收付，其出口汇款，则由中国、汇丰、有利、花旗等各银行代理。

(2) 上海总厂　总厂地址与总公司同，一至三楼均为厂房，内分引擎间、照蛋间、打蛋间、装蛋间，及鲜蛋堆栈、冰蛋堆栈，设闵行路二号四号及黄浦路三四号至四十号，办公处设三十六号，该栈兼制机冰出售，并拟另设十六铺分栈。

(3) 青岛分公司（分厂）　厂址设大港商河路二十一号，内设总经理一人、经理一人，亦分进口、出口、厂务、装箱等部，大致与总厂同。

（三）营业状况：茂昌公司专营出口商品，如鲜蛋、冰蛋、蛋制品及其他土产等，并制造机冰，兼营冷藏生意。长年沪青两厂可制冰蛋二万吨，装鲜蛋十万箱，制机冰七千吨，其他蛋制品及土产等，向他厂及内地购进，其数量之多寡，视外洋销路而定。近来大约年销冰蛋一万吨，鲜蛋四万箱，机冰五千吨，总分公司每年营业总额约在八百万至一千二百万元之间，此为茂昌蛋厂之大概情形也。兹将今年来有关蛋业之各项统计，详列于后（略）。（《青岛工商季刊》第1卷第1期，1933年）

位于青岛商河路的茂昌青岛分公司现改为青岛罐头食品厂，在青岛有很高的知名度，老青岛人几乎无人不晓

1 月 14 日，主持茂昌公司第十一次董事监察联席会议，为开拓欧洲市场，会议根据同业要求，并“为顾全本公司营业计，议决即请郑源兴君前往欧洲商洽进行”。[《茂昌股份有限公司董事会决议录》(第一册)，上海市档案馆藏，档案号：Q229－1－183－25]

1 月 15 日，主持茂昌股份有限公司第四次股东会临时会。“由主席报告营业状况，略谓二十一年度决算试算已成就，盈余与去年相仿，股息勉强可发，惟须候会计师查核后，经正式股东会承认后发给。惟各同事之酬劳奖励金，以有困难情形，先行特别通融，以后照章办理。经各股东一致举手通过。”[《茂昌股份有限公司股东会议记录(1931—1939)》，《第四次股东会临时会》，上海市档案馆藏，档案号：Q229－1－186]

2 月 26 日，出席市联会第七区分会第二届执行委员就职典礼，并当选为调解委员。报道说：“市联会第七区分会昨日举行第二届执行委员就职典礼，到刘仲英、许廷佐、史久麟、刘春华、严善林、林植培等十余人，市党部代表朱养吾、市民联合会代表张贤芳等。主席周辅璋，(一)市党部代表朱养吾训词，(二)市联会

代表张贤芳训词,(三)主席答词,(四)全体执委起立宣誓就职,(五)分配职务:出席代表许廷佐、周辅璋、刘仲英,常务推许廷佐、史久麟、周辅璋,总务推刘泰华、严善林、刘仲英,组织推周祥生、金仁其,调解推向玉阶、郑源兴、钱芳洲、费辅游、荐罗山、冯卫石,宣传推邓健卿、蔡立卿、林植培、侯祥流。"(《市联分会消息》,《申报》1933 年 2 月 27 日)

3 月,各界发起航空救国运动,为此宁波旅沪同乡会设立航空救国募款委员会,组队募款购买宁波号飞机,其中"郑源兴队三百元"。(《宁波号机各队征募总分数续报》,《申报》1933 年 4 月 19 日)

修整中的宁波专号飞机

5 月 8 日上午,出席洽茂冷气股份有限公司开幕式。报道说:"本埠洽茂冷气股份有限公司,于昨日上午九时正式开幕,并行开幕礼。该公司全体董事均先时到齐,由董事长杜月笙、常务董事金廷荪、周芗畊及总经理李荣堂、副经理陈连甫等殷勤招待,亲自引导参观,各部设备完全。当日到有袁履登、王延松、孙梅堂、传筱庵、乐振葆、胡方铭、陈松源、王文翰、王栋,律师界有邬鹏、吴国昌,银行界有周文瑞、竺梅先、瞿颂嘉、传品圭、金润庠、张继光、徐伯熊、徐懋堂、蒉延芳、乌崖琴、郑源兴诸君以及南北鲜咸渔业等代表五百余人,济济一堂,颇极一时之

盛。”(《洽茂冷气公司开幕记》,《申报》1933 年 5 月 8 日)

5 月 13 日,《申报》报道,宁波同乡会筹备改选,被留任为执行委员。报道说:“宁波旅沪同乡会,为本埠各同乡团体之先驱,成立迄今,二十余年,本年为第七届改选之期。闻该会业经召开执监委员联席会议,依照章程,推出候选,计候选执委六十九人、候选监委三十人、候选基委六人,定期六月十一日,在会内大礼堂投票选举,一面并照章签留现任委员三分之一,计被签留者执委十人,为虞洽卿、张继光、孙梅堂、金廷荪、穆子湘、陈翊庭、洪雁宾、郑源兴、陈忠皋、金舜卿、王启宇、童志孚诸君,监委五人为张咏霓、谢蘅牕、袁履登、余葆三、徐伯熊诸君,基金委员一人为秦润卿君。”(《甬同乡会筹备改选》,《申报》1933 年 5 月 13 日)

5 月 25 日,主持茂昌公司第十二次董事监察联席会议。会议决定增资,“拟招新二千股(每股一千元,合计二百万元)”。[《茂昌股份有限公司董事会决议录》(第一册),上海市档案馆藏,档案号: Q229 - 1 - 183 - 25]

5 月 28 日,主持茂昌股份有限公司第五次股东会。会议通过“悬拟增资招股办法”,选举郑源兴、郑奎元、郑方正、朱金水、郑星炎五人为董事;应佐卿、楼文治二人为监察人。[《茂昌股份有限公司股东会议记录(1931—1939)》,《第五次股东会》,上海市档案馆藏,档案号: Q229 - 1 - 186]

5 月 30 日,主持茂昌股份有限公司第二届第一次董事会,并被推选为董事长兼本公司代表公司董事。[《茂昌股份有限公司董事会决议录》(第一册),上海市档案馆藏,档案号: Q229 - 1 - 183 - 25]

6 月 4 日,出席中国工商管理协会第四十次常会。报道说:“中国工商管理协会昨假北京路四号联华总会召集各工商会员,举行四十次常会,到代表伍士钊、方液仙、程守中、曾云祥、郑源兴、邵曾华、马彦华等十余人,除报告并讨论会务外,为使各会员明了工厂检查之施行起见,特请国际劳工局陈宾城演讲《租界与外厂施行之工厂法问题》。陈氏对此问题颇多研究,语词甚详详,兹录其大概如下。陈氏云,关于工厂检查问题,国府颁布工厂法后之初步工作,当时国际劳工工局,亦曾参与讨论。但以问题重大,且多复杂,故当时结果虽属接近,但因中途辍止,以致迟数年,迟未实行。最近工部局方面,突然于西人年会中,将洋泾浜章程三十四条附则,有所修改,其目的在攫夺我国工厂检查,但尚须公使团之讨论，将来如果为公使团通过，则租界工厂检查之交涉，必无良好之结果，故告人自不端有所忽视也。惟亦不得因工厂检查而置工厂法于不顾，最紧要者，在可能范围内积极施行工厂法之规定，俾得优良之成绩，将来亦可作为拒绝检查之交涉。总之，吾人应认清工厂法之目的，谋施行之方法，庶几厂方责任之减少，劳资待遇之平等获得相当之效能，亦即增进政府交涉之唯一办法云云。又该会为积极谋工厂管理之改善起见，最近并派员分赴各大工厂视察，以期达到工厂管理之良好，而得相当之成效云。"(《工商管理协会常会纪》,《申报》1933 年 6 月 4 日)

6 月 9 日，主持茂昌股份有限公司第二届第二次董事监察联席会议。会上修订增资招股办法。[《茂昌股份有限公司董事会决议录》(第一册)，上海市档案馆藏，档案号：Q229 - 1 - 183 - 25]

7 月中旬，上海蛋业公会呈文出席世界经济会议的中国代表宋子文、贝淞荪，要求向大会提出"请减关税"。报道说："国闻社云，上海蛋业公会，以欧美各国，增加蛋类进口税，致中国蛋业受莫大打击，特拟呈文，送由世界经济会议中国代表宋子文、贝淞荪，转向大会提出，要求补救。昨日，记者因此特访本埠蛋业公会负责之崔亮功氏，所得消息如次。

据崔氏语记者，国内蛋业日渐衰落，其症结所在，全因欧美各国，如法、德、意、日近来对鲜蛋进口税均提高增加。曩时美国增税，中国公使为伍朝枢氏，几经交涉，仍未得结果，因之最近乘世界经济会议开幕，遂递呈中国出席代表，向大会要求，大会已闭幕，结果如何，须代表返国，方知底蕴，谅前途仍无有大进展。至于沪上蛋行，外人经营者，共四家，为(一)怡和(二)班达(三)海宁(四)培林等；华商所经营，其销路广大者，推茂昌与中央二家。总之，中国蛋业，在此各国经济竞斗剧烈之中，能自产自销，方为根本办法。苟他人高筑关税壁垒，而我人望其减低关税，以谋补贴，实无异与虎谋皮，况本国自厘金裁撤，鲜蛋出口，又须缴纳出口税，在此二重捐税之下，中国蛋业之不振，系意料事。如菲列滨最近抽收蛋税，几增加七倍之多，诚骇人听闻。回顾中国每年出口之蛋，海关征税总值，每况愈下，无年不在跌落中，计民国十七年总值四三七七九〇〇〇关两，民国十八年总值五一七二〇〇〇〇关两，民国十九年总值五一一六一〇〇〇关两，民国二十年，总值三七七五七五〇〇关两，至本年二十二年，恐较诸二十一年尤为不如。

本会呈文，系送交贝淞荪先生，尚于五月二十四日发出，彼时恐难收到，故同样档分三份寄递，一份直接寄贝先生，一份由西伯利亚寄递，一份由南满转往云云。

各国所抽蛋税一斑：记者旋叩崔氏以呈文内容，承检示最重要之关于英美德日等国抽惩蛋税一斑情形。（一）关于美国者，查美国一九一三年税则，鲜蛋入口，完全免税，冰冻蛋每磅税美金二分，干蛋品每磅税美金六分，嗣后陆续增加，鲜蛋增至每打税美金一角（约合值百征百），冰冻蛋增至每磅税金一角一分（约合值百征百以上）。自增税以来，我国鲜蛋输美，已断绝十余年，最近冰蛋减十之九，干蛋减十之七。（二）关于日本者，日本最早对鲜蛋进口，亦属免税，嗣后每箱鲜蛋（约三百只）征日金一元三角（约合从价百分之三十），华蛋输入，即陆续减少，迄今已断绝三年余矣，近来税率又增至二元一角。（三）关于英国者，英国对鲜蛋及蛋品输入需要甚殷，往者上项物品进口，完全免税，去年澳大利亚洲及坎拿大有鲜蛋及蛋品运英，兼之英国本地亦有少数生产，始片收他国鲜蛋及蛋品进口税百分之十，于是华蛋输英，亦受相当影响。（四）关于德国者，德国去年增加关税奇重，如冰全蛋冰蛋黄每百启罗（二百公斤）征六十五马克（约合从价百分之九十），冰蛋白每百启罗征五十马克（约合从价百分之八十），干蛋白每百启罗征七十五马克（约合从价百分之二十），冰蛋黄每百启罗征六十五马克（合值百征百），蛋黄每百启罗征六十五马克（约从价百分之五十），鲜蛋每百启罗征五马克，现改征七十马克（合值百征百），华蛋对德贸易，因此大减特减。（五）关于法国者，我国鲜蛋对法贸易，因价格不合，并无运销，惟干蛋白水黄原征百分之十五，今减征百分之二十五，而冰冻蛋，曾自一九三二的除自原税百分之二增至百分之四外，现又另加进行执照税，每百启罗四百法郎（约合从价百分之五十），因此与输德蛋品，受同样之打击。（六）关于意大利者，意国于去年仿照各国同样加增蛋品入口税，冰全蛋冰蛋白每百启罗征一百四十五利耳（意币约合从价百分之四十），冰蛋黄水黄每百启罗征三百利耳（合值百征百），其税率与德法同一苛重，华蛋输意亦受相当影响。（七）关于斐列滨者，斐岛对鲜蛋进口，每百启罗原征美金二元者，去年新税，改征美金十六元，增加七倍之多，实予吾国鲜蛋出口以大打击，故今日输斐华蛋，已减少五成以上。以上所列各国，除英国外，对蛋鲜蛋品进口税，无不异常苛重，致吾国方兴之蛋业，日趋衰落。”（《我国蛋业衰落》，《申报》

1933年7月20日）

8月24日，中国经济学社第十届年会在青岛召开，安排社员参观茂昌蛋厂等各大工厂。其会议日程为“八月二十四日上午九时行开幕典礼，并请名人演讲，中午沈市长欢宴，下午参观华新纱厂、华北火柴厂、冀鲁针厂、茂昌蛋厂、四方机厂，晚间青岛工商学会欢宴，八月二十五日全日讨论论文，晚间青岛市会欢宴，八月二十六日上午青岛市政府招待，视察各乡区并游览柳树台，下午公开演讲，晚间胶济路局暨中央各机关欢宴，八月二十七日海军司令部招待游览崂山(附宣读论文)，晚间本社答宴青岛各界，八月二十八日二十九日三十日三天考察济南，游览泰山、大明湖、趵突泉、泰山、曲阜，并举行社务会议”。(《中国经济学社年会》,《申报》1933年8月16日）

9月，在《国际贸易导报》第5卷第9号上发表《吾国蛋业兴替之主因与今后发展之办法》《中国蛋业史略》《各国蛋业之调查》(与张元龙合作)。

《吾国蛋业兴替之主因与今后发展之办法》一文分析了第一次世界大战后中国蛋品出口兴衰的原因，要求政府“仿照各国，免除出口蛋税，以维持其生路”。

由于蛋业的崛起，《国际贸易导报》将第5卷第9号辟为蛋业专号，图为杂志封面

《中国蛋业史略》一文，郑源兴分“蛋之略历及其功用”“中国之鲜蛋出口贸易”“人工蛋制品之名目及中国仿造之起源”“中国蛋制品之国外市场”“中国蛋产品失败之原因”几个方面，对中国蛋业及其出口的历史沿革以及近年失败的原因进行了深入全面的分析。文章强烈呼吁政府废除苛捐杂税，扶持这一事关国计民生的重要产业。

《各国蛋业之调查》一文则对当时主要产蛋国蛋业状况及其对中国的影响作了详细深入的分析，认为蛋业在中国出口中占有重要地位，“中国为农业国，蛋业为一重大且广遍之商业，在可能范围内，应予以鼓励”。

11 月 2 日，主持茂昌公司第二届第三次董事监察人联席会议，会上继续讨论公司增资问题，决定“自十二月一日起，开始招股，就股东账目之结算，以本年底为止，悬拟招股章程，一切手续，先行筹备”。[《茂昌股份有限公司董事会决议录》(第一册)，上海市档案馆藏，档案号：Q229-1-183-25]

11 月 15 日，安徽省财政局发布第二二七九号训令，显示期间郑源兴担任该省蛋业营业税局局长一职。训令指出本省境内“各局蛋税仍由郑源兴继续认办”，要求怀宁等县政府“一律协助保护”。训令曰：

案据全省蛋业营业税局局长郑源兴，呈请赓续认办，自二十二年十月八日起，至二十三年十月九日止，定期一年，依照定章，按蛋业资本额千分之十课征，预缴税款，并取具保证书到厅，业已提经省政府第二一七次委员会议决，准予照办，当即指令并给令委任在案。此项税务，既准该局长赓续认办，所以此项税率及征收方法，应仍遵照本省修正营业税章程暨上年成案办理，凡在本省境内，中外商人开设庄号，收买贩运，或由总厂于出产地设立分厂收买者，应由该总分局按照蛋庄、蛋厂，就地收买之价值，作为营业资本额，课征千分之十营业税，随时填发三联收款证，以一联交商人，一联缴厅，一联存局，按月按旬，列册报告，连同缴查一并呈厅查核。至营蛋业之厂及庄号，应各遵章填具申请书，呈送附近蛋税局所，调查审核，填给纳税调查证，悬挂门首，方准营业。除令该局长遵照并通行外，合行令仰遵照定章，随时协助保证，以利进行。(《训令怀宁等县县政府各局蛋税仍由郑源兴继续认办一律协助保护由》，《安徽财政公报》1933 年第 26 期)

11 月 29 日，参加全国生产会议名单由实业部公布，郑源兴等 105 人在应邀之列。《申报》报道说：“实业部召集之全国生产会，迭经实部与全国实业企业家及专家等积极进行，磋商以来人选方面，已经全部决定，并推郭顺为召集人、先事着手筹备开会地点，亦已决定在上海举行。开会日期，一俟筹备就绪，由筹备会决定之。兹将实部所发表名单，志之如下，计郭顺、胡西园、蔡声白、王云五、钱承绪、刘鸿生、聂潞生、汪伯奇、蔡缄三、劳敬修、姚锡舟、刘柏森、胡厥文、吴伯生、汪书城、战警堂、李黎轩、卓牟来、凌其峻、卢绮园、荣宗敬、李升伯、薛寿堂、冷御秋、唐星海、都锦生、徐礼耕、俞丹屏、褚凤章、胡子穆、蓝蔚青、卢慰农、崔亮工、段宏业、杨西园、宋裴卿、李书田、穆湘玥、牛敬亭、董嘉会、傅道伸、刘岳厚、刘瑞骧、李福五、苏汰余、方博泉、赵时骧、周作恭、张浩、吴震、张之杰、武士雄、李作霖、樊象离、张四维、于孝先、鄗展雄、林君潜、王雨田、王舜卿、谭纡民、武茞乡、赵连城、郑逢云、萧寿民、张维藩、莫照、陈希庆、郭梦芝、卢作孚、陈自新、花逢泽、张时俊、郑源兴、范旭东、叶友才、朱谋先、叶汉丞、童世亨、周叔弢、郑泽南、朱懋澄、田和卿、江森裕、陈鹏、陈炳辉、项康元、虞仲咸、陆伯鸿等一百零五人。"(《全国生产会议实部发表会员名单》,《申报》1933年11月29日)

12月23日,出席上海市第一区市民联合会第七区分会会员大会,并当选执行委员。报道说:"市第一区市民联合会第七区分会,昨在百老汇路百禄坊会所,举行会员大会,改选执行委员,主席团刘仲英、周辅璋、严善林,记录樊天锦,报告开会宗旨及过去工作情形,继为上级机关代表选举开票,结果刘仲英、史久麟、许廷佐、周辅璋、刘春华、钱芳洲、前建章、卢尔德明、郑源兴、严善林、王瑞泉、周祥生、邓俊卿、简玉阶、胡惠祥等十五人当选执行委员,金仁其、胡元祥、蔡立卿、费辅清、李荣堂五人为候补执行委员,并通过要案:(一)励行减租运动,(二)对于通和里断水案迅予援助,(三)反对工部局估高房捐。场内有南洋烟公司,赠上等国货小联珠香烟,与各会员及来宾,六时散会云。"(《七区改选大会》,《申报》1933年12月23日)

12月30日下午,出席国民政府国际贸易局为讨论对付法国增加蛋税方针的蛋商会议,决议请财政部减轻出口税。报道说:"国际贸易局奉实业部训令,以法国增加蛋品进口执照税,并限制输入数量,此举对于吾国蛋业影响颇巨,饬令该局召集本市蛋商,讨论补救办法。爰于昨日下午三时,召集各蛋商在该局会议室会议,计到茂昌、利寰等代表十余人,议决各项应付办法。兹将会议详情,分志于后。到会代表:昨日到代表郑吉英(利寰),石英克、林海劲、陈清琤(中央冷藏厂),潘有年、王理荃、王锡蕃(锡记),郑源兴(茂昌),崔亮功(蛋业公会),曼莱(培记),鲍司汀、麦叟、沙勃,当由季泽晋主席。

主席报告:行礼如仪后,旋由主席报告略谓,我国蛋品出口地位极为重要,一九三〇年占第三位，一九三一年占第四位，一九三二年复占第三位，输往法国者占蛋品出口百分之四，以冰治蛋品为最多，鲜蛋极少，计一九一二年输往一五・〇二七担，一九二二年为二一・八八四担，一九三二年为三三・〇五七担，出口数目逐渐增加，但一九三三年第四季，法国限我国输往数量一四二吨半，合二三九四担，照此推算，每年约九・五七六担，与我国历年输往之数，悬殊过甚。此次法国加征冰治蛋进口执照税，每净公斤为四佛郎六十生丁，几达值百抽百，与鲜蛋税（每净公斤收一佛郎五十生丁）比较，则鲜蛋税仅及冰治蛋品三分之一。此次修改输入限止数量，以各国购买法国货物为标准，加征冰治蛋税，直接与中国输出贸易打击，间接影响农村经济。各国提倡养鸭事业，蛋产渐能自给，均采用关税保护政策，增加蛋品进口税及限止输入数量云云。

议决各案：昨日蛋商除提议下列三点外，尚有冰蛋业及蛋业公会，将另开会，将意见呈国际贸易局转实业部施行：（一）（对抗方法）法国对于吾国输出蛋品增加进口税及限制我国输往数量，请求我政府以对抗方法，增加法国货物输入中国之进口税，或以相当数量以限制之。（二）（相等货物交换方法）法国货物之输入我国，大都均属化妆及消耗，本轻利重，而我国输入法国货物，均属原料或农产品，本重利轻，倘法国以增加我国输入之农产品加税，而我国仅加该国输入之消耗品，则两相比较，利害悬殊，故我国宜以相当物品增加税率为原则。（三）请求实业部咨财政部，减轻蛋品出口税，以松蛋商负担。

实部训令：国际贸易局接实业部训令，其原文云，准外交部咨，据法使馆呈，为请政府加征冰蛋品进口执照税，并修改输入限制数量，咨行查核办理等由，并附抄送法国输入冰治蛋品商会原函，及法国农产物输入表各一份到部。查阅附送原函，系请求设法与法政府交涉，提高限制数量，并协助交涉酌减冰蛋品进口执照税。此案法政府系对各国一律施行，本同一原则分配，惟法政府改征冰治蛋品之进口执照税，几达一百抽一百，以与鲜蛋执照税相比，则鲜蛋仅及冰蛋三分之一，而我国输往法国者，以冰蛋品为最多，鲜蛋极少，故此次改征执照税，于吾国蛋品输出业实最不利。按上年份我国蛋品输法数量，原仅占蛋品出口总额百分之四，兹法政府又加重执照税，并将修改输入限制数量，我国蛋业亟须改良质量，减轻成本及改善推销方法，以求发展，除分咨外交财政两部会商外，合行抄发来咨及原附各件，并法商会来函译文，暨本部咨外交财政两部档一件，仰即妥为筹划补救方案，并召集蛋商详细讨论，签且意见，一并呈复，以凭核办。”(《国际贸易局昨召蛋商会议》，《申报》1933 年 12 月 30 日)

是年，买入倒闭的安徽亳县鼎记蛋厂，聘原厂主唐鼎臣为茂昌副总经理兼土厂部主任，制造干蛋、湿蛋及蛋粉等土法蛋品。

是年，在川沙暮紫桥购地 30 亩，设立养鸡场，曾饲养国内外良种鸡 5,000 只，并把良种鸡推广到农村的各收购点，以改良蛋品原料。

1934 年　44 岁

3 月 22 日午后，茂昌蛋厂冷气库发生火灾，“损失甚巨”。报道说：“虹口外白大桥北首沿黄滩路茂昌蛋厂，兼营冷气仓库，并售机器冰，平日专营冰蛋出口贸易，并招堆客货，同业中如有鲜蛋以及各种鲜货，可送储该厂冷气仓库，营业甚盛，厂室计自三十四号起至四十五号，达十余幢。昨日午后一时许，中部仓库内不戒于火，登时冒穿屋顶，救火会西人除驾车往救外，浦江中救火小轮亦驶至东洋公司码头，帮同灌救，至三时后始熄，损失甚巨，闻均保有火险。”(《茂昌蛋厂冷气库失慎》，《申报》1934 年 3 月 23 日)

3 月 28 日上午，主持茂昌公司第二届第四次董事监察人联席会议，讨论二十二年度决算案与增资招股案。[《茂昌股份有限公司董事会决议录》(第一册)，上海市档案馆藏，档案号：Q229 - 1 - 183 - 25]

3 月 28 日，茂昌公司栈房继续在《申报》发布招租信息：“钢骨水泥洋栈靠近码头交通便利租价低廉在外虹桥堍　狄思威路六号下层及三层楼约计八千余方尺　狄思威路七号三层及三层楼约计七千方尺　南浔路及青浦路大洋栈约计一万余方尺　黄浦路四十四号茂昌公司经租处启　电话四一八七〇。”(《栈房召租》，《申报》1934 年 3 月 28 日)

3 月 30 日晚，作为蛋业公会代表，出席上海各界为欢迎中国出席国际联盟

外交家颜骏人

代表颜骏人举办的团体公宴。“颜惠庆在席上痛述感想。”并“述几点感觉，(一)此次中日争端，世界舆论，一致对我表示同情，虽事实无补，然精神却兴奋不少。(二)国际之帮助有限，如真欲得国联实际之帮助，须先亟谋自助始可，因国联非太上机关，其最大作用不过和解，如和解无望，则事实上实难有他法。(三)有谓中日黄人冲突，何必在西人前打官司，前在北平办外交，亦颇有中日合作感想。我国文化，较早于日，旧居长兄之地位，得此时日全欧化，竟远超我国，中为农业国，日为制造国，本有合作之可能，但日竟用武力强行压迫，则我决不能甘居其下。故予望黄人能觉悟，能合作，免在白人前打官司，以遗笑异族。此后一二年，国事仍日在困顿中，然亦不必过事悲观，如一病人，即当垂危之际，亦当亟力设法，以谋死里逃生，决不可坐以待毙。东北譬如手臂，手臂既失，固感痛苦极大，上海乃为心脏，尤属重要。故望诸君，以后更应急起努力设法，共同策谋拯救国家之道。予此次归来，观察数省，见国内各方，均颇有进步，故对国家前途，并不感到失望。不过上海为交通舆论金融之中心，而诸君又皆各界之领袖，故望仍继续努力，以求达到光大之前途云”。(《颜惠庆昨由京抵沪》，《申报》1934 年 3 月 31 日)

是月，《经济旬刊》在《经济要闻》栏以《上海蛋业现状》为题，分析了当时上海蛋业情况，从中可见茂昌公司当时所处的行业地位与经营环境。文录于下：

上海蛋业现状

关于蛋业衰落情形，本刊上期已有记录。然上海亦为吾国主要蛋市，蛋业本极发达，近年以来，颇有衰退之趋势，兹将上海蛋业现状，志之于后：

蛋业概况

上海蛋业，已入同业公会者，共四十家。总资本额，共一百六十万六千三百余元。其中会员最大资本数，一百五十万元，最小资本数，六万二千五百元，普通资本数，七万四千元，全年总营业额，共一千一百五十一万八千八百元，其中会员最大营业额八百万元，占总营业额百分之六十九，最小营业额八十三万元，占总营业百分之七，普通营业额二百六十八万一千元，占总营业额百分之二十三。

营业状况

当民十七十八十九三年中，为蛋业最发达之时期，因对外贸易销场甚广，各家均有盈余。民十九年后，受世界经济不景气，所有各国关税增高，对外贸易渐衰，同时产地亦受赤匪扰害，交通梗阻，输运不便，来源减少，又因出口税增加，各处捐税不一，以致成本加重，营业逐年下降，一二八战后，影响尤大，只及前年四成。目前各商皆抱消极主义，不得不缩小范围。

运销情形

蛋之来源，在江浙皖鄂豫等地设庄收买，或由出产地商代办，亦有贩商装运来沪兜销。其销场除供给本市住户及销于各蛋厂家外，大宗运销外洋，如英国美国日本德国意大利菲列滨荷兰等国。(《经济旬刊》1934 年第 2 卷第 8—9 期)

5 月 2 日，上海国立商学院国际贸易系学生参观上海茂昌蛋厂公司。事后学生左景祥著有《茂昌蛋产有限公司参观记》一文，对公司内部设施等有比较详细的记述，辑录于下：

茂昌蛋产有限公司参观记

蛋及蛋产品之出口在我国对外贸易上甚占一重要之位置，我国际贸易系同学因有参观蛋厂之行，而茂昌蛋厂股份有限公司尤为规模宏大者，爰于五月二日随系主任张先生前往焉。

茂昌蛋产公司位于黄浦路与南浔路之转角处，自建大厦二所，其中办公处、机器间、制造所、冷藏室等无不完备。余等蒙厂方殷勤之招待，因饱览各部历二小时之久。兹将所见择要摘录如次：

（一）检蛋室——各地鲜蛋自经厂方采集到厂后，必先经检查之手续，视其质量之高下，然后决定其制造之程序焉。检蛋室工人即专事此部工作，其检蛋之方法：乃由工人将蛋持向一照蛋之灯旁，由蛋壳向灯光透视，如无黑点或混蒙不洁之色则视为鲜蛋，鲜蛋依其大小分为四号，分置于不同之竹桶中，坏蛋则另置一旁。据厂中人言，每一千个蛋中，坏蛋至多达百数，少则二三十不等。蛋既经检查后，即送至装箱室以备装箱运出。

（二）装箱室——鲜蛋在出口前必装于木箱中，并塞以磨过之砻糠以防碰撞。鲜蛋之出口以运往英国者为多，英国对于华蛋之进口颇有限制之意，故凡自中国输入之鲜蛋，每只蛋壳上须印一 Foreign. 字样。是以在装箱之先，尚须打印，装箱之工作既毕，即以之储存于冷藏室中以免其腐败。

（三）碎蛋室——碎蛋室工人之工作在于将鲜蛋打碎，并以特种经过消毒之器具将蛋白及蛋黄分开，每碎一蛋必先以鼻嗅之，设其气味稍有不佳，即弃之于一专盛坏蛋之铅桶中，并将所用器具消毒一次，蛋黄、蛋白分开后，即以之分作两部分制造。一部分蛋黄加入防腐剂，制成湿蛋黄以备出口，其余则制成冻蛋黄及冻蛋白。碎蛋室工人每小时能碎蛋三桶，每桶约有蛋百五十至二百之谱，其嗅觉之灵敏更非他部工人所能及。

（四）冻蛋室——冻蛋室在碎蛋室之下一层，蛋黄、蛋白均由碎蛋室之金属管中输入冻蛋室，故可免人工输送之劳，法至善也。在冻蛋室旁有一冷气间，为制造冻蛋最重要之部门，其中温度在零度以下，厂方特备大衣数袭为余等进内御寒之用，甫入其间，即觉冷气逼人，有如隆冬。内中工作者均衣皮服，带吕宋帽，其工作程序分三部，先是冻蛋室工人将蛋白、蛋黄分别装入洋铁方盒中约三分之一盒后，即送至冷气间冰冻，俟冻成固体，重复携出加三分之一蛋黄或蛋白，再送内冰冻，俟凝成固体，再将蛋黄或蛋白载满冰冻。经过三次手续，冻蛋与冻蛋白遂告制成，然后运盒藏之于冰藏室。冻蛋黄与冻蛋白之所以须分三步制造者，盖恐一冰冻蛋不能成为坚实之固体且防其体积缩小也。

（五）冰藏室——因制蛋需要冷气，故茂昌蛋产公司自设有制造冷气之机房，其供给之冷气不仅足为制蛋之用，且有余以租与他种商人。遍观各冰藏室，有储藏肉类者，有储藏鱼虾者，有储存水果及牛油者，内中温度极低，故未遑多观。

（六）其他制造间——此制蛋公司除制蛋外，并附带自制盛鲜蛋之木箱及盛冻蛋之洋铁盒，此外更备有磨砻糠之机器及其他消毒设备。

参观既毕，又承其经理接见余等于见客室，为详述该厂之营业情形甚久，且谓今日华蛋出口，一方面受各国高率关税之限制，他方面更受国内出口税之限制，在双层压迫之下，实难于更图发展。证之近年来蛋及蛋产品输出之减少，其言并非无因，深望我国政府有以注意者也。（《茂昌蛋产有限公司参观记》，《国立上海商学院院务半月刊》1934 年第 14 期）

5 月初，妇女国货年运动委员会委员、画家唐冠玉作为其考察华北国货工厂计划的一部分，参观青岛茂昌公司。《申报》报道："茂昌公司制蛋厂青岛分厂，由楼先生引导参观制蛋方法，先于最黑暗房间内，用极微电灯光，照看好坏，再分处派用，蛋白制成后分装铁箱，再上冻间，销售西洋各国甚多，工人全用女工，制法颇清洁。"（《唐冠玉考察华北国货工厂》，《申报》1934 年 5 月 7 日）

5 月 24 日上午，青岛实业考察团参观上海茂昌公司。"晚七时，茂昌蛋厂在大东酒楼设宴款待，后由薛春生招待团员，在天蟾舞台观剧，邀王晓籁、郭顺等作陪。"（《青岛工业考察团昨今参观程序》，《申报》1934 年 5 月 25 日）

5 月 27 日上午，主持茂昌股份有限公司第二届第五次董事监察人联席会议。会上决定今后"外行生意一律不做"。[《茂昌股份有限公司董事会决议录》（第一册），上海市档案馆藏，档案号：Q229 - 1 - 183 - 25]

6 月 24 日，主持茂昌公司第六次股东会，其中议题之一为"主席郑源兴君代表董事报告筹备增资经过，略谓因时局关系及社会不景气之影响，对于筹备增资事宜一时尚未能有圆满之结果，深望各股东一致勉力，候有相当机会继续进行"。[《茂昌股份有限公司股东会议记录（1931—1939）》，《第六次股东会》，上海市档案馆藏，档案号：Q229 - 1 - 186]

是月，上海市冷藏制冰工业同业公会成立，茂昌南厂经理张绪铭担任主任委员。（邱嘉昌主编：《上海冷藏史》，同济大学出版社 2006 年版，第 20 页）

8月25日，主持茂昌公司第二届第六次董事监察人联席会议，会议决定将川沙养鸡场出售。[《茂昌股份有限公司董事会决议录》(第一册)，上海市档案馆藏，档案号：Q229-1-183-25]

20世纪30年代郑源兴夫妇在上海浦东农场招待友好人士合影

9月前后，作为集义善会虹口时疫医院院董，为该院经募助洋200元。(《集义善会虹口时疫医院鸣谢》,《申报》1934年9月3日)

9月中下旬，茂昌公司等四十余家货商参加京沪沪杭甬铁路管理局所办货商讲习班。(《路局说明货运手续》,《申报》1934年9月17日)

10月26日，实业部批复茂昌等公司对于上海鱼市场冷藏事业之意见，认为“颇足为该鱼市场冷藏事业设施之参考”。批文录下：“案具上海茂昌、洽和、洽茂等三家股份有限公司先后呈称，上海冷藏库供过于求，营业不振，对于上海鱼市场冷藏之需要，可尽量供给，以节成本，而维实业等情。查所称各节，颇足为该鱼市场冷藏事业设施之参考，除批示‘径向该委员会建议外’，合行分别检发副呈，抄发原呈，另仰参酌办理。”(《实业公报》第201、202期合刊，1934年10月)

是年初，再度赴英，与在华外商在伦敦的总公司或代理多次磋商，最后达成在华联合采购鸡蛋，已经西欧联合销售冰蛋与冷藏鲜蛋的协议，在伦敦成立冰蛋进口批发商联合公司，简称“韦尔信托公司”。其中茂昌以海昌公司名义加入韦

茂昌商标

尔信托，取得每年运销英国冰蛋总额三成三的权利，仅次于和记洋行的三成四，其余份额则由培林、怡和、班达、海宁等洋行均分。韦尔信托并与英国粮食部签订合约，由后者核定每年进口英国蛋品的数量与价格。（刘祖赉：《茂昌蛋业冷藏公司的历史回顾》，青岛市政协文史资料研究委员会编《青岛文史资料》第6辑，1984年，第103页）

1935年　45岁

1月31日，主持茂昌股份有限公司第二届第七次董事监察联席会议。对于二十三年度账略案，“总经理报告二十三年度全年营业账略，其电子表格，经各董事阅过，决算报告各表册，由各董事赶造草案，俟草案成就后，再请监察人审查”。[《茂昌股份有限公司董事会决议录》（第一册），上海市档案馆藏，档案号：Q229-1-183-25]

2月20日，主持茂昌股份有限公司第二届第八次董事监察人联席会议。[《茂昌股份有限公司董事会决议录》（第一册），上海市档案馆藏，档案号：Q229-1-183-25]

2月23日，主持茂昌股份有限公司第二届第九次董事会议。对于本公司金融问题及增资案，“主席郑源兴君提议，本公司所该承余顺记款项，最好四月底以前归清。惟是查本公司情形，现时仅得勉强维持营业，暂时碍难归还，如筹有相当眉目，再定归还办法，照目前情形，治本办法，非添资本不可，拟添资三百万元。经各董事通过议决，向股东会提议，经股东会议决后施行”。对于请求政府帮助案，“董事郑星炎君提议，现在市面萧条，招股恐难如愿，查本公司为国产出口事业，关系于农业经济与国际贸易至深且巨，可请求政府投资援助。经各董事议决呈请财政、实业两部，请求拨助国币三百万元为本公司股份。由代表公司董事郑源兴君拟稿呈请，以官商合办为原则，如能进行有眉目，再请股东会追认之”。[《茂昌股份有限公司董事会决议录》(第一册)，上海市档案馆藏，档案号：Q229－1－183－25]

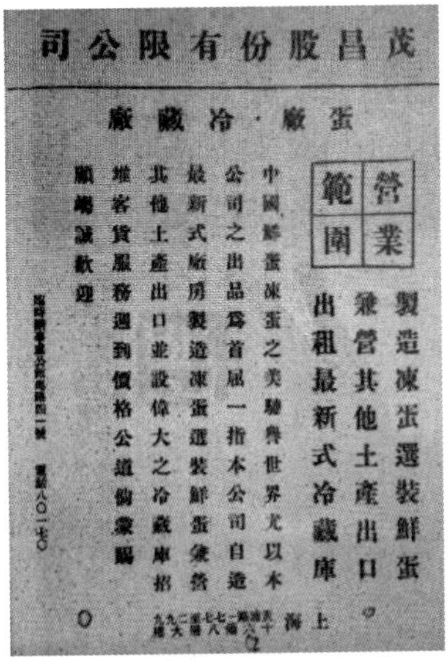

茂昌公司广告

是月，在《国际贸易导报》第 2 期上发表《一年来蛋业之回顾》，文章对上年中国蛋业“大概情形追述一番，作过去的检讨”。认为今后蛋业之发展“还在同业的觉悟，有诚意的合作，同时，希望政府设法保障，以冀桑榆之收”。

是月，参与组织上海市商会发起的赴菲中华商业观光团并赴菲律宾考察，后因故改由儿子郑学俊代表与公司董事郑方正参加观光参考。《申报》先后报道说：

王正廷王晓籁为正副团长

定念日启程　三月十五返沪

本市商会于上年四月二十五日，联合上海各团体，欢宴菲律滨商业考察团时，经该会前主席王晓籁，在席间致欢迎词中，提出拟于本年发起组织中华商业考察团，前往菲律滨考察，互谋中菲间商业之发达，使二国民族联系益臻密切，于是将前项意见，提交该七十三次常委会议通过，准予组织“赴菲中华商业观光团”。

筹备就绪推定职员

业经王晓籁等连日筹备就绪，推定王正廷为团长，王晓籁为副团长，刘湛恩为英文秘书，潘公展为中文秘书，中国旅行社社长陈湘涛任干事，向美国大来公司预定杰克逊总统号舱位，并由菲律滨驻沪茂昌蛋厂经理郑源兴派员照料，以资熟悉。其川资经中国旅行社编造确定预算，由各团员自备。

召集会议免领护照

该团于昨日下午四时，假市会议事室召集会议，到王正廷、王晓籁、康侯、杜月笙（王晓籁代）、潘公展、李大超、乐辅成、郑源兴、钱厓、郑澄清、许晓初、王天申、陈湘涛等十余人开会。由王晓籁主席，报告毕，即讨论决定，请由大来公司与中国旅行社联保赴菲中华商业团，免领出洋护照，藉省手续。

全体团员三十余人

于开会时报名，团员除正副团长王正廷、王晓籁，秘书潘公展、刘湛恩等外，计潘公展夫人、王晓籁夫人、杜月笙及杜夫人、张啸林及夫人、林康侯、俞佐廷、许晓初及许夫人、陈小蝶及陈夫人、程毓杰、乐辅成、胡西园、向宏昌、都锦生、王天申、尤菊荪、江倬云、钱瘦铁、俞业葑、沈长赓、郭顺、郑源兴、余性本、方液仙等男女团员三十余人。

念日出发下月返沪

全体团员预定本月二十日清晨动身，由新关码头搭小火轮开往浦东白连泾，乘美国大来公司杰克逊总统号启椗，至二十五日上岸抵菲律滨考察后，定三月九日仍搭该公司威尔逊总统号驶回，至三月十五日到沪。据中国旅行社社长陈湘涛云，已向大来公司交涉妥洽，按七折优待，头等舱位来回连餐费约国币三百十五元，二等舱位来回连餐费约国币二百十八元，途次共二十三天。

菲岛商界来电欢迎

上海市商会于日昨曾致函菲律滨马尼剌中华商会通知赴菲中华商业团，全体员将出发情形，并探询该处状况。兹悉市商会已接该商会欢迎原文如下：上海市商会鉴，函悉，贵团来菲极欢迎，旅饭费每日自三批沙（菲币值美金五角）至十一批沙，饭资在内，即电知动身日期、人数若干及团员姓氏，马尼剌中华商会。（《赴菲中华商业团定期乘轮出发》，《申报》1935年2月12日）

赴菲观光团今午开会商讨出发事宜

该团根据上届会议，在起程以前，再行召集会议一次。兹闻定于今日

(十六日)下午四时在市商会三楼常会室,再行开会,并于开会前全体团员,在该会内合摄一影,以留纪念。兹录其通函于下:敬启者,本会发起之赴菲中华商业观光团,曾于上次开会议中,定二月二十日起程,并订出发以前,再行召集会议一次,纪录在案。因为期已迫,特定本月十六日(星期六)下午四时,在本会三楼常会室,再行开会商讨出发前应行预备事宜,用特函达,务希台端准时出席为荷。

该团团员,截至昨日止,计新加入者,有朱少屏、陈永霖、钟国权、戴仪仲、陈松源、李应生、吴子祥、邵景甫、郑方正、姚锡九、毛和源、郑学俊等十余人。(《申报》1935年2月16日)

赴菲观光团今晚登轮启程

共二十七名,由王晓籁率领,商会特电马尼拉中华商会,港商会俟过港时招待。……团员名单如下:王儒堂、王晓籁及夫人、王天申、王衍庆、尤菊荪、毛和源、朱少屏、李应生、柳亚子及夫人、姚锡九、孙兰亭、陈松源及夫人、陈永霖、陈湘涛、许景初及夫人、郝锦生、潘公展及夫人、乐辅成、郑方正、郑学俊、钟国权、戴仪仲。(《申报》1935年2月19日)

4月2日,上海租界纳税华人会第十四届选举宣示团体组候选人名单公布,郑源兴名列其中。(《上海租界纳税华人会第十四届选举宣示》,《申报》1935年4月2日)

4月24日下午,主持茂昌股份有限公司第七次股东会。对于公司债案,"主席代表董事会提议,公司为偿还旧债,充实流动资金,应发行公司债以资补救,一切均照公司法及公司章程授权董事会办理,请求各股东讨论。各股东并无异议,一致举手照董事会提案通过"。对于"增资案,主席代表董事会提议,略谓前年股东会对于增资原则,虽经通过,但未规定详细办法,现董事会议定拟增资三百万元,但以招得之数额为限,一切增资办法请股东会授权董事会全

民国社会活动家、奉化籍人士王正廷

权办理。又为招得新股，则所有老股一股改为十股，每股票面洋一百元云云。股东均无异议，一致举手照提案通过”。[《茂昌股份有限公司股东会议记录(1931—1939)》,《第七次股东会》,上海市档案馆藏，档案号：Q229－1－186]

5月下旬，宁波旅沪同乡会第八届改选事宜办理完竣，当选为候补监察委员。《申报》报道说：“宁波旅沪同乡会第八届改选事宜，业于本月二十四日办理完竣，其新选职员姓名曾志本报。兹悉该会将召集现任执监委员联席会议，讨论交替手续，及定期敦请新任委员就职事宜，同时并须通知候补当选人列席，并悉该会本届新选之候补执行委员系洪雁宾、郑筱舟、陈良玉、水祥云、周宗良、李祖夔、颜伯颖、周文林、王皋荪、陈绳武、吴芑汀、应笙舲等十二人，候补监察委员系郑源兴、谢蘅牕、朱世恩、张祖康、徐永炎等五人，候补基金委员系孙祥簋云。(《甬同乡会新旧委员定期交替》,《申报》1935年6月1日)

6月26日，被上海市商会执监联席会议推选为中菲商业协进会筹备委员，“即日开始进行”。《申报》报道说：“上海市商会，自经第六届会员代表大会议决，组织复兴工商业委员会，调查工商业衰落实况，研究复兴计划，并设立商业学校训练基本人才，推广补习教育，灌输商业常识后即于昨日下午四时，召集执监联席会议，讨论进行，有具体决定，至统制贸易管理汇兑，亦经该会分呈政府，请予采纳，兹志各情如下：(以下略)

筹组中菲商业协进会，由王晓籁报告发起原因，及菲律宾方在已推定委员许友超、黄士埮、施宗树、桂华山、于以同、吴半生等六人，商会方面，亦应推定六人，共同筹备，经议决推定俞佐廷、王晓籁、王儒堂、王天申、郑源兴、戴仪仲等六人为筹备委员，即日开始进行。”(《筹组中菲协进会》,《申报》1935年6月27日)

6月29日，主持茂昌公司第二届第十一次董事监察人联席会议。会上讨论公司债问题并决定裁员减薪。[《茂昌股份有限公司1935年董事会议决议录(1935—1939)》,第二册，二十四年四月起二十六年五月止，上海市档案馆藏，档案号：Q229－1－187]

7月10日晚，出席上海商品检验局局长蔡无忌①为商品检验局来沪小组举

① 浙江绍兴人，著名教育家与社会活动家蔡元培之子。

办的晚宴，并发表对于检验蛋品技术之意见。报道如下："实业部检验商品技术委员会蛋品小组会议，于昨日继续举行，讨论蛋业品检验方法草案。上海商品检验局局长蔡无忌，昨晚假银行公会俱乐部，设宴招待各地商品检局来沪出席代表，以尽地主之谊，本市蛋业公会会长郑源兴，亦被邀陪座，席间对于检验蛋品技术之意见，曾作非正式之交换。"（《蛋品检验会昨日继续开会》，《申报》1935年7月10日）

蔡无忌

7月13日，与儿子学俊在去青岛途中被海盗绑架，后成功脱险。（袁康年：《郑源兴先生家传》，碑记存奉化慈林村郑源兴故居）

7月下旬，作为行业领袖，被推举为上海工商业复兴委员会顾问委员。《申报》报道说：

> 工商业复兴委员会，自成立后，连日由调查组正副主任奚玉书、许晓初会同正副主任委员王延松、金润庠及各组正副主任章乃器、骆清华、严鄂声、任矜苹等，分约各业领袖及专家，根据初步工作程序，为研究工商业衰落原因，及拟订复兴计划之探讨，专家领袖之已应约参议其事者，有祝仰辰、章午云、胡厥文、高士恒、周邦俊、张惠康、李康年、沈维挺、郑海若、马济生等十余人，所抒意见，俱极有价值。兹闻该会主任委员王延松归纳各方意见，凝先就四十三业范围，完成各业调查报告书。此项报告书之内容，注重两点，一为各业衰落之内外病源，二为救济衰落之有效建议，至于实施复兴计划，亦同时筹划究研。现王氏为使此项报告书速于完成起见，特分函各业领袖及专家，担任顾问委员，共同协助。兹录原函及顾问委员名单于后：
>
> **聘函**
>
> 径启者，窃自经济恐慌之袭击，侵入吾华以来，因国内各业，未有健全之组织，致自卫防御，俱感痛苦，于是农村崩溃，工商衰落，金融动荡之现象，遂

相继形成矣。倘吾人不以此时急起直追，力谋奋斗，不独不足以谋生存，恐亡国灭族之祸，将不可免。上海市商会有鉴及此，乃根据第六届大会之议案，组织本会以期尽其职责，惟兹事体大，决非一蹴可几，必须广集专家，穷探病源，确定方案，然后工作进行，始能于事有济。素仰先生为一业之领袖，对于该业衰落症结，以及发展计划，必能不吝珠玉，详为指导，为此特函聘先生为本会顾问委员，务望痛念国难，慨予协助，是为至盼。

名单

祝仰辰、章午云、胡厥文、蔡声白、周邦俊、张惠康、李康年、沈维挺、郑海若、马济生、郑源兴、杨俊生、黄锦扬、周梦白、朱子香、刘百森、唐宝泰、叶吉廷、陈建廷、胡组庵、方剑阁、黄首民、姚锡舟、陈璇生、朱节香、陈年彭、尹宝明、陈吉卿、周文林、林超、董梦黄、谢克明、周元泰、乐辅成。”（《工商复兴会约各业领袖谈话》，《申报》1935 年 7 月 31 日）

8 月 8 日，复函市商会工商业复兴委员会并呈送《复兴工商业意见》《救济蛋行意见》及《蛋类出口统制办法》各一份，对如何复兴工商业与蛋业提出意见与建议。认为“复兴工商业最重要一点，即如何设法增加筹码，其次为政府应有相当之保障”。函录于下：

敬覆者，前奉大函并附工业调查表十份敬悉。兹将敝公司乙份先行填就，中央冷藏厂乙份在催填中，其余同业均属行号性质，不在工业范围，似无从填写。兹拟复兴工商业意见、救济蛋行意见暨蛋类出口统制办法各一份，一并录呈参考。倘荷採纳，无任感幸，此复

上海市商会工商业复兴委员会

附工业调查表乙份、救济蛋行意见乙份、复兴工商业意见乙份、蛋业出口统制办法乙份（详见附录）。

郑源兴谨启

中华民国二十四年八月八日

（《上海市蛋业同业公会呈实业部文》，《鸡与蛋》第 1 卷第 2 期，1936 年 2 月）

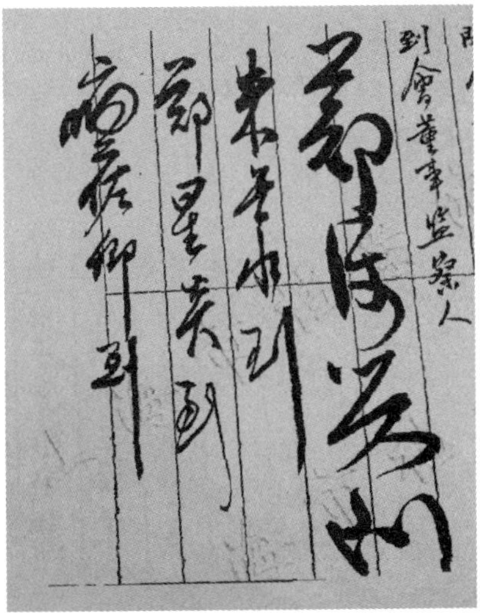

茂昌公司董监会议签到表

9 月 14 日，主持茂昌公司第二届第十二次董事会议。会上，追认公司债合同章程案，并由“主席报告公司债事：经一再向银行商洽，以市面不景气，只能发行六十万元。其担保员即以业经抵押与中国银行之财产为限，由中国银行承受二十五万元抵还该银行押款，上海商业储蓄银行承受五万元，抵偿承余顺名下所欠该行往来款项，交通银行承受三十万元，其中二十万元为承余顺委托交通出面承受者，其余十万元为交通自行承受，此其经过之大概情形也”。[《茂昌股份有限公司 1935 年董事会议决议录(1935—1939)》，第二册，二十四年四月起二十六年五月止，上海市档案馆藏，档案号：Q229－1－187]

9 月 17 日下午，出席中国国际贸易协会年会。报道说：“中国国际贸易协会，于前日(十七日)下午五时，在香港路银行俱乐部举行年会，兹志各情如次：

到会代表：团体方面，计有浙江兴业银行代表徐新六、银行公会代表林康侯、宝来行代表林秀芳，个人方面有王晓籁、张公权、郭秉文、刘大钧、张惠康、潘光迥、张天泽、唐寿民(卫代)、李馥荪、郑源兴、徐寄庼、吴蕴斋、邵曾华、潘序伦、王云五、陈长桐、王延松、孔士谔、夏筱芳、陈光甫、陆梅僧、寿毅成、高大经、缪众秀、盛俊等数十余人。

主席报告：首由主席张公权报告开会宗旨，略谓，本会章程规定，每年开年会一次，今日与诸君相叙一堂，至为欣慰。过去一年来，国外贸易概况，及本会工作，俱见书面，无庸赘述。惟本会经费有限，工作殊少进展，实深惭憾，甚望各会员多加指示，目下有一部分会员热心赞助自愿增加经费，故此后计划，拟注重研究工作，以达到国际贸易平衡为目的云。

工作一斑：次由总干事潘光补充报告数点(一)本会各项账目，截至六月底年度终了止，已请大成会计事务所审查完竣，该项证明。”(《中国国际贸易协会前

日年会记》,《申报》1935 年 9 月 19 日)

是月,为缓解流动资金紧张,茂昌公司发行公司债 60 万元。《中央银行月刊》报道说:

沪埠黄浦路茂昌股份有限公司,经营蛋类进出口,范围甚广,资本总额二百万元,完全华商股本,总经理郑源兴。该公司在法租界外滩黄浦路闵行路均有冷气堆栈。近该公司拟发行公司债六十万元,以为扩充资本发展营业之用,业经呈准财政部准予备案发行。茂昌公司为发行公司债发出公告如次。

公司之名称:茂昌股份有限公司,地址上海黄浦路四十四号(十月一日起改为二二九号)。

公司债之总额及债券每张之金额:总额国币六十万元,债券每张为一千元。

公司债之利率:周年利率九厘,自发行日起,每半年付息一次。

公司债偿还期限:公司债定期十年,自发行日起,每半年还本二十分之一,凭券与利息同时发给,至二十期本利如数付讫。

公司债发行之价额或其最低价:照票面数额九八发行,即每百元实收九十八元。

公司股本总额及已缴股款之总额:股本总额国币二百万元,如数缴足。

公司现存财产之总额:民国二十三年十二月三十一日公司净余资本,即(资产减负债之余额)国币一百九十三万三千九百余元。

公司债募定之预定期限:民国二十四年九月。

经理发行公司债券之银行:中国银行、交通银行、上海商业储蓄银行。(《茂昌蛋公司发公司债六十万元》,《中央银行月刊》1935 年第 4 卷第 10 期)

10 月间,以其本人或企业名义向上海各省水灾义赈会捐洋 200 余元。(《上

海筹募各省水灾义赈会鸣谢广告第三十八号》,《申报》1935年10月23日)

12月8日,在由上海大城中区商学院出版的《新商业》季刊创刊号上发表《上海蛋类输出业之近况》一文。

是年底,在《青岛工商季刊》第四期发表《我国蛋业之前途》,认为蛋业出口在我国出口业占据重要地位,"居出口第三四位,冰蛋占欧市场十之九,干蛋占百分之五十,鲜蛋占百分之二三"。蛋业之前途,"一方面固在同业之自励,一方尚有赖于政府之督促"。

是年起,由于上海茂昌拥有全国33%的冰蛋生产份额与出口西欧数量,其业务获得很大发展,也推动了我国蛋品出口业务,致使1935—1937年间,蛋品一直居我国出口商品前三位。"仅出口鲜蛋与冰蛋两项,最高年出口量即达5万余吨,各种干湿蛋品的出口量尚不包括在内。按照当时海关的统计,总值达旧法币3,000元以上。"(刘祖赉:《茂昌蛋业冷藏公司的历史回顾》,青岛市政协文史资料研究委员会编《青岛文史资料》第6辑,1984年,第105页)

1936年 46岁

1月2日,主持茂昌公司第二届第一十三次董事会议。会上,郑源兴报告营业大概情形,通过《职工待遇服务新规则案》等。[《茂昌股份有限公司1935年董事会议决议录(1935—1939)》,第二册,二十四年四月起二十六年五月止,上海市档案馆藏,档案号:Q229-1-187]

1月4日,出席茂昌公司第二届第一十四次董事会议。会上,对于"追认沙逊押款案,总经理郑源兴君报告,本公司向沙逊银公司地产押款事,于二十四年十二月三十一日到期,迭经商请该公司展期三年或二年,于二十四年十二月二十八日与该公司经理双方议定最后结果,展期一年,息改为长年九厘,付息办法照旧。本年六月三十日付还本国币三万元,九月三十日付还本国币三万元,两共六万元。本公司有优先权,期内取赎,惟在每逢付息期时为限,须在三十天前用正式函关照该公司方可有效,请各董事追认。经各董事并无异议,一致通过"。

[《茂昌股份有限公司1935年董事会议决议录(1935—1939)》,第二册,二十四年四月起二十六年五月止,上海市档案馆藏,档案号: Q229－1－187]

1936年1月13日沪上蛋商欢送郑源兴赴国外考察合影

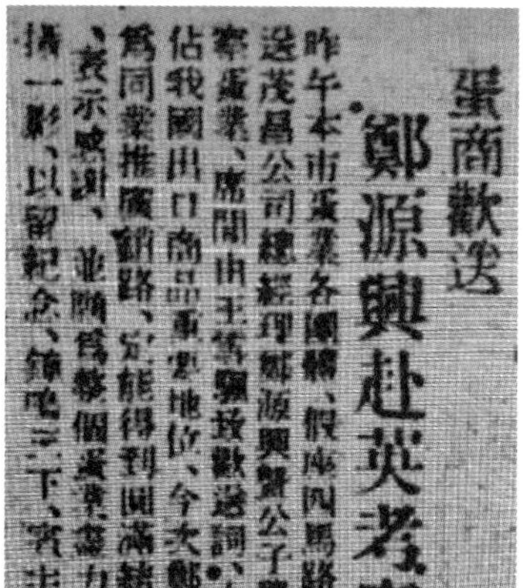

蛋商歡送
鄭源興赴英考察

昨午本市蛋業各團體、假座四馬路梅園酒家、歡送茂昌公司總經理鄭源興暨公子學俊、赴英考察蛋業、席間由王雪帆致歡送詞、大致以蛋類現佔我國出口商品重要地位、今次鄭君出國考察、爲同業推廣銷路、定能得到圓滿結果、鄭君答詞、表示感謝、並願爲整個蛋業盡力謀發展、旋合攝一影、以留紀念、鐘鳴三下、賓主始盡歡而散、

相关报道影印件

1月13日中午,沪上蛋业各团体设宴欢送其赴英考察,《申报》报道说:“昨午本市蛋业各团体,假座四马路梅园酒家,欢送茂昌公司总经理郑源兴暨公子学俊,赴英考察蛋业。席间由王雪帆致欢送词,大致以蛋类现占我国出口商品重要地位,今次郑君出国考察,为同业推广销路,定能得到圆满结果。郑君答词表示感谢,并愿为整个蛋业尽力谋发展。旋合摄一影,以留纪念,钟鸣三下,宾主始尽欢而散。”(《蛋商欢送郑源兴赴英考察》,《申报》1936年1月14日)

此次郑源兴赴国外考察蛋业,从1月中旬出发5月中旬回国,时达4个月,并附送儿子

学俊、女儿爱青到英国留学。当时创刊的《鸡与蛋》杂志先后予以关注。报道说：

蛋业公会主席出国考察

上海市蛋业同业公会主席郑源兴先生，为我国蛋业界中之著名人物，先后在上海青岛两埠，创设茂昌蛋厂，并独资在浦东设立中国养鸡场。数年前，曾出国数次，考察各国蛋业。兹郑先生为明了各国最近蛋业概况，特再出国考察，已于一月十九日出国，先赴欧洲，再经美国返沪。全市蛋业各团体代表，在一月十三号，假座四马路梅园酒家，为郑氏践行。郑氏此行，定能为我国蛋业界有重大之贡献云。（《鸡与蛋》第1卷第2期，1936年2月）

本市蛋业公会主席郑源兴先生抵英

本市蛋业公会主席郑源兴先生，前于一月十九日出国考察国外蛋业状况，已志第二期本刊，兹悉郑先生已于二月七日，到达英国之伦敦从事考察云。（《鸡与蛋》第1卷第3期，1936年3月）

郑源兴氏回国

上海市蛋业同业公会主席郑源兴先生，前以考察欧美各国蛋业状况出国赴英，兹悉郑氏业已考察完毕，于5月19日返沪矣。（《鸡与蛋》第1卷第6期，1936年6月）

郑源兴氏考察蛋业回国

上海市蛋业公会主席郑源兴氏，前于一月二十一日，出国考察欧美蛋业状况，以为改进中国蛋业之参考。兹悉郑氏在欧美考察完毕，已于五月十九号抵沪，发表对于此行之感想，据谈我国蛋业应深切注意者，厥为我华蛋在世界市场，是否照世界市价出售，倘低于世界市价，则迅应设法提高；但据在外调查所得，华蛋出售价格，虽不在世界市场之下，然尚有提高之可能，因华蛋质量高尚，为他国出品所莫及，并望同业亟应合作，共同提高货价，以挽回成本，期使我政府对平定汇市之努力，不致失望，我蛋厂不致再遭亏折，使能立足，其有助于农村之收益，与国际收支之抵补，当非浅鲜云。（《鸡与蛋》第1卷第7期，1936年7月）

《鸡与蛋》创刊号封面

对于其儿女在英国伦敦留学情况，其后人回忆说："学俊在伦敦中心区一间书店附近租了一间公寓。他在伦敦大学大学书院的法律学院上课。爱青在一所寄宿学校就读，每天时间很长，为了赶上英语能力，应付中学毕业 GCE 公开考试。

"他们二人努力学习的结果：学俊到 1938 年底，源兴前来带他们回国的时候，已经差不多取得大律师的资格。爱青也通过皇后书院的 GCE 考试，获得二优（数学与附加数学）二良（法语和英语）的成绩。"［郑爱青、戴丽荣、郑美珠：《华人大班郑源兴（1891—1955）》，第 141—142 页］

1 月，中国养鸡研究会创办《鸡与蛋》杂志，以上海市蛋业同业公会主席的名义在创刊号发表《我国农村的鸡与蛋》，文章充分肯定养鸡对农村与农民经济的重要性，要求积极提倡养鸡，以救济农村经济。(《鸡与蛋》第 1 卷第 1 期，1936 年 1 月)

同期《鸡与蛋》杂志设立《国内养鸡者与蛋商介绍》一栏，介绍同业精英，郑源兴被首先推出。文录于下：

郑源兴先生

郑源兴先生，现年四十五岁，浙江奉化人，民元以前，在沪营蛋业，即崭然露头角。时上海鲜蛋，仅销售于本埠及日商。鼎革后，先生任朱慎昌等蛋行经理，蛋销渐增，乃往内地设庄采办，且时与沪上洋商接近，尽力推销华蛋，一面联合同业，组织承余公司，合作运销鲜蛋。嗣洋商蛋厂，亦逐渐派人向我内地采办。先生认为有碍承余营业，乃殚精竭虑，发起创办新式冰蛋厂于上海黄浦路，名曰茂昌。从此鲜蛋、冰蛋，均可直接出口，无须洋行转手，同时添置冷汽堆机，兼造机冰，我国此种新兴工业，实滥觞于先生。

厥后，先生亲赴海外各国考察，以期出品之精益求精，鉴于国际市场情势，华蛋尚有发展可能，复于民国十九年，在青岛增设分厂，内容设备之新颖，驾欧美各国最新式之冰蛋厂而上之。

近年茂昌沪青两厂，每年营业总额，在千万元以上，男女职工二千人，在吾国华洋蛋厂中，可称首屈一指，将来业务之发展，犹方兴未艾也。

先生最近接办川沙"中国农村"，志在提倡养鸡，以增加生产而利于向外推销。先生半生精力，尽瘁蛋业，终无嗜好，一意于我国蛋业之发展，而处世接物，尤觉和蔼可亲。如先生者，殆时贤所谓本位救国者欤，生产救国者欤。

3 月，主持制定的上海市蛋业同业公会业规向外公布。强调"本业规以维持增进同业之公共福利及矫正营业之弊害为宗旨"。(《上海市蛋业同业公会业规》,《鸡与蛋》第 1 卷第 3 期，1936 年 3 月)

4 月 6 日，上海租界纳税华人会第十五届选举宣示团体组候选人名单公布，郑源兴名列其中。(《上海租界纳税华人会第十五届选举宣示团体组候选人姓名》,《申报》1936 年 4 月 6 日)

是月，《鸡与蛋》杂志在《国内养鸡者与蛋业人物》栏目推出上海蛋业前辈、曾任茂昌公司董事长的郑奎元人物传略。文录于下：

郑奎元先生小传

郑奎元先生，籍古越，为镇海巨族，宅心仁恕，行义甚高，识见卓越，冠绝群伦，固工商界不多见之长才也，于普通应有之技巧而外，益能相识度势，进精阐发而光大之，所在皆盈，如操左券。镇海位于浙东，环海特立，素以商战名海内外，时多奇才。先生之先，亦以是起家，家学渊源，素养功深，今为吾国蛋业之先进，群尊长者，信非偶然，盖有所自矣。先生早年习业于咸鱼行，稍长，即经理新记泰蛋行时，适在华采办鲜蛋出口最早之美国海宁洋行，试办鲜蛋装箱事业。先生遂脱颖以出，策划其间，多方贡献，确立基础。更设法倡导，促国人注意。国人向以畜鸡为农事轻微副业，育卵为佐膳常肴，业商者亦不措意及此，固未尝知此轻工业之大利所在，迄今成为重要出口贸易，大有裨于国计民生，微先生无以成功。既而英商相继来华，举办业是者稍众，以昧于义利之辨，轮相倾轧，竞争越规，每致亏折。先生惄焉忧之，乃与同志郑源兴先生，暨已故刘泉高先生，协议更张，别觅途径，挽回坠势。于是有承余顺记公司，专营出口蛋商供给之组织时，郑源泰行与新记泰行，并股于源泰行，请先生经理。此时箱货装运出口，尚无冷汽轮船之设备，每在十一月下旬，产蛋稀少时，先生乃苦心经营，竭力推广，吸引外埠蛋源，从此芜湖安庆泰州等处，渐知蛋业可为，如是数年，出口商海宁洋行而外，麦有天生行、来生洋行、泰和洋行。先生不自以为足，复购地苏州河畔，创蛋粉厂，即万和盛是。规模宏伟，与海宁洋行分设之美发蛋厂，及班达蛋厂鼎足而三，傲视一切。不特为上海蛋商全盛时代，亦吾国蛋业全盛时代。越年，欧战告终，物价狂跌，漫无定向，出口衰落，一蹶难振。万和盛因而停工，是则关于先生之损失小，关于社会之损失实大。嗣后先生乃创茂昌冷藏厂，实为华商办理冰汽事业之嚆矢，同年开冰蛋厂，即今之茂昌公司。先生为经理，营业日臻发达，扩充资本，自廿万元至二百万元，不惟与外商并驾齐驱，骎乎骎争雄胜时。我国各种出口货，都由洋行转运，直接出口者甚鲜，工业品直接出口者更鲜，今则变为直接出口，不必假手洋行转运，便捷与利益，不可胜计。此又先生之精神毅力，有以成之也。民国十六年，茂昌公司董事长楼其梁，年事过高，自请退让贤路，遂以先生为常务董事自代。在先生固以为行所无事，清简非常矣，以是辄兴泉石之思。尤爱栽竹，为有古君子之风，尝谓锡蕃曰：倘能于近傍得一隙地，遍植美箭，明月清风，公余之暇，与二三子徜徉乎其间，洵为红十丈中之世外桃源也。锡蕃固甚赞其成，先生访禅谈经，老而弥坚，且于各慈善机关，靡不参与发起，竭力赞襄，又为难能可敬，凭先生之以往，莫不足为法式。锡蕃离校作贾，浪迹海隅，忽忽廿余年，识先生亦垂廿年，知之深不觉其言之详，故乐为之记。(《鸡与蛋》第1卷第12期，1936年12月)

5月20日，出席茂昌公司第二届第一十五次董事会议。会上通过郑源兴赴

刊登在《鸡与蛋》杂志上的茂昌公司储蓄广告

英组织汇尔信托有限公司案，称“代表公司董事郑源兴君为推广本公司营业接洽事项，于本年一月二十一日首途赴欧，至本月十九日回国。在英国伦敦时代表公司投资于汇尔信托有限公司，购买股份二百六十九股，计英镑二百六十九镑，系由本公司名义；又购买股份四十股，计英镑四十磅，系由伦敦葛林夏君名义，并委托葛林夏君代表办理该股份权利事宜，得该公司当选董事亦委葛林夏君代理，负责办理，请追认案。经各董事一致追认”。[《茂昌股份有限公司 1935 年董事会议决议录(1935—1939)》，第二册，二十四年四月起二十六年五月止，上海市档案馆藏，档案号：Q229-1-187]

5 月 27 日，《申报》报道郑源兴出国考察回国抵沪情形，报道说：“黄浦路二二九号茂昌股份有限公司为我国经营出口蛋业之巨擘，该公司鉴于近来蛋品，受世界经济恐慌及国内外同业竞争影响，蛋价逐步下跌，蛋厂亏本，已三年余，农村收益，因之减少，国际收支抵补，亦形短绌，爰派总经理郑源兴氏，于本年一月二十一日出国考察，始于前日抵沪。其发表谈话要旨调尤应注意者，我华蛋在世界市场，是否照世界市价出售，倘低于世界市价，则迅应设法提高，但据在外调查所得，华蛋出售价格，虽不在世界市场之下，然尚有提高之可能，因华蛋质量高尚，为他国出品所莫及，并望同业亟应合作，共同提高货价，以挽回成本，期使我政府对平定汇市之努力不致失望，我蛋厂不致再遭亏折，使能立足，其有助于农村之收益，与国际收支之抵补，当非浅鲜云。”(《郑源兴考察蛋业回国》，《申报》1936 年 5 月 27 日)

5 月，其间出版的《鸡与蛋》杂志第 1 卷第 5 期《川沙茂昌鸡场乐岛红鸡种杂交繁殖成绩优良》一文，报道郑源兴创办的川沙茂昌养鸡场情况。报道说：“川沙茂昌养鸡场自创办以来，对于鸡种之繁殖与改良甚为努力。去年曾由民生种鸡场赠与该场纯种乐岛红公鸡六头，以为繁殖改良之实验。兹悉此项乐岛红鸡杂交繁殖之成绩，异常优良云”①。

上海民生种鸡场饲养的纯种乐岛红公鸡

6 月 20 日，主持茂昌股份有限公司第八次股东会，继续当选为公司董事并在会上“报告今春亲赴欧洲推销经过之方略情形”。[《茂昌股份有限公司股东会议记录(1931—1939)》,《第八次股东会》，上海市档案馆藏，档案号：Q229－1－186]

6 月 21 日，主持茂昌公司第三届第一次董事监察联席会议，并被推选为公司第三届董事会董事长兼任代表公司董事。会议决定发展水果等类堆存冷栈业务。[《茂昌股份有限公司 1935 年董事会议决议录(1935—1939)》，第二册，二十四年四月起二十六年五月止，上海市档案馆藏，档案号：Q229－1－187]

是月，受让郑源泰恒记各股东“招牌生财存货账底”，为此双方在《申报》刊登转让声明。辑录于下：

---

① 据后人回忆，1933 年上海茂昌洋行在上川铁路暮紫桥车站西首，购地 30 多亩，创办茂昌洋行养鸡场。养鸡场的重要标志是 1 幢 2 层飞檐翘角的楼房，楼顶尖角上建了 1 只约 2 米高的大公鸡模型，鸡身上涂上了五彩缤纷的油漆，成为暮紫桥附近的特色景观。乘在上川铁路小火车上朝西望去，1 幢四角 2 层楼房高高耸立在西边，顶尖上 1 只大公鸡十分显眼，附近的人们都把这个地方叫作“养鸡场”。据说，浦东鸡“九斤黄”就是从这里养鸡场培育出来的。养鸡场经营 4 年后，因日寇入侵，养鸡场停办。1943 年上海斜桥总会畜禽场在这里开办惠农兔业公司，饲养长毛兔。1947 年改办为惠农畜植研究所。同年，经黄炎培提议，在这里创办中国高级农业职业学校。1949 年 5 月，上海解放，养鸡场成为中国人民解放军驻地。1965 年，川沙驻军卫生队迁入养鸡场。1985 年，当时的王港公社民政在这里创办了华美福利厂，生产洗洁精等产品，后来又办过敬老院。1990 年，养鸡场被利隆食品机械厂租赁。2014 年，因筑建高科东路延伸段，养鸡场建筑全部被拆除，从此，养鸡场这一标志性建筑消失。

郑源泰恒记蛋行郑源泰兴记蛋行推召声明

今因郑源泰恒记各股东无意营业，于廿五年二月廿九日止，将所有招牌、生财、存货、账底如数转让与郑源泰兴记为业。双方均经交割清楚，自廿五年三月一日起，将后盈亏概归郑源泰兴记自理，与源泰恒记无涉。除另立推召盘据外，特此声明。再郑源泰恒记对于各户存款以及应解货款均经清偿，恐有存折及其他凭据在外未经收回，自登报日起概作无效，合并声明。(《申报》1936年6月26日)

7月10日，出席上海市商会第二次执行委员会议，并被推举为提倡国货委员会委员。报道说："上海市商会于昨日举行第二次执行委员会议，到王晓籁主席，议决组织各股委员会，分别推定主任及委员如下：提倡国货委员会主任方液仙，委员葛杰臣、谢仲复、计健南、王介安、刘仲英、经易门、胡西园、叶友才、张佩珍、洪孟盘、沈骅臣、项康原、王汉良、郑源兴、陈子明、薛福基、项绳武、潘旭升、许晓初、乐辅成、秦竟成、鲍哲芗、叶春樵、马尚德(下略)。"(《市商会组织各股委员会》，《申报》1936年7月11日)

7月14日下午，出席改进全国蛋业会议，所提有关免予组织蛋品改进委员会的建议获得会议通过。报道说：

上海中英贸易协会，前因谋增加蛋产品对英输出事，曾函请实业部商讨有效办法。实业部旋即函知上海商品检验局、国际贸易局及中英贸易协会等各机关，举行改进全国蛋业会议，集议有效办法。兹悉该项会议已于七月十四日在上海商品检验局举行，出席者计有中英贸易协会代表郭秉文，上海商品检验局代表蔡无忌、陈舜耘、刘栋业，上海蛋业公会代表郑源兴、唐鼎臣，养鸡专家张瑞芝。主席蔡无忌，记录严福增，决议要案多件。兹探录于下：

一、蛋业公会代表郑源兴提议拟请免予组织蛋品改进委员会案

理由：我国蛋产品输出，以英国方面蛋商借口华蛋质量不良，请求政府取缔，嗣由英政府化验，证明成分优良，所以此项举动，已于无形中消灭，而华蛋在英市场，亦能保持原有地位；如果吾人因此宣传改良，诚恐英方重起

借口，纠纷更甚。故改良工作，似宜以蛋商在政府指导之下，实地做去，可以不必用何名义，宣传改良，以免影响华蛋输出贸易。

决议通过。

二、中英贸易协会代表郭秉文提议改进蛋产品具体方案

决议：从四方面进行。（一）请检验局指派专员负责办理内地蛋厂之指导调查等工作。（二）请中央农业实验所负责办理研究本国鸡种及防止疾病指导各地养鸡等工作，其经费以一万五千元为度，按月按成支付，其余一万元，由该所筹划。（三）请国际贸易局指定专员注意蛋品对外贸易问题。（四）蛋业公会应以国内外市场情形随时报告国际贸易局，以通消息，并督促政府办理上项工作，当场推定张瑞芝先生拟具。研究本国鸡种指导并监督哺坊防止疾病等计划及预算，该项计划预定三年以内推行。适合本国国情之鸡种，及有益蛋产与蛋业为原则。经检验局及蛋业公会代表同意后，在本月二十日前，交由郭秉文先生携京，向中央农业实验所接洽，俟上项方案次第进行至相当程度时，再由各方组织发展蛋产事业委员会，以资联络。（《改进全国蛋业会议在沪举行决议》，《鸡与蛋》第1卷第9期，1936年9月）

宽敞的青岛茂昌公司车间一瞥

7 月 27 日,《申报》刊登中国征信所对蛋业之调查报告,对当时国内蛋业诸方面有翔实的报道。其中提到"我华商冰蛋厂仅有茂昌公司一家,但该公司在蛋业中可执牛耳,每年营业额约占全国出口总额五分之一,足为华商自慰"。文录如下:

(一) 概述

蛋为农家副产,全国各地皆有生产,可以作食用,又可作工业原料用。清光绪初年,已有鲜蛋运销日本,二十七年,我国内地始创土法蛋厂,制造蛋黄蛋白,售给出口行商,开始运装欧美。民国三年,美商在上海设立班达蛋厂,其时已改行机制冰蛋。欧战期间,销路畅旺,旋后年有发展。民十八年,为该业全盛时代,在出口货中跃居第三位。近年贸易稍形逊色,大有递减之象,此则由于各国购买力薄弱及遭受排挤之故。我华商对于质量逐步改良,无疵点可言。英国为华蛋之最大购买者,就二十四年度出口之三二,〇九,四六二元中,英国购买者占一八,四八〇,三一四元,即占百分之五十七,故今后如何保持中英蛋类贸易,已成该业讨论之重心。上海为蛋类重要市场,有冰蛋厂六家,土蛋厂一家,各地驻沪土法蛋厂申庄十三家,经售出口行十余家,小规模之蛋行不下五十家。我华商冰蛋厂仅有茂昌公司一家,但该公司在蛋业中可执牛耳,每年营业额约占全国出口总额五分之一,足为华商自慰。

(二) 产地及来源

我国蛋产数量,据民十一年前农商部第七次农商统计载,全国有鸡一四七,六四八,七四六只,产蛋四,四八九,七〇三,四二五个,鸭五二,二四九,三二二只,产蛋一,〇三五,一九四,一三〇个,此项数位似太陈旧,只能作为大体之参考。年来因各地非因于匪灾,即苦于水灾,加以农村经济衰落,农户破产,蛋产自受相当打击,同时较远之省县,仍以交通不便,运输困难,虽有余额,亦不易能输出,此吾人所应注意者也。

上海为工商区域,四乡蛋产实属有限,其来源约分四处:一、津浦路南段,如钢山、宿州、固镇、蚌埠、颍州、正阳关、寿州、明光、亳州、庐州、浦镇、和县、下关等处是;二、长江路,如九江、安庆、大通、芜湖等处;三、江北路,如灌云、淮阴、宝应、盐城、泰县、江都、高邮、东台、兴化、如皋、南通等处是;四、沪杭甬路,如衢州、兰溪、金华、诸暨、萧山、杭县、崇德、嘉兴、平湖等处是,惟以一、三两地输入最旺。土法蛋制品须制成干质,然后始能运沪,亦以江北路来源为最伙,盖土法蛋厂集中于苏皖一带也。

产蛋区域之运输,以铁路为最要,轮船次之。铁道部为奖励出口起见,爰自民二十三年五月十一日起,将蛋品运费予以减轻,计新鲜改列四等运费收取,蛋黄之干者、粉者,装箱货改列三等运费,蛋黄湿者,装桶改列四等运费收取,蛋白干者、粉者,装箱货改列三等运费收取,蛋装桶者,改列四等。江北来沪之蛋,每件盛装约六百个至七百五十个,津浦路每件盛装约八百个,重量在七十五至八十斤之间,现行轻量为多,以防破碎。每百市斤运,杂费合计,大概远路扯三元,近路扯二元。

(三)蛋之种类

蛋以炭、养、轻、淡、硫等质所构成,足为滋养品。我国数千年来只供食用,而不知其有种种功用。自土法蛋厂兴起,始知效法欧美,分其质为蛋黄、蛋白,制成各种蛋品。兹将蛋白之种类缕述如下:

一、鲜蛋,为一切蛋制品之原料,如欲运销他处,首须经过照蛋之手续,以别其优劣。照过之后,即装入木箱,每小箱可容蛋三百六十个,其装箱鲜蛋,温度不得超过华氏二十二度。

二、蛋制品,有干全蛋、干全蛋粉、干全蛋片、飞全蛋、飞蛋黄、飞蛋向粉、干蛋黄、淡蛋黄等各类。蛋黄以化学品制成,又可分两种,一用硼酸制造,一用硼酸制造,一用安息酸钠制造。淡蛋黄亦用硼酸制造,不过去其盐质耳。以上各种制品,大抵无盐者多充食品,有盐者多为工艺上之料品,蛋黄用以硝皮,蛋白,多数充食用。

三、冰蛋,发明于美,为最完备最精良之制法,出品装在特制之瓦口铁内,每听容量自五磅半至四十四磅不等,置放冷藏库,运装时用冷气驳船,出口时藏诸冷气舱内,可久藏不坏,又名冻蛋,为现今蛋类销路之最大者。

四、皮蛋，将食盐、石灰、红灰、金锣底、茶叶等和合，加入相当水分，然后浸入新鲜鸭蛋，约一二星期，即告成，以北平产最负盛名。

五、咸蛋，将食盐和灰或员土与水拌匀，涂于蛋壳外层，约月后告成，江北一带所产最着。（《上海之蛋业》，《申报》1936 年 7 月 27 日）

7 月 29 日，《申报》继续刊登中国征信所对蛋业之调查报告，认为郑源兴领导下的该业“营业前途，综合本所调查所得，尚抱乐观。其一政府对于蛋业颇加扶掖，如减低税率，指导改进，官商殊能合作。其二我国任何蛋产品，均属优良，外商无瑕疵可寻。其三该业领袖郑源兴君等，曾几度赴欧美考察蛋业产销情形，均称熟悉，知己知彼，易于制人。其四同业已觉悟竞争之非计，相互诚意合作，即外商蛋厂，亦另立名义，加入上海蛋业同业公会。至于各国抵制华蛋，我政府当局已会同蛋业巨子，纷谋对策，有此数因，该业命运不致蹈丝茶之覆辙也”。

同时，该报告还提到“华商茂昌公司，为今日我国唯一之冰蛋厂，总公司在上海黄浦路二二九号，分公司在青岛商河路四号，内部组织分进货部、厂务部、出口部、运输部，并设冷藏堆栈部，在英伦设有分公司，各国均有代理人，因资力充足，人才杰出，信用颇佳，得有今日之地位”。[《上海之蛋业(续)》，《申报》1936 年 7 月 29 日]

8 月 1 日下午，出席上海市商会举行第三次执行委员会，并被聘为国际贸易委员会委员。报道说：“上海市商会于昨日下午四时，举行第三次执行委员会，到王晓籁、杜月笙、金润庠、陆子冬、裴云卿、顾馨一、葛杰臣、胡西园、袁履登、沈田莘、骆清华。王晓籁主席，行礼如仪后，由赴京请愿代表严谔声、葛杰臣、骆清华先后报告向中央党部、行政院、立法院、财政部、实业部请愿经过。次讨论各案如下：(一)组织国际贸易委员会暨商业教育委员会，推聘委员如下，国际贸易委员会，主任贝淞荪，委员袁履登、厉树雄、杨介眉、林康侯、陈翊周、葛杰臣、王品藻、谢伯殳、毛和源、缪钟秀、何积璠、傅其霖、郑源兴、戴仪仲、朱少屏、吕文桐。商业教育委员会，召集人刘湛恩，委员张咏霓、黎照寰、欧元怀、何炳松、李权时、王贡三、杨阴溥、朱博泉、唐文恺、裴复恒、程毓麟、陈文、黄任之、江问渔、杨卫玉、何清

实业部上海商品检验局蛋产品化验室一隅

儒、陈人鹤、贾佛如、林美衍、俞佐廷、柯干臣、严谔声。(二)改推陆主任子冬、杨主任管北为劳资仲裁委员。(三)加推陈霆锐、王屏南、沈维经、张赓麟为工商法规研究委员会委员,陆高谊为图书教育委员会委员、杨永年、于庭辉为提倡国货委员会委员。(四)讨论优待会员借地开会办法案,议决,除照本会原定假座章程,借用议事厅、会客室、常会室,仍应照旧纳费外,另行增加借用课室一项,不收借座费,每决仅收茶水杂费十元,以示优待,上项办法,自八月十六日实行。"(《市商会昨开执委会议》,《申报》1936 年 8 月 2 日)

8 月 3 日,实业部批准茂昌公司变更登记的申请,辑录如下:"二十五年七月十五日总字第六三九四号呈一件,据茂昌股份有限公司呈请变更登记祈鉴核由,呈件均悉,费银照收。该公司为改选董监及变更店址门牌号数所请变更登记,查核尚合,应予照准。除将原呈执照注销外,填发新照一纸,仰即转给具领,至该公司登记事项内所报青岛分公司,应即依法另案,呈向支店所在地主管署即青岛市社会局为设立支店之登记,并仰饬遵,此令。"(《实业部指令商字第四六一四八号令上海市社会局》,《实业部公报》命令,第 292 期,1936 年 8 月 3 日)

9 月,《鸡与蛋》杂志在《国内养鸡者与蛋业人物》栏目介绍茂昌公司重要骨干朱金水。文录于下:

46岁

朱金水君小传

朱金水君，镇海人，现年四十七岁。自幼从事蛋业，始服务蛋行，已露头角。既就职承余公司(即今之茂昌有限公司)，历任各庄经理，干练明达，奋发有为，当局深器重之。擢升茂昌总行统辖所有分庄，历有年数，尤多建树，成绩斐然，内外孚洽，同业敬爱。公余性喜皮簧，偶袍笏登场，观者无不赞赏。吾尝谓，浙东地灵人杰，人才辈出，诚以敏慧勤俭，勇于负责，而多具胆识。且古德古风，谨守无逾，复济之以进取果毅之精神，君固不辱其乡里，更有光于吾业焉。(《鸡与蛋》第1卷第9期，1936年9月)

10月20日，被推举为市民提倡国货会实施工作委员会委员，并为该会本届征求大会征集200分。报道说："市民提倡国货会第三届征求会员大会，昨假正谊社揭晓各队征分总成绩，并举行闭幕典礼，到吴蕴初、许也夫、胡西园、顾馨一、潘公展、邵达人、陈翊庭、徐缄君、孙道胜等六十余人。由总队长潘公展主席，报告开会宗旨毕，揭晓各队成绩总额达七千三百八十三分(超过目的一千三百八十三分)。继讨论会后工作方案，议决，成立实施工作委员会，除本届执监委员为当然委员外，加推吴蕴初、胡桂庚、许冠群、许也夫、金作人、许晓初、郑源兴、沈叔瑜、汪静山、郑海岩、孙鸣岐等为委员，并定十一月十一日召集会员，并行给奖礼。继由主席宣读征求大会闭幕宣言(下略)。"(《市民提倡国货会征求总揭晓》，《申报》1936年10月21日)

10月31日，代表上海市蛋业同业公会，电贺行政院院长蒋介石五十寿辰。贺电云："南京行政院蒋院长勋鉴：欣逢我公祥开五秩，庆衍千秋，凡属国人，同深欢腾，谨电驰贺，恭申祝诚，上海市蛋业同业公会主席委员郑源兴暨全体执行委员同叩祝。"(《蒋委员长五秩寿辰》，《申报》1936年11月1日)

是月间，青岛茂昌公司呈文铁道部转令津浦路局。"呈请铁道利用胶济路十五吨空车顺装鲜蛋至青岛，以利商运。兹悉铁部据呈后，即令饬津浦路局呈复，旋据该局呈复，略谓胶济路十五吨回头空车，自本年六月一日起，已经津浦胶济双方商定，装载整车货物，故碍难施行。只得以后令饬路局对于整车鲜蛋，迅速予以拨车，以利商运云。"(《国内消息》，《鸡与蛋》第1卷10期，1936年

10月）

11月1日，《申报》报道，郑源兴与茂昌员工为“蒋院长五十寿辰购机呈献政府事”踊跃捐款。报道说：“黄浦路茂昌蛋厂职员，对于此次蒋院长五十寿辰，购机呈献政府事，捐助极为踊跃，厂方与总经理个人，前已捐助国币一千元。全体职工，昨又发起自总经理以至工人，各以一日薪给所得，尽数献给政府，已征收汇集，共计国币六百三十二元零九分已函送市商会，转缴航空协会矣。此事该厂于事前分发通告，声明如有不赞成者，得声请免捐，并不强迫，结果声请免捐者，竟无一人，足见爱戴领袖，增实国防之心理，尽人皆同。尤可奇者，该厂有工程师美国冷气学专家卡尔登君、副经理英人潘国祺君，亦均极力赞同，各捐一日薪俸，可见此次蒋院长寿典，实中外所同钦也。”（《茂昌职工捐薪贡献》，《申报》1936年11月1日）

11月8日，因事前往青岛。报道说：“上海市蛋业公会主席郑源兴氏，最近因事在十一月八日乘轮前往青岛，大约在短时期内，即可返沪云。”（《郑源兴氏赴青岛》，《鸡与蛋》第1卷第12期，1936年12月）

11月初，茂昌公司蛋厂同人向上海市商会续收一日运动①捐款六百三十二元零九分。（《市商会续收一日运动捐款》，《申报》1936年11月12日）

11月11日，上海市民提倡国货会举行三届征求给奖礼，因征求成绩突出，与许也夫、汪静山、方液仙等44名队长获奖章。（《市民国货会三届给奖》，《申报》1936年11月13日）

同月，茂昌公司与华成烟公司等百余家工厂赞助国民经济建设委员会关于在全国普遍设立国货公司的计划。（《华成等百余家工厂赞助市民提倡国货会》，《申报》1936年11月23日）

是月间，上海蛋业公会呈财部请规定冰蛋出口税，以“扶助我蛋业在外与其他产蛋国家竞争”。报道说：“我国蛋品销往海外，未见特殊发展，但尚能维持原有地位。入秋后，以迄最近，以大旱关系鲜蛋产量极少，而国外则以冬令需要甚大，因而本市似有供不应求之势。南京原为产蛋区域，现亦感缺乏。兹向本埠蛋

① 是为救援绥远抗战前线将士而发起的募捐活动。

商方面探悉，最近蛋始稍有出口。本年蛋产不旺，实为稀有现象。又悉，本市蛋业公会以鲜蛋及蛋品出口征税，除按价格值百抽五外，对于冰蛋向取估价取税办法，迄今未有确切规定，以致运往海外者售价过低过高极难琢磨，因之蛋商等殊感不便。沪蛋业特备文呈请财部对鲜蛋品等征税，请照最低度征取外，对于冰蛋请规定一个定价，如每公担取二元，每公吨二十元，则对公对私，均较便利，而并可扶助我蛋业在外与其他产蛋国家竞争。该项呈文，今明日内即行递呈云。”（《沪蛋业公会呈财部请规定出口税》，《国际贸易情报》第1卷第43期，1936年10月）

12月7日，主持茂昌公司第三届第二次董事会议。会上通过购买川沙鸡场（郑源兴自置）案、通过购买亳县蛋厂案、续发公司债案等。[《茂昌股份有限公司1935年董事会议决议录(1935—1939)》，第二册，二十四年四月起二十六年五月止，上海市档案馆藏，档案号：Q229-1-187]

20世纪30年代中期的郑源兴留影

12月11日，出席茂昌公司第三届第三次董事会议。会上“郑源兴君报告关于公司地产房屋抵押与沙逊洋行业将到期事，公决推举代表公司董事郑源兴君，与沙逊洋行或其他银行等继续商洽，全权办理。经出席董事一致通过”。[《茂昌股份有限公司1935年董事会议决议录(1935—1939)》，第二册，二十四年四月起

二十六年五月止，上海市档案馆藏，档案号：Q229－1－187]

12月22日，主持茂昌公司第三届第四次董事会议，并在会上提议“称本公司前于民国二十二年十二月三十日，向新沙逊银行抵押借款洋九十万元，又于二十五年一月七日展延到本年十二月三十日到期。该款本金项下已还过六万元，除利息外，现欠本金八十四万元，该押款已不能再展期，惟香港方面可设法借港币八十万元，年息八厘，每三个月付息一次，至民国二十六年十二月三十一日到期。但本公司须于二十六年三月三十一日、六月三十日及九月三十日，各先偿还港币三万元，抵押品与二十二年十二月三十日合同内所定者同，并为办理，该押款手续应委任香港 Victoria Investment Company Ltd 为本公司代理人，权限见授权书(提出授权书)。董事朱金水附议，全体出席董事决议通过照办”。[《茂昌股份有限公司1935年董事会议决议录(1935—1939)》，第二册，二十四年四月起二十六年五月止，上海市档案馆藏，档案号：Q229－1－187]

12月，《鸡与蛋》杂志在《养鸡者与蛋商人物》栏目中介绍茂昌公司重要人物唐鼎臣。文录于下：

唐鼎臣君小传

唐鼎臣君，浙江鄞县人，现年四十四岁，性豪爽，重信义，幼时颖慧好学，十六岁即弃学习商，因刻苦自励，治事勤奋，升迁至远。稍暇，复从事研究出口贸易，对经营牛羊毛皮及蛋产品，尤多心得，自任美商摩斯洋行华经理，尽所规划，莫不利市三倍。但唐君并不自满，更斥巨资在安徽亳县创办鼎记蛋厂，专制运销国外之蛋制品，以图增加出口贸易，于是声誉日隆，土法蛋厂公会公举君为监察委员，足见君之干练有为，殊为吾蛋界不可多得之人才也。(《鸡与蛋》第1卷第9期，1936年9月)

是年，在《国货年刊》上发表《我国蛋类出口的沿革和近况》，文章回顾了中国蛋类出口的历史与现状，对蛋类出口前途表示乐观。

冯蕉影1936年留影

1937年 47岁

年初，在《国际贸易导报》第一期上发表《一年来之蛋业》一文，文章对过去三年特别是1936年蛋业做了系统回顾与总结，认为"以后蛋业最重要的关键，约可分为二点，就是同业须精诚合作，对于蛋质及其制法，务必求其良好与精密，以保持我蛋业在国际市场上的固有信誉，勿作无谓的竞争，以免国外同业的恶意摧残，这是第一点。希望政府，仿照各国先列，豁免转口和出口税，以资激励"。

1月23日，主持茂昌公司第三届第五次董事会议。对于清偿公司债案，"主席郑源兴君报告本公司债券，已于本月间络续备款收回，业已向经理银行声称取消经理合同，并向实业部呈请清偿公司债之登记，请董事会追认。各董事一致通过”。

又在会上报告赴欧事，“主席郑源兴君报告为国外经营关系，必须亲往办理，已定明日赴欧，各董事一致赞同”。[《茂昌股份有限公司1935年董事会议决议录(1935—1939)》，第二册，二十四年四月起二十六年五月止，上海市档案馆藏，档案号：Q229-1-187]

1月24日，再次赴英国洽谈商务，为此接受《大公报》记者采访，报道说：

上海市蛋业公会主席郑源兴，曾于去年一月间出国考察，于五月间返国。近鉴于海外蛋市变化至多，兹为促进我国蛋业对外贸易起见，特定本月中旬再度放洋。记者昨晤郑氏，据谈。本人为考察国外蛋业，俾对国蛋前途或有所发展。华蛋虽以质量不恶，然亦当更谋发扬。行期大致在本月二十左近。此去先行赴英，再往欧洲其他各国，详为考察其蛋业之设施等，为期至多六个月即可归国。记者复询以去年一年间我国蛋业情形，据谈，过去一年，我国蛋业较诸二十四年已见进步，出口冰鲜蛋类，大部运往英国，运往美国者亦属不少，输出蛋量与前年相若。惟以政府施用法币政策后，外汇稳定，故所获货值则较前年为多云。(《蛋业公会主席郑源兴将赴欧》，《大公报》上海版1937年1月5日)

对此《鸡与蛋》杂志也有报道：

郑源兴氏将出国考察

上海市蛋业同业公会主席、茂昌蛋厂总经理郑源兴先生，曾于去年一月间出国考察，于五月间返国，鉴于国外市场变化无穷，并为促进吾国蛋类出口贸易起见，闻即将继续出国考察云。(《鸡与蛋》第2卷第1期，1937年1月)

郑源兴氏出国考察

上海市蛋业同业公会主席、茂昌蛋厂总经理郑源兴先生，为促进吾国蛋

类出口贸易起见，已于一月二十四日经由西伯利亚先赴英国云。(《鸡与蛋》第2卷第2期，1937年2月)

2月27日，茂昌公司经蛋业同业公会向上海市商会报告相关营业税局苛征蛋类营业税情况。据此上海市商会电请财政部加以纠正。《申报》报道说："上海市商会昨电财政部云，南京财政部钧鉴，案于本月二十七日，据蛋业同业公会函称，据敝会会员茂昌公司报告，据敝公司窑湾镇代办祥兴庄函报，敝地征收营业税向系照章办理，自去岁迄今，当地营业税局改为沿途揽征，每大件征五六分不等，形同厘卡，不胜苛扰，交涉无效等语。据此，用特报告贵会，请速设法制止等情到会。据此，查窑湾镇营业税局，似此沿途征捐，苛扰蛋商，显系违背营业税法暨江苏省营业税征收章程，为此函恳贵会分电财政部暨江苏省政府予以制止，无任公感，等语，到会。查民国二十五年四月，江苏省第四次修正之营业税章程第十五条，有云，'本省营业税，按照全年，分为四季征收，但其营业具有特别情形者，得按月征收，或就其营业时间一次征收之'，并查苏省营业税分类税率表，蛋业营业税，系按照营业收入总额征收千之五，是该蛋庄营业税，应按照其收入总额，按季缴纳，即非当年营业，亦应照该条但书规定，就其营业收入总额，一次征收，断无沿途设卡，按件收税之理。据函前情，实系厘金变相，秕政之尤，理合电请钧部鉴核，俯赐严行照章纠正，以维税制，实为公便，上海市商会叩，感。"(《苛征蛋类营业税商会电请纠正》,《申报》1937年3月3日)

2月28日，出席宁波旅沪同乡会执监委员联席会议，并留任监察委员。《申报》报道说："宁波旅沪同乡会昨日召开执监委员联席会议，出席委员蒉延芳、方椒伯、陈忠皋、盛安孙、陈良玉、毛和源、叶翔皋、王皋荪、乐汝成、袁履登、乌崖琴、邬志豪、张继光、邵宝兴等。公推方委员椒伯主席，开会如仪。(甲)报告事项(略)(乙)讨论事项：(1)常委会拟定，召集常年会员大会及改选日期，提请公决案，议决，依常委会拟定，于三月二十八日召集常年大会，于二十九日起至三十一日止，为投票日期，四月一日开票。(2)公推大会提案审查委员五人准予推定案，议决，推方椒伯、毛和源、蒉延芳、张继光、乌崖琴五委员担任。(3)照章签留执监基金委员案，公推王委员皋荪抽签，留名如下：执行委员金廷荪、陈翔庭、乌崖

20 世纪 20 年代初落成的宁波旅沪同乡会会所是民国时期旅沪宁波人凝聚力的象征

琴、穆子湘、陈忠皋、徐懋棠、范桂馥、金润庠、屠康侯、郑筱舟、胡西园、傅其霖等十二人，监察委员李咏裳、余葆三、沈九成、郑源兴、张咏霓等五人，基金委员秦润卿。（4）拟就大会各种报告请予核定案，议决通过。（5）推选本届职员候选人名单案，议决，公推盛安孙、金润庠、竺梅先、陈良玉、王皋荪五委员先行拟定名单，再提执监委员会议决定。（6）公推乐汝成、陈忠皋、葛维庵、穆子宁、陈翔庭、石芝坤八委员担任，每日两人轮任。（7）（秘）。（8）毛委员和源提，王正廷大使赴美在即，应否欢送案，议决，定期举行茶会欢送。"（《甬同乡会昨开执监会议》，《申报》1937 年 3 月 1 日）

是月，茂昌公司向中国华洋义赈救灾总会捐助 300 元。（《中国华洋义赈救灾总会鸣谢通告第二号》，《申报》1937 年 3 月 1 日）

是月，为《鸡与蛋》题词："养鸡生蛋，农村副业，全国经济，直接裨益。"

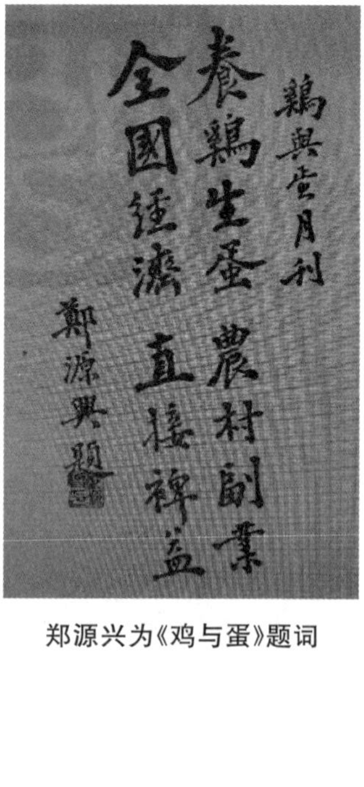

郑源兴为《鸡与蛋》题词

是月前后，鉴于人造冰同业竞争激烈，发起同业联营。《大公报》报道说："我国人造冰业，同业竞争剧烈，故该业拟仿照火柴联营之办法，实行自行统制，该项计划由蛋业公会主席、茂昌冷气公司总经理郑源兴发起，现对联营原则赞同者，有华商水厂十家、英商冰厂五家、日商二家，反对联营者只华商冰厂五家。闻发起人即将召集各冰厂，讨论进行事宜。据冰业中人语，去年冬季气候温暖，往年占冰消费总额十分之三之天然冰，本年天然

冰毫无储藏，故本年夏季冰价，当较上年昂贵云。”（《人造冰业将联营》，《大公报》上海版1937年3月15日）

3月18日，当选为第一特区市民联合会第七区分会第六届执行委员。报道说：“第一特区市民联合会第七区分会，昨在百老汇路会所召开第六届改选大会。到市党部代表刘坦公，社会局代表雷可南，市总会代表谷羽苍，及会员张贤芳等四十余人，由刘仲英主席，改选结果，刘仲英、简玉阶、许廷佐、周祥生、郑源兴、张莲芳、杨震中、张方标、项莲荪、费辅清、冯泽深、史久润、卢德明、蔡立卿、刘春华等十五人为执行委员，刘耕华、钟吉云、夏根元、潘幼峰、董奇沧等五人为候补执行委员，旋讨论提案，从略。”（《社团消息》，《大公报》上海版1937年3月20日）

4月1日，宁波旅沪同乡会第九届选举职员揭晓，继续留任监察委员。（《甬同乡会改选职员竣事》，《申报》1937年4月2日）

4月27日，茂昌公司致函上海市商会，要求制止苏北“窑湾苛征蛋类营业税”，为此“上海市商会特致电财政部请加制止”。报道说：“窑湾为江苏北部之大镇，旁倚运河，南接宿迁，北通陇海铁路，可通达徐州，向南可由运河直航清江浦，该地蛋产甚丰，故蛋商均设庄收买。兹悉该地营业税局，最近擅自沿途征税，苛扰蛋商。

上海市商会，特致电财政部请加制止，兹觅得原电如下：南京财政部钧鉴，案于本月二十七日，据蛋业同业公会函称，据本会会员茂昌公司报告，据敝公司窑湾镇代办祥兴庄函报，敝地征收营业税向系照章办理，自去岁迄今，当地营业税局改为沿途拦征，每大件征五六分不等，形同厘卡，不胜苛扰，交涉无效等语。据此，用特报告贵会，请速设法制止等情到会。据此，查窑湾镇营业税局，似此沿途征捐，苛扰蛋商，显系违背营业税法暨江苏省营业税征收章程。为此函恳贵会分电财政部江苏省政府予以制止，无任公感等语到会。查民国二十五年四月，江苏省第四次修正之营业税章程第十五条有云：本省营业税，按照全年分为四季征收，但其营业具有特别情形者，得按月征收，或就其营业时间一次征收之。并查苏省营业税分类税率表蛋业营税，系按照营业收入总额，征收千之五。是该蛋庄营业税，应按照其收入总额按季缴纳，即非常年营业，亦应照该条规定，就其营业收入总额，一次征收，断无沿途设卡，按件收税之理。据函前情，实系厘金变相，秕政之尤，理合电请钧鉴核，以维税制，实为公便，上海市商会叩感。未识财部将如何处置云。”(《窑湾苛征蛋类营业税》，《鸡与蛋》第 2 卷第 4 期，1937 年 4 月)

5 月 19 日，主持茂昌公司第三届第六次董事监察联席会议，并在会上报告赴欧接洽情形。“主席郑源兴君报告，此次本人赴欧接洽主要事项约略报告如下：旧年欧洲冰蛋销售照同业合同比例摊派，尚应找出之数，经接洽再三，最后以英金大约三千数百镑解决。其细账英庄当有详细报告。本年度欧洲冰蛋同业联络，合同仍行继续一年，至明年三月三十一日止，同业摊派比例仍与去年一律，售出价目大概与旧年相同，稍为减让。推销数今年比去年略为减少，固去年其他同业尚未销足，今年中国成本较去年贵，本年利益不如旧年耳。”会议披露茂昌公司“二十五年度盈余，共计六十九万一千余元”。[《茂昌股份有限公司 1935 年董事会议决议录(1935—1939)》，第二册，二十四年四月起二十六年五月止，上海市档案馆藏，档案号：Q229 - 1 - 187]

5 月 20 日下午，青岛市立女中学生参观青岛茂昌蛋厂。事后高二学生赵泽蕒、王岫云著《参观茂昌蛋厂记》一文，刊登在该校校刊《社会观察报告》栏目。文录于下：

参观茂昌蛋厂记

五月廿日下午我们到外面去作社会视察，以广见闻，增知识，而明了社会之实况。

大约在三点钟的光景，我们坐车到了商河路四号茂昌蛋厂，由公司预先派好的领道者，引我们进去。

走过宽大的楼梯，我们鱼贯的进了他们的照蛋室，这是一个很大的黑暗房间。中间有一条窄窄的人行路，旁边坐满穿着白衣帽的女工。她们每两人对坐在一块，共享一盏灯，灯的上面挂有一个盒子，身旁放有蛋箱。每人每手拿了两个蛋，在灯前照过后，分别好坏的放在篮中或箱中。

女工们照蛋手法之熟练与迅速，给我们很大的兴趣。大家都停住脚在那儿贪婪的看着。犹豫了一下，我轻轻的问身旁正在忙着的一个女工说：

“你们一天照多少箱蛋呢?”“两人共六十多箱。”她说完,抬起头来笑了笑。那是一张白白的温和的脸。我胆子大了很多,高兴的问个不休。关于她们的一切她都告诉了我:她每天可挣五毛钱,早晨七时上工,十二时下工。下午一点钟上工,五时下工。我也把她问我的话告诉她,等到同学都走了,我才匆匆的离开她。

从照蛋室出来,我们的眼睛受了光线的刺激,都觉得异样的难过。走进打蛋部,女工们仍是两人对坐。她们把蛋打破,倒在小蝶中,嗅过好坏后,分别倒入筒中。

年轻的女子在工人中占了很大部分,来往穿插做杂事的是些小女孩子,拿着铁筒,跑得喘呼呼的,见了人就红了脸低下头,怪有意思的。

在我们离开这些女工的时候,同学们说,问她们话她们都不理,碰了许多钉子。许是羞与忌在心中作怪吧?我却窃喜遇见一个那么爽快的人儿。

继续走到冷藏室,里面冒着冷气,我们急急的穿了过去。工人望着我们笑,我们看着他们那紧缚着皮衣的身体,臃肿得滑稽,也是笑个不停。我全身的热力都被冷气夺了去,出来就打了两个喷嚏。

随后我们看的是搅蛋室,里面有一架机器把灌进去的蛋白蛋黄搅匀,以备装筒。最后我们看了装箱室,及制装置器具的地方。据说制筒之原料是由英国来的,而机械都由美国运来的。

在我们看过各部的工作情形后,由领道先生介绍了本厂之沿革、组织及销路等之大概情形:茂昌蛋粉厂是民国十八年开办的,本来资本是一百万元,今日扩充至四百万元。现在全厂有二十七位职员、四百余工人。蛋之供给地是山东各地,以沿胶济路线为最多。出品平均每天有四十五吨,全年大约一六四二五吨,好的销于英德,做食品,次的运往日本,以供其化学工业之需。

看过这个茂昌蛋厂之后,我第一难忘的也就是不懂的是他们的夜学校,这个夜学校我只看见了一个空牌子,我想不出何处是安插这四百工人上课的地方,工人出卖了劳力之后,是否能赚点知识回去,减少文盲,是很重要的一个问题，所以希望夜学校能实际化。

领道先生告诉我们说，这公司之资本虽然全是中国人的，然而在出去办货的时候，仍借用洋行之招牌以免危险。这使我生了很大的感触，中国人受了不平等条约之束缚，任人压榨，以致人民都生了恐外病或媚外病，只要有了个“洋”字就可以作护身符。同时外人也就因此缘故，工业在中国占了重要之位置，而影响了中国工业之发达。

高大的青岛茂昌厂房

这公司的设备，在衰落之中国工业里已算不错，然而还有许多未完善之地方。如照蛋室太黑暗，且空气不流通，均应设法改良，以免工人得职业病。

现在我国一切均有进步，大有复兴之势。希望政府能对工业多多设法保障奖励，同时规定合理之劳工法，以便于统制化。最重要者是劳工及厂主合作，减少工潮，彼此谅解以求工业之顺利进展。（《青岛市立女中校刊》1937年第9—10期）

是月，针对美国拟增加中国蛋品进口关税，作为上海蛋业公会负责人，呈请外交当局，要求“对美加以阻止”。1937年5月出版的《鸡与蛋》杂志相继报道说：

上海蛋业公会反对美国增税

上海市蛋业同业公会，最近以美国拟增加我国蛋产进口税，及取消我蛋商津贴，关系我国际贸易前途甚大，故对于美国增税之举，群起反对。兹悉该会已拟具呈文，呈请我国外交当局，对美力加阻止。据该会负责人声称："中、美关系，近年来确较好转，去年蛋类出口，亦略见增加，惟此项增税消息，如果属实，则对于我国蛋产出口，影响颇巨，故我蛋厂业决予以力争云。"

美拟增我蛋产进口税国际贸易局呈实部核办

我国蛋产品对外贸易额，向占出口土货之第二、三、四位，每年总值，在四、五千万元左右，而以英、德、菲列宾为大宗销售市场，美国方面，每年亦有大量输出。兹悉美国政府拟增加我国蛋产进口税，并取消蛋商津贴，此事如果实现，影响我国际贸易至巨，现实业部国际贸易局已呈报实业部核办，请作有效处置云。(《鸡与蛋》第2卷第5期，1937年5月)

6月30日，主持茂昌股份有限公司第九次股东会，并在会上报告营业状况，"总经理郑源兴君报告略称，凡营业有胜有败，有大败亦有大胜，本公司营业状况，从民国二十四年讲起，国内经济恐慌，本公司亦受极大影响，亏耗甚巨，同业中亦大都如此，且甚至有因而倒闭者。及这年年底，观察大概情形，及同业状况，觉二十五年度有前进之机会，倘措置得当，大有转败为胜之希望，因而种种设法，积极前进，终算得到相当之效果。在二十五年度账上结有盈余，此种效果，并非蛋业正式的转机，实为乘机取巧、出奇制胜，只可偶一为之。比方说买跑马票，依过去的经验，看来是冷门，即多买冷门，果然冷门得着，此种冷门，须候机会而得，不能常有，故不能继续有望。至于二十五年度账上，虽结有盈余，惟流动资金仍不富裕，本公司上海、青岛房地产、机器抵押于外，尚未取赎。论公司经济状况，账上虽有盈余，尚谈不到发给股息及红利，然而董事会拟具发给股息及红利者，有二个困难原因，不能不拟具此种办法：一、二十四年本公司职工减薪，曾有如在三年内得有盈余照数补给购买股票之宣言，本公司账上结有盈余，上项减薪，应当补给，如不拟具股东股息、红利议案，对于股东有向隅之歉。二、本公司系有限性质，我国金融家多墨守旧法，对于有限公司金融之调济，多生阻碍。本公司金融，向来大都部分由承余顺接济，从二十三四年以来，国内发生经济恐慌，承余顺各股东，几乎个个破产，本公司亦将同归于尽，幸赖本公司素来信用卓著、上下合作，经力调度，始得过此难关。本公司向来是该承余顺巨款，至今承余顺该本公司巨款，承余现拟办理结束。因以上二个原因之关系，不能不拟具股息、红利之办法。惟如发给现金，实不可能，为充实公司流动资金起见，须请股东通过不发现金转入存款，即转账不支现为原则，如能此种原则通过，对于董事会提议股息一分红利一分均可发给，请各股东先行公决，各股东股息、红利移作存款，不支现金为原则，如有急用，通融现金。各股东一致举手通过”。

会议通过二十五年度决算案、通过二十五年度盈余分派议案、追认清偿公司债案，并由郑源兴报告第二次公司债发行之经过，“总经理报称本公司二十五年度内，因谋充实流动资金起见，拟发行第二次公司债八十万元，并经发行预约券，惟因种种困难，逐渐将预约券收回，停止进行，已完全作罢”。[《茂昌股份有限公司股东会议记录(1931—1939)》,《第九次股东会》，上海市档案馆藏，档案号：Q229-1-186]

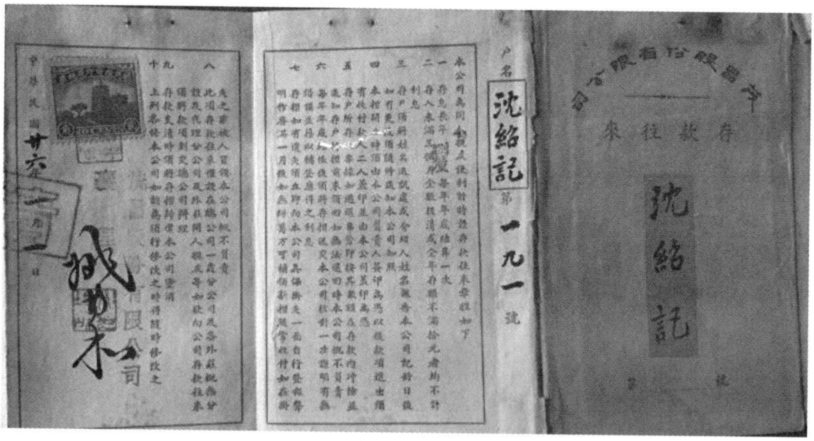

1937 年 1 月茂昌公司往来存款证

6 月下旬，上海各界川灾救济会捐款 100 元并向同业及公司同人经募 392 元。(《上海各界川灾救济会鸣谢启事第五号》,《大公报》上海版 1937 年 7 月 4 日)

8 月初，七七事变后，上海各界奋起救援，并成立上海市各界抗敌后援会筹募委员会，发起征募救国捐，为此发表《上海市各界抗敌后援会征募救国捐宣言》。郑源兴为筹募委员会成员之一，列名发起宣言名单。宣言辑录于下：

上海市各界抗敌后援会征募救国捐宣言

保卫中华民族之神圣战争，已于故都揭其序幕，中央当局，宣示决心，全国将士，奋勇效命。时至今日，有敌无我，有我无敌。五千年之祖宗庐墓，亿万年之子孙命运，均将于此最后关头决其荣辱。吾人如不甘为奴隶，不甘作牛马，不甘永受鞭挞，不甘长被宰割，则在此千钧一发之时机，当有毁家纾难之精神，捐款救国，救国自救。盖现代战争，除精神条件外，必须备具物质条件。备具物质条件，而后可以持久，而后可以决胜。序幕既开，抗战到底。敌人一日不去，抗战一日不停；抗战一日不停，捐款一日不止。凡吾同胞，父诏兄勉，输财节用，各尽能力，共救沦亡，黄帝在天之灵，实式凭之！

兹将征募办法摘列如后：（一）本会以募集捐款，贡献国家，备供抗敌救国之需要为目的。（二）本会委托银行钱庄，及其他代收机关，收受捐款，本会不直接收款。（三）募得捐款，由本会分别分布。（四）所有捐款，悉数汇呈军事委员会，统筹支配。但捐款人及本会得贡献用途意见，至本会办公费另筹之。（五）凡捐款人二千元以上者，得照捐款人意志以捐款人名义，由本会即专款转呈军事委员会。（六）捐款人或捐款团体，一次或连续捐款在一千元以上者由本会给予褒状，三千元以上者由本会呈请上海市政府给予褒状，五千元以上者由本会呈请国民政府颁给褒状或荣典。

筹募委员会：主任委员杜月笙，副主任委员：吴蕴斋、秦润卿、李馥荪、骆清华。

委员：宋汉章、陈光甫、宋子良、黄金荣、张啸林、胡笔江、（上略）郑源兴、潘祥生、吴星槎、胡厥文、杨管北、娄凤韶。（《上海市各界抗敌后援会征募救国捐宣言》，《申报》1937年8月9日）

11月14日，主持茂昌公司董事会临时第一次即第三届第七次会议。会议通过投资茂兴公司案，“主席提议，兴化汉兴祥蛋厂因资金不敷，拟请本公司投资改组为茂兴股份有限公司，该厂业务与本公司营业直接有关，应否投资，请公决。经主席、各董事讨论结果，准与合资组织，推定全体董事并姚均和君六人为本公司股份之代表人，一致通过”。[《茂昌股份有限公司 1937 年董监会会议记录(1937—1941)》，第三册，二十六年十一月起，上海市档案馆藏，档案号：Q229-1-186]

12 月 3 日，出席茂昌公司董事会临时第二次即第三届第八次会议。会议通过郑源兴提出的出让拖轮及铁驳案，“总经理报告，本公司长昌拖轮一艘及昌发第一号、第二号之冷气铁驳两艘，现因受环境关系，并为管理及行驶上发生阻碍，拟欲出让，已与赉赐洋行迭次接洽。经相当磋商议定，卖价国币六万七千五百元，以上三艘全部在内。本公司出卖之后，除保险外之其他责任继续负担，同时本公司给该行相当保障，均以二十七年三月三十一日为止，该时收回保障以卸责任。至于本公司需用该船舶时，可向该行随时雇用，照该行章程计算，惟铁驳备定期租用，每月租金一千五百元云。以上情形，请各董事公决。经各董事讨论之下，议决，准将上述拖轮及铁驳出让与赉赐洋行(Mallers Limited)，一切条件手续由总经理全权办理，各董事一致通过”。同时撤销投资案，“上月十四日，上次董事会通过之投资组织茂兴股份有限公司一案，因该公司之其他股东条件不能融洽，已将该公司之组织撤销作罢。各董事一致赞同，并无异议”。[《茂昌股份有限公司 1937 年董监会会议记录(1937—1941)》，第三册，二十六年十一月起，上海市档案馆藏，档案号：Q229-1-188]

12 月 27 日，出席茂昌公司董事会临时第三次即第三届第九次会议，并在会上“提议，称本公司于依旧三六年十二月三十一日，与香港新沙逊银行签订抵押合同，押款港币八十万元，即将于本月三十一日到期。除已付还本金港币九万元外，兹出借人愿展期一年至一九三八年十二月三十一日到期，其条件为本月三十一日办公室应付清利息，并先还本金港币七万元，如是押款减为港币六十四万元，并须于一九三八年三月三十一日、六月三十日、九月三十日各还本金港币二万元，到期日如数还清。一年期内利息周年八厘，每三个月付息一次。本公司除依上开条件还本外，并须按期付息，担保物与一九三六年十二月三十一日签订之抵押合同内所载者相同。依现在情形只得照上述条件展期，应由本公司函托香港 Victoria Investment Co. Ltd. 代表本公司签立展期合同，其条件详委托函附件展期合同之抄本”。

上项提议由董事郑星炎附议后，经全体出席董事一致通过，决议照办。

董事长兼总经理郑源兴提议，“致香港 Victoria Investment Co. Ltd. 英文委托函，授权代签展期合同，并英文展期合同内之条件应予认可，并将委托函及展期合同翻译朗诵后，既由董事郑星炎附议，经全体出席董事一致通过决议认定之。”[《茂昌股份有限公司1937年董监会会议记录(1937—1941)》，第三册，二十六年十一月起，上海市档案馆藏，档案号：Q229-1-188]

是年，上海八一三战役爆发，茂昌总厂及沪北冷藏部地处虹口，虹口总厂存蛋1万余箱大部毁于战火，损失严重，总厂被迫停业，职工分头避难。为维持职工的生命安全，在法租界十六铺的茂昌南厂设立收容所，收容上海无家可归的职工及其家属800余人，为之提供食宿。总管理处迁入金陵东路，后迁入法租界南厂办公。至1938年，公司增资到法币600万元，并呈报当时重庆国民政府实业部登记备案。(刘祖赉：《茂昌蛋业冷藏公司的历史回顾》，青岛市政协文史资料研究委员会编《青岛文史资料》第6辑，1984年，第104页)

上海八一三战役给上海造成了严重破坏，图为逃难的民众拥挤在街道上

是年底，日军全面占领上海华界，租界成为孤岛，物资大量集中于租界，茂昌公司沪南冷藏部的冷藏业务大为发达，普通堆栈业务也快速发展，即租赁外滩天文台附近的洋泾八号仓库为普通堆栈，大力发展堆栈、冷藏业务，以弥补其他业务损失。

1938年　48岁

1月，日军占领青岛，为保护青岛茂昌，与上海四川中路摩斯洋行英籍经理达埃订立聘约，邀其携眷来青担任青岛茂昌经理（名义），办理对外交涉事务，以此为掩护继续营业。（刘祖赉：《茂昌蛋业冷藏公司的历史回顾》，青岛市政协文史资料研究委员会编《青岛文史资料》第6辑，1984年，第104页）

2月10—20日，前往青岛，为茂昌公司青岛分厂被日人查封，向日方交涉，据理力争。“结果，该地当局稍为谅解，……准许青厂照常营业。”[《茂昌股份有限公司股东会议记录（1931—1939）》，《第十一次股东会第三次临时股东会》，上海市档案馆藏，档案号：Q229-1-186]

6月16日，主持茂昌公司董事会第三届第十次会议。会上通过二十六年度盈余分派议案，决定第十次股东常会议程为报告营业状况；通过二十六年度决算案；通过二十六年度盈余分派议案；选举监察人。（《茂昌股份有限公司1937年董监会会议记录（1937—1941）》，第三册，二十六年十一月起，上海市档案馆藏，档案号：Q229-1-188）

7月24日，主持茂昌公司第十次股东会，并在会上报告营业状况：“自去年卢沟桥事起，本公司即作种种准备，迨至八一三沪战发生，各方均以本公司为虑。当时办法只有二种：一、将公司结束，二、努力前行。本公司董事会为顾全股东权益及同人生计，决定继续前进，力渡难关，以保持股东及同人之生存为原则。幸全体中外员司咸明斯旨，共济时艰，获将虹口本栈所存各货陆续搬至安全区域，装运出口。该时表面上虽损失正巨，然就全部而论，事实上之损害并不过大。

惟尚有一点不能不注意者，即该时沪人均在避难之中，本公司货物上不能例外，嗣经竭力设法，得以装船逃出，然该货物至今犹在国外收容所中而未得出路也。本公司主要货物为冰蛋、鲜蛋两种，此两种货物因该时种种困难，质量当然与平时不同，欧洲客户自不免借口质量较低而有割价退货之举。所幸本公司对于鲜蛋已有相当之解决，惟冰蛋至今尚未有妥善之处置，恐难免有退回上海之变故。好在本公司账上已由相当之准备，诸股东查阅本届决算报告书中之资产负债表，即可明了。查本公司危险虽已经过多次，但因时局关系，尚未安然脱离，缘本厂一在虹口、一在青岛，处于目前环境之下，殊难谓可乐观。然惟本公司各股东各董事暨中外员司同舟共济，合力进行，当不致有着何特殊之危艰而无可克服也，应请各股东毋为过虑，是所深幸云云。”[《茂昌股份有限公司股东会议记录(1931—1939)》,《第十次股东会》，上海市档案馆藏，档案号：Q229－1－188]

10 月 5 日，主持茂昌公司董事会第三届第十一次会议，并提出相关提案，获得通过。会议主要议案辑录于下：

一、追认清江浦宿迁租厂制造案。总经理报告：今年上春，本公司在江北各庄所办鲜蛋计数万件，因在特殊情形之下，该货沿途阻碍，不能运申。虽向各方设法力谋通运，终未能达到完全目的。该时有土法厂同业汪君新斋与唐君鼎臣等提议，渠在清江浦有自营增新祥蛋厂及宿迁经理之友成蛋厂，该时均在开工，但在此环境之中亦有种种困难。明人不必细说，汪君欲兜揽本公司外庄在途之货，在上述二厂制造蛋品，以免变坏而得减轻损失。如能合作，即得两全其美。经鄙人与朱君金水数度考虑，决定照办。当与汪君订立契约合同，并委唐君鼎臣主持办理，立即开工制造，制成蛋品，陆续运申，大部分已经售脱，结果成绩尚可。该契约上月底已经满期，现时照该契约，无须继续办理，对于该事，应请董事会追认。各董事对于上述各项，一致赞同，决议通过追认。

二、讨论明年租厂问题。总经理报称，对于清江浦、宿迁二厂不久即将停工，在相当时间内准备结束。兹该厂主汪君新斋又提及清江浦厂系属己产，宿迁一厂为友人之厂，意欲明年放弃宿迁，对于清江浦一厂仍请本公司继续。又有济宁自营一厂替代宿迁继续办理，请本公司合作，租用一切条件，再行另议。照此，即今年所做，为清江浦、宿迁二厂，明年则为清江浦、济宁二厂。是项营业仍属本公司范围内之副业，明年是否再做，请各董事议决。当由各董事决议，请总经理酌夺，全权办理。

三、决议设立肥皂厂案。总经理报告，近年因特殊情形，各外庄采办鲜蛋到申，坏蛋甚多，损失很大。据闻，坏蛋可作肥皂之原料，即可作制造肥皂之用。本公司已聘请肥皂工程师试验及格，认为确可作肥皂之一部分原料。照此即可挽回若干损失。但投资不可即就，最小范围计算，生财、设备、器具等，应需国币数千元，以后购置原料等（即流动资金）尚非十万元不可。故此事业即有十万元之危险性。此项额外副业是否应行创办，还请各董事公决。由各董事议决，准予创办。亏损额以十万元为限，请总经理主裁办理。

四、讨论沙逊借款案。总经理报告本公司对于虹口房地产抵押与沙逊洋行，历有年所，至本年年底又届满期，须前去商洽明年如何办理，应请公决。经各董事讨论后，决议请总经理商请继续全权办理。[《茂昌股份有限公司1937年董监会会议记录(1937—1941)》，第三册，二十六年十一月起，上海市档案馆藏，档案号：Q229-1-188]

10月下旬，为救助战乱中的难民，上海各界发起难民救济协会，并组织劝募委员会，筹募救济款项，被聘为劝募委员。《申报》报道说："难民救济协会，经第二决理事会议决，组织劝募委员会，筹募救济款项。兹闻上项委员会，除理事会推定理事长虞洽卿兼总主任，方椒伯、盛丕华为副主任外，又聘请劝募委员三百六十人，包括各界各业领袖，集全市之力量，作广大之劝募，其成绩当必可观。委员名单如下：陈良玉、沈维挺、顾松茂、殷芝龄、陆文韶、陆景文、张念萱、屠开征、袁鹤松、徐翔荪、许晓初、江辅臣、王廉方、楼银川、姜仲英、徐文照、严蓉卿、孙秋屏、郑泽南、郎光瑞、刘敏齐、张佩珍、张丽云、陈蔚文、项绳武、项康元、张莲舫、沈骅臣、葛杰臣、徐辅孙、郑源兴、许冠群、陈楚湘、高志文、冯瑾甫、周干生、徐佐良、朱吟江、徐怡铭、陈子彝、朱子香(下略)。"(《难民救济协会组劝委会》，《申报》1938年10月29日)

上海难民救济协会

11月初，经茂昌公司等请求，国民政府贸易委员会对于“土货出口售给外汇，免收一切费用。”报道说：“国府统制外汇成功后，土货输出，必须依法售给外汇于中国银行或交通银行，各业均已遵照办理。贸易委员会永嘉办事处，准茂昌蛋业公司等请求，售给外汇于中国或交通两银行，免收汇费及手续费，业经贸易委员会与中国、交通两银行商妥，除商人交来汇票应按期酌收利息外，如系电汇准予免收，其余汇费手续费等一律停止，如已收应即发还云。”（《土货出口售给外汇免收一切费用》，《申报》1938年11月8日）

12月1日，出席茂昌公司董事会第三届第十二次会议，并在会上“提议称本公司于一九三七年十二月三十一日，与香港新沙逊银行签订抵押合同，借款本金港币六十四万元及利息，即将于本年十二月三十一日到期，除已付过本金港币六万元外，香港新沙逊银行已表示，若本公司于本年十二月三十一日付清利息再偿还本金港币八万元，则赊欠港币五十万元。原放借与该数相等之英金定期两年，至一九四〇年十二月三十一日到期。是项港币五十万元，应依双方预先约定之汇兑率换算英金，嗣后本公司对于该英金借款付息还本，均须用香港新沙逊银行认可之香港英商银行开出伦敦见票，即付之汇票，是项英金借款利率为周息六厘，每三个月即每年之三月三十一日、六月三十日、九月三十日及十二月三十一日付息一次，担保物仍与前同。本公司既无力于本年十二月三十一日清偿全部借款，上项条件不能再有进步，只得接受。手续方面仍由本公司具函委托香港Victoria International Company Ltd.代表本公司签立展期合同，其条件详见英文展期合同底本。

上项提议由董事郑星炎附议，后经全体出席董事一致通过，决议照办。”

又在会上“提议英文展期合同底本内之条件，并致香港Victoria International Company Ltd.英文委托函授权代签展期合同，应予认可。经主席将展期合同及委托函翻译朗诵后，即由董事郑星炎附议，经全体出席董事一致通过，决议认可”。[《茂昌股份有限公司1937年董监会会议记录(1937—1941)》，第四册，二十六年十一月起，上海市档案馆藏，档案号：Q229-1-188]

12月前后，亲自押送货物赴英国伦敦并处理海昌公司相关事宜，随后带学业有成的儿女学俊、爱青回国。由于苏伊士运河中断，他们只得绕道美国而行。其间，伦敦海昌公司经理葛林夏做了周到的安排。“葛林夏敬爱他们，要尽力为他们三人做最舒适的安排，为他们安排了头等旅行套票，乘坐大西洋邮轮到美国东岸，坐火车从东岸到西岸，再坐太平洋邮轮从美国西岸到上海，全程水陆交通工具都选择当时最安全最好的。”[郑爱青、戴丽荣、郑美珠：《华人大班郑源兴(1891—1955)》，第204—205页]

是年，受战争扩大影响，鲜蛋来源日益减少，蛋品制造量也被迫减少。为维持企业并扩大资金效益，茂昌将大部分资金投向房地产，购入大批土地与里弄房屋，并成立光华地产公司(郑源兴为董事长，郑翼波为经理)，从而有效地弥补了蛋品生产减少造成的损失。

1939年　49岁

3月10日，由于日人企图接收茂昌青岛分厂，前往青岛力争，始得保全。据其后来回忆，“为求保全公司生存之努力，此时日方提出种种之条件，定须立刻接收，经鄙人坚持保全之原则，据理争辩，始准本公司暂可自由营业”。[《茂昌股份有限公司股东会议记录(1931—1939)》，《第十一次股东会第三次临时股东会》，上海市档案馆藏，档案号：Q229-1-186]

6月4日，再往青岛，“抱定原则，多方折冲”。[《茂昌股份有限公司股东会议记录(1931—1939)》，《第十一次股东会第三次临时股东会》，上海市档案馆藏，档案号：Q229-1-186]

对于此事，当时担任青岛茂昌公司负责人的刘祖赉回忆说：当时上海三井株式会社不断向郑源兴施加压力，要求“组织中日合办企业”。“上海茂昌总公司以此事须经股东年会通过，且变更商品商标会影响货物进入西欧市场，有损竞争能力等等理由加以拖延谈判。”(刘祖赉：《茂昌蛋业冷藏公司的历史回顾》，青岛市政协文史资料研究委员会编《青岛文史资料》第6辑，1984年，第104页)

7月1日，主持茂昌公司董事会第三届第十三次会议。会议讨论青岛分厂及虹口厂事，“主席报告青岛分厂及虹口厂最近之特殊情形，经各董事讨论决议，召集临时股东会决议之”。通过廿七年度决算案、廿七年度盈余分派案、临时股东会、股东常会日期及事项等。[《茂昌股份有限公司1937年董监会会议记录(1937—1941)》，第四册，二十六年十一月起，上海市档案馆藏，档案号：Q229-1-188]

7月16日，主持茂昌股份有限公司第十一次股东会第三次临时股东会，并在会上详细报告当事青岛分厂及虹口厂之艰难处境，后由全体股东议决相关办法。相关会议记录辑录于下：

> 主席郑源兴君报告，谓今天是开的临时股东会，本公司因受环境的支配，迫不得已才决定召集的。至于议案，是关于本公司青岛分厂及虹口厂两件重大问题。在提付讨论之前，鄙人理应将经过情形约略报告一下，在去年一月间本公司接到青岛分公司一月二十六日报告“青厂突被日本海军特务部查封，前后门各贴有该特务部第191号封条一张，厂内职员尚准由边门进出，但货物一概不准搬运，青厂屋顶早已悬挂英国国旗，今忽查封，系因日方由中国银行账册内，查明青厂之真实国籍的缘故，迭经交涉，毫无效果”等

语。待至去年二月七日前后，本公司又获青岛报告，“青厂大有被没收之可能，且有提拿郑方正之传说。”鄙人认为事机急迫，对于本公司影响至巨，稍有疏虞，即将不堪设想。故鄙人当即购定船位，于同年二月十日前往青岛，向日方剖明事实，从事力争。结果，该地当局稍为谅解，委派日人石桥代表管理，并于该封条上加钉木牌，上书“日本海军特务部管理”字样，并令将青厂冷气堆栈之一部出租于石桥，作为堆存客货之用，准许青厂照常营业。上项交涉是于同年二月二十日结束，鄙人即于该日正午，离青返申，直至同年五月间，青厂仍能继续营业，相安无事。以上经过，鄙人已于去年开股东会时报告诸位，并声明本公司尚未脱离危险境地，谅诸位总还记得。嗣至去年六月间，该日人石桥计划统制等办法，发起组织一种国际公司，包括英美商人在内，由青岛当局核准，后经多方商讨，并各种周折种种困难，未成事实。以后青厂虽经历风浪，饱受虚惊，总算托天之福，安渡难关，幸告无恙。延至本年一月十五日，当局忽将前核准石桥之计划撤销，转令三井经营本公司青厂之营业。此项不利消息，在鄙人由伦敦回国途中已经闻知，抵申后，又据各方报告，青岛三井急欲与本公司接洽接收事宜，此其一。又上海本公司由江北办事处来之鸡蛋七百五十五件，已被日本当局认为敌产，令予没收，迭经交涉，未见效果，此其二。又本公司进货发生阻碍，因日本当局已组织公会，凡往内地办货者，须请由该公会代领派司，而具领派司者，以该公会会员为限，以后本公司能否进货，毫无把握，此其三。又青厂不能开工营业，此其四。又传闻青岛当局蓄意，如本公司不遵劝谕，即不予保障，如有转卖与洋商等情事，即以敌产而论，予以没收，此其五。其时鄙人得报之余，认为上海、青岛两厂，均在风雨欲来风满楼之中，前途似漆，深抱杞忧，大有山雨欲来风满楼之概，似除停业牺牲外，别无他路。但就鄙人在本公司所任董事兼总经理地位而论，上面对于国家，次之对于股东，再次之对于职工，均有委曲求全、责无旁贷之苦。再四思维，青厂如果没收，虹口厂必然波及，因而本公司全部崩溃，在源兴个人之牺牲并不足惜，其如股东血本、职工生计、债务信用、国际市场，完全断送何。于是鄙人下一结论，即必须尽力保全公司之生存，从而股东之血本、职工之生计以及债务之信用、国际之市场，始可保全。

以故鄙人毅然于本年三月十日前往青岛，为求保全公司生存之努力，此时日方提出种种之条件，定须立刻接收，经鄙人坚持保全之原则，据理争辩，始准本公司暂可自由营业，移转问题，从缓计议，如是延至本年五月间，日方又迭次催令解决，急如星火，鄙人万不得已，复于本年六月四日，再往青岛，抱定原则，多方折冲，其结果如下：

（一）青厂基地连同厂屋机器冷气设备等，作价一百三十八万元，鄙人原欲对方如数支付现款，对方拒绝，后经再三力争，始由对方拨付现款二十五万五千元作为价金支付之一，以便本公司偿还中国银行押款之用，其余价金一百十二万五千元由对方给予股份，此项股份是否有相当价值，刻下尚无把握，不过比毫无所获，总觉稍胜一筹耳。

（二）本公司牌号商标商誉，并不在上开条件之列，因牌号等我方有权拒绝移转，而厂基则无法求全也。

（三）本公司原有职工对方有继续雇用之义务，但职工愿否受雇，悉听自由，毫无勉强。

（四）青厂于本年六月三十日移交对方新立公司，该公司命名东亚蛋业股份有限公司，额定资本二百五十万元，定于七月一日开办，所有六月底以前青岛存货，仍旧本公司装运出口，但青厂负有债务二百五十万元之多。

（五）上海虹口厂环境所迫，亦同样办理，无法避免，磋商结果，作价二百七十五万五千元，内七十五万五千元给付现款，以之偿还押款，尚感不敷，其余给予股份，对方拟就该厂组织扬子蛋业冷藏股份有限公司，资本总额五百万元。

以上关于青岛分厂、虹口分厂经过情形，虽不十分详细，主要问题已包括无遗。现在应请在座各股东讨论，讨论方式约分二种：

甲、本公司应停业牺牲。

乙、本公司应尽量设法保持生存。

如果讨论结果应照甲种办理，则本公司当完全放弃青岛厂、虹口厂，听凭对方处理。倘照乙种办理，则请各股东对于上面报告关于两厂接洽条款赐予追认，并请授权本公司董事会与总经理相机应付、全权办理云云。主席并谓各股东对于上述报告，为有不明或疑问之处，请尽量询问，并请各股东详细考虑讨论，尽量发表意见后，再请公决。

最后全体股东议决，“公司应尽量设法保持生存，并授权与董事会及总经理相机应付、全权办理云云”。[《茂昌股份有限公司股东会议记录(1931—1939)》，《第十一次股东会第三次临时股东会》，上海市档案馆藏，档案号：Q229-1-186]

8月6日，主持茂昌公司第十二次股东常会，并报告营业状况。相关记录如下：

主席郑源兴君报称本公司二十七年度营业尚可，因有同业团结，销货较为顺利，惟自二十六年事变之后，所有出口货物退回甚多，此种情形至深痛心，惟此种不能避免之损失，亦在预算之列，故在二十七年七月开股东常会时亦曾报告。在二十六年底之资产负债表中，所提各项损失准备一户，大半即为预备抵补此项损失之用。在二十七年度报告书对于该准备户之数字已减少一半以上，各股东翻阅参看，即可明了，然该项损失尚未完全清楚，即在二十八年度，亦尚有继续发现，故对于所剩余之各项损失准备，亦尚有支出之可能，请各股东注意是幸。

本公司在今年(二十八年)上春时，看起来本公司正在风雨飘摇之中，因同业既不能团结，国内国外又发生种种阻碍、种种摧残，使前不能进、后不能退，大有进退两难之概，至营业之不利，犹其余事。厥后各种危险情形，愈益鲜明，经过情形，在上届临时股东会报告之时曾已略为说过。鄙人承各股东以全权相委，经过多方折冲之下，现在情形似已好转，不如上春时之恶劣矣。

至于外汇变迁，在表面上观察，对于本公司当然有益。但实际上是利害并行，其利显而易见，无庸赘述，而其害处亦非仅一端，兹为各股东申述之：本公司在国内存货、途中存货、以及国外存货，尚属从实，但均为高价外汇所结定，成本甚高，如后做之货，以外币计算则其成本大可减轻，各同业均有贱价倾销之企图，此后外国市价难免倾跌之危机，本公司高价结定之存货，难免相当之损失，此其一也。将来救平金融稳定之时，外汇回跌自在意中，当此之时，出口事业自必大受打击，我业当然亦无幸免，此其二也。凡事有利则必有害，利之所在最易触目，而害之所生往往亦有相当数额，不能不预为顾及，想各股东早在洞鉴之中，对于上述鄙见谅荷同情也。

至于二十七年度总结账目，照以上各种情形而论，二十七年度分派股息一分似最为适宜。但现在所提二十七年度盈余分派议案，所拟为股息二十万元，股东红利二十万元酬劳奖励四万元，即股息一分，股东红利一分，同事酬劳奖励金两个。在事实上似不应该，惟以特别缘由，因在讨论该问题时，奎元先生尚在。就该时而论，稳固公司之金融实在第一要义，所有盈余，理应积储滚存。然各股东个人受环境上影响，大都需款颇急，在此时局未靖之时，更不能不稍事准备，以防不虞。故由董事会最后议决，拟发股息一分、股东红利一分，股息理所应发，至于股东红利一分，其意即备各股东不时之需。鄙人还有附带说几句，各位股东有不少是本公司同事，对于同业酬劳奖励金（即赏俸），其中一个月或抵用，或储蓄，另一个月无论如何，应须积储，以备不时之需。尚望在座同事各股东，对于鄙意转告各同事是荷。

会议还通过提议二十七年度决算案、提议二十七年度盈余分派案。最后在董事选举中继续当选为公司董事。[《茂昌股份有限公司股东会议记录（1931—1939）》，《第十二次股东常会》，上海市档案馆藏，档案号：Q229－1－186]

8 月 9 日，主持茂昌公司第四届第一次董监联席会议，继续被推选为公司董事长兼代表公司董事。[《茂昌股份有限公司 1937 年董监会会议记录（1937—1941）》，第四册，二十六年十一月起，上海市档案馆藏，档案号：Q229－1－188]

10 月 28 日，《申报》报道，日商三井会社抢占茂昌公司黄浦路蛋类冷藏装罐工厂。报道说："英文大美晚报云，上海外商蛋类装罐工厂，计美商二家，与英商五家，在内地所购之蛋，现遭日商三井会社攫取，而三井会社之无耻，至在百老汇路上攫取蛋类一未车，计一百二十二篮，已达极点。在十月十日至二十四日两周间，被劫往三井会社黄浦路工厂之蛋类，不下五二一五篮，各装蛋八百枚，而由三井会社将蛋击破装罐，大量售予英国。此种劫夺行动，英美大使馆已得报告，预料将据此而向东京政府抗议。同时，该英美商工厂则来源不继，出货甚少。查三井会社之黄浦路蛋类冷藏装罐工厂，原属茂昌公司而被迫退出者。今该工厂名义上为扬子蛋类公司，实系三井会社所有而经营者，各商行购蛋之方法，系饬人赴长江口产蛋区现款采办，运至长江口岸。(《三井会社在沪公然抢蛋》，《申报》1939年10月28日)

11月，其间，由于日方统制蛋类，蛋品来源绝迹，茂昌损失惨重。报道说："日方自拦截运沪蛋类后，一般蛋贩，经其迭次没收，莫不叫苦连天，而经营蛋业之英商茂昌洋行及培林蛋厂，因来源绝迹，损失亦殊重大。顷据某大蛋贩谈，日方为舆论腾沸、掩饰行动起见，对于一部分鸭蛋，已可准其自由运至十六铺销售。"(《日方统制蛋类》，《申报》1939年11月8日)

12月25日，被推举为上海民食调节协会理事。报道说：

上海民食调节协会负责人、商界闻人虞洽卿

上海民食调节协会于昨日中午十二时，假香港路银行俱乐部召开第一次常务理事会议，到虞洽卿、郭顺、王禹卿、吴蕴斋、徐寄庼、裴云卿等，由虞洽卿主席，李文杰记录。首由主席报告开会宗旨后，即开始讨论。

加推理事：(一)加推本会理事案，议决推密歇尔、凯雪克、马歇尔、陈子彝、金宗城、马骥良、曹启明、范桂馥、郑源兴、席少荪、朱吟江、孙仲立、葛杰臣、许晓初、许冠群、陈已生、郑泽南、丁厚卿、沈元来、沈维挺、夏献廷等为理事，并加推马歇尔为常务理事。

……

收集基金：(七)指定机关代收基金案，议决，指定金城银行、上海银行、浙江兴业银行、福源钱庄、同润钱庄为基金代收机关。(八)开始办理代订洋米登记日期案，议决为十二月二十七日。(九)如何继续筹集基金案，议决分

各未经认定基金之各业努力进行，务使于短期间达到一百万元目的。（《调解协会代订洋米》，《申报》1939年12月26日）

1940年　50岁

1月4日下午，出席上海民食调节协会会议，会上商讨调解民食办法，决议成立平粜委员会，办理平粜和筹款事宜，当选为平粜委员会委员。报道说："上海民食调节协会昨日下午四时，假香港路银行俱乐部，邀集各业集议调节民食办法，到王禹卿、陈子彝、张念萱、曹莘畊、奚王书、陈己生、徐寄庼、张继光、李文杰等三十余人。由虞洽卿主席，报告开会宗旨后，继即开始讨论，当场议决设立平粜委员会，全权办理筹款及平粜事宜。（一）推虞洽卿、王禹卿、陈子彝、曹莘畊、田夏霖、张念萱、范桂馥、朱吟江、崔福庄、张继光、马骥良、马少荃、郭顺、张则民、郑源兴等十六人为委员。（二）平粜捐款暂定国币一百万元，至六时半始散。"（《设立平粜委员会筹募平粜捐款》，《申报》1940年1月5日）

1月17日，出席上海平粜委员会会议，其会议通知函云："径启者，兹定本月十八日（星期四）下午三时，在广东路九十三号四楼航运俱乐部B开第三次全体委员大会，讨论推进劝募工作事宜，届时即祈台端拨冗惠临，共商一切，幸勿或迟，是所盼企。"（《赶办平粜手续》，《申报》1940年1月17日）

2月19日，主持茂昌公司第四届第三次董监联席会议。会上通过过去盈余重行结算案、公司增资案、报告廿八年度营业案、购买藏东路土地案。对于后者，"总经理报告本人五年前向朱慎昌买进藏东路一方，计地壹亩壹分玖厘捌毫，拟卖于本公司为业，各董事如欲接受，请公决估价。经各董事议决，出价国币三万圆买，另立买契为凭，过户手续候相当时机再办，一致通过"。[《茂昌股份有限公司1937年董监会会议记录（1937—1941）》，第四册，二十六年十一月起，上海市档案馆藏，档案号：Q229-1-188]

20 世纪 40 年代初的郑宅大院

3 月 25 日晚，日商扬子冷藏蛋厂（即茂昌蛋厂）发生大火，“此为近年来第四次”，“损失浩大”。（《日商扬子冷藏蛋厂前夜发生大火》，《申报》1940 年 3 月 27 日）

5 月 25 日，主持茂昌公司第四届第四次董监联席会议。会议通过廿五至廿七年盈余调整廿八年决算及分派盈余案、公司增资案、变更章程案及股东会日期与事项等。对于公司增资案，“主席宣称公司增资一案经上届董事会决议，资本总额假定改为国币陆百万元，兹照二十五年至二十七年份之股东红利分发后移入作增资之用，尚不足八十万元之数，仍由各股东按股设法筹缴，应由股东大会通过行之。各董事一致通过”。[《茂昌股份有限公司 1937 年董监会会议记录（1937—1941）》，第四册，二十六年十一月起，上海市档案馆藏，档案号：Q229 - 1 - 188]

6 月 22 日，主持茂昌公司第四届第五次董监联席会议。会上通过修订章程草案、酬劳奖励金分配案。对于后者，“主席报告本公司增资计划以及补发红利移作增资股款，业经上届董事会拟定纲要在案，关于拾酬劳奖励金之分配案，请众讨论后决议如下：（一）董事长每年国币三千元，董事每人每年国币二千元，监察每人每年国币一千元，均作四年计算。（二）职工在本公司及上海青岛厂内服务而受有职员、长工同等待遇者一应在内。凡在民国廿五年一月一日起至民国廿八年十二月三十一日止之期间内，在职服务者依据其实在服务之日期计算，每年给以等十五个月薪金之酬劳奖励金，但至多以廿个月为限，其服务不足之日期照扣之。至于月薪之计算，统以廿八年度所支薪额为标准，但已脱离本公司职务者，依其离职时所支薪额计算之。上列酬劳奖励金以购买本公司股份为原则，但如有支现之必要者，得通融办理”。[《茂昌股份有限公司1937年董监会会议记录(1937—1941)》，第四册，二十六年十一月起，上海市档案馆藏，档案号：Q229-1-188]

6月25日，主持茂昌公司第十三次股东常会并在会上报告营业状况，认为“非常悲观”。“主席郑源兴君报告，本公司二十八年度营业已由董事会造具决算报告书，分交各股东。所有公司内容及大概情形已详载营业报告书，见报告书第一页。查报告书种各项账目，表面上似可乐观，但就事实论则非常悲观。因现在困难情形日有增加，开支数额逐渐浩大，而营业范围反日形减削，其中苦况一言难尽，殊无乐观之可言，应请各股东注意。”

会议还通过二十五年至二十七年盈亏调整案、二十五年至二十七年盈亏调整后分配案、二十八年度决算案、二十八年度盈余分配案、本公司增资案、修订公司章程案。

对于公司增资案，“主席宣称，董事会提议本公司因近年来百物腾贵，成本增高数倍，所需运用之资金数额庞大，且至殷切，原有资本殊不敷用，为谋公司稳固计，殊非迅图增资不可。爰由本公司董事会议决拟增资四百万元，由旧股东按股份认，如认不足额，再添招新股，是否有当，应请各股东加以讨论，并予表决。各股东一致赞同，当付表决，全体举手通过”。(《茂昌股份有限公司股东会议记录》，《第十三次股东常会》，上海市档案馆藏，档案号：Q229-1-188)

夏天，为上海女青年会筹建会所筹款。报道说：“静安寺路九九九号女青年会建筑会所募捐运动，自上月十五日开募以来，各队长及募捐委员分头推动，昨日第一次揭晓，计报缴捐款者有刘聪强夫人、刘吴卓生女士、林康侯、丁惠康、徐世沄、余英杰夫人、张益斋、郑源兴、潘序伦、丽川君、Miss Hin Kiey、张幼仪女士、周粹女士、许晓初、许冠群、沈畏赓、林凤岐夫人、张娴女士、周宗良、王达仁夫人、义泰兴煤号等三十七人，计达两万七千余元，其未及赶报成绩者，尚有多人。闻第二次揭晓日期，为本月十八日，该会为积极推动计，已请主席团虞洽卿、林康侯、徐寄庼、袁履登、闻兰亭等，及全体常务委员，分别缮具介绍函，由各推动委员特访各队长及募捐委员，努力劝募。”（《女青年会筹建会所》，《申报》1940 年 7 月 6 日）

10 月 25 日，主持茂昌公司第四届第六次董事会，并在会上提出为求公司将来稳固，购置地产。对此各董事主张谨慎从事。相关记录辑录于下："主席报告本公司金融状况，略谓公司资本现在大多数为存货，看目下情形，进货机会甚少，存货销清后，资产多为现款。照现在上海经济情形，贮存现款未必善策。兹为求公司将来稳固计，拟购英册道契 CAD. LOT6013B. C. 8500 空地中之一部分。该地面积总计有贰百七十亩另，每亩国币四万五千元。该地用途甚多，该项计划是否适当，请各董事公决。”

经各董事讨论后，决议如下："倘该产购入后能做金镑押款期限五年者，决议购置约全地十分之五左右，连原有楼房屋在内。如不能做押款者，决议购买约十分之二五左右，由各董事授权总经理依据上述原则随机酌量情形办理之。”[《茂昌股份有限公司 1937 年董监会会议记录(1937—1941)》，第四册，二十六年十一月起，上海市档案馆藏，档案号：Q229－1－188]

11 月 2 日，主持茂昌公司第四届第七次董事会。会上通过郑源兴提出的购产案，并对郑源兴关于公司同人组织救济会救济失业男女短工，"其款由职工认捐外，不足之数由公司捐助之"的建议，各董事深表赞同。[《茂昌股份有限公司 1937 年董监会会议记录(1937—1941)》，第四册，二十六年十一月起，上海市档案馆藏，档案号：Q229－1－188]

11 月 20 日，主持茂昌公司第十四次股东会临时会并报告公司增资及其章程修改事宜，"无异议一致通过"。(《茂昌股份有限公司股东会议记录》，《第十四次股东会临时会》，上海市档案馆藏，档案号：Q229－1－186)

11 月前后，期间上海茂昌蛋厂因受战争与统制政策影响，鸡蛋来源断绝，致数百工人失业。公司对失业工人积极予以救济。《国际劳工通讯》报道说：

自上海成为孤岛后，百业畸形发展，营业状况较战前有过之而无不及。然其间有一部分厂商因特殊情形感受打击者，亦比比皆是。沪市十六铺茂昌蛋厂股份有限公司，其制成品专销欧美各国，营业尚称不恶。最近因受统制影响，鸡蛋来源断绝，致数百男女工人无工可做，顿告失业。该公司目前留职职工，鉴于处此特殊环境之下，米珠薪桂，一旦失业，冻馁随之，爰本人类互助之旨，组织男女短工失业临时互助救济会，以资救济。经费由在职职工量力认募或捐助，同时向公司请求酌量捐助。救济办法分为四项如下：

（甲）介绍职业，失业男女短工应将其手熟技能及才具经历详细叙明，向该会登记，请求介绍职业。经会中查核后，于可能范围内，尽力介绍之。但如需保人，应由本人自觅。

（乙）小额贷款，该会贷予小额贷款，以便失业男女短工得自营小本贩卖业务，而资生活，惟须先将营业之性质及计划等申请该会理事会查核后，认为合格者，凭保贷予之。其贷款额以五十元为限，如事实上不敷运用，必需超过限额时，须将实在情形及理由，呈报理事会核查办理之。

（丙）赠送川资，失业男女短工如欲回籍者，得将事实情形向该会申请给予回籍川资，其数额由理事会核定行之。

（丁）赠送食米，该会赠送失业男女短工食米，其赠送数量每人每天女工赠米一斤四两，男工赠米一斤半，均以市斤计算，以二号洋米发给之，或照二号米价合成国币代之，每隔五天发给一次。以上四种办法，登记时任择一种，至介绍或自行觅得工作时停止救济。

当此非常时期，此种救济办法或亦为各界心社会问题者所乐闻欤（十二月三日新）。［《上海茂昌蛋厂失业工人救济办法（十二月三日新）》，《国际劳工通讯》第8卷第1期，1941年1月］

1941年　51岁

新婚燕尔的郑学俊与戴文英夫妇

1月，茂昌公司暨同人等向上海普德会捐助冬赈衣米经费100元。(《上海普德会鸣谢启事第十一号》,《申报》1941年2月1日)

2月16日，为儿子郑学俊与戴文英在基督教青年会举办婚礼。(郑爱青、戴丽荣、郑美珠:《华人大班郑源兴(1891—1955)》,第218页)

3月下旬，鉴于家乡奉化遭遇严重灾荒，发起成立奉化旅沪同乡救济劝募委员会，并担任委员会主席。该会并于29日在《申报》刊登启事。报道与启事辑录于下：

奉化同乡会募款救济家乡灾荒

宁波旅沪同乡会重要人物方椒伯

奉化旅沪同乡，鉴于家乡遭遇严重灾荒，中等人家，有价无米，平民阶级，束手待毙，以致哀鸿遍地，饿殍载道，情形之惨，为亘古所未有，特于日前邀集旅沪同乡，假座宁波同乡会，成立奉化旅沪同乡救济劝募委员会，会员列席者甚众，宁波同乡方椒伯、箦延芳亦出席参加。公推郑源兴为正主席，孙性之、周荆庭为副主席，何梦熊、方济川为财务委员，余华龙为秘书长，王廉方等十五人为常务委员，洪信甫等为劝募委员。募捐总额为二十万元，募捐期限，至国历四月底为止，指定浙江地方银行、四明银行、大来银行、瑞大银号等银行号为代收捐款处。闻当场认募者已有半数，不足之数，即日由各该委员分投劝募。(《奉化同乡会募款救济家乡灾荒》,《申报》1941年3月29日)

奉化旅沪同乡救灾劝募委员会启事

敬启者，吾邑奉化去岁遭凶，旱水虫三灾为患，粒谷无收，民食恐慌已达极点。目前情形更趋严重，饥民遍地，饿殍载道，嗷嗷待哺，惨不忍闻。凡我同乡情关桑梓，痌瘝在抱，奚能坐视，爰特组织奉化旅沪同乡救灾劝募委员会，敬恳各界善士及全体同乡踊跃捐输，共襄义举，俾得集腋成裘，拯救垂毙乡人，造福乡邦，积德子孙，此启。

主席委员孙性之、郑源兴、周荆庭，常务委员竺培元、王廉方、袁恒通、何绍庭、王和兴、王麟堂、江辅臣、竺泉通、何平龙、邬文敬、王宝兴、毛文荣、陈浩庄、志宸、董德维，财务委员何梦熊、方济川，秘书长余华龙，会址英租界劳合路宁波里奉化旅沪同乡会内，代收捐款处：浙江地方银行江西路三八一号、四明银行北京路总行南京路支行、大来银行宁波路七七号、瑞大银号北京路垦业大楼一〇一号。(《奉化旅沪同乡救灾劝募委员会启事》,《申报》1941年3月29日)

7月12日，主持茂昌公司第四届第八次董监联席会议。会议通过拟二十九年度盈余分派案、拟修正章程案并决议“八月十四日召集股东常会，其开会事项除照例报告营业状况、讨论二十九年度决算案、二十九年度盈余分派案及选举监察人外，应加修改章程一案，一致通过”。对于拟二十九年度盈余分派案，“主席宣告二十九年盈余计国币一百四十六万三千二百三十五元五角二分，除提法定公积及所得税等外，拟提各种准备金五十万元、酬劳奖励金六万元、股东红利六十万元。各董监一致通过，俟提交股东会决议行之”。[《茂昌股份有限公司1937年董监会会议记录(1937—1941)》，第四册，二十六年十一月起，上海市档案馆藏，档案号：Q229-1-188]

8月14日，主持茂昌公司第十五次股东会股东常会，并在营业报告中称：本公司主要业务(即蛋业)之实际情况，殊为减色，幸赖各种副业及代销等之利益合并计算，获使盈余之数字差强人意而已。倘只就本公司主要业务而言，二十九年度尚不及二十八年度者之半，而三十年度者犹不及二十九年度者之半，其情形之不容乐观可以概见。今后惟有力谋副业之发展，以维开支而渡难关，期于将来情形好转之时，再图主业之复兴也。[《茂昌股份有限公司股东会议记录》,《第十五次股东会股东常会》，上海市档案馆藏，档案号：Q229-1-186]

11月，茂昌公司暨同人向上海普德会冬赈衣米经费100元。(《上海普德会鸣谢启事第卅号》,《申报》1941年12月2日)

12月27日，主持茂昌公司第四届第九次董事会。会议通过本公司会计单位案，决定"本公司会计除人欠欠人之旧法币往来户仍照旧法币记账外，其余均一律等价改为新法币，一致通过"。又通过房地产进出案，"主席报告本公司房地产进出事宜，本年度计出让云飞路云飞市场、塘山路润德里及施高塔路花园里三处，新置者计有福履理路屋后毗连地、延平路地、其美路地及国富门路房地产云云。各董事决议对于房地产进出事宜，仍授权总经理见机全权办理"。[《茂昌股份有限公司1941年董事会议记录(1941—1946)》,第四册，三十年十二月起，《茂昌股份有限公司董事会决议录》，上海市档案馆藏，档案号：Q229-1-194]

是年，上海新风书店出版由徐鹤椿著的《现代工商领袖成名记》一书，内收录《郑源兴先生》一文，辑录于下：

郑源兴先生

随便什么人，都应该先有一个前进的目标，那么，将来的事业才能由专一而达到发展与成功。郑源兴先生他就是藉专一而奠定于成功的人。他是浙江奉化人.向来在上海经营蛋业，那时他在蛋业中还只有一些小声望，同时当时上海的鲜蛋，是只销于本埠及日商的，所以销路也很有限。

自从鼎革以后，他历任朱慎昌蛋行等经理，于是蛋的销路，也渐渐广增了。因此他就派人到内地去设庄采办，而一面更与洋商接近，尽力推销中华的国产，并且联合同业，组织承余蛋公司，以便合作运销。

嗣后洋商的蛋厂，也渐渐利用所谓买办一类的国人，也向内地设庄去采办了，这样不但中国的利益将被洋商攫取，而承余蛋公司的营业，也恐被洋商而统制了，于是他竭力筹划，努力与同业协磋，即发起创办茂昌新式冰蛋厂，使中国的鲜蛋冰蛋.都可自由地直接出品，而不须复转手于洋商的手续。同时又添设冷气堆栈，制造之器冰等，而造成我国新兴的冷气工业。

茂昌冷气厂成功以后，他的各事业都趋于稳定了，于是他便着手于对蛋业前途的观察。他到海外各国去考察，使他所倾向的蛋业得到充分的改良与发展。

回国以后，他觉得我国蛋业在国际贸易的市场情势看来，尚有许多发展的余地.因此他在民国十九年，复在青岛设立分厂，设备都采用最合理的科学管理，他的规模，竟能驾欧美各国的最新式的冰蛋厂之上。这都是郑先生的考察结晶。

《现代工商领袖成名记》封面

后来上海、青岛二处茂昌厂的营业.每年能在千万元以上了，同时更有职工二千余名。所以在我国所创设的蛋厂中，不论华洋，终要算该厂为第一了，况且将来该厂营业的发展，又是没有限量的。

他毕生的精力，可以说完全是矢志在蛋业中，所以他也曾接办过川沙“中国农场”，他的寓意是在提倡养鸡，而增加蛋业的生产。

1942年 52岁

1月，孙女郑美珠出生。据其后人回忆，“学俊的长女美珠在永嘉621号诞生。午饭时分，医生应召来替文英接生。大宅里都是来过新年的客人。源兴吩咐把一箱威士忌从阁楼搬下来准备庆祝”。[郑爱青、戴丽荣、郑美珠：《华人大班郑源兴（1891—1955）》，第223页]

6月29日，主持茂昌公司第四届第十次董监联席会议。会议通过三十年度决算案、盈余分派案、公司登记案等。对于盈余分派案，“主席宣称三十年度盈余，计新法币八十一万七千八百七十五元四角五分，如何分派？应先拟提案以备提交股东会通过。兹决议除依法先提公积金一成，及提应纳所得税外，股东红利照资本总额分计算，其余作为盈余滚存及各种准备金，俟提交股东会决议行之”。对于公司登记案，“主席宣称国府还都后对于公司注册事项，因案卷疏失，曾屡催令补登登记，现在实业部设立驻沪办事处，催促之令愈为急切。本公司是否应补行呈请登记，请各董事公决。决议遵令向实业部补行呈请登记，一致通过”。[《茂昌股份有限公司1941年董事会议记录（1941—1946）》，第四册，三十年十二月起，《茂昌股份有限公司董事会决议录》，上海市档案馆藏，档案号：Q229-1-194]

6月，被推举为上海特别市商会监事①。7月16日《申报》报道说：“上海特别市商会，于上月二十七日召开会员代表大会，推选理监事，理事会主席袁履登，监事会主席闻兰亭，常务理事秦润卿、裴云卿、王伯元、郭顺、黄江泉、江上达，常务监事林康侯、吴蕴齐、叶扶霄、沈维挺，理事金宗城、胡桂庚、陆文韶、丁方源、萧一城、杨河清、王仁卿、许晓初、林朝聘、魏善甫、童莘伯、蒋志刚、潘旭升、张莲舫、沈维亚、钮植滋、顾文生、解梅生、蔡福棠、沈榴邨，监事沈田莘、郑源兴、陈忠南、张大连、尤春欣、吴鼎铭、俞渔卿、王厚生，定于今日上午十时举行就职。”（《市商会理监事今日就职》，《申报》1942年7月16日）

8月1日，担任董事的中国联业保险股份有限公司开业，公司额定资本500万元，专营火险水险意外险汽车险等。（《中国联业保险股份有限公司开业公告》，《申报》1942年7月30日）

8月8日，主持茂昌公司第十六次股东会股东常会，并报告营业状况，“主席宣称，本公司民国三十年度营业，因受环境支配，来源缺乏，以致制造方面已呈停

① 由于当时上海处于日军占领时期，此种职务多系挂名而已，如著名宁波商人秦润卿当时也挂名常务理事，事实上，他当时已隐居不出。

顿状态，不得已积极整顿副业，以谋补救，制造厂所大部分已改为堆栈，藉谋微利，勉图支持云云”。会议通过追认本公司资本改用新法币案、提议三十年度决算案、提议三十年度盈余分派案。最后继续被推选为公司董事。(《茂昌股份有限公司股东会议记录》,《第十六次股东会股东常会》,上海市档案馆藏,档案号：Q229－1－186)

8 月 11 日，主持茂昌公司第五届第一次董监联席会议并继续被推举为公司董事长。会议对于营业方针，“决议在可能范围内能营者，授权总经理酌夺办理之，一致通过”。对于其他副业，“决议房地产进出卖买及投资等事业，授权总经理相机办理之，一致通过”。[《茂昌股份有限公司 1941 年董事会议记录(1941—1946)》,第四册，三十年十二月起，《茂昌股份有限公司董事会决议录》,上海市档案馆藏，档案号：Q229－1－194]

10 月 7 日，任董事长的光华营业股份有限公司开业，专营建筑设计、经租信托押款、估价房地产买卖、经理保险等业务。“本公司现正建造新式三层楼住宅，坐落法租界高恩路住宅区。”(《光华营业股份有限公司开业公告》,《申报》1942 年 10 月 6 日)

光华营业股份有限公司开业广告影印件

11 月 11 日，主持茂昌公司第五届第二次董监联席会议，并报告公司登记完成，对于外籍股东事有所讨论，“查本公司股东中有葛林夏一户，该股东为英籍，该股东加入股份时为本厂出品推销英国谋联络关系以助发展，请他加入股东地位以便推销，现下环境特殊，该项股权是否继续，祈请各董事讨论。董事唐鼎臣君提议，该股东之股票向由郑总经理保管，现为谋本公司全体股东均为中华民国国民为限之原则，将该股份以最高市价代为出售，将该股款由本公司代为保管之。朱金水董事附议，各董监一致通过。”[《茂昌股份有限公司 1941 年董事会议记录(1941—1946)》,第四册，三十年十二月起，《茂昌股份有限公司董事会决议录》,上海市档

案馆藏，档案号：Q229－1－194]

是年，茂昌公司向上海贫儿院捐资200元。（《上海贫儿院鸣谢建字第二号》，《申报》1943年1月16日）

上海贫儿院管弦乐队

1943年　53岁

1月8日，主持茂昌公司第五届第二次董事会议（董监联席会议）。会议主要讨论职工酬劳奖励金事，“议决本公司三十一年总账，虽未结算完毕，兹为体念同人起见，该项奖励金准备预约二个月计算支付之”。[《茂昌股份有限公司1941年董事会议记录（1941—1946）》，第四册，三十年十二月起，《茂昌股份有限公司董事会决议录》，上海市档案馆藏，档案号：Q229－1－194]

2月18日，据《申报》报道，茂昌公司将与日商扬子蛋业公司等合作组织鲜蛋收买组合，对蛋类进行统制收买。报道说：“本市及苏浙两省农村所产鸡鸭蛋，数量颇丰，顷悉日本蛋商为统制收买蛋类，将与华商合作，组织中日商合办之鲜蛋收买组合。该组合将以日商扬子蛋业公司暨华商茂昌公司为中心，网罗各中日收买商为组合员，预备在春季鲜蛋上市以前，正式成立，故目下正在积极筹备中，将来组合成立以后，由日商三井扬子及日本水产公司等三家负责处理一切收买事宜，并在京沪杭沿线各地设立出张所，从事蛋类之收买配给及输出。”(《蛋类将统制收买》，《申报》1943 年 2 月 18 日)

3 月 18 日，主持茂昌公司第五届第三次董监联席会议。会议通过盈余分派案、公司增资案、特别酬劳奖励金之分配案、修正章程案等。

其中公司增资案，“主席宣称本公司三十一年度营业蛋品制造全告停顿，仅将存货出售而已，故对于账上盈余数字，确为历年所未有。然实际情形，如以货值相比，则反大亏血本。即就本公司资本一项而论，亦是如此。在廿九年增资之时，本公司资本尚可购鲜蛋六万篰，截至今日，则只能购六千篰耳。去年因蛋厂停顿，尚无法考虑金融运用之为要。今年蛋业似有经营之可能，金融周转难免困难，若非增加资本不足以资周转。故不能先行绸缪，从事增资，以待时机，请各董监讨论”。

经各董监讨论，决议如下：(一)增资一千八百万元，每股仍为一千元。(二)旧股东每股得认新股二股半，内由公司各种准备金、历年盈余滚存及资本增值准备换作新股，每旧股一股换新股六分，计六百元，其余一股九分，计一千九百元，由现资认购之。(三)董监及职员得依照特别酬奖金得认购新股，如不愿认购者，得通融支现。(四)各股东或职员及其亲友与本公司往来之余款额，去年十二月底为根据，如本年二月底该数仍继续余额存在者，得照十二月底余数认购新股，新股如缺照减，不愿认购者听便。

“以上，如遇另五百元以上者，得凑足现资并成整股。上述增资办法总则俟提交股东会通过行之。”

对于特别酬劳奖励金之分配案，“主席宣称，公司增资职员应依照向例，发给酬劳奖励金，经各董监决议如下：(一)各董监特别酬劳，根据三年夫马费平均折算一年又十分之二计算之。(二)各职员特别酬劳奖励金，依照股东一分、职员一个月之向例计算，根据民国廿九年、三十年、三十一年三年所得，计平均计算，其米贴、津贴、旷职等之计算，均根据该年度二个月酬劳奖励金同样方法办理之”。[《茂昌股份有限公司 1941 年董事会议记录(1941—1946)》，第四册，三十年十二月起，《茂昌股份有限公司董事会决议录》，上海市档案馆藏，档案号：Q229-1-194]

4月24日，主持茂昌公司第十七次股东会股东常会，并在会上报告营业状况，“略谓本公司三十一年度营业情形已详决算报告书中，主要营业已呈停顿状态，惟将存货销售及各项副业之经营稍得微利，账上虽有盈余，实际尚未可乐观云”。

所提增资方案获会议通过，“主席宣称，董事会提议本公司三十一年度营业主要业务已呈停顿状态，尚无增添资金之必要。今年蛋业似稍有转机之可能，资金周旋难免发生困难，因物价高涨，原有六百万元资本，有六万篰蛋可购，现在只有六千篰蛋可购，殊非增加资本不可，经董事会决议，拟增加资本一千八百万元，连原有资本六百万元，合计资本总额为二千四百万元。即以此资本总额而论，亦只有二万四千篰蛋可购，在此产销均未恢复原状之前，勉强尚可敷延。上述增资原则，请诸位讨论，各股东均表赞同。主席宣付表决，全体举手通过”。(《茂昌股份有限公司股东会议记录》,《第十七次股东会股东常会》,上海市档案馆藏，档案号：Q229-1-186)

同日，《征信日报》登载对茂昌公司的工商调查，有关情况披露颇为详尽，辑录于下：

茂昌股份有限公司

地址：总公司：上海法租界公馆马路四十一号四楼，

南厂兼南栈：上海法租界外滩八七号，

西厂兼西栈：上海公共租借延平路九七号，

东栈：上海虹口杨树浦路一九六〇号。

营业种类：经营鲜蛋冰蛋出口及机器制冰冷藏等业务。

资本额：中储券六百万元，分为六千股，每股一千元。

董事长兼总经理：郑源兴，年五十三岁，浙江奉化人，蛋业出身，经验丰富，曾任朱慎昌蛋行经理，现又为朱慎昌蛋行股东、承余顺记蛋行大股东兼经理，及蛋业公会主席委员，在为业中信誉素着，为人精干和蔼，交友颇广，身家极为殷实。

董事：郑方正，年约四十四五岁，浙江镇海人，现为承余顺记蛋行股东。

53岁

郑星炎，年约四十四五岁，浙江镇海人，现为郑源泰蛋行股东兼经理。

董事兼副经理：朱金水，年约四十四五岁，浙江镇海人，现为朱慎昌蛋行股东。

董事兼副经理：唐鼎臣。

监察人：应佐卿、楼文治。

副经理：郑学俊。

襄理：袁光引，年约四十岁，浙江宁波人。

简史：民国二年，郑源兴等集资贰万元，创设承余号，经营冰鲜蛋出口，至民国四五年间，因业务发达，扩充资本为廿万元，另加顺记，民国九年，因直接输往国外，另用茂昌洋行名义，至民国十七年，扩大范围，增资本至二百万元，将对外应用之茂昌洋行名义，正式改称为茂昌公司，同时承余顺号亦改组为承余蛋行，十九年始正式改为茂昌股份有限公司，并向前工商部注册，廿九年增加至国币六百万元，三十一年六月一日币制变更后，折合为中储券三百万元，今年又增加资本至中储券六百万元，分为六千股，每股票面一千元云。

设备：该公司原设于黄浦路，并附有厂栈，面积甚广，本为自产，八一三后，为日方占据，改为扬子股份有限公司，归三井洋行经营，其青岛分公司亦为日商某公司经营。现闻黄浦路一带资产及青岛分公司资产，均已出售与日方，目下该公司所有资产，仅有西南两厂及东西南三栈，至其公馆马路总公司房屋，系属租界云。

营业情况：该公司经营鲜蛋冰蛋出口及机器制冰冷藏等业务，民国廿六年至三十年间，平均每年营业额约有一千七八百万元至二千万元，纯益约有五十万元，自民国三十一年以来，冰蛋出口业务无形停顿，仅有鲜蛋冷藏制冰等业务，营业仅及以往十分之一，但因货价及收费均高十倍以上，去年营业额仍有一二千万元之间，但收入难丰，而开支亦激增无已，故纯益至多不过五六十万元云。

财政状况：该公司以前动用资金，常在一二千万元，自民国三十一年以后，因冰蛋出口停顿，资金运用减少，该公司现在实力雄厚，经济周转异常灵

活。(《征信日报》1943 年 4 月 24 日)

4 月间,参与筹备上海区蛋业同业公会。辑录该公会筹备处通告于下:

茂昌公司骨干金绍南(前)、戴行山(后左)、郑钟浩合影

案奉粮食部总字第三三〇号暨三九〇号令,派郑源兴为上海区蛋业同业公会筹备主任,严由庆、顾光敷、周子专为筹备员,并限本月内成立等因。奉此,遵即着手筹备,刻已筹备竣事,定期召开成立大会,推选理监事。兹将各项分列于左:(一)日期,四月二十七日下午二时。(二)地点,天后宫桥堍上海特别市商会。(三)本市同业:(1)有采办能力之蛋商,(2)有蛋行设备并有趸卖能力之蛋商,(3)有蛋厂设备之制造蛋商,(4)出口蛋商凡符合以上资格之一者请派定代表准时出席(每一公司行号得推代表一人,其最近使用人数每超过十人时得增派代表一人)。(四)出席代表应携有该店负责人签字盖章之证明,函件除分别呈报并函知外特此通告。

附启:前发调查表,查有少数同业尚未填送,兹限本月底以前送交本处,否则认为自愿放弃权益,如有未发到者速来领取,仅限期内填送,筹备处暂设亨利路一〇〇弄一号。(《上海区蛋业同业公会筹备处通告第一号》,《申报》1943 年 4 月 26 日)

6 月 18 日,主持茂昌公司第五届第四次董监联席会议。会议决定 7 月 3 日召开临时股东会。其议程为:总经理报告增资经过、监察人报告增资认股足额、股款收足证明事宜,讨论公司章程,其他提案。[《茂昌股份有限公司 1941 年董事会议记录(1941—1946)》,第四册,三十年十二月起,《茂昌股份有限公司董事

会决议录》，上海市档案馆藏，档案号：Q229－1－194］

7月3日，主持茂昌公司第十八次股东会临时股东会，并报告增资经过，宣称“本公司章程应行修改，将所拟修正之章程逐条宣读，请各股东讨论。各股东并无异议，主席宣付表决，一致举手通过”。（《茂昌股份有限公司股东会议记录》，《第十八次股东会临时股东会》，上海市档案馆藏，档案号：Q229－1－186）

10月8日，担任董事长的光华营业股份有限公司南京分公司开业。（《光华营业股份有限公司南京分公司开业公告》，《申报》1943年10月8日）

是月，向上海慈善园游会捐款800元。（《慈善游会昨代收捐款》，《申报》1943年10月22日）

11月4日下午，出席奉化孤儿院董事会并倡捐5万元，该院院务主任张泰荣在当天日记中写道：

> 十一月四日（十月初七日）　木曜日　天晴
>
> 三人同访范友士栋，相见喜甚，托以院事与胞弟事，并承殷勤款待。午后二时，余先至新利查，陆续到者有孙表丈、郑源兴、孙性之、罗志成、周一星、方济川、蒋能彪、顾金生、王廉方、王继陶、金明俭、庄逸林、王伯宪、余华龙、江来甫、袁培恩、沈济恩、袁恒通、范士栋、何平龙等二十余人，先由孙表老及余作报告，孤儿院几年来支持困难情形，继即请求认捐。得周一星、郑源兴、罗志成、周荆庭诸君各倡捐五万元，依次认定总数达三十八万五千元。事毕将晚，承逸林相邀，同至农业书局，筹办印册钤等事并宿焉。（奉化市档案馆：《张泰荣日记》第三卷，第1117页）

12月，为上海特别市三十二年度冬赈“经募茂昌公司暨同人郑源兴茂昌公司各五千元”。（《上海特别市三十二年度冬赈捐款征信录第四号》，《申报》1943年12月28日）

是年，中国名人年鉴社出版《中国名人年鉴上海之部》，其中“郑源兴”条辑录于下：“郑源兴先生，现年五十三岁，浙江奉化人。献身蛋业，已逾四十年。历任朱镇昌蛋行经理，协新慎蛋公、万和盛蛋厂、源通蛋厂、源通蛋厂、承余蛋公司总经理，以及前上海市蛋业同业公会暨上海市冷气机冰同业公会主席各职。现任茂昌股份有限公司董事长兼总经理，并茂新蛋厂有限公司、光华营业公司、增新祥蛋厂董事长，以及各地区蛋业同业公会理事长、上海区蛋业同业公会理事长等职。查吾国蛋业发轫之初，国人之经营蛋业者，咸以采办蛋产业，装运至沪，而销售于外人设立之洋行为已足。至于如何装运出口，如何争取国际市场，概操诸外人之手，因而利权外溢，不可胜计。先生有鉴于斯，惄然忧之，于是召集同志，创立茂昌公司于海上，聘用技术外人，自设冷藏仓库，用最新方法，制造冰蛋，直接运销于欧美各国。除在国外重要都市自设经销处，或委托代销处，以推广销路外，复数数亲涉重洋，游骋欧美，与各国蛋业巨子，磋商联络，本诸同业休戚与共之精神，谋巩固吾国蛋产在国际市场之地位，苦心孤诣，劳怨不辞。其少君学俊，留英多年，精明干练，先生尝率之奔走海外，藉资臂助。吾国蛋业，在战前一跃而占出口重要位置，使国外同业、国内洋商，同深惊叹，刮目相看，先生实与有力焉。先生精力充沛，识见逾恒，事无大小，辄躬自处理，当机立断，措置裕如，虽终日栗碌于交游簿书之间，毫无倦容。生平以俭约信实奉公尽职自矢，并以勖勉同人。故其本人之声望日隆，茂昌公司之信誉亦昭著于中外也。先生稚年就业，未尝多事学问，但因天资卓特，超迈群伦，竟能于国文英语，造诣颇深。间有询其出身于何处大学者，则笑答曰，人或卒业于梵王渡大学，我独为烂泥渡大学之毕业生也；其谦和幽默每如此。”(《中国名人年鉴上海之部》，中国名人年鉴社 1943 年版，第 392 页)

1944 年　54 岁

年初，“法租界解体数月后，茂昌总部回黄浦路主楼。工厂仓库亦回复日占前的忙碌景象，茂昌的大饭堂每天供应数千员工的膳食”。[郑爱青、戴丽荣、郑美珠：《华人大班郑源兴(1891—1955)》，第 228 页]

1 月，为上海特别市三十二年度冬赈“经募上海蛋业全体同业二万元”。

(《上海特别市三十二度冬赈捐款征信录第十二号续》,《申报》1944年1月9日)

3月11日,主持茂昌公司第五届第五次董监联席会议,并在会上提议修改公司章程、三十二年度盈余分配方案及确定股东会召开日期与讨论事项,均获会议通过。[《茂昌股份有限公司1941年董事会议记录(1941—1946)》,第四册,三十年十二月起,《茂昌股份有限公司董事会决议录》,上海市档案馆藏,档案号:Q229-1-194]

4月1日,出席"全国商统总会"会员大会第一次筹备会。(《商统会筹开会员代表大会》,《申报》1944年4月2日)

4月15日下午,主持茂昌股份有限公司第十九次股东会股东常会,并"报告营业状况,略谓本公司去年度营业其主要业务蛋及蛋品之采办制造出口之营业,可称停顿,仅有采办贩卖掮客性质,虽取佣金,所得甚微,并赖副业冷藏堆栈机冰及冷藏食品等之收入,勉强维持开缴,在三十二年度终算得以勉强过去。关于本公司业务前途,殊堪悲观,希望能够维持,已是上策云云"。随后代表董事会提议修改公司章程、三十二年度决算方案、三十二年度盈余分配方案等,均获会议通过。(《茂昌股份有限公司股东会议记录》,《第十九次股东会股东常会》,上海市档案馆藏,档案号:Q229-1-186)

8月,参与发起中国物产股份有限公司。(《中国物产股份有限公司招股通告》,《申报》1944年8月2日)

10月,为电影《银海千秋》义映①售券9千元。(《〈银海千秋〉义映收支报告》,《申报》1944年10月7日)

同月,向慈幼协会捐款1千元。(《慈幼协会捐款盼各界再接再厉》,《申报》1944年10月30日)

11月,为寒衣捐捐款1千元。(《寒衣捐收款报告》,《申报》1944年11月28日)

12月12日,为女儿爱青与戴行山在基督教青年会举办婚礼与茶会。"出席的亲戚朋友大概有一百位。"[郑爱青、戴丽荣、郑美珠:《华人大班郑源兴(1891—1955)》,第232页]

① 以售券所得作为《申报》助学金、《新闻报》贷学金及游民劳动营经费。

郑爱青与戴行山夫妇合影

是年，由李云信担任总编纂，中英文对照的《环球中国名人传略上海工商之部》由环球出版社出版，郑源兴名列其中。辑录于下：

茂昌股份有限公司董事长兼总经理，一八九一年生于浙江奉化。郑老君献身蛋业已逾四十年，今为该业之领袖，且咸认为发展斯业之功臣。历任朱慎昌蛋行经理，协新慎蛋公司、万和盛蛋厂、源通蛋厂、承余蛋公司总经理。现任茂昌股份有限公司董事长兼总经理，茂新股份有限公司、光华营业股份有限公司、增新祥蛋厂股份有限公司董事长。

刊登在《环球中国名人传略上海工商之部》上的郑源兴照片

查吾国蛋业发轫之初，国人经营之斯业者，咸以由内地采办蛋产，运沪销售为止。迨至一九二三年茂昌公司成立，始聘用技术人才，自设冷藏仓库，用最新方法制造冰蛋，直接运销于欧美各国，并在国外重要都市自设经销处，或委托代销处。郑君更亲涉重洋，游聘欧美，与各国蛋业巨子磋商联络。吾国蛋业一跃而占出口重要地位，郑君实与有力焉。

郑君现任上海区蛋业同业公会并上海区冷汽机同业公会理事长，由该两会创办于一九二九年及一九三四年起，迄今未替。（李云信：《环球中国名人传略上海工商之部》，环球出版社 1944 年版，第 29 页）

1945 年　55 岁

1 月，为助学活动经募上海区蛋业公会 1 万元。（《昨收助金》，《申报》1945 年 1 月 6 日）

2 月 7 日下午，出席市民福利协会冬赈筹募会议。（《鼓励服务精神》，《申报》1945 年 2 月 8 日）

2 月 8 日，主持茂昌公司第五届第六次董监联席会议，并在会上“宣请本公司章程对于盈余分配项现在应有更正之必要，请各董事讨论。经各董监议决，将章程第廿八条予以修改”。同时，提议将三十三年度股息红利“提先发给”。获得通过。[《茂昌股份有限公司 1941 年董事会议记录（1941—1946）》，第四册，三十年十二月起，《茂昌股份有限公司董事会决议录》，上海市档案馆藏，档案号：Q229 - 1 - 194]

4 月，茂昌公司认购救济库券 100 万元。（《市救济库券个人认购名单》，《申报》1945 年 4 月 20 日）

5 月 2 日，主持茂昌公司第五届第七次董监联席会议。在报告例行事项及通过股东会日期与议程后，提出拟对公司同人在非常时期之自助组织予以“量力协助”，得到各董监赞同。“总经理报告查本公司同人因在此非常时期为帮助同人个人生活问题，有永茂、泰昌二号之组织，如与本公司业务无抵触者，本公司不加反对并拟量力协助之，是否有当请为讨论。经各董监讨论，既属帮助同人生活关系一致赞同，但至非必要时应令取消，以重职责。”[《茂昌股份有限公司 1941 年董事会议记录（1941—1946）》，第四册，三十年十二月起，《茂昌股份有限公司董事会决议录》，上海市档案馆藏，档案号：Q229 - 1 - 194]

5月，向上海麻风会捐款1万元。(《麻风会收款报告》，《申报》1945年5月17日)

6月7日，主持茂昌股份有限公司第二十次股东会股东常会，并报告营业状况，“略谓本公司三十三年度营业，主要业务几属停顿，现在环境愈不如前，外庄及分厂均已停办，此后情形殊为悲观，希望得能勉渡时艰，已属幸甚”。随后通过公司三十三年度决算、公司现任董事监察人连任案，并根据股东郑钟榆关于请公司当局于行货材料及房地产项下提出一部分照市出售，分发各股东作为特别红利，以资救济的提议，授权董事会办理之。(《茂昌股份有限公司股东会议记录》，《第二十次股东会股东常会》，上海市档案馆藏，档案号：Q229－1－186)。

6月9日，主持茂昌公司第六届第一次董监联席会议，继续连任公司董事长兼任总经理。会上对相关问题进行讨论与决定。会议记录如下：“总经理报告鲜蛋买卖业务因环境特殊运输困难，无法维持，已令各庄各厂部从事结束，除主要人员予以津贴并行管理外，其余一律解散。将来如有机会，再行恢复。上海总公司职工，除认为必须解除及停薪留职外，其余以保留为原则。公议既因环境特殊，一切均由总经理全权办理之。”

其次，“总经理报告职工为生活困难，拟将廿五年起至三十三年止之职工养老退职金发还以资维持并轻公司负担。决议下次开董事会再行讨论”。

再次，“主席报告股东会开会时郑钟榆股东提议拟将公司房地产提出一部分变卖派给各股东，请为急急进行，经股东会决议授权于董事会办理，应如何办理请各董事讨论。经讨论，结果事关重大，且有种种困难，尚须慎重考虑，由各董事积极设法研究，在最近期内重开董事会讨论之”。[《茂昌股份有限公司1941年董事会议记录(1941—1946)》，第四册，三十年十二月起，《茂昌股份有限公司董事会决议录》，上海市档案馆藏，档案号：Q229－1－194]

6月18日，主持茂昌公司第六届第二次董监联席会议。会上对于前次会议议而未决的事项作出决定。其一，“职工养老退职金，因上次会议未曾决议，兹经各董监讨论结果，决议自廿五年初起至卅三年底止，准予按照历年提存原额发给之”。其二，“主席宣称，对于郑钟榆股东在股东会所提于存货材料及房地产变卖分给各股东一案，金宗城股东补充提议，该案应由董事会讨论是否可行，授权董事会办理之。曾经上届董事会讨论，因有种种困难，须由各董事设法研究后再行继续讨论。兹请各董事续议。经各董事讨论，结果认为此事不特有关公司声誉且有碍事业前途，并影响股东权利，为公司计，为事业计，为股东计，均所不宜，对于郑钟榆提案，碍难照办”。[《茂昌股份有限公司1941年董事会议记录(1941—1946)》，第四册，三十年十二月起，《茂昌股份有限公司董事会决议录》，上海市档案馆藏，档案号：Q229-1-194]

6月30日，在茂昌公司九楼膳厅向公司员工发表演讲，对于困难时期各类职工出路作出安排，并披露了自己为人处世的宗旨，表示："我在十六岁至二十四岁八年过程中，决定了我一生的生活方针：凡事必须负责，有仇不报，有恩必报，利人利己的事和利人不害己的事都愿意做，而且非常高兴的做，害人利己的事不做。三十年来，抱定宗旨，未敢违反”。相关记录辑录于下：

郑总经理演词

民国三十四年六月卅日于本公司九楼膳厅

王心立记录

各位经理、主任、负责人、职工：

今天本人在此间演讲，还是本膳厅成立以来的第一次。本公司以前每年于元旦日、双十节都有演讲，但是处于目前环境之下，实在不欲多讲。所以今天所讲的大都是悲观方面的事情。有人说，天要亮了，困难更多，有人说，就因为这个道理，无论如何我们还须要吃苦，而且这不是少数人的事，必须国人全体含辛茹苦，方生效力。

本公司同人离开黄浦路已有八年，只缺一个月十四天。当中日战事初起，预料三年之后或可结束。同人有力量能自行维持三年五年的，归家也好，不然还是继续做下去为是。自从欧战发生后，时间就须延长五年或十年，如若不到五年或十年，还算侥幸。有人说，战事今年年底可以结束。照我看来，必须明年六月结束。所以诸位要渡此难关，必须忍耐克苦，从前吃白米的，现在能够吃稀饭或杂粮。眼前虽是痛苦，而快乐终可来临。

再以本公司的成绩来说，本公司虽然庞大，到现在还拥有职工式百多人，本人因责任问题仍不满足。年久的同人，对于公司以往的种种困难情形，都很明白，摇摇欲坠，不止一次。本人想尽方法去维持，这是公司的责任，也是总经理的责任。因为如果公司不健全，经济不雄厚，职工要受到极大影响。我们要公司存在，必须保护职工，要保护职工必需保全实力。这不单是商业方面如此，就是国家也然如此。所以希望各位董事、各部经理主任，都能负起责任，以及各职工的互相合作、共同奋斗，这样才可成功。

公司生意现在简直不能做，欲解散同人极其容易，但是替他们设想，实是一件极困难的事情。譬以短工来说，他们一天做来一天吃。依据公司定章，短工除工资外，别无保障。所以他们只希望升为长工，长工希望升为职员，以求得到较优的保障。目前门市部短工除解雇外，别无良策。最后本人想到踏米一法，如其踏米能够解决彼等生活，心中方可稍慰。在承平时候，这种事情本来无须加以考虑，但是现在不能不替他们想法。股东方面，有人只知拿钱，不顾职工生存，这是不应该的。现在我想到一种新办法，不论股东方面、职员方面以及商业道德甚至公司生存都能面面顾到，特把它说明于后。

本公司现因环境特殊，运输困难，正常业务暂告停顿。本公司工作因而减少，兹为顾全职工生计及工作效能起见，规定新办法如后：

甲种：有工作的职工依照六月份俸金、津贴，以后根据事实情形，本公司认为有修正必要时再加特别津贴。

乙种：候补工作职工俸金、津贴，照本年六月份为限，其他待遇照旧，须按日到职，等候工作，公司供膳，不计膳费。如派到工作时，其待遇与甲种同样办理，惟根据工作日按日计算之。

丙种：后备职工俸金、津贴，依照本年六月份为限，其他待遇照旧，按月领薪领配，不必按日到职。公司亦不备膳，公司有事自当通知，如有工作派得时应与甲种同样办理，并须按日计算之。

丁种：停薪留职，给与一部分补助金。

戊种：停薪留职。

己种：解雇。

以上甲乙丙丁戊己六种办法，由公司随时规定行之，本办法自民国三十四年七月一日起实行。

上述办法当于七月十日以前公布，至迟十五日以前公布。在新办法未公布前，各位可以照常办事。公司虽有新办法，但是时刻仍想恢复原状。倘使同人另有发展，自动辞职，公司亦表欢迎。

再谈做人责任问题。商店好比家庭，店主好比家长，他们对于商店与家庭，各有各的责任。但是有种人不明白自己应负责任，譬如无力赡养妻室而竟娶妻，无力抚育儿子而竟生子，这就是不知自己应负责任。所以公司对外要有信用，对内要负责任。至于以道德而论，公司要有商业道德，个人也有个人道德，只知应享权利，不知应负义务，是不可以的。

我有一个朋友欲去修道，问其你为个人修道，抑为他人修道？答曰：修我自己。我说这是完全自私自利，我不赞同。其实修道随处可修，随时可修，何必一定要进寺院才算修道。譬如在公司做事负责、认真，亦是修道。女工栲蛋勿事糟蹋，亦是修道。所以说修道，人人好修，处处好修，只要责任完备，即是无所遗憾了。

我在一九二四年夏天偶患红眼，其时新厂开工，工人中有二三百人均患红眼。我急忙赶到何理中医师处求治，并说明原委。他听闻之后连忙翻书寻求良方，终能治愈了我和二三百工人的红眼。我的眼睛二十年来未尝红过，这证明了何医师认真、责任和高人一等医理，使我感佩不止。

我在十六岁至二十四岁八年过程中，决定了我一生的生活方针：凡事必须负责，有仇不报，有恩必报，利人利已的事和利人不害已的事都愿意做，而且非常高兴的做，害人利已的事不做。三十年来，抱定宗旨，未敢违反。以上各节随便说来，可谓我的自由谈，但求不负良心而已。（《本公司郑源兴总经理演词》，上海市档案馆藏，档案号：Q229－1－224）

8月30日，主持茂昌公司第六届第三次董监联席会议，并发表讲话，庆贺抗战胜利。“董事长宣称，现因我们联合国已得到完全胜利，我国国际地位得列入世界四大国之中，并得收复失地，一洗百数年来之耻辱，自应举国欢腾。本公司暨同人惨淡经营坚苦已经八年，今日重见光明，欢心快慰，自不待言。为庆祝胜利及慰劳将士等事宜，组织庆祝委员会，已推定委员七人，办理筹备庆祝及慰劳事宜。庆祝日期俟政府规定后举行之，届期请在座各位董监驾临参加庆祝典礼，各董监均极兴奋参加。”

会上，根据董事郑方正的报告，鉴于各股东及各职工之生活难免发生困难，重新讨论郑钟榆股东在股东会上的提议。“经各董监讨论决议，因环境关系，本公司准先设法筹垫中储券十万万元，备垫发三十四年度股东红利及同人酬劳，依照公司章程及本年股东会所决议之分配成数，即股东得六成，董监得一成，职工得三成分配之。照此分配，各股东每股份一股可得中储券二万五千元，即系垫发民国三十四年份之股东红利，定九月十五日开始发给，如可能范围内，提早发给之，以上所求决议垫发红利酬劳事项经各董监一致赞成通过，俟下次股东常会开会时提请各股东追认之”。[《茂昌股份有限公司 1941 年董事会议记录(1941—1946)》，第四册，三十年十二月起，《茂昌股份有限公司董事会决议录》，上海市档案馆藏，档案号：Q229－1－194]

8 月，向慈幼协会捐款 5 万元。(《慈幼协会捐款》，《申报》1945 年 8 月 11 日)

12 月 3 日，国民政府经济部接管扬子蛋业冷藏株式会社茂昌股份有限公司，并奉敌伪产业处理局指令，由该公司办理平卖冰蛋事宜。报道说：“(第一号)案奉敌伪产业处理局指令办理平卖冰蛋，兹将品类数量价格及平卖开始日期开明如下：(一)冰蛋品总数量四百七十七吨。(二)平卖价格计：(1)二等冰鸡蛋品每磅八十元，(2)四等冰蛋品每磅五十元，(3)五等冰鸡蛋品每磅四十元，(4)冰蛋筋每磅二十元，(5)三等冰鸭蛋品每磅七十元。(三)平卖日期及地点：自十二月四日起在十六铺枫泾街八号茂昌公司门市部及虹口黄浦路二二九号扬子门市部。(四)平卖数量：每户自四十磅起至五百磅为限，售完为止，特此通告。”(《经济部接管扬子蛋业冷藏株式会社茂昌股份有限公司通告》，《申报》1945 年 12 月 3 日)

是月，外孙女戴丽荣出生。[郑爱青、戴丽荣、郑美珠：《华人大班郑源兴(1891—1955)》，第 235 页]

1946 年　56 岁

2 月 14 日，主持茂昌公司第六届第四次董监联席会议，并在会上报告办理收复虹口总厂及青岛分厂经过详情如下：

一、本公司上海总厂及青岛分厂被日寇强迫占领，逼令合办，现将各项证件呈请上海市党政接收委员会、全国性接收委员会、经济部特派员办公处，又呈请经济部行政院国府主席、上海市政府工商接收委员会、上海区敌伪产业处理局，请求发还在案。

二、上海总厂之请求发还本于最近数星期中处理局调查已毕，于本月八日该局开审议会，嘱源兴至该局审议会审议。经审问一小时后，源兴退出，该局经讨论内容详情未明。大概原则决定确认为强迫合办无疑，理应发还，惟须出相当代价云云。后闻于十日又开会议，内容亦未明。十二日，经审定，本厂在民国廿八沦陷之时，曾收过七十五万五千元，须按照全价折合，应交付政府法币二亿四千万元，限一个月交清，候行政院核准有效。[《茂昌股份有限公司 1941 年董事会议记录(1941—1946)》，第四册，三十年十二月起，《茂昌股份有限公司董事会决议录》，上海市档案馆藏，档案号：Q229 - 1 - 194]

3 月初，茂昌公司暨同人王云涛、王健龙、吴蔚如向中华慈幼协会上海办事处慨捐难童教养费各 5,000 元。[《中华慈幼协会上海办事处鸣谢(第 Ⅰ A 号)》，《申报》1946 年 3 月 7 日]

3 月中下旬，奉化旅沪同乡会为扩大规模，发起征求会员运动，担任副总队长。《申报》先后报道说：

奉化旅沪同乡会第八届征求会员大会启事

本会已有廿三年之历史，为桑梓谋福利无不竭其最大之努力，但欲期会务之发展，必赖会员之众多，因此全会决议定三月十七日起开始征求会员。凡我同乡本过去之精神，为积极之集合，广为劝导，踊跃参加，使同乡团体日臻巩固，此不独本会之幸，抑亦闾里之光也。此启。名誉总队长竺芝珊、孙鹤皋，总队长孙性之，副总队长郑源兴、周一星、陈宗烈、董德维，总参谋长王廉方，副总参谋长周荆庭、竺清夫、江转臣、袁恒通等，谨启。收款处宁波路建华银行。(《奉化旅沪同乡会第八届征求会员大会启事》，《申报》1946 年 3 月 18 日)

本市简讯

奉化旅沪同乡会于十七日由名誉总队长竺芝珊、孙鹤皋，总队长孙性之，副总队长郑源兴、陈宗烈等担任征求以来，闻参加队长有百队之多，昨日第一揭晓，总计认缴国币四百万元。(《申报》1946 年 3 月 30 日)

4 月 9 日，主持茂昌公司第六届第五次董监联席会议并在会上继续报告接收事宜。其一，“总经理报告关于处理局应交付款项，源兴与刘局长恳商数次，分期六个月拨付，事实不可，拒不接受。该款项承蒙各方协助，现已筹足，于上月十四日十五、十六三天内缴付清楚，于本月二日，由经济部特派员办公处召集原接收人员并处理局代表及本公司人员，会同洽办接收手续。惟全部接收极为繁琐，至今尚未竣事，大约于最近日内当可完成接收手续”。其二，“总经理报告青岛分厂请求发还事已呈请青岛处理局，请求发还。不日，源兴即往青办理收回青厂事宜”。其三，“总经理报告依照政府公布收复区各种公司登记处理办法之规定，对于本公司资本，上次议决尚须依法调整。本公司对于三十年一月呈准经济部校准登记之资本国币六百万元，仍以一比一做国币计算，其后于三十二年，增添资本伪币一千八百万元，遵照同办法第七条之规定，依照收换比率二百比一折合国币玖万元。原有增资后购置之财产计彭浦区地产、亨利路房地产、杨树浦码头三项，依照专家估计，在三十四年底应值国币一亿五千四百九十一万元。兹增(遵)照规定限额□计，照原值增加一千七百九十一万元，遵照新旧股份股数摊算，其属于新股东所摊得者，计国币一千三百四十三万二千五百元，分配于新股东作为股款。其属于老股东所摊得者，计四百四十七万七千五百元，作为公积金，合计股本国币一千九百五十二万二千五百元。照增资后资本总额二千四百万元，尚少四百四十七万七千五百元，是否应行补足，请各董事讨论。经各董事讨论，结果决议，按照资本总额，不足之四百四十七万七千五百元，依照股份比例之原则，由各股东补缴足额，俟开股东会时再行提请追认之。各董监一致赞同通过”。[《茂昌股份有限公司1941年董事会议记录(1941—1946)》，第四册，三十年十二月起，《茂昌股份有限公司董事会决议录》，上海市档案馆藏，档案号：Q229-1-194]

是月，前往青岛，“办理收回青厂事宜”。不久上海、青岛二厂由国民政府产业处理局及经济部查明发还。[袁恒通：《茂昌蛋业冷藏公司沿革史(修正稿)》，上海市档案馆藏，档案号：Q229-118]

1946年与家人在青岛留影

5月18日，主持茂昌公司第六届第六次董监联席会议。会议讨论通过公司拟定增资办法与股东会召开日期与议程。[《茂昌股份有限公司1941年董事会议记录(1941—1946)》，第四册，三十年十二月起，《茂昌股份有限公司董事会决议录》，上海市档案馆藏，档案号：Q229-1-194]

5月21日，主持茂昌公司第二十一次股东会股东常会，继续当选为公司董事，并作营业报告。“总经理报告，本公司三十四年度营业对于蛋品及鲜蛋出口之正宗业务尚未恢复，仍在停顿状态之中，惟所经营之副业，如冷气堆栈、普通堆栈以及鱼类买卖等，进行未懈。依据决算，账面虽差强人意，事实上实未可乐观。又自从我国胜利之后至今已半载有余，本公司所有各厂还是不能开工，蛋品及鲜蛋之出口业务，依然无法进行，因为欧洲物价比较战前变动甚微，而我国物价则高涨数千倍之巨，以致两相悬殊，陷于僵局。就目前趋势观察，本年内蛋品及鲜蛋出口大概已无希望，仅有副业可以经营，但支出日见庞大，资本不敷运用，深为可虑，故本年度营业亦绝难乐观。此外应须附带报告者，即本公司虹口厂及青岛分厂于民国二十八年间相继陷入敌人之手，现虹口总厂已蒙苏浙皖区敌伪产业处理局及经济部特派员办公处查明实情，呈经行政院核准后发还在案。除案奉局处批示，着令缴纳应归国库之款项法币二万万四千万元，尚须筹备资金一万万元，以作承购该厂内敌商增加部分及所遗物料之代价存加。青岛分厂正在呈请发还之中，预计亦需两万万元，综计需款在五万万元以上。除已遵缴纳两万万四千万元外，其余之款均待续筹以备应用。奈本公司资本有限，不敷甚巨，如向银钱业商借，不但利息太高，负担不起，且手续极繁，诸感困难。用是本公司董事会拟定增资办法以资补救，该项增资办法当另案向贵股东提出，兹不赘陈。又虹口总厂业于本月八日正式接收，厂内冷气堆栈，部分现已复业制造，一时难望开工，并此陈明。”

同时，在会上报告此次公司增资办法，“其办法扼要之点为增募普通新股五十七万六千股，每股法币一千元，连同老股二万四千股，每股一千元，合为股份六十万股，共计股款法币六万万元。此外另行增募溢价股十二万股，每股票面仍为一千元，但每股实收五千元，除照票面金额收作资本外，其余溢价四千元收入公积金项下。如是本公司股份总共增为七十二万股，资本总额增为七万万二千万元，均须一次收足。关于普通新股部分，除提出七万二千股由本公司职工认购外，其余五十万另四千股由各股东照所占之股数比例，即每一老股得认购普通新股二十一股，照每股票面一千元缴纳，同时每一老股得优先承购溢价股，每股须实缴五千元，并须于通知日起十五天内一次缴足，逾期即作放弃论。所有认购不足之股额，统由董事会负责募集之。上项办法请各股东讨论以资表决”。

经各股东讨论，多表赞同，主席宣付表决，各股东全体举手通过。(《茂昌股份有限公司股东会议记录》,《第二十一次股东会股东常会》，上海市档案馆藏，档案号：Q229-1-186)

同月，茂昌公司奉令与怡和蛋厂等筹备成立上海市第四区冷藏业产业工会。为此发布通告，辑录于下：

计开海宁洋行扬子蛋业冷藏公司(即茂昌公司)、

怡和蛋厂、培林蛋厂、上海冰厂联合公告

案奉上海市社会局市社(35)组二字第7064号批令内开，呈件均悉，所称各节经查尚属适当，准于筹备设立上海市第四区冷藏业产业工会筹备处，于梧州路三三五号，凡我冷藏业职工同人，即日起前来本办事处登记手续。事关同人福利，希勿延误观望是要，特此公告。上海市第四区冷藏业产业工会筹备会启。（《上海市第四区冷藏业产业工会筹备会通告第一号》，《申报》1946年5月18日）

6月1日，主持茂昌公司第七届第一次董事会，继续被推举为公司董事长兼总经理。[《茂昌股份有限公司1946年董事会议记录(1946)》，第五册，民国三十五年，上海市档案馆藏，档案号：Q229-1-204]

6月13日，接待奉化孤儿院张泰荣来访。张当天日记云：

六月十三日(五月十四日)　星期四　天雨

向王宏卿君借汽车一乘，与孙、胡、俞三先生同访吴从先、陈志青、郭耕余、王宝信、周荆庭、江辅臣、郑源兴、毛文荣诸君，各告以来沪目的与院中之过去及现在，请求募捐，分以捐册。晚应王宏卿君宴。（奉化市档案馆：《张泰荣日记》第三卷，第1230页）

6月17日晚，在家中设宴招待奉化孤儿院张泰荣一行。张氏当天日记云：

六月十七日(五月十八日)　星期一　天晴

余等在沪四人，除表丈暂留，皆定后日返奉，捐务急须告一段落。宝信兄捐经接洽，捐助田四十亩。继陶、明德二兄来，托向呢绒业尽力进行。查前遗瑞大之顾金生君二万元，迄无眉目。午赴孙性之、周一星宴于新利查，一星表示捐百万元，永升表示二百万元。席间晤汪日章先生，追睽违已十余年也。分发捐册数处。购船票。晚赴郑源兴、袁恒通、孙鹤皋先生晏于郑公馆，得聆郑君自述英苏经过，彼国进步之速令人健羡不置。（奉化市档案馆：《张泰荣日记》第三卷，第1231页）

6月20日，是日出版的《征信所报》晨刊第九十二号以《茂昌公司增资招股》为题，全面报道茂昌公司历史与现状。报道说：

茂昌股份有限公司，成立于民国十二年，当时资本为国币二十万元，设总公司于黄浦路二二九号，由郑源兴任总经理，聘请美籍工程司卡而登为厂长，创设最新式蛋厂，制造冰蛋，直接装运出口，推销欧美，同时建立冷藏库一所，招堆客货。民国十六年又在伦敦自设分销处，直接推销。十八年在青岛成立分公司，先就所租冷藏库原址设置蛋厂，开始制造冰蛋及装箱鲜蛋，输出国外，以补上海总厂出品之不足。同时在青岛商河路预购之基地，建造新厂及冷藏库于十九年四月一日正式开工，规模宏大，较总厂尤胜。至二十年，该公司为推广业务，再在南市十六铺建筑冷藏库及普通堆栈，于廿一年六月开业，廿三年世界发生普通经济恐慌，得渡难关。八一三沪战爆发后，上海总厂及青岛分厂即遭敌方觊觎，至廿八年六七月间，先后沦陷于日寇三井物产株式会社之手，旋由三井将上海总厂改名为扬子蛋业冷藏株式会社，青岛分厂改名为东亚蛋业冷藏株式会社，并就两厂厂基房屋机器生财设备，分别估值，强迫派定该公司在扬子会社有二百万元之股份，在东亚会社有一百十二万五千元之股份。所幸该公司南厂依然无恙，除存货外，并有干蛋蜜黄之补充，继续可以输出，直至卅年十二月八日太平洋战事爆发后，出口业务始告完全停顿。自此以后，该公司仅赖冷气堆栈等副业，间营鱼鲜等业，藉维残局。先是该公司于廿九年六月，为适应环境，曾增资至国币六百万元，呈经陪都国民政府经济部，于三十年一月九日核准登记，至三十二年四月间，再度增资以一千八百万元，连前共计资本总额二千四百万元。抗战胜利以后，该公司即其呈当局请求发还被占两厂，现虹口总厂已由苏浙皖区敌伪产业处理局及经济部特派员办公处审定，呈经济行政院核准，于本年四月廿四日正式发还矣。

该公司在抗战之前，除总厂分厂不计外，所设采办处几遍全国，约有百余所，经常雇用之职工在五千人以上。自民国廿五年起至廿九年止，每年平均运销欧美之蛋品，所获外汇约合国币两千数百万元，在我国中外经营蛋品之同业中，实无出其右。历年营业亦颇发达，年有盈余，计廿五年一九五一，四一〇·八〇元，廿六年五六四，九五〇·八八元，廿七年二，七五二，六七六·二〇元，廿八年七二三，三二五·一一元，廿九年一，四六三，二三五·五二元，三十年八一七，八七五·四五元，三十一年三，三八七，六〇九·〇五元，三十二年三，〇二七，〇三七·四六元，三十三年九，五七四，四五五·五四元，三十四年一九，三八一，三九一·六三元。现在对于鲜蛋及蛋品出口之正宗业务，尚未恢复，惟所营之副业，如冷气堆栈、普通堆栈以及鱼类买卖、机冰制造销售等业务，均已扩充进行，对于鲜蛋及蛋品出品，近正在设法筹划之中。

该公司现设总办事处及运输部于中山东二路一九六号，虹口办事处、蛋厂部、沪北堆栈于黄浦路二二九号，沪南普遍堆栈、冷气堆栈、机冰等部于十六铺枫泾街六——十号，沪北冷气堆栈及机冰部于闵行路五十号，沪西堆栈部于延平路九七号。现任董事长兼总经理郑源兴，副总经理郑方正、朱金水、唐鼎臣、郑学俊，襄理袁光行，会计主任胡祖坤，蛋厂制造部兼沪北普通部经理金绍南，副经理袁恒通、江辅亨，沪北冷气堆栈部经理姚均和，副经理江辅亨、戴钧纯，沪南冷气及普通堆栈部经理张绪铭，副经理韩宗芸，沪西堆栈部经理陈伟如。

该公司曾于上月廿一日下午五时，假座八仙桥青年会举行股东常会。(一)通过三十四年度决算及盈余分配案，本年盈余除一九，三八一，三九一·六三元，加历年滚存盈余二，二三五·四三元，共计一九，三八三，六二七·〇六元，提公积一，九三八，一三九·一六元，股息(一分)二，四〇〇，〇〇〇元，股东红利(一分二厘半)三，〇〇〇，〇〇〇元，董监酬劳五〇〇，〇〇〇元，同人奖励金一，五〇〇，〇〇〇元，所得税三，四八八，六五〇·四九元，盈余滚共存六，五五六，八三七·四一元。(二)调整资本及增加资本——除原有资本国币二千四百万元外，再新增资本六万九千六百万元，分为六十九万六千股，每股一千元，内五十七万六千股，系照票面发行，十二万股溢价四千元发行，合计资本总额国币七万二千万元，分为七十二万股，每股一千元，所有超过票面金额，均收入公积金项下，每一老股得尽先认购照票面金额发行之新股廿一股，及溢价股五股，并限自六月十日起至六月廿五日止，为老股东尽先认购之期，逾期作放弃论，由董事会负责招募至额满为止。(三)依照新公司法修正章程，(四)改选董事，结果一律蝉联，计董事为郑源兴、郑方正、朱金水、唐鼎臣、郑星炎等五人，监察人为应佐卿、楼文浩二人。兹附录其三十四年度营业报告书于后。

(甲)资产负债表——资产类，房地产一〇，一六七，六二〇·八二元，建筑设备一六，四三〇，七九〇·九一元，投资九七八，〇二四·五〇元，存出押租押柜一六，二〇八·五三元，存货及物料一〇，九八二，四七八·二二元，各部及各户往来一三六四二，七五三·八九元，垫发股利三，〇〇〇，〇〇〇元，应收款项三〇，八〇四，六一九·〇六元，银行往来九四〇，二四六·四六元，合计八七，〇五二，七四二·三九元。负债类，各户往来七〇一，五一九·五〇元，应付款项四，二〇六，〇六五·九八元，存入押租押柜三，〇〇六·九〇元，同人养老退职金四，七一〇，〇〇〇元，股本二四，〇〇〇，〇〇〇元，公积金四，四八九，五七一·五四元，各种准备二九，五五八，九五一·四一元，历年盈余滚存二，二三五·四三元，本年盈余一九，三八一，三九一·六三元。

该公司最近办理增资，因有一部份老股东已声明放弃认股权利，故对于除额部分已向外界公开招股。(《茂昌公司增资招股》,《征信所报》晨刊，第九十二号，1946 年 6 月 20 日)

6 月 26 日，主持茂昌公司第七届第二次董事会，并报告增资经过情形，“各董事一致通过”。

其一，“略谓票面股已由老股东认足，溢价股亦由老股东认购一部分，但一部分老股东已将尽先认购权利声明放弃，随时由新股东认购填补。尽先认购限期已满，依照股东会决议，逾期放弃论。所有未认之溢价股，应登报公开招募。照章以三十日为止，但额满即止。是否请讨论。各董事并无异议，一致通过”。

其二，“主席报告本届增资所收集之增资股款，最近于主要业务无从发展，除抵补筹垫之欠款外,余款应如何处置。经各董事决议,现在房地产价值较低,如有价值低廉者或其他投资等尚可酌购。委请总经理全权办理之,一致通过”。

其三,“主席提议本公司应股东之请求,拟将一部分股票用无记名式,是否可行,请讨论。经各董事讨论后,决议发行无记名股票,但以股份总额八分之一为限,以后无记名股票如有改为记名式之可能时,随时改为记名式。各董事一致通过,俟临时股东会开会时再提请追认之”。[《茂昌股份有限公司1946年董事会议记录(1946)》,第五册,民国三十五年,上海市档案馆藏,档案号:Q229-1-204]

7月6日,主持茂昌公司第七届第三次董事会,并报告增资情形与公司章程重行修正之处。经各董事决议,“授权董事长根据修正公司法及原订章程,并本会逐次议决案,参酌习惯情形,逐条研究修正之,以便提交股东会讨论之”。其次,“董事长报告依照上次决议购置房地产经过,并将细单逐笔报告后,并报告本公司投资细账。各董监无异议一致通过”。[《茂昌股份有限公司1946年董事会议记录(1946)》,第五册,民国三十五年,上海市档案馆藏,档案号:Q229-1-204]

茂昌职工将蛋品装入印有茂昌商标的纸箱内,待运出口

7月26日，主持茂昌公司第七届第四次董事会，提出公司董监事有增添之必要并修改公司相关章程，“一致通过”。[《茂昌股份有限公司1946年董事会议记录(1946)》，第五册，民国三十五年，上海市档案馆藏，档案号：Q229-1-204]

7月27日下午，主持茂昌公司第二十二次股东会股东临时会，并报告增资经过，“略谓本公司此次增资自六月十日起至二十五日止，为老股东认购股份之期，公开招募以六月三十日为限，但额满即止，至六月二十九日，已认缴足额，足见各股东及各界拥护本公司之热忱，深为感荷，所有股款收入账目情形应请监察人报告”。继续当选为公司董事。(《茂昌股份有限公司股东会议记录》，《第二十二次股东会股东临时会》，上海市档案馆藏，档案号：Q229-1-186)

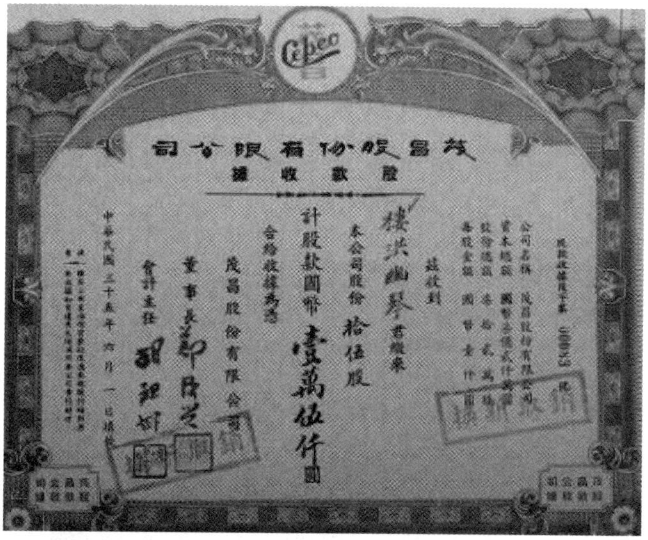
茂昌股份有限公司
股款收據
茲收到
樓洪幽琴 君繳來
本公司股份 拾伍股
計股款國幣 壹萬伍仟圓
合給收據為憑
茂昌股份有限公司
董事長
會計主任

茂昌公司股票股款收据(1946年)

对此会议，《征信日报》也有报道。报道说：

茂昌股份有限公司，曾于七月廿七日下午二时，假西藏南路青年会举行股东临时会，公推郑源兴为临时主席，胡相坤为记录，(甲)主席报告，一、本届到会股东计四百三十七户，计六十三万二千另二权，本公司股东总户数八百另八户，股份总数七十二万股，即七十二万权，本届到会股东股数，已达股份总数三分之二以上，超过法定数额，应即宣告开会。二、宣读上次决议录，众无异议。三、报告增资经过情形，略谓本公司此次增资，自六月十日起至廿五日止，为老股东认缴股款之期，公开招募，以六月三十日为限，但额满即止，至六月廿九日已认缴足额，足见各股东及各界拥护本公司之热忱，深为感荷，所有股款收入账目情形，应请监察人报告。（乙）监察人应佐卿宣读检查报告，一、新增股份六十九万六千股，计股款国币六亿九千六百万元，内十二万股以超过票面四千元发行，计溢额四亿八千万元，上开股份均已如数认足。二、新增股款国币六亿九千六百万元，连超过票面之溢额国币四亿八千万元，均已于六月二十九日止如数现款收足。三、超过票面发行之溢额，计国币四亿八千万元，已依法全部作为公积金。（丙）主席将董事会修改之章程，当众逐条宣读，各股东并无异议，一致通过。（丁）改选董监，结果郑源兴、郑方正、唐鼎臣、刘祖赉、朱金水、姚均和、郑学俊、金绍南、胡祖坤、张绪铭、袁光行、郑钟榆、郑星炎、袁恒通、金宗城、王仰先、邓秉文、陈佛如、江辅亨、刘铁臣、孙性之等二十一人当选为董事，郑麟诗、郑钟棋、杜秋声、李性根、郑翼轸等五人为候补董事，楼文治、应佐卿、林荣生、葛子耆、毛楷民等五人为监察人，王心立、费丰年、郑麟诗等三人为候补监察人。（《茂昌公司增资完成》，《征信日报》1946年8月5日）

7月31日，主持茂昌公司董监联席会议第一次会议，继续被推举为公司董事长，并在会上报告本公司大略情形，“略谓关于虹口厂已于五月一日正式收复，沪东栈房不久亦可接收。业务方面，本公司正业之蛋品出口现尚难复业，对于副业冷气堆栈、普通堆栈及机冰等正在积极谋发展中。收支方面，本年一月至五月收支不能相抵，六七两月收支相抵有余，八九月份大概相去不远，此收入难免减少。本人拟赴青办理接收青厂，俟青厂收复后，预备出国一行，以谋正业蛋品出口之计划云云”。同时，“主席宣称本公司以前董监酬劳之分配比例，董事与监察人向有不同，是否应行更正。经各董事决议以后，监察人之酬劳与董事一例”。（《茂昌股份有限公司董事会决议录》，三十五年七月至三十七年六月，上海市档

案馆藏,档案号:Q229-1-207)

是月,由中国全国工业协会青岛分会发起、青岛市工商业人士筹资捐助的青岛市私立高级工业学校成立,校址在四方奉化路27号,郑源兴为学校董事会董事。

8月前后,茂昌向奉化孤儿院捐款100万元。8月6日在沪募捐的张泰荣在日记中写道:

八月六日(七月初十日) 火曜日 天晴

访富生,已外出,承其夫人告知已募得三分之一,俟足数汇交。返华泰,晒图已全部送来。茂昌交来捐款百万元,王文相十万元,拟一并汇去。天热体弱,痱子奇痒难受,购集成药房痱子粉,扑之颇觉凉爽有效。

公私备函国成,附寄捐册于天津航政局,请其筹募建筑费。(奉化市档案馆:《张泰荣日记》第三卷,第1236页)

9月19日下午,主持茂昌公司董监联席会议第二次会议,并在会上报告公司现状,"略谓青岛分厂接收事,本人到青岛后,即向主管机关备文申请发还,至八月廿二日奉经济部鲁豫晋区特派员办公处批,内开'所请发还茂昌公司青厂一节,业经审查完竣,拟具发还办法,送山东青岛区敌伪产业处理局复核审议会决定后,再行通知'云云。后向各方探悉,处理局已通过将青厂原物发还,但前向日敌收入之款按照行政院规定之率计算,国币缴纳国库,日寇增加部分及现存物料由经济部估价归本公司优先承购。但批文尚未接到,本人拟不日内尚须赴青继续办理青厂复业事宜。至于本公司营业八九月份照上次报告预计相符,以后数月预算收入难免减少,惟竭力设法,最低限度使收支平衡,或能有余更好,希望明年对于正业蛋类能出口云云"。会上经投票表决,"本公司股票应决议上市"。(《茂昌股份有限公司董事会决议录》,三十五年七月至三十七年六月,上海市档案馆藏,档案号:Q229-1-207)

9月28日,接受《大公报》记者采访,认为我国蛋品出口形势严重,"蛋业当前危难,成本太贵,工资过高,运输不便,希望政府援助外销或加收买"。报道说:

摆满鲜蛋的茂昌库房

我国蛋品在战前出口货中占有重要地位，胜利后，因中外价格悬殊，无只蛋出口，情形至为严重。昨日记者特以我国蛋业历史及挽救办法叩询本市蛋业权威茂昌公司负责人，承告如下：

吾国蛋品之输出远在逊清末叶，初只鲜蛋、皮蛋、咸蛋三种。公历一九〇三年土法蛋厂应运而生，全国约有五六厂，专制干湿蛋黄、蛋白输运出口。迨第一次欧战爆发，销路激增，土法蛋厂乃如雨后春笋，气象万千，而为世界主要鲜蛋及蛋品供给国矣。至于冰蛋厂则创始于公历一九〇八年，至一九二三年全国约有十余厂，其中属于英国者最好，美商次之，华商又其次。

抗战前冰蛋厂仍有十余厂，土法蛋厂则仅剩三四十厂，且开工者不足半数。但综计全年出口之蛋品，常在法币四千万元以上，约合目前币值一千六百亿元有奇，不谓不巨也。太平洋战起，海运阻塞，冰蛋厂与土产均全部停顿，陷于绝境。

目前上海土法蛋厂三所，设于内地者二三十厂，冰蛋厂在沪者有英商五厂，美商二厂，华商一厂，共计八厂。至于蛋行全沪共有一〇二家，依据现今币值估计全业资本总额当在五十亿元以上。胜利之后经营蛋业者,原冀重整旗鼓,恢复营业,无如币值至今不能稳定,物价依然继续增高,工资更随之提升,并以苏北等产蛋之区,产源虽有,运输不便,费用浩繁,开支倍增,而营业清淡,每况愈下,均有枯竭之象。反观外国目前物价比较战前至多涨高一倍,工资犹较我国为低,即以冰蛋一项而论,在中国制造以今春计每吨成本约合英金二百十七镑,而英国只肯照每吨一百镑价格承受(战前每吨之价为六十镑),相去之遥几难置信,此所以经营企业者无不焦头烂额,坐以待毙。长此以往,蛋品出口趋于消减,全国蛋业决无生路,即农村经济,国家收支,亦生影响。

蛋品一项战争之前,美国属于进口国,今则一跃而为出口国,其他如加拿大、阿根廷等国本于蛋品无进无出,今亦蜕变而为出口国矣。其所以能如是者,由于环境需要而促成者,半由于政府之倡导与援助,其出口之归趋,咸以英国为鹄的。因今欧州方面仅有英伦三岛对于蛋品之纳胃仍与战前无大轾也,因此战前我国蛋品在英国之市场悉为前列各国所攘夺,如再因循泄沓,不谋挽救,则悔之晚矣。

目前各方多有主张进出口应运用连锁制者,凡国无出口者即不应有进口,如进口势所必需,则非推动出口,以资抵补。蛋品为战前我国出口货大宗之一,据海关报告册,出口结二三位,绝非偶然,应由政府鼎力支持,予以支援,而支援之道不外二途:(一)蛋品为英国所需要,应由我国蛋商自向英国进口蛋商联络商讨,要求出给最高价承购,同时由政府以外交方式加以声援,如结果圆满可以成交,则由蛋商自行买卖。(二)否则由政府规定所有进出口货(包括蛋品)概由政府给价收买,而后由政府统盘筹算,分别出口内销,务使收支平衡,进出相抵,无偏枯之现象。如是国内之土产,得以外销,国外之货物,仍可进口,非但各业从此昭苏,利权不致外溢矣。(《蛋业巨子谈蛋业当前危难》,《大公报》上海版 1946 年 9 月 29 日)

10 月 29 日上午,出席东亚蛋业发还案会谈。相关记录如下:

时间：三十五年十月二十九日上午十时至十二时

地点：经济部特派员办公处化工组会客室

出席人：经济部特派员办公处（以下简称本处）高伯浚、张克忠、冼子恩、汪赐曾。

茂昌公司（以下称申请人）：郑源兴、刘祖赉。

（一）关于业发还东亚冷藏株式会社全部产业，应付清算费用及接收保管费两项，申请人即照数清付。

（二）关于美军合同，由申请人具呈本处（中文正本一份、英文副本一式二份）承认，照约履行至三十六年六月底止，一期满后继续订约，由申请人负责接洽，不使本处发生困难。

（三）关于美军偿付黑白铁管一二三八呎（实收数量），双方同意按履行合同时间（共十五个月）比例分配，即本处应摊得十五分之七，申请人十五分之八，本处应摊十五分之七由申请人备价承购。

（四）现存管内亚蒙尼亚，以二吨移交申请人无偿承受，以利继续履行合同，余由申请人价购。

冼子恩　高伯浚　汪赐曾

［《茂昌股份有限公司董事会议记录（1946—1948）》，《东亚蛋业发还案会谈记录》（第一次），上海市档案馆藏，档案号：Q229－1－207］

11 月 2 日上午，出席东亚蛋业发还案第二次会谈，相关记录如下：

时间：三十五年十一月二日，上午十时半

地点：经济部特派员办公处会客室

出席人：经济部特派员办公处（以下称本处）高伯浚、张克忠、冼子恩、汪赐曾。

茂昌公司（以下称申请人）：郑源兴、刘祖赉。

一、美军偿付黑白铁管一二三八呎，本处应摊十五分之七计五一九八呎，由申请人备价承购，大小口径铁管平均每呎国币 2,010 元作价付款。

二、现存管内亚蒙尼亚除无价移转二吨外(见第一次会议记录第四项),其余数约三吨有余,悉由申请人承购,按每磅国币4,000元作价付款。

三、存冰约一万五千余块,由申请人按每块价国币五百元,分部承购。

四、本处复工期间,购置器具九百七十余美元及备存物料一百七十余美元,均按账面原值移转申请人承受。

五、以上物资后以实际点交数量为准,全部价款由申请人于本月五日以前先行一次付清,多退少补。

冼子恩　高伯浚　汪赐曾

[《茂昌股份有限公司董事会议记录(1946—1948)》,《东亚蛋业发还案会谈记录》(第二次),上海市档案馆藏,档案号:Q229-1-207]

12月24日中午,主持茂昌公司董监联席会议第三次会议,在报告本公司股票筹备上市事宜与本公司登记事宜后,重点“报告青岛分公司办理收回厂产并复业经过情形”。各节分别逐条报告如下:

(一)报告接收时情形,将经济部鲁豫晋区特派员办公处通知书四份内述发还经过各节及该特派员办公处报上公告本公司青分公司复业登报公告均逐一摘要宣读。

(二)报告接收费用,计缴付经济部鲁豫晋区特派员办公处接管时期费用及清算查费用及各处价拨物料及美军移存物料职工津贴等,费共约支出国币一亿二千万元左右。

(三)报告前收日敌二十五万五千元,依照行政院算定应缴付国币二亿三千二百三十四万四千一百九十六元一角,分六期拨付。第一期为十一月十五日,每月一期,每期计应付国币三千八百七十万另四千另廿九元三角五分。又购买日人机器设备及器具计国币三千另四十九万三千八百五十元,分廿四个月拨付,每期应缴国币一百念九万另五百七十九元另八分,十二月十五日为第一期。

又购买日敌遗留物资,计国币三亿另一百八十四万二千八百八十元,限一次付清。

以上款项依照规定之数大致已付缴清楚，十二月份尚须应付三千八百余万元，以后每月应缴约四千万元，至明年四月份止，四月以后每月应付一百念九万另五百七十七元另八分，至民国三十七年十一月份为止。

（四）主席报告青岛分公司业务形，略谓现在青公司业务收益极少，因经济部前与美军所订租契，条件于美军极有利，对本公司极为不利。当时政府为优待友军宗旨，该项契约本公司奉政府面谕须继续，非照原条件履行不可，以维持政府信誉。该契约仍至明年六月底为止，尚有一年同条件继续权，后得政府同意至明年六月底以后条件可以另议。青岛分公司因此在明年六月底以前每月须亏耗约五千万元，惟四五六月因有其他冷气堆栈机冰业务上市，亏耗略可减少云云。

（五）主席报告青岛分公司金融状况，略谓青公司以后每月须垫一亿元左右，拟向中国银行备借三亿元。现在转向四联总处请求中，目下已借到五千万元，其余候四联总处核准后方可领收，如四联总处不能核准，青分公司应用款须由总公司在上海各方筹划汇青一部分，其余一部分将青公司所存物资变卖，以抵付负债及开支。（《茂昌股份有限公司董事会决议录》，三十五年七月至三十七年六月，上海市档案馆藏，档案号：Q229－1－207）

是年，向新成立的奉化中学捐款50万元。（奉化市教育局、《奉化教育志》编纂委员会：《奉化教育志》，浙江人民出版社2003年版，第277页）

1947年　57岁

1月18日，因捐款建造立信会计专科学校新校舍，获国府褒奖。报道说："本市蒲石路立信会计专科学校，虹桥路新校舍，占地四十余亩，系由本市热心教育人士及厂商捐款十余亿元，鸠工建造，业已落成。该校为表扬捐款人义举，特呈请教部转呈国府明令嘉奖。昨日该校已奉教部令知，除已呈请行政院转呈国府褒奖外，并由教部投发申新、永安、大成、中国纺织建设、荣丰、统益、中纺庆丰等纺织公司，大中华火柴公司、茂昌公司、立信会计师事务所、立信图书用品社及荣鸿庆、荣鸿元、荣鸿三等各一等奖状，以资劝励，其余二三等奖状，亦将陆续颁给云。”(《立信新校舍落成》,《申报》1947 年 1 月 19 日)

1 月中旬，拟具意见书一份，吁请政府协助蛋业出口，“于三年内逐步恢复战前出口之数量”。报道说：

〔本报讯〕本市蛋业巨子郑源兴、郑方正等，刻为吁请政府协助蛋类出口，特拟长意见书一份，送陈当局，冀在提高蛋类售价及政府之协助下，于三年内，逐步恢复战前出口之数量。兹探志其意见书内容如次：

一、蛋业简史

吾国蛋品之输出，远在逊清末叶，初只有鲜蛋，皮蛋，卤蛋三种出口。公历一九〇三年，土法蛋厂应运而生。全国的计五六厂，专制干湿蛋黄及干蛋白，销售海外，嗣值第一次欧战爆发，销路激增，土法蛋厂，乃如雨后春笋，气象万千，飞跃达一百余厂之多。至若冰蛋厂，始创于公历一九〇八年，降至一九二三年，全国共有十余厂。其中关于英商去最多，美商次之，华商又其次也。

抗战之前，冰蛋厂仍有十余厂，而土法厂则仅存二三十厂矣，且开工者不足半数。其中属于华商者居多，德商较少。其余每年输往欧洲各国之蛋类，约计冰蛋四五万吨，箱蛋四五十万箱，其他蛋品五千吨。而销售于英国一国者，占十分之八九，总值年达法币四千万元以上(合现在币值二千亿以上)。依据海关报告册蛋类出口之数额，占全国出口货第二三位，其重要可知。迨至太平洋战起，海道阻断，货运不通，于是冰蛋厂与土法蛋厂，相继停顿，陷于绝境。

二、蛋厂概况

土法蛋厂现散布于我国各省内地者，约计仍有二三十厂。其中设于上海者只三厂，均各停顿已久，鹄候出口有日，以备复工。

冰蛋厂有英商美商华商八家，总共十六厂。计在汉口者二厂，南京者一厂，天津者一厂，青岛者三厂，上海者九厂，亦均停顿日久，如果售价转好，获与成本符合，即可复工。且各厂之制造力，甚为庞大，在战前已供应有余，今后尤有增无减。

三、蛋业现状

就上海一隅而论，自从蛋厂停工之后，蛋厂职工，备受失业之痛苦，至于蛋行，亦因资本短细，开支浩大，复遭高利贷之剥削，以及货价涨落无常之亏耗，多数已濒于危境，因而倒闭者，迭有所闻。

按蛋价之所以有不合理之涨落，实因无正式厂商设庄采办，以致发生内地有蛋无处销、都市有钱无蛋买之现象。蛋价乃涨落不定，时而获非常之利润，时而遇意外之损耗，结果蛋行蛋贩，均失屏障，望而却步矣。例如过去蛋类出口达七八万吨期中，假使米价为每石十二元，则蛋价为每百斤二千。上年十二月份米价每石六万一千元，依理蛋价应在十万二千元左右。乃上年十二月份蛋价统扯竟为二十一万七千元，超过常情一倍有余，岂非怪事。最近米价每石六万九千元，依理蛋价应为十一万五千元之谱，乃现价达三十五万元之多，竟超过二倍以上。即使因废历年节关系，需求较多，然按诸往例，至多亦只增加五成，断无超过二倍以上之理，以致蛋行食户，交受其害。出口方面，更蒙莫大之影响，良可痛惜。

四、目前困难

查美国对于鲜蛋及蛋品，原为输入国，今一变而为输出国矣。英国曩为输入国，今仍为输入国。以往该国所需之冰蛋，百分之九十八九，由我国供给，余额由澳大利亚补充。自太平洋战争爆发之后，迄今年，所需之蛋品，改由美国、加拿大、阿根廷、澳大利亚等国供应。尔来英国为谋恢复中英贸易起见，原照所需蛋品，先以总三分之一，向我国购买，惟价格须与该国所售蛋价相伯仲。无如我国物价，已较战前增高五千倍至一万倍以上。而英美物价，至多只增一倍。美金只合战前一千倍，英镑八百倍，实属相差太远，无法着手。虽英国方面，最近对于冰蛋尚有销胃（约合战前三分之一），惟最高买价，与中国预算最低估计成本，只合百分之四十，相差一倍以上，难以凑合成交。其他蛋品，如干蛋白、蜜黄等，尚未谈及销胃及价目，实深遗憾。

五、今后计划

查我国蛋产为农村副业，所关綦巨。曩年出口之蛋类，俱为食销之余绪，堪称我国之剩余物资。倘能恢复战前蛋类出口之盛况，于国计民生，裨益匪浅。同业等不敢妄自菲薄，夙以推广出口、保持蛋业在国际市场为职责。从前出口之蛋品，有全冰蛋、冰老粉、淡鸡黄、老粉卤鸡黄、新粉卤鸡黄、干黄、飞黄、全蛋片等等。现拟向需要蛋品各国推销兜售，提高卖价，待稍有成绩时再向政府请求协助救济贷款，或请政府收买，以冀在三年内逐年恢复战前出口之数量。(《蛋业吁请政府协助》,《申报》1947 年 1 月 20 日)

另外据其当时呈送国民政府报告书，对于推广蛋品出口提出以下建议："甲、蛋类输出所获之外汇全部依法定汇率，由委托银行售于中央银行，同时由中央银行准以该外汇之五成至九成，由委托银行原价购回，归委托银行自由买卖，作为购货进口物资之用。至于五成至九成数额之核定，应依其进口之物价，为必需品或非必需品之种类，由政府分别规定之。乙、关于政府规定英美外汇之汇率应依据英国与美国之汇率为标准以利输出。上开建议倘蒙采纳施行，则明年蛋类之输出当可一跃而达战前百分之五十，至少亦必在百分之三十以上。若此能行之于蛋类，亦可行之于他种物资，其利于出口者岂有涯矣。总之有输出始有输入，无输出应无输入，倘政府能付诸实施，非但进出口交易均可发展，抑且依照估计，政府除可取得外汇百分之十五以上外，并可收入进口关税百分之十五以上，其于国计民生当获益匪浅也。"(《1947 年向国民政府递交茂昌蛋品及冷藏有限公司报告书》，上海市档案馆藏，档案号：Q229－229)

是月，外孙戴自海①出生。

2 月 10 日，接受《申报》记者采访，就本市蛋业行商筹划出口事宜，发表重要意见，提出"抑低成本，集体收购，俾增加输出"。《申报》报道说："自政府公布出口物资贴补办法后，各出口行商均纷纷计划物资出口事宜，本市各蛋业行商亦正在筹划中，并已致电美英两国进口商接洽，一俟回电到达，市价合算，即拟大批装

① 戴自海现为国际著名的宇宙学家和理论物理学家、暴涨宇宙论的创始人之一，香港科技大学赛马会高等研究院院长，康奈尔大学讲座教授。

运出口。兹据茂昌洋行总经理郑源兴告称：蛋品出口，战前数量甚巨，种类计有鲜鸡蛋、冰蛋、蛋黄、蛋白、干蛋片等五种，战前鲜鸡蛋全年输出数为四十万箱，每箱三六〇只，冰蛋四万至五万吨，蛋黄、蛋白、干蛋片五千吨，照现时价值的在二千亿元左右，战后因生产不如战前之半，故蛋品出口，只及战前输出数三分之一，苟民间产量增加，内地运输畅通，两年以内，可望恢复过去状态。近日美国鲜蛋进口价，每打美元三角三分至三角五分，零售价则在五角至六角，英国方面已允我照战前输出数进口三分之一，惟价格尚在磋商中。盖目前国外市价与国内收价，按照贴补合算，尚须相差五成，欲求平衡，如不向国外要求加价，则非抑低收价不可，一俟洽妥，即拟邀集同业具体商讨，并拟抑低成本，集体收购，俾增加输出。”(《蛋业计划出口抑低成本集体收购》,《申报》1947 年 2 月 10 日)

1947 年与孙辈在一起

2 月 20 日，被推举为国民政府输出推广委员会蛋业小组成员。报道说：

〔本报讯〕输出推广委员会执委会，于昨日上午十时，假央行总裁室开会，出席贝祖贻、刘攻芸、林凤苞、沈熙瑞、金士宣等五人，由贝祖贻主席，重要决议如下：

(甲) 十种重要输出品南运出口时，必须向指定银行结汇，并须先得结汇银行之证明书后，方能由粤汉铁路南运。

十种输出品为(一)猪鬃，(二)羽毛，(三)肠衣，(四)山羊皮，(五)五倍子，(六)桐油，(七)苎麻，(八)生丝及废丝，(九)银，(十)锑。并由央行业务局及外汇审核处，会衔指令廿九家结汇银行。以上管理办法，自今日起生

金融巨子贝祖贻

效。北自武昌南迄郴县间之任何一地，凡有以上之物资，由粤汉路南运者，必须具备指定经理外汇银行所签发之证明书，证明各该货物在香港起岸价格之全部美金或英镑外汇，业已结售与该指定银行。

蛋业小组会：（乙）推广会各小组积极筹备成立，昨日已决定蛋业小组之人员为：刘攻芸、马克（以上两人为召集人）、凯世威、哈克逊、兰福、贝裕、郑源兴，并积极设计在本月之内，将该业之情形详加调查，以便作放款等协助，而提高其出口数量。（《经粤汉南运货路物出口商须备具结汇证明书》，《申报》1947 年 2 月 21 日）

3 月 30 日下午，出席中央银行贴放委员会成立会议并被推举为出口物资贷款审核委员会委员。报道说：

中央银行贴放委员会，业于昨日下午四时，在该行三楼会议室召开成立会议。到央行张总裁、刘副总裁，该会主委秦润卿，副主委潘寿恒、伍克家，委员徐国懋、李道南、骆清华、居逸鸿、沈日新、陆书臣、王紫霜等。讨论经过：（一）修正通过该会办理上海商业行庄贴放通则。（二）提出工业贷款及出口物资贷款两审查委员会名单，由央行聘任之。会议迄六时许始散。

按中央银行之贴放业务，向系透过四联总处，并对国家行局办理。去年订立重贴现转质押办法，商业行庄之向央行办理重贴现转质押转押汇者，系按组织银团办法，或仅限于指定办理外汇之银行。推行以来，曾收相当效果。最近张总裁到任后，为进一步加强国行与商业行庄之联系合作，并充分供给生产资金，以期配合经济紧急措施方案，及三中全会所通过之经济改革方案起见，爰决定扩大贴放业务。除仍透过四联总处，对国家行局办理外，另于中央银行内创设贴放委员会，办理上海商业行庄申请重贴现转质押暨转押汇案件之审核事宜。

设两贷款审核委会：昨日会议席上，张总裁曾宣读贴放通则条文，并逐条说明，兹摘录其说明之要点如次：（一）新办法，设立贴放委员会，以中交及商业行庄代表，及准备库交换所代表参加。并设工业贷款审核委员会，以工业界代表，及与工贷有经验之银行人士参加。又设出口物资贷款审核委员会，以出口业代表及与出口贷款有经验之银行人士参加，使中央银行与国家行局，暨商业行庄，及使金融界与工商界，打成一片，成一有机体的金融商业组织。如身之使臂，臂之使指，彼此不特痛痒相关，而且互守纪律，共负经济复兴之使命。（二）商业行庄或银团提出之申请案件，先由委员会审核，提请中央银行总裁副总裁批准后，交由业务局办理重贴现转质押或转押汇。中央银行办此项贴放业务，决之于多数，所以期其公允合理。（三）过去商业行庄向中央银行办理贴放，系按组织银团办法，而由银团向中央银行申请。新办法则以行庄单独向贴放委员会申请为原则，仅经贴放委员会认为有组成银团办理必要者，仍由银团申请，以期各行庄得各自发挥其效能，而免因组织团体，致有牵掣迁延之弊。（四）过去商业行庄，按组织银团办法，每家重贴现转质押以二亿元为限，转押汇以三亿元为限。新办法规定每一行庄申请办理重贴现转质押转押汇，其原放款总额，以不超过该行庄实收资本及上月底止存款总额（除去法定存款准备金总额）为度，自较过去为宽。尤其以行庄之存款总额为标准，益可促进行庄致力于吸收存款。（五）刻下工业界最感困难者，为购得原料后，迄造成制品为止之中间过程，无法取得资金之融通。出口商亦有同样困苦，即自购得原料后，迄制为成品可装运出口为止之中间过程，不易得到资金之融通。新办法规定，工厂方面包装运输至目的地销售，需要流动资金，出口商因收购出口物资整理提炼或运输至口岸出口，需要营运资金，均可供给。如是则健全之工厂及出口业，可不必虚耗精神时间于解决资金困难，而获专心

中央银行总裁张嘉璈

致力于增加生产与输出。

新办法中优点一斑：（六）新办法规定，原放款每户总额，以不超过：一、贴现五千万元；二、质押五亿元；三、押汇十亿元为限。原贷款申请人，在各银团或各行庄请贷款项最多总额，每户不超过该行庄存款百分之八。即一面放宽放款之限度，另一面则视每一行庄实力之大小，酌加限制。（七）新办法对原质押贷款之押品，以原料及在制品制成品等所值六折作押六成，其余四成，得以办妥公证手续之机器厂房四折作押。其机器厂房得作押品之四成一点，系为鼓励商业行庄仿照国家行局，提倡以机器厂房作押，解决厂家困难之一部分。（八）新办法规定原贷款利率，不超过月息三分六厘，而中央银行只取一分八厘，意在使利率逐步降低，而使生产者及出口商摆脱高利贷之桎梏。（九）新办法规定，凡厂商对于增加产量，改良质量，减轻成本，确着成效者，得不受放款限额之限制。换言之，即可多予放款，俾健全进步之厂商，获得切实之鼓励。

张总裁结论谓：中央银行能否达成其银行之银行之使命，国家行局及商业行庄能否达成其辅助国家，促进生产之使命，全视贴放政策之是否完善。切盼共同努力，建立一新金融体制。又今后中央银行与商业行庄之关系，由过去之疏松状态，而改臻于密切，奠定今后公私金融机构合作之基石。最后并谓：此项贴放办法，先试行于上海，当次第推广于全国各大都市，以期广收效果，而协助全国经济之复兴。

贴放委会委员名录：中央银行贴放委员会委员十一人：主任委员秦润卿，副主任委员伍克家、潘寿恒，委员徐国懋，骆清华、沈日新、陆书臣、李道南、居逸鸿、陈朵如、王紫霜。工业贷款审查委员：召集人史海峯、朱通九，委员吴蕴初、水性尧、顾吉生、余名钰、周锦王、欧阳峻峯、蔡承新、谈公远、王振芳、张竹屿、王绍贤。出口物资贷款审查委员会名单：召集人陈长桐、周纪曜，委员寿毅成、葛敬中、张禹九、古耕虞、郑源兴、马仲达、王振宇、何墨林、王孟钟、项叔翔、徐谢康。该会秘书分由央行业务局经理马季平、王梁勤、浦衡如三人担任。马氏负责贴放委会，王氏负责工贷委会，浦氏负责出口贷委会。（《中央银行贴放委会昨召开成立会议》，《申报》1947年4月1日）

3月30日下午,中央银行贴放委员会召开成立会,会议"提出工业贷款及出口物资贷款两审查委员会名单,由央行聘任之"。其中"出口物资贷款审核委员会,以出口业代表及与出口贷款有经验之银行人士参加"。郑源兴名列其中。(《中央银行贴放委会召开成立会议》,《申报》1947年4月1日)

是月前后,为联合各同业进行出口事宜,"重振输出业务,争取政府外汇基金",发起成立远东蛋品联营公司。报道说:

蛋业厂商筹组联营公司

干蛋输出,战前每年约值三千万至四千万美金,制干蛋厂商,均属华商,战前有一百余家,遍设苏、浙、皖、豫各地,战时迭遭破坏,目前只剩二十余家。现为重振输出业务,争取政府外汇基金,特联合各地同业,筹组远东蛋品联营公司,暂定资本伍亿元,由各厂同业自由认设,并推定郑源兴、王品藻、陆伯弢、唐鼎臣、陈伟如、俞来科、南巽庵、朋中强、宗纯生、毛自齐、颜宝华等为筹备委员,除已由该公司筹备处分电英国等地接受定货外,并积极筹备,定期成立之。

又讯:冰蛋之输出,早经该业负责人与中央信托局及输出推广会一再协商,迄签订合同,英国定货本已接有一万五千吨,因政府一再迁移,一部分定户均纷纷要求取消订约,故截至目前止,仅剩九千吨,如政府再无决策,恐所余之九千吨亦将被迫取消合同。(《商业月报》1947年4月号)

4月8日深夜,茂昌堆栈突发大火①,原因不明,损失惨重。《申报》先后报道说:

今晨茂昌堆栈奇火

〔本报讯〕今晨零时廿分,茂昌公司南浔路六十号堆栈二楼,突有浓烟冒出,迨路人发觉,狂鸣警笛,刹时已见火舌升腾,黑烟蔽天。当经电告消防

① 袁恒通回忆:茂昌遭此大火,不仅损失浩大,而且工场场地及仓库面积较前大为缩小,不敷应用,乃于后部未遭波及的底层加建二楼厂房,以应生产需要。

处,派车到场灌救,迄本报截稿时止,火势仍未见稍戢。

该处为茂昌公司虹口办事处,共有仓库多所,占地极广。正门在黄浦路二二九号,起火处则为南浔路仓库,仓屋互相毗连。此起火之南浔路仓库为一三层楼高之钢骨水泥房屋,其底层与二层之一部分及三楼全部,均系交通部电信局所堆置之大批电讯材料。据该公司职员谈,二楼其余地位,为某俄人所租用,堆有葡萄干、黑枣等干果,前日且曾堆入大包棉花约计一百余件。堆置安妥后,即经上锁对闭门窗,仓库内部亦并无职工驻派住宿。今晨该仓库二楼突然无故起火后,消防人员虽及时到达火场,竟一时无法入内扑灭火源,仅赖云梯与强有力水苗,冲破二楼窗牖,遥遥灌射。至一时许,浓黑烟柱,升腾屋顶者,高达十数丈。记者自窗际遥望内部,亦能隐隐见火舌东西吞卷。是时亦时而偶闻一二炸裂之声,据悉即系电信局尺许长之巨型真空管被燃爆裂所致。此次损失之数,必甚浩大,一时尚未能获悉其详,唯知俱保有火险。

茂昌公司此一火案,起因殊为离奇。查最近本市大火已连续发生多起,此次又为一奇突之火案。前夜九时许,建国西路六二七号附近弄内亦曾发生火警,事后检得烧毁蒲包一只,满布火油气息,可知必系歹徒纵火。当局对此十分注意。今晨救火时警局并出动大批警察,手持轻机枪,严密戒严,形势极度紧张。(《申报》,1947 年 4 月 9 日)

茂昌栈烈焰未熄

〔本报讯〕昨晨零时二十分南浔路茂昌堆栈突起空前大火以后,在半夜之内,本市竟接连又发生火灾两起。除茂昌堆栈火势最炽烈,延烧迄今,已逾二十四小时,损失近千亿外,其余两起,一在阳朔路,一在黄河路,损失俱极重大。新开河阳朔路 A 字五十二号于昨晨三时半起火后,火首全家六口悉数葬身火窟。黄河路三二七弄八号火警,损失亦极大。

南浔路茂昌公司堆栈之大火,昨晨经四小时之延烧后,即自二层穿至三层,并在晨四时,火舌冒出坚韧之铅皮屋顶。同时堆栈沿青浦路部分,亦相继卷入火海,再加风助火威,益不可收拾。五时卅分许,整各钳皮屋顶焚毁倾坍,刹时烈焰腾空,虽远至数里外之浦东各地,均能清晰望见。在场消防人员为防止火势延及临近民房（尤以西首大名路一带市房仅只一弄之隔），无不倾全力灌救。至八时许，虹口区消防警任树恒因避让飞舞之铁片，不慎失足，由附近屋顶坠下，跌伤头部甚重。至九时又有王逢炳、王守信及中央消防警王钧铨、陶炽、唐锡清、王友顺等六人，相继被水泥瓦砖倒下，压伤头胸手足各部。其余消防人员虽处于此种难从情形下，然仍能坚守本位，临近数十幢市房，得告无恙。火势于十时后始趋和缓，惟被压于铅皮屋顶下之大批棉花，电信局之电器材料，以及北部"联总""行总"存储之剩余物资及西药，茂昌公司自有即将运赴国外之鲜蛋、蛋黄等，至昨日深夜，犹延烧不止。

当昨晨火炽时，附近住户，深恐殃及，纷纷将重要衣物搬至大名路西首人行道上过宿，虹口警分局派大批警士自晨起直至午后四时，将该处附近四周予以断绝交通，以资保护，故昨日七、八、十路各英商有轨电车均停驶，四时后交通始恢复，惟行人仍禁止通过。

吴市长及俞代局长极表关切，在昨日火炽时均亲临火场查勘，至六时后始离去。俞代局长并于午后五时再度莅临火场，指示一切，对此次茂昌堆栈大火，以及昨晨同时发生之另外二处火警，表示惊异，称系接收警局以来，从未曾有。

据消防处长周兆祥称：茂昌之火，如无意外发生，可望于今日全部扑灭。消防处此次出动之消防人员达二百名以上，出动救火车、照明车等近廿辆。美军消防队及港口消防队闻讯，亦均先后自动到场协助灌救。（《申报》1947年4月10日）

茂昌堆栈有关人员九人扣押

虹口警局昨已将茂昌公司副经理江辅亨，储运室主任王承德及南浔路堆栈底层负责人杨世升，二层负责人盛家栋，电讯局职员宋春泉，更夫江永尧、郑华忠，司□捕俄人潘特希阿夫、福来去夫等九名，予以扣押侦查。

该处堆栈第一层系由交通部电信局、鸿运航运局、苏商友宁公司等三家租用，第二层西北部沿南浔路为交通部电信局及美利洋行仓库，东部堆置者全为“联总”自冲绳岛运来之七百余大箱剩余物资，及“行总”之西药。三层除小部分为维火洋行堆置什物外，余悉为茂昌公司之冷气设备，及即将启沓赴国外之鸡蛋及蛋黄。初步损失估计(底层除外)，茂昌公司冷气设备为二百五十亿元，电信局约七十余亿(一说约二百五十亿)，至“联总”“行总”损失数字，当在五百余亿左右，故此次大火损失，堪称近数十年来空前未有之巨灾。(《申报》，1947年4月10日)

4月10日中午，主持茂昌公司董监联席会议第四次会议并报告公司近况。“略谓本公司对于制造冰蛋停顿已久，最近因冰蛋业公司与中央信托局签定制造冰蛋五千吨出口之合同，对于国外推销仍由各厂商自行负责。本公司派得百分之二三·九四，计冰蛋一千一百九十七吨，以可能范围内接受制造为限。近日正在购办鲜蛋，制造方面已于本月五日正式开工。不料本月八日午夜南浔路六十号栈房内出租部分之二楼突然浓烟冒出，知系失慎，当经报告消防及警务当局求援，承各机关立即派员到场施救并维持火场秩序，得于今晨完全扑灭。除客户租户损失待查外，本公司此次所遭受之损失计损毁鲜蛋一万二千八百三十一件，值国币廿四亿元，包装材料时值八九亿元，房屋设备约时值二十亿元。鲜蛋及包装材料部分经在英商太古公司保有英镑六万镑之火险，但房屋设备未曾保险。其所损失之蛋系额外准备之货，故对于中信局之交货补充尚不生问题。此次火灾制蛋处所概无损害，惟后面照蛋间、堆蛋间被毁。幸前部原有照蛋及堆蛋之处，前因制造停顿，曾改作普通堆栈者，不难修复，大约不旬日即可复工。至于虹口方面普通堆栈业务拟即结束云。对于本公司登记事，经济部执照已于二月十一日颁发。至于本公司资金流动问题，原拟向四行联合总办事处申请贷款，现暂行搁置。”

会议还对股票上市与公司三十五年度各种决算表册及盈余分派草案进行讨论，并决定本届股东常会召集日期与议程。(《茂昌股份有限公司董事会决议录》，三十五年七月至三十七年六月，上海市档案馆藏，档案号：Q229－1－207)

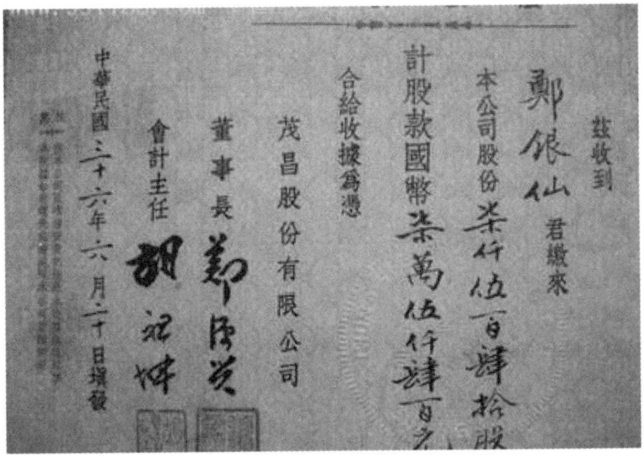
茲收到
君繳來
本公司股份柒仟伍百肆拾股
計股款國幣柒萬伍仟肆百
合給收據爲憑
茂昌股份有限公司
董事長
會計主任
中華民國三十六年六月二十日填發

1947 年茂昌公司临时股款收据

同日，英国《每日快报》刊登诗文，赞美来自中国的冰蛋[①]：

> 老祖母看来只有二十一岁，
> 年轻人享以早餐，饮以美酒，
> 人们告诉我，她们的食物是
> 中国的冰蛋。
>
> 美食者像神仙似的吃着，
> 你会看到她最好不过的菜，
> 若非冰岛的冻鳕，
> 就是这个的冰蛋。
>
> 什么东西能使不高兴的矿主多干一些活呢？
> 不是沐浴，不是香烟，不是衣服，
> 而是中国的冰蛋。

① 对此时为茂昌公司高层袁恒通表示：由于质量好，价格廉，在国际市场上树立了相当声誉，本牌（CEPCO）商标蛋制品为各国所欢迎。［袁恒通：《茂昌蛋业冷藏公司沿革史（修正稿）》，上海市档案馆藏，档案号：Q229－118］

什么东西能使女郎的身材苗条，
让她的衣裙的设计者的兴趣更高呢？
不是运动，是中国的冰蛋。

在早餐时，什么东西能解除那旅行者
夜间的恶梦？
是他在菜单上看到
Onefe Chinese——中国的鸡蛋。

什么东西使一个作家如此倜傥？
因为他是一个“超等哲人”？因为他是一个
“贱价文士”？还是因为他吃了干熏鲑鱼？
全都不是，
是中国的冰蛋。(《天津和记洋行史料》，天津社科院历史所编《天津历史资料》第 6 期，1980 年)

4 月 11 日，就蛋类出口事宜接受《申报》记者采访，“郑氏详为解答，谓蛋类出口渐有转机，英粮食部来华采购，茂昌栈房失慎损失虽大，但于定货合约并无影响”。报道说：

〔本报讯〕记者昨为我国蛋类出口事，往访本市茂昌公司总经理郑源兴氏，探询经过详情，承详为解答，兹分志其大要如次。

渠称：我国出口之蛋品计分三种：一冰蛋。英国粮食部拟向我国定购九千吨，价为每吨英金二百镑，由冰蛋业公会承办。该公会因成本关系，迭向输出推广委员会请求转商中央信托局赐予协助，恳由该局负责收购。其制造及出售之责，则归冰蛋业公会负之。结果冰蛋业公会与中信局已于本月四日签定合同，制造冰蛋五千吨，每吨价为法币九百万元，分五次支付，第一次已于本月七日办竣，嗣后依次办理。现冰蛋业公会各会员，正筹划收购鲜蛋及布置开工事宜。二为干全蛋片，其数量二百五十吨，价为每吨英金七百二十镑，现在商洽中，办法同上。三为干蛋白一百吨，蜜黄四百吨，现由远东蛋品制造厂联营公司，与出口商会同请求输出推广委员会转商中信局协助，不日可望定议。所有上列蛋品三种，英国粮食部亦拟承购。

蛋价平稳：至于目前蛋价，渠认为尚称平稳，当不致有何变动。惟盼米价及其他物价亦能平稳。此次该公司南浔路出租栈房部分失慎，据郑氏事后调查，计损失鲜蛋一万二千八百三十一件。惟渠称该项损失，与蛋价并无影响。因损失之蛋，系在冰蛋业公会与中信局签订合约之前，由本公司所购进，而作额外之准备者，故所遭损失，乃属额外之准备。惟上项事件，对于与中信局签定之定货合同，并无影响。对于本公司制造蛋品之数量方面，亦无影响。因本公司系于上月二十日起筹备复工，本月五日起正式开工，虽于八日夜遭遇不幸，以致照蛋间与堆蛋间全部焚毁。然敝公司可将原为冷藏及照蛋间、堆蛋间而现作普通客货堆栈者，设法恢复原状，仍作照蛋间与堆蛋间之用。至于厂内其他制蛋处所，并无损害。故敝公司不日即可复工，对于制蛋数量毫无问题。

损失约计：据郑氏调查，该公司此次火灾损失，计鲜蛋部份约计损失国币二十四亿元，包装材料方面约计损失国币八九亿元，房屋及设备方面约计损失国币二十亿元。惟鲜蛋及包装材料，曾经向英商太古公司保险英金六万镑，赔偿方面，毫无问题，房屋及设备则未保。郑氏表示：该公司除冷气堆栈业务照常办理外，其普通堆栈方面，自即日起，从事逐步结束。所堆普通客货，一律催令出清。即出租部分，亦拟商请租户迁让，收回自用，免多枝节云。(《蛋类出口渐有转机》,《申报》1947 年 4 月 12 日)

4 月 16 日，黄浦路茂昌公司北厂，“自九日失慎，经数日清除，照常恢复生产”。(《本市简讯》,《申报》1947 年 4 月 17 日)

4 月 25 日，担任董事的五层楼酒家股份有限公司在《申报》刊登启事，称“本酒家经于四月廿一日召集新旧股东大会，改选董监，成立董监会。今后营业方针力求改善，务使顾客满意，敬希各界仕女贡临指教为荷”。(《五层楼酒家股份有限公司启事》,《申报》1947 年 4 月 25 日)

5月22日中午，主持茂昌公司董监联席会议第五次会议。会上对公司相关事宜进行讨论并议决：

其一，“主席报告政府颁发之工矿事业重估固定资产价值调整资本办法大概情形，并谓本公司之房地产及机器器械设备等依照上述办法估价，大约为一百亿左右，但该办法以本年度内办理完竣为限，故不得不早为拟定办法，以提交本届股东常会讨论。但对于调整资本以前，资本总额究应定为若干，应先予拟定。金董事宗城提议资本额应定为六十亿，陈董事伟如、郑董事钟榆主张定为七十二亿或一百亿，郑董事方正等主张拟为一百念亿，最后由各董事公同议决资本总额定为国币一百亿，全体一致通过，并拟定办法如下：

原股本计国币七亿二千万元，资产估价后升值计每股得升一万零七百元，合计国币七十七亿另四百万元三十五，年度股息红利每股三百元，拟移为增资股款，合计国币二亿一千六百万元，现金增资每股约增一千九百元，合计国币十三亿六千万元，共计资本总额国币一百亿元。上述办法业经全体董监通过俟拟交股东会决议复行之”。

其二，“主席宣称上次会议时对于本公司股份每股由一千元改为十元尚未决定，本届应请继续讨论。继由陈董事伟如发表，谓上市股票除极少数有每股一百元外，其余各公司均为每股十元票面。胡董事祖坤谓对于票面改为十元在申请变更登记并不成问题，业经向会计师询问确实。经各董事公决本公司股份决分改为每股十元，俟提请股东会通过行之。

主席继谓票面每股改为十元后，对于股份过户之最低限额应有规定，请各董事讨论。经各董事讨论，结果决议如下：

甲、每次过户以一万股为最低限额，但并股及出让人全部股数不足万股者不在此限。乙、新开股户以一万股为最低限额，但出让人全部股数不满一万股而只过入一人者不在此限”。（《茂昌股份有限公司董事会决议录》，三十五年七月至三十七年六月，上海市档案馆藏，档案号：Q229－1－207）

5月23日，主持茂昌公司第二十三次股东会股东常会，并报告营业状况，表示“本席决勉力以赴，以冀逐渐恢复战前本公司在国际市场上固有之地位，庶于国计民生两受裨益矣”。辑录于下：“略谓本公司三十五年度营业，对于蛋品出口之正业仍在停顿中，仅有副业冷气堆栈及普通堆栈等强事敷衍。今年最近蛋业虽略事收办，勉强开工，但仍无利可图，不过为谋国际市场中我国蛋业不致冷落而已。诚以蛋品之出口对内扶持农村经济，对外抵补入超漏卮，抑平外汇。故本席决勉力以赴，以冀逐渐恢复战前本公司在国际市场上固有之地位，庶于国计民生两受裨益矣。又有件不幸事件须向各股东报告，四月八日午夜，本公司南浔路六十号栈房内之出租部份突然起火，计毁鲜蛋及包装材料约三十五亿，房屋设备约二十亿，共计损失五十五亿。除保险赔款三十亿外，净损失二十五亿，因房屋设备均未保险故也。附为报告。”

同时，在会上“报告本月二十二日董监联席会议拟定增资方案如下：本公司之房地产及机械设备依照工矿、运输事业重估固定资产价值、调整资本办法及其补充估算方法各规定，估计可供调整之数大约为国币一百亿元左右，拟定资本总额为国币一百亿元，分为十亿股，每股国币十元，除由本公司固定资产升值项下计国币七十七亿另四万元，拨赠老股东计每老股（每股一千元）应得新股一千另七十股外，并以三十五年度每一老股应得之股息、红利国币三百元移作认购增资股份三十股，合计每一老股连原有股份应得新股一千二百股（其不愿以三十五年度股息、红利移作新股者则照除）。此外每一老股并得现金认购新股一百九十股，是否有当，请各股东讨论。经各股东讨论，结果佥认为董监联席会所提增资方案，极为适当。股东金宗城提议缴款日期应一并规定，拟定现金认购新股部分限于本年六月十六日起至同月二十二日止，为办理缴款日期，逾期不缴以自愿放弃论，由董事负责募足之。股东唐鼎臣君附议”。

主席将上述增资方案及缴款日期宣付表决，全体出席股东一致举手通过。（《茂昌股份有限公司股东会议记录》，《第二十三次股东会股东常会》，上海市档案馆藏，档案号：Q229－1－186）

7月17日，茂昌堆栈大火案开庭，审理四名嫌疑人。最后宣判“三被告被判刑，一人无罪，上海电信局诉请赔偿八十九亿”。《申报》先后报道如下：

茂昌堆栈大火案

〔本报讯〕本年四月八日夜，南浔路六〇号茂昌公司堆栈发生空前大火，延烧三昼夜。损失达百亿元以上，经地检处侦查后，发现起火原因，为电焊工人陈阿三、银宝子，铜匠朱福生、张金根等四人不慎所致，依公共危险罪提起公诉。该案业已移送地院刑庭办理，定于今日上午九时，在地院刑九庭，由曹祖慰推事审讯。(《申报》1947 年 7 月 17 日)

茂昌堆栈大火案四被告均未到庭

〔本报讯〕南浔路六〇号茂昌公司堆栈于四月八日夜发生空前大火，延烧三昼夜，损失甚巨，而其中尤以交通部上海电信局之损失最大。该案经地检处侦查后，以电焊工人陈阿三、银宝子，铜匠朱福生、张金根等四人涉有重大嫌疑，依公共危险罪起诉，四被告则交保在外。该案于昨晨十时半，地院曹祖慰推事在刑九庭首度审讯，四被告均未到。传讯证人江辅亨、江荣耀、陈有宝、卢国斌、杨世升、王有才、侯显庭、夏家斌、黄志发等九人。上海电信局延律师代表到庭陈述，略谓电信局所受损失，不能估计，详细情形须询问该局储运室主任成家栋，附带民诉要求赔偿焚毁之物资。如各被告无力偿还，应由茂昌堆栈负赔偿之责。末庭论改期至本月二十六日上午十时续审。(《申报》1947 年 7 月 18 日)

茂昌火案续审

〔本报讯〕茂昌大火案昨在地院续审，被告新华电焊公司工人陈阿三、银宝子，茂昌公司铜匠朱福生、张金根等四人初度到庭受审。由曹推事详加讯问，据陈称："在新华工作已近十年，起火当日所焊之火花绝不至引起火灾。"银宝子供词与陈大致相同。铜匠朱福生则供称："三楼与二楼之间夹层中有砻糠、柏油等物，但焊前已将通秋空隙处用水门汀封好，焊后管子发热，曾以铅筒盛冷水浇于管上，焊好以后并曾请电信局职员杨世升检查。火烧时虽被告不在场，但根据看弄堂人言，浓烟先在堆栈之南浔路窗口冒出，离焊管地方有一大段距离，中间还隔一道墙，请庭上多加调查。"张金根供词与朱略同。旋传证人起火之发现者侯显庭，据彼云，八日夜归，经南浔路，发现茂昌堆栈窗口有浓烟并听见爆炸声。次传电讯局职员江辅享、成家栋、卢学斌。江成两人均推测起火必由夹层之杂物所引起，卢为电信局驻栈之职员，称被告于焊管后并未以铅筒盛水浇管上。末处论本案定三十日上午十时开辩论

庭，被告仍交原保。(《申报》1947 年 7 月 27 日)

茂昌大火案宣判

〔本报讯〕茂昌公司堆栈大火案，昨日在地院宣判：陈阿三，张金根，朱福生各处有期徒刑三月，银宝子无罪，上海电信局附带民诉请赔偿八十九亿元移送民庭办理。(《申报》1947 年 8 月 8 日)

是月止，受中央信托局委托，主持的中国冰蛋业公会采购冰蛋 3,250 吨，"径向国外推销"。(《冰蛋业输出暂行停止办理》,《申报》1947 年 7 月 30 日)

9 月，获中央信托局京市建筑房屋贷款 1 亿元。(《四联总处发表建屋贷款经过》,《申报》1947 年 9 月 27 日)

10 月 11 日晚上，郑学俊主持茂昌公司董监联席会议第六次会议。(《茂昌股份有限公司董事会决议录》，三十五年七月至三十七年六月，上海市档案馆藏，档案号：Q229－1－207)

11 月 4 日，主持茂昌公司第二十四次股东会股东临时会，并报告增资经过与增资后之资产负债状况，"各股东并无异议，一致通过"。后在董事选举中继续担任公司董事。(《茂昌股份有限公司股东会议记录》,《第二十四次股东会股东临时会》，上海市档案馆藏，档案号：Q229－1－186)

11 月 14 日中午，主持茂昌公司董监联席会议。继续连任公司董事长，并报告公司近况，"略谓本公司对于蛋品出口业务最近数量极微，公司实无利润可言。但对一部份工人不无少补，而国际市场上华蛋亦不致冷落而已。本人最近即拟出国调查国外蛋销情形。我政府如对于出口业务能竭力推动，设法奖励，则蛋业当然不在例外。本公司在可能范围内竭力谋恢复为宗旨，至于本公司现在业务全仗冷藏及普通堆栈等副业维持，其收支情形今年过去数月略有丈余，冬季收入难免减少，大概可以希望平衡。青岛方面上半年因美军合同关系，略有亏欠，以后收支不致有亏云云"。(《茂昌股份有限公司董监联席会议记录》，上海市档案馆藏，档案号：Q229－1－211)

是月，为"接洽蛋品出口业务，出国赴英接洽，结果尚称圆满"。对此上海《征信所报》也有报道："战前我国蛋类出口贸易，其数字几与丝茶相等，自太平洋战事爆发后，蛋类出口均告停顿。年来各产区几经战祸，农村破产，农民在不安定生活下，对畜养鸡鸭渐乏兴趣，又因交通不便，及采购技术欠佳（目下采办者均为行家），影响所及，鲜蛋来源锐减，远非昔比。兹悉蛋业巨子茂昌公司总经理郑源兴氏，鉴于胜利后蛋类出口贸易，仍在停顿中，长此以往，对我国农村经济，影响非浅，故拟于月内出国，赴欧美考察，并接洽蛋类出口事宜。”（《茂昌股份有限公司股东会议记录》，《第二十五次股东常会》，上海市档案馆藏，档案号：Q229-1-186；《郑源兴氏将赴欧美考察》，《征信所报》1947 年第 254 期）

12 月初，中信局向茂昌公司购买大批冰蛋，以供外销。茂昌负责人郑学俊称“以物价指数及原料上升，其成本稍感不敷”。报道如下：“输管会委托中信局向茂昌公司购买大批冰蛋，以供外销，定今晨（六日）先交勃兰柯夏号轮（Breconshirc）装运三三二吨驶英。按中信局自办理收购冰蛋工作以来，迄今已达第四批。第一批二〇〇吨，每吨计四八九〇万元。第二批一〇〇吨，每吨五六七七万五千元。第三批二〇〇吨。每吨五九四〇万元。第四批一〇〇吨，每吨六二〇〇万元。英国售价每吨为二一〇镑，折合国币不敷之处均由国库支付，以争取外销而维持国币市场。据茂昌负责人郑学俊称，以物价指数及原料上升，其成本稍感不敷。照第一批冰蛋原料每市担仅一六〇万元，现已达二〇〇万元，惟协助政府鼓励出口，不得不勉力为之，深冀交通情形转好，则成本始可减轻云。”（《中信局购办第四批冰蛋》，《申报》1947 年 12 月 6 日）

是年底，为了解蛋品产地状况，打开出口僵局，赴汉口、青岛及沿长江线一带地区调查。报道说：“（联合征信所沪讯）茂昌公司总经理郑源兴鉴于我国蛋品，如冰蛋、干蛋、片蛋、白蛋黄等，战前向为我国对英出口大宗物资，战后因成本高昂，国外售价未能提高，业务始终无法展开。兹为明了蛋品产地情形，并拟觅取对策，打开对外输出僵局起见，业赴汉口、青岛及沿长江线一带地区，亲作调查。该公司在青岛设立蛋厂，在汉口设立收货庄。闻一俟回沪，拟向输出当局贡献意见云。”（《打开蛋类输出僵局郑源兴亲赴产地调查》，《征信新闻（上海）》第 534 期）

是年，设立香港分公司，以郑学俊为经理。据其后人回忆，当时“源兴和学俊经常往返上海香港两地。在香港开展蛋品生意十分困难，因为天气和社会气候跟上海完全不同，须要经过不厌其烦地解释董事会才明白其中的究竟”。［郑爱青、戴丽荣、郑美珠：《华人大班郑源兴（1891—1955）》，第249页］

20世纪40年代末郑源兴夫妇在郑宅花园内休憩

1948年 58岁

年初，为鼓励外销，中央信托局向茂昌公司收购大批冰蛋出口英国，唯英国限价，冰蛋出口困难。《申报》报道说：“战前我国冰蛋出口数字，年约四万吨。战后出口锐减，其原因以主要对象之英国外汇不丰，及我国成本激增所致。去年度政府为鼓励外销，争取国际市场地位计，曾由输管会输出推广处托中信局向茂昌公司购置大批冰蛋输英，先后装出七批，共达三九二〇吨。当举办之初，我国原料每市担仅及一六〇万元，后即逐步上涨，突破二〇〇万元。是以第一批二〇〇吨，每吨计四八九〇万元，第二批一〇〇吨，每吨五六七七万五千元，第三批二〇〇吨，每吨五九四〇万元，第四批一〇〇吨，每吨六二〇〇万元。彼时英国售价除三一一〇吨每吨为二〇〇英镑外，其余每吨概售二一〇英镑，折合国币每吨约亏耗百分之二五〇至三〇〇之谱，均由政府津贴。后以原料不断高翔，而英国又基于过去春令冰蛋滋价惯例，已将限价每吨由二一〇英镑减至二〇〇英镑。

据悉，目前鸡蛋每市担为三六〇万元，连同工缴电费等，每吨实际成本约为三二〇英镑。政府若再采取津贴政策，未免负担过巨。然据业市人估计，今春鸡蛋价格比照一般物价为低，再照比例推算，将来涨峰不致凶猛。在销路上估计，今年对英之总输出量可达七千吨左右。政府为争取外汇，推动出口及维持我国冰蛋在国际市场上之地位，应通盘计铁，不必斤斤于津贴多寡问题。又如成本高涨，并不止原料一点，如生活指数、水电、交通等，均应包括在内。更如全年输出，及其获取外汇之总额，均应予重新考虑其得失，以权衡轻重，惟可国虑者，在乎英镑将来之稳定程度耳。”（《英国减低限价冰蛋出口困难》，《申报》1948 年 2 月 9 日）

2 月前后，“基于我国蛋品生产的情况，和属公司过去的成绩，故决定赴英国谋求恢复战前的销售量，即向英国顾主及其粮食部再四洽商、宣传，并以种种事实强调了需和我们交易的必要。结果在当年（一九四八年）蛋品贸易总额由百分之八，恢复到百分之卅（计售出冰蛋一万五千吨，总值三百十五万英镑），尤其售价较其他各国售与英国的价目为高（当时澳大利亚售价每吨一百四十镑，加拿大一百七十镑，波兰一百八十镑，我国则为二百一十镑）”。（《1950 年郑源兴向共产政府递交茂昌蛋品及冷藏有限公司报告书》，上海市档案馆藏，档案号：Q229－213）

4 月，茂昌公司股票正式上市交易。为此 3 月 29 日，《力报》刊文《茂昌上市前的现状》，对茂昌公司情况进行了简单分析，认为其筹备多年，“有志竟成”，茂昌资产雄厚，是殷实股，而在公司股份中，郑源兴一人即占据绝大多数，“独揽茂昌大权”。报道说：

郑源兴的茂昌上市，从旧年酝酿到现在，总算可以成功了，预料在一般审定可以上市的股票中，论资力雄厚，应该算茂昌了。在今日的经济市场，资力雄厚不一定可以获得大多数的信仰，尤其要在市场上当筹码，和永纱那样，还得靠人的努力！

茂昌的优点，是殷实股，可以取得若干股票商的信用，但也有缺点，缺点是茂昌的股份有限公司组织，郑源兴个人资本额在百分之七十以上，在经济稳定的时候，没有关系，如果来一个惊风怒涛，股票的持有人，不一定能够睡得着觉！

茂昌的股票在战前如果持有十股，八口之家，可以笃笃定定的生活下去。现在做十万股，不见得能吃一顿么六夜饭，这是不是茂昌本身贬值？不是，是股票和币值一样，在恶性膨胀公司当局的资产数字，确乎大得惊人。如果股票的持有者，真能够依公司法享受利益的话，我想它们的本身，是不会发行股票的，准此股票的持有者，第一个意义是"逢高抛出，逢低收进！"（《力报》1948年3月29日）

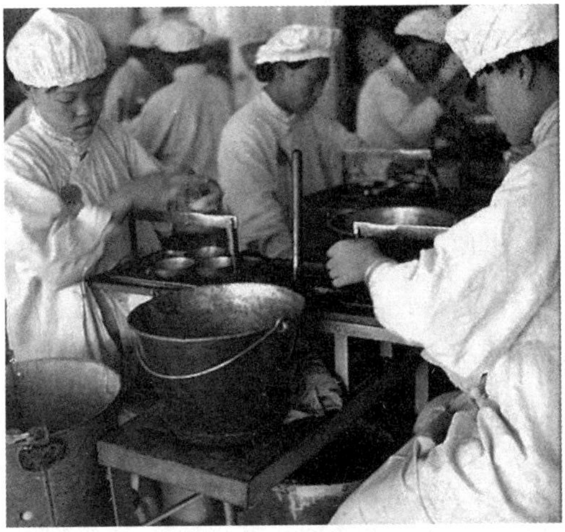

正在工作的茂昌女工

5月8日，茂昌公司为中央信托局代制出口之冰蛋第一批输英起运。报道说："中信局代政府收购冰蛋输出，并委托茂昌公司代制，开始迄今，已达七千余吨，其第一批一一九〇吨，先交今日由沪启椗之怡和公司格林盖雷轮驶英。第二批一二六〇吨，则交十二日由沪驶英之太古公司毕列康夏轮运往。"（《第一批冰蛋输英千余吨今日起运》，《申报》1948年5月8日）

6月1日中午，主持茂昌公司董监联席会议。并“报告去年十一月出国调查国外情形接洽业务事项，略谓现在英国蛋及蛋品均归政府收买，我华蛋去年定额为九千吨，然所缴尚不足半数。今年经本人要求，增至一万五千吨，承英政府看重接受，殊为荣幸。至于价格去年上半年度为二百镑，下半年度为二百念镑，今年则全年预计二百十镑。所有该项交易全部移交中央信托局办理，本公司利润虽不多，但害处也不致有，较之去年情形为良好云。

至于本公司冷气堆栈业务，本年春季入不敷出，五月份略见起色，此后稍有利润可图，大约全年统扯收支可以平衡。自本公司增资后之变更登记，业已经经济部核准，新执照亦已领到，股票上市事在进行中，何日可以完备，尚无把握”。

（《茂昌股份有限公司董监联席会议记录》，上海市档案馆藏，档案号：Q229－1－211）

7月6日中午，主持茂昌公司董监联席会议。并在会上“报告今年业务比较去年略为好转”，“拟在本年九月或十二月垫发三十七年度股息红利，至该时视公司经济状况决定之。查各项物价自上月一日开会后至上月廿七八日止波动甚烈，如延至九月或十二月则情形如何毫无把握。论本公司上半年度业务及经济状况，若将三十七年度股息红利提前垫发，每股可能自六元至十二元之则。故本席召集每位董监会议，以便从长讨论。然至上月底市府发表之生活指数特别提高，超过预算，因此最近数天内本公司经济情形甚为拮据，究应如何，请每位董事发表高见，提出讨论。

金董事宗城提称现在各公司预发股息红利者甚多，本公司对于三十七年度盈余现在既犹有相当把握，自应提前垫发，于发给三十六年度股息红利时同时发给之，在手续上较为便利。各股东各同人亦比较实惠。本席主张垫发三十七年度股息一分红利九分，同人酬奖比例照算，如届年底决算盈余不足此数之时，由董事会负责。郑董事学俊附议。主席宣付表决，各董监一致赞同通过”。（《茂昌股份有限公司董监联席会议记录》，上海市档案馆藏，档案号：Q229－1－211）

7月15日，主持茂昌公司第二十五次股东常会，并报告三十六年度营业状况与公司近况，“略谓本公司三十六年度营业情形已在营业报告书中大略说及。查去年蛋品出口虽名为复业，实际上出口之数量仅及战前百分之七八。其原因为国内产地产量多未恢复战前情形，并且交通不如战前之便利，成本亦过，出口方面各国外汇管制关系，种种原因使去年蛋品出口未能顺利达到预算。故仍须冷气堆栈等副业相副而行，勉渡时艰。所有决算账略于会计师查核后，已编印成册，分给各股东”。

关于公司近况，“略谓本席去年十一月，因接洽蛋品出口业务，出国赴英接洽，结果尚称圆满。英国蛋及蛋品均归英政府收买，我国则移归中信局办理，本公司为代办代制性质，利润虽微，但无亏损之虞，故比之去年较为实惠。至于冷气堆栈，春季虽亏，全年总计尚不致亏耗。总之全盘营业上半年度已略有赢余，下半年照现在预算不致亏欠，可以平衡。七月六日本公司董监联席会议，鉴于近来物价之狂涨与各种情形及需要，决议于发给三十六年度股息红利之时，同时垫发三十七年度股息一分，红利九分，同人酬奖比例照算。为届年底决算盈余不足此数之时，由董事会负责。兹自七月二十二日起发给三十六年度股息、红利，同时垫发三十七年度股息、红利。请各股东届时携带股款收据及印章至黄浦路本公司服务组领取可也”。（《茂昌股份有限公司股东会议记录》，《第二十五次股东常会》，上海市档案馆藏，档案号：Q229－1－186）

上海时疫医院外景

8月前后，茂昌公司向上海时疫医院捐款1千万元。(《上海时疫医院捐款志谢》，《申报》1948年8月5日)

9月1日下午，为应对八一九限价影响，主持蛋业公会紧急会议，商议蛋价问题。报道说："蛋业公会以日来蛋类受八一九限价影响，致正常交易无法做开，而公会与社会局间之协议，又尚无结果，故该业公会昨午后三时召开临时紧急会议，商讨合理之市价。"(《蛋业公会昨商蛋价》，《经济通讯》1948年9月2日)

12月22日，主持茂昌公司董监联席会议，会上根据董事郑方正、金宗城的提议，决定设立香港分厂。(《茂昌股份有限公司董监联席会议记录》，上海市档案馆藏，档案号：Q229-1-211)

是月，赴香港进行设厂筹备工作。次年"2月建厂完成，郑源兴兼经理，资本400万港币，冷藏业务为主，兼营上海蛋品转口"。[袁恒通：《茂昌蛋业冷藏公司沿革史(修正稿)》，上海市档案馆藏，档案号：Q229-118]

1949年　59岁

3月间，茂昌公司向上海市救济委员会筹募委员会捐款2,000元(金圆券)。(《上海市救济委员会筹募委员会公告》，《申报》1949年3月30日)

9月，从香港返回内地，先后到达天津、北平，寻求恢复内地企业，得到人民政府方面的支持，并被聘为华北食品公司顾问、中国蛋品公司顾问。9月21日《神州日报》以"沪茂昌蛋厂谋恢复生产，郑源兴曾来平津接洽，工商部允协助复工"为题报道说："上海茂昌蛋厂公司经理郑源兴前自港来津，接洽出口业务，并于本月十四日到北平见工商部姚部长，面陈该公司上海、青岛及安徽亳州三厂情形，说明现在想恢复生产，但感资金困难，希望政府扶助。姚部长表示同意扶助上述三厂的恢复，工商部已有公函到华东贸易局。该公司上海、青岛两厂将生产冰蛋，亳州将造飞黄干粉。将来视环境市场情形，再决定分别由上海、青岛或天津出口。郑源兴总经理现已返沪，筹备一切。"(《沪茂昌蛋厂谋恢复生产》，《神州

1949 年与公司董事袁光行及女儿爱青等合影

日报》1949 年 9 月 21 日）

对于此行，郑源兴本人也有回忆："一九四九年九月，源兴返抵天津，经华北对外贸易公司负责同志的明确指示，及中央贸易部姚部长的鼓励和嘉勉，增长了源兴恢复生产的信心。现在不但消除了一切的顾虑，并且更积极的致力于增加生产，以挽回战前的销路，发扬我国蛋品在国际市场的地位（目前全国出口物资，蛋品占第一位，按现在蛋品出口数量，尚不抵战前百分之三十）。这完全是由于毛主席伟大的领导，和政府当局贤明的措施，使我们认识了新民主主义施政的方针，及共同纲领的经济政策，同时经过学习和了解政府各级负责同志的言行，并确实的认识了发展生产，繁荣经济，公私兼顾，劳资两利的原则性。由于思想改造，进而为行动的表现，遂积极准备复工，以求发展生产，争取外汇，换取外国有用的建设器材，来建设我们新中国。"（《1950 年郑源兴向共产政府递交茂昌蛋品及冷藏有限公司报告书》，上海市档案馆藏，档案号：Q229－213）

9 月 23 日，在茂昌职工会筹备委员会全体会员欢迎大会上发表演讲，希望劳资合作，努力复业复工，发展生产。辑录于下：

郑总经理答词

诸位职工筹备委员、诸位职工，承蒙欢迎，并召集全体会员开欢迎大会，鄙人觉得非常光荣，万分感谢。照此来看，鄙人可以断定工会有真实诚意，与厂方共抱合作精神，非常欣快！现在在未讲话之前，先要声明，鄙人今天要讲的话或有差误及不到之处，还请诸位多多原谅。

关于复业复工，发展生产，为鄙人应尽的职责，但目下难关重重，能否顺利打开，不敢说有把握。然而鄙人在天津时，曾与华北对外贸易总公司商讨数次，我国蛋品类之出口，事关全国性，北平工商部因此特邀赴平，所以曾往北平拜见工商部部姚部长，接见之下，鄙人即报告推销世界我国蛋品地位，内产状况，以推动发展生产为原则，并建议政府收购方式，或协助经济，部长面允，均有考虑余地，且与上海华东区贸易总局，用电报联络，协商办理，并令凡是生产事业，依照新民主主义发展生产为宗旨，只可前进，不可后退，同时希望全国工业家，取一致步骤之意，旋即告退，次日上午离平。

鄙人到申后，已与贸易总局及有关当局并同业方面，连日积极推动，尽力进行，凡事谋事在人，成事在天。

对职工会之组成，鄙人非常欢迎，第一希望有健全的组织，厂方须竭力拥护。职工会的任务，其职责之大概原则，鄙人已于本月十九日谈话会时约略讲过，今天趁诸位欢迎机会有更多的职工在场，不妨重述一次，并加以补充一些。今天鄙人放在友谊立场上讲话，职工会的立场，对于职工应得之权利，职工会代表与厂方固须力争保护，但须合情合理，双方顾到，不可有杀鸡取蛋的行为。过去不追不谈，今后希望职工会代表及各职工与厂方真情合作，以利生产及职工生计，达到劳资两利为目的。今后生产事业仰仗职工，职工要仰仗职工会负责人来负“领导”“指导”“劝导”和“说服”之责。尚有认识不够时，尚须向上级主管机关学习，使得领导有方，增加生产，减轻成本，即可达到发展生产繁荣经济公私兼顾劳资两利的原则。今后职工会负责人责任不轻，鄙人再站在友谊及经验上之事实来讲，有三点，诸位要听则听之，不要听，可还我。

一、职工会希望你们从速正式成立；

二、选举时需要慎重，量才选举，不可感情用事；

三、选举结果就职后各职工大家应当拥护尊重被选人，负起职责，使得工会之健全，达到劳资两利之目的。

为何要讲以上三点呢，来个比方，倘若你们会员不照第三项，职工会负责人，做一件事是对的可算不错，另一件事稍有不周之处，职工或认为欠缺错误，不用开会方式来纠正，即受重大责问反对，使得负责人灰心，不前进不努力指导职工，从此不尽职，妨碍生产及劳资两利的原则，均将受相当影响。

再来比方，假定一家公司，董事及经理人稍有不当，股东不用合理方法来纠正正，即贸然无理反对，同时部下同人亦无理反对，并非法干涉经理之行政权，这一种公司无论如何总办不好，非倒闭不可。因此直接影响到职工生计股东血本，间接影响国家经济。此种错误，责属何人，第一是股东于选举时不慎重，第二部下职工不应干涉经营人之行政权。鄙人在北平时曾见报载政府命令或意旨，我记不清楚，大概为职工不得接收工厂，不得干涉资方的行政权，同时资方不得自动歇业，如事实不可能而由主管当局核准者不在此列。

我还有一个来比方，一个家庭，当家人无权主持，家内七主八参弄得打官司分家当，将自己的钱送给别人去用，家务七躺八倒，弄光为止，同归于尽。我还要讲悖话，此种话个个人所知道即为悖话。比方一家人家，夫妻不和睦，终归不会久长，弄到后来，离婚为止。我还有一句土话，一家人家，兄弟和睦，门前泥土可变为黄金，兄弟不和睦，家内黄金化灰尘。此句土话我还要解释给你们听，兄弟和睦，门前泥土可变为黄金。这是什么道理，其实根本不会变的，倘然真会变黄金的话，我本来还想卖个秘密关子，我不告诉你们，我现在还是老实告诉你们吧；兄弟和睦，即兄爱弟敬，比方挑谷，弟弟对哥哥说，你挑轻些，工作少做些，结果兄弟二人大家都挑足，工作都做足，增加生产可买黄金，就是泥土变成黄金。兄弟不和睦家内黄金化灰烬，这一点，我不讲，亦不解释，我想你们比我先知道了。

我还有一个比方，假定一家工厂，劳方与厂方立在敌对地位，工人不受管工的管理及指挥，这种工厂出品不会及格，产量一定减少，成本定要加高，直接影响厂方及职工生计，间接影响政府元气。再来一个比方，职工会与厂方合作，职工与厂方站在一条阵线，以努力合作生产为宗旨，工人服从管工的指挥，管工服从监工的指挥，监工服从厂长的指挥，工作精益求精，出口合于标准，努力增加生产，达到劳资两利的原则。鄙人在北方时，见报载国营工厂，同一数额工人产量比前增加百分之二十至五十，商办的亦有厂名及业务，已经不清楚，大概诸位也曾见过的。

我还有三句不离本的话，鄙人现在设法谋复工事宜，能否成功，现尚不能决定，因最大困难者，尚有三点：

一、目前劳资双方，感情稍有抵触，应用何种方法，使劳资双方融洽合作，我希望今后双方谅解，真情合作生产。

二、本公司蛋厂有季节性的，产蛋季节有旺月有淡月有半淡月，照过去经验而论，正月半淡月，二月全淡月，三四五六月为旺月，七月为半淡月，八九月为全淡月，十月十一十二月为半淡月。验以上过去事实之季节性关系，旺月不能不添季节性工人，淡月不能不退季节性工人，历年如此，有何方法能使季节性工人完满谅解。

三、本公司业务，尚有冷藏堆栈及制冰等，还有普通堆栈部与蛋厂部，工作性质不同。

以上三点，上次谈话会时，鄙人曾经提及，希望请诸位筹备委员讨论一个方案，并推出代表，本公司亦拟一个方案，双方会同协议一个合理方法，决定后，双方会同呈请劳动局备案。照此即是依照新中国新民主主义发展生产繁荣经济公私兼顾劳资两利的原则均有希望。鄙人可专心竭力于复工事宜，如能成效，工人有工作，蛋品可出口，换取外汇，国家收支，农村经济，均有裨益。

我再来讲一些，共产党成立已有一百零二年之历史，在英国伦敦成立其主义，很有价值。对于普通一般人民，容易误解，非但中国人民有误解，外国人民亦有误解。苏俄实行最早，亦系误解，统统一律平等，工人工资大概每月三百元罗比，职员上级技术，分别不多，结果生产落后。鄙人于一九二八年经过西比利亚铁路，由路局派代表招待参观莫斯科京城，沿途经过各站，目观不景气状况。他们大概在该时期中又补充了新经济政策，至一九三三年，鄙人又经过该站，目观新气象与前次不大相同，至一九三六七年，鄙人又借道该路，经过所见与一九二八年之情形更不相同，又进了一步，竟有完全用大理石建筑之莫斯科大旅馆，并有地下铁道，各站均用大理石建造，政府建造公务员宿舍。所见私人新建住宅，招待员说明还是私人的，这是公家的职工人员特种优点技术等俸金特高，有钱可造住宅。大概该时职工待遇不是一律，为奖励政策，分别很多。听他口气，一九二八年时大概普通工资三百元，在一九三三年至一九三六七年时，普通是三百元五百元，高职有三千五千或竟有七八千元罗比之多，其时大约新经济政策及奖励生产农工事业完全生效。今年又闻苏俄农产物可出口，与英国粮食部订立卖买契约，为苏俄售与英国粮食一百万吨，实可惊异。

鄙人在香港时，有一朋友是湖南人，与毛主席同乡同学，他说毛主席学问很好，他天天研究国家大事，所有新民主主义都是自己起稿，天天晚上做到深更半夜，对于新民主主义各部分政策，大多数是他自己做的，如有一些错误，立即改正，对于工商政策，亦是他亲自起稿，或是亲自过目。各处各部干部如有误解等情，他指令纠正，各干部用开会方式解决及说服。我们新中国新民主主义，由毛主席劳苦功高制造成功的，我们拥护毛主席，工商人士要劳资合作，达到发展生产繁荣经济公私兼顾劳资两利的目的。

一九四九年九月二十三日

（《茂昌股份有限公司董监联席会议记录》，上海市档案馆藏，档案号：Q229-1-211）

10月，派原茂昌青岛分公司经理刘祖赍返回青岛，筹备恢复生产。11月9日，在青岛中国银行支持下，正式复工生产，当年生产出口冰蛋102吨。[马安林：《老树回春知时节——青岛“茂昌”从濒临倒闭到国营大中型企业》，刘永顺、董本来主编《中国资本主义工商业的社会主义改造（山东卷）》，中共党史出版社1992年版，第518页]

11月28日，主持茂昌公司董监联席会议，并报告赴香港筹备分厂情形与本

1949 年与女儿爱青、孙女美珠合影

公司经济状况与营业方针。

对于营业方针，表示：鄙人此次由港归来，即拟依照新民主主义所规定发展产繁荣经济公私兼顾劳资两利之原则，进行业务。道经天津时，曾与华北对外贸易总公司商讨，后再往北京，晋谒工商部长接洽，承部长多方指示，嘱力图发展生产云云。返沪以后，即与华东区对外贸易总公司及银行界，迭次商讨复工事宜。一方面并与职工会讨论劳资合作，以及复工生产修理厂房机器各事宜，决定上海、亳州、青岛同时进行。上海、青岛方面早经修竣，亳州方面，因停工多年，须掉换锅炉等等，大概当须一个月左右方可修理完成。无奈因环境关系，诸多掣肘，物价又波动甚烈，兼之蛋产稀少，外汇汇率与实际物价成本常相去甚远。虽经商请华东区贸总收购，只以物价及环境关系，现今未成事实。照现下情形以观，本年年内，开工无望。业务既无把握，开支复日赠无已，殊觉难于应付。一切均与鄙人原定计划完全相反，唯有希望明春好转，能否如愿要看环境如何而定。

蛋厂部分，现下暂有一小部分开工，备将本厂所存冰蛋白，约计九十吨，烘成干蛋白，计用男女季节性工人共计七十三人，预算工作一个月，即可完成。但照与工人所订之洽定，至少须负担二个月之工资。(《茂昌股份有限公司董监联席会议记录》，上海市档案馆藏，档案号：Q229－1－211)

香港茂昌公司大门

是年底前后，积极筹备茂昌复业工作，据当时与之素有交往的永兴洋行买办严逸文回忆，“上海沦陷前，有洋商冰蛋厂六家，华商只有茂昌一家，经茂昌总经理郑源兴的苦干若干年，成为我国蛋业中之巨擘。日本投降后，由于国民党的摧残，几乎无法存在，随后又发生工潮，势将破产。1949年底，茂昌总经理郑源兴来津，向我申说我国蛋品每年争取外汇数量的巨大，如坐视茂昌垮台，将给国民经济造成不少的损失，要求北方做蛋品的同行尽力援助。商谈结果，我决定尽力支持。对于茂昌预售给国外之干蛋数十吨，由我将全部存由津装出以维持华商在国外之信用。同时由我出面，请求中国蛋品公司先汇五亿元安定茂昌沪厂，继复茂昌青岛厂复工，由此茂昌又走上正常生产的道路”。(吴昊编：《民国的买办富豪》，中国文史出版社2013年版，第147页)

是年前后，战乱使茂昌业务受到严重打击。据其后人记载：“1949年源兴和行山(指女婿戴行山)花了好几个月时间走遍中国的大城市。所到之处，鸡蛋收购员都跟他们诉说战争怎样毁了他们的生意，又被宰杀充饥，农夫四处流离失所。茂昌的生意经历了前所未有的锐减幅度。大家都渴望和平稳定。源兴有点气馁，但因为有许多人须要得到帮助和支持，诱发他工作的动力，情绪都没低沉下去。”[郑爱青、戴丽荣、郑美珠：《华人大班郑源兴(1891—1955)》，第254页]

1950年　60岁

1月下旬，赴天津与中国蛋品公司签订合同，决定由蛋品公司供应蛋品鲜蛋原料，各冰蛋厂承担加工、代理出口、定价销售冰蛋2万吨。一切工费由蛋品公司负担，给厂家7.5%的报酬。当年即超额完成出口加工任务，为国家换取了首批外汇，其中青岛茂昌分公司一家就加工出口冰蛋8,120吨，占全国出口总额的40.6%。(马安林：《老树回春知时节——青岛“茂昌”从濒临倒闭到国营大中型企业》，刘永顺、董本来主编《中国资本主义工商业的社会主义改造(山东卷)》，第518页)

3月9日早晨，从天津致电茂昌公司董事唐鼎臣等，认为“公司经济困难已至极点”，宣布上海总公司人事方面实行紧缩政策。电文录下：“唐暨诸位鉴：公司经济困难已至极点，今止负债约十五亿，乌口铁等途货七亿抵冲外，负债八亿，四亿商借中，后款无处再借，兴亦不能返申，因华蛋已奉命筹备全国性蛋产出口及谋青公司恢复生产，合约虽未妥，已奉命先筹开工，细则续议。上海情形特殊，今春复工绝望。本公司自解放以来，力谋恢复生产，故对无工作职工仍继续支薪，勉力维持已达九月之久。此中苦状，众所目睹，奈事与愿违，难关无法打破，不得已，请即宣告自本月十一日起，全体职工一律停薪，各负责人等义务服务。能生产部分请紧缩维持，不能生产部分停薪结束。处此人力不可抗环境下，不需要及无工作职工无条件解雇，待需用时优先录用。恳请各职工特别体谅公司苦衷，并向有关当局备案，请求救济指导劝解遣散等事宜。源。”(《茂昌股份有限公司董监联席会议记录》，上海市档案馆藏，档案号：Q229-1-211)

4月3日，出席茂昌公司董监联席会议第九十八次会议并报告相关事项。会议记录如下：

一、郑总经理报告北上经过情形，略谓自去年十二月北上后，因上海总厂发生经济困难，本人极力设法调度，向天津华北蛋品公司商借五亿元，合十六万余折实单位。又向利兴蛋厂商借蛋品廿三吨另七五，合四十余万折实单位(均以折实单位为还款条件)，总算渡过年关。一方面开始与华北蛋品公司商讨蛋品外销情事，曾同至北京贸易部洽商多日。一方面与国外蛋品市场接洽外销条件，经过许多周折，经多次电报折冲，并经多方拉拢后，始于四月二日，订立合同。至于青岛分厂，已于合同订立之前，在三月十六日先行开工。上海总厂现因外销出路再无扩展之可能，所以今春绝无开工希望，下半年亦无把握，明春是否有办法，尚未可知。至于欠利兴蛋厂之货款，除偿还一部外尚该十八万余之折实单位，因无力偿还，情商以亳县分厂全部财产及本公司原有保管组所有股份一亿股作价抵充。北方情形大概如此，上海情形应请各位报告。

二、各部主任报告各部情况及收支情形，大都入不敷出，并且相差甚巨，即生产部分如南北西冷藏库，亦均亏损。主席宣称照此情形，非紧缩绝难维持，应讨论今后如何办法。

三、总经理报告本人于三月九日在天津曾电沪总公司准备留职停薪。后工会代表到津商讨办法，终未得协议，现在自非停薪或疏散不可。对于疏散手续，各部最少限度之应行留用人员，应请各部主任详为考虑，报告之后，再行商议。(《茂昌股份有限公司董监联席会议记录》，上海市档案馆藏，档案号：Q229－1－211)

是月，其间茂昌公司劳资纠纷不断，企业陷入困境，为此拟定并向人民政府呈送《茂昌股份有限公司创始经过暨业务情况以及目前危急待援之报告书》，报告公司发展经过与现状及其存在的困难，希望政府帮助解决经久不息的劳资纠纷。表示“公司愿在政府的领导下，努力发展生产计划，争取国外市场的销路，针

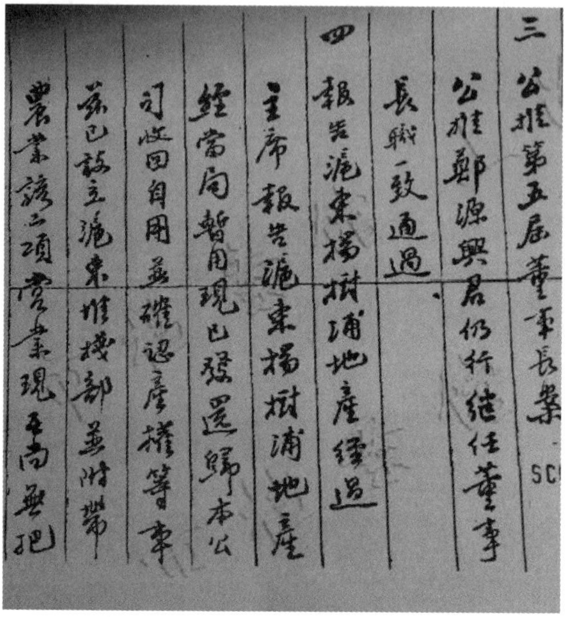

三、公推第五届董事长案
公推郑源兴君仍行继任董事
长职一致通过
四、报告沪东杨树浦地产经过
主席报告沪东杨树浦地产
经常局暂用现已发还归本公
司收回自用并确认产权等事
兹已设立沪东推拨部并附带
农业之项营业现在尚无把

茂昌公司会议记录书影

对政府一切政策措施企图发展”。(《茂昌股份有限公司创始经过暨业务情况以及目前危急待援之报告书》,上海市档案馆藏,档案号:Q229－213)

5月2日,出席茂昌公司董监联席会议第九十九次会议。会议记录如下:“一、主席宣读上次记录。二、主席报告在劳动局调解经过情形,并报告协议条款,另纸附入其详细办法及留用轮班、疏散名单,俟议定后再行向劳动局、工商局备案。”(《茂昌股份有限公司董监联席会议记录》,上海市档案馆藏,档案号:Q229－1－211)

5月5日下午,主持茂昌公司董监联席会议,并在会上报告在天津经过情形与上海经济情形。关于前者,“略谓本人自去年十二月为运销存货,备在天津出口,北上天津,不料一星期后,风闻上海外商银行经济紧缩情形,停放打包放款。本公司大受影响后,向天津华北蛋品公司及利兴蛋厂、汇丰银行等处,多方商借。曾向华北蛋品公司借到现款五亿元,向利兴蛋厂借到蛋品合计四十万另五百九十六折实单位,终算渡过难关。现在蛋品公司所借,因照折实单位计算,合十亿元已经还清,欠利兴蛋厂尚剩十八万另之单位,因无力偿还,只得情商以亳县蛋厂全部财产，并以本公司原有保管组所存之股票一亿股，作价抵偿天津利兴债务，终算清讫。对于中国蛋品公司合同情形，从去年谈起，经过多方周折，并与国外市场多次邮电折冲，至本年四月二日，始订立合同。本公司青岛分厂，已于合同订立之前，在三月十六日开工，大概五千吨有望”。

关于后者，“上海经济情形约略如下：欠薪年奖约计五亿元，地价税五亿元，公债十亿，另房捐一亿元，欠银行四亿元。现在职工尚有六百余人，季节工在三百五十人以上。在劳动局调解后，以疏散者发四成，留用者发六成，成立协议，季节工每月发四天。本月应发及欠薪共约需八亿左右，其他尚欠贸总即前中央信托局现为中国蛋品公司冰蛋一百四十吨，该货在解放前大部分均系战争损失，此账拟与同业向蛋品公司商讨减让，并只能在上海开工之后随时拨还，尚有香港公司欠贸总二万一千一百卅五英镑。青岛方面全年收入除过支出外，可贴补上海急用负债部分，尚不足抵补”。

会议还讨论通过调整资本方案与修改章程案、召开股东会事项等。（《茂昌股份有限公司董监联席会议记录》，上海市档案馆藏，档案号：Q229－1－211）

5 月 10 日，出席茂昌公司董监联席会议第一百次会议。会上主要报告并讨论公司留用人员、轮班人员、疏散人员及已故工人之待遇与救济问题。（《茂昌股份有限公司董监联席会议记录》，上海市档案馆藏，档案号：Q229－1－211）

5 月 16 日上午，主持茂昌公司董监联席会议并被推举为续任董事长，并报告今后公司营业方针，“略谓今后蛋品出口营业，希望很少，如果国外销路好转，本公司代国营企业——中国蛋品公司加工制造，对于国家，亦不无帮助。职工生计，亦可借以维持。青岛分公司方面，现在已进行加工工作，较可安定。至于副业冷藏，收入很少，亦不敷开支，希望夏令能有起色，损失或可减少。本公司所有房地产，前由光华营业公司经理，此次拟收回自理，使一部分空闲职工，亦得有所工作，借以减少损失云”。

对于人事方面，提出加聘副总经理一人，获得通过。“董事长称本公司原有副总经理四人，除朱君业已去世外，而有三人，一在青岛，一在香港，在上海总公司只有一人，拟加聘副总经理一席。事关重要，鄙人拟推严董继华担任。严董事紧称本人因在天津担任利兴蛋厂经理之职，不能分身离津，请董事长改聘别人。董事长谓本公司在天津方面亦须有人协助，不论在津在沪，均须借重。继由林董事荣生提议折中办法，称严董事以董事代理副经理名义，在严董事既可不必常驻公司，对于本公司有需要借重之处，严董事亦可代理执行。郑董事星炎附议，惟严董事仍坚辞不就，继由董事长发言请严董事先行允诺，如以事实上困难不能就职，可以从缓就职视事。严董事始允予考虑，各董事亦一致通过。”(《茂昌股份有限公司董监联席会议记录》，上海市档案馆藏，档案号：Q229－1－211)

5月24日，主持茂昌公司第二十六次股东会，并报告营业状况，“略谓本公司在一九四八年及一九四九年营业大概情形，已具见营业报告书，想各股东早已寓目。在一九四八年本公司主要业务——蛋品出口已稍见起色，惜至一九四九年夏季，因海口被封锁，在上海无法输出，致厂中工作，又告中断，副业冷藏亦入不敷出云云”。后在董事选举中续任公司董事。(《茂昌股份有限公司股东会议记录》，《第二十六次股东会》，上海市档案馆藏，档案号：Q229－1－186)

是年，因无力偿还货款，将安徽亳州蛋厂作价折给永兴洋行买办严逸文，改称协兴蛋厂。(吴昊编：《民国的买办富豪》，第147页)

年底，茂昌重估财产为一千五百余亿元，核定资本为人民币九十一亿余元。[袁恒通：《茂昌蛋业冷藏公司沿革史(修正稿)》，上海市档案馆藏，档案号：Q229－118]

是年，竭尽全力挽救茂昌，但徒劳无功。据其后人记载，其间“他把全部时间和精力都放在救活茂昌的工作上，希望把全民拥有的茂昌的业务进一步提高，但可惜徒劳无功。他主动寻找一些董事，请他们返回茂昌。但为了这件事却被责怪出卖朋友。对他来说，失去茂昌的股份，让全民拥有他的毕生事业是件小事；但对其他老股东来说，他们的损失太大，确实难以释怀。

听说周恩来总理数次接见源兴，谈及为全民利益而合伙合并的问题。源兴跟同事绝少提及此事，可能是因为他没有掌握这变动的含义。……源兴不能维持茂昌的运作，生意不断地萎缩，无法振作。1951年，公司没有足够金钱支付员工的薪酬和收购员的货款。”[郑爱青、戴丽荣、郑美珠：《华人大班郑源兴(1891—1955)》，第258—261页]

是年，茂昌为国家出口冰蛋二万三千余吨，挣取外汇五千万英镑。（袁康年：《郑源兴先生家传》，碑记存奉化慈林村郑源兴故居）

1951 年　61 岁

1 月初，由香港返回青岛，中旬至北京，“与国营中国蛋品公司商讨一九五一年冰蛋出口事。经协商，历三个月毫无成就”。（《茂昌股份有限公司股东会议记录》，《第二十七次股东会》，上海市档案馆藏，档案号：Q229－1－186）

1951 年郑源兴在香港秀竹园道 10 号留影

12 月 2 日，主持茂昌公司董监联席会议。会上报告并讨论香港茂昌有限公司问题，“主席宣读香港茂昌有限公司，在香港为独立性质，另由五人出面为股东，向香港政府注册，因港政府税则关系，若算为上海总公司所分设之分公司，则税章则方面，牵连到总公司，麻烦很多，所以名称定为香港茂昌有限公司，但是资本完全归总公司所有，此种性质，是否为投资，还算分公司，请讨论。

詹监察家忠解释，此种情形因资本完全归总公司所有，在总公司账上自应列为分公司，以符事实，大概凡在香港设有分支机构之企业，在港均为独立性质，以符合港政府之法令，各董事无异议通过”。

此外，郑源兴在会上报告了公司1950年决算各项报告、财产账略、调整资本办法、修改章程等。“各董监并无异议，俟提请股东会通过行之。”（《茂昌股份有限公司董监联席会议记录》，上海市档案馆藏，档案号：Q229-1-211）

12月4日，主持茂昌公司第二十七次股东会，并报告营业状况。“主席宣称：关于本公司1950年营业情形，已经有书面的报告，谅各位股东已经看到。现在再口头的把1950年本公司经济困难经过情形以及最近情况，约略补充报告一下。1950年，本公司青岛分厂虽有加工生产的报酬收入，无奈上海方面蛋品正业不能生产，只有仓库等一些收入，收支不能平衡，而且同时有令人痛心的解雇大批职工的事情，为着这不得已的解雇事情，本公司所支出的解雇金等款子，为数很不小。因此本公司全年收入不足抵补全年开支，结果本公司1950年度亏损七亿余元，并因此1950年度股息，并无从办理，殊深抱歉。关于本年的情形再附带报告一下，鄙人为之谋取青岛继续加工及上海复工事情，于今年一月初由香港回到青岛，先料理好1950年未运出的存货，而后于一月中旬晋京与国营中国蛋品公司商讨一九五一年冰蛋出口事。经协商历三个月毫无成就，因我政府既实行易货政策，英国买方借口执行困难，延宕未能协议。至四月初中国蛋品公司改组为中国畜产公司，为照顾农村经济、职工生活及我公司业务等种种困难，委托我公司先行加工制造冰蛋。无奈因国际局势政治性关系，制成品至今仍未装出，对于青岛业务，暂难乐观。幸上海冷藏副业很有进步，收支尚可敷衍。希望进步再进步，生产再生产，以维生存。”

会上，郑源兴还报告了公司1950年度决算、财产账略、调整资本办法、修改章程、1951年营业计划等。或无异议通过，或由股东讨论补充后通过。随后在董事选举中继续当选为公司董事。（《茂昌股份有限公司股东会议记录》，《第二

十七次股东会》，上海市档案馆藏，档案号：Q229－1－186）

12月7日，主持茂昌公司董监联席会议，续任公司董事长、总经理，并在会上报告相关事项。其中“主席宣称股东会决议对于不生产之房地产应予出售，请讨论。各董事决议授权郑总经理、唐副总经理尽量出售”。

“主席宣称本公司财产重估增值额，评审总会尚未审核完竣，如果增值额有变动时应如何调整。经各董事议决：如评审总会对于重估增值额之改动在增值额百分之五以内时，由总副经理在公积中调整之，股东会决议录第五条所决议之调整资本总额、股份总额及每股金额均仍不变更。如遇总额百分之五以上，召集重议之。”

“主席宣称一九五二年度公司生产业务进行方针，现在对于一九五二年中是否能出口还不可知，如不能出口，一九五二年营业计划与一九五一年相同，无所改变，故一九五一年之决算即可为一九五二年预算之蓝本云。”（《茂昌蛋业冷藏股份有限公司董监联席会议》，上海市档案馆藏，档案号：Q229－1－212）

1952年　62岁

4月，茂昌上海总厂“由国营中国畜产公司委托加工制造全蛋粉及干粉、盐鸡黄，业务起了变化，乃改变经营方针，以加工蛋品生产为重点。厂务部改为蛋品制造厂，由原任厂务部经理金绍南、袁恒通为正副厂长，主持生产。下年加工冰蛋，解雇的职工全部复工。”（袁恒通：《茂昌蛋业冷藏公司沿革史》（修正稿），上海市档案馆藏，档案号：Q229－118）

是年，根据郑源兴的指示，郑学俊完成茂昌香港分公司的出售事务。“他给在香港的股东分发了按他计算的应得款项，又极力争取并支付了从上海来港工作的旧员工的遣散费，余下款项全部汇返茂昌上海总公司。”［郑爱青、戴丽荣、郑美珠：《华人大班郑源兴（1891—1955）》，第264页］

1953 年　63 岁

11 月，上海与青岛茂昌公司分别向当地政府提出申请实行公私合营。“向中共上海市委工业生产委员会、华东区轻工业部工业局及市人委轻工业管理局申请公私合营。……在国内所有财产，包括青岛分公司在内，全部都列入合营范围。国外伦敦海昌公司及(中国)香港公司俟办理结束后其净值投入合营企业。”(刘永顺、董本来主编：《中国资本主义工商业的社会主义改造(山东卷)》，第 519 页)

是年，指令出售茂昌伦敦分公司，“以支付雇员和鸡蛋收购员的薪金费用”。[郑爱青、戴丽荣、郑美珠：《华人大班郑源兴(1891—1955)》，第 267 页]

1953 年在家中

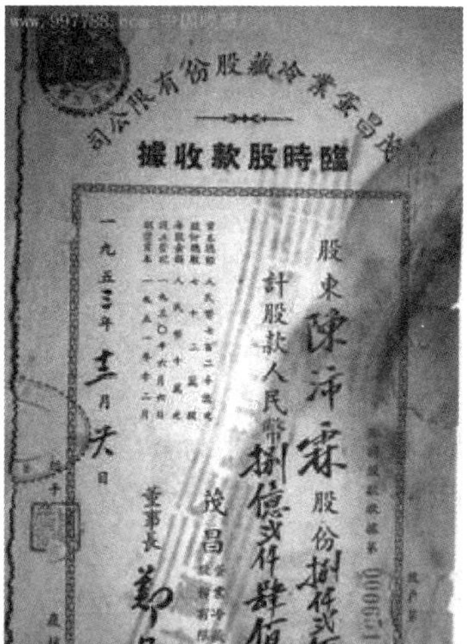

茂昌蛋業冷藏股份有限公司
臨時股款收據
股東陳沛霖股份
計股款人民幣
茂昌公司
董事長鄭源興
一九五三年

1953 年茂昌公司临时股款收据

1954年 64岁

3月29日，上海市人民政府轻工业管理局批准茂昌公司有关公私合营的申请，并签订协议，决定从4月1日起实行公私合营，改名称为公私合营茂昌蛋业冷藏股份有限公司，简称“茂昌蛋业冷藏公司”。公方庄大民为经理，私方郑源兴为董事长兼副经理，郑方正、唐鼎臣任副经理，公方朱康为厂长，私方金绍南、袁恒通为副厂长，其余各部门主要负责人仍任原职。……从此茂昌在党和公方正确领导下调整了组织机构，健全了基础，组织配备了各业务部门及车间厂部，有计划的进行了生产，在同一地位能制造冰全蛋、冰黄、冰白、全蛋粉、飞黄粉、干鸡蛋白、干鸭蛋白、蜜黄新粉(安息香酸钠)、盐鸡黄、老粉(硼酸)、盐鸡黄及新老粉、盐鸭黄等产品十二种之多，非但在我国所没有，即在国际上亦属罕见。不仅如此，内地厂有不合格的干湿蛋及冰蛋，由中国食品出口公司委托代为整理加工，予以技术处理，使合乎出口标准，可以出口。有人喜呼为蛋品医院。(刘永顺、董本来主编：《中国资本主义工商业的社会主义改造》(山东卷)，第519页；袁恒通：《茂昌蛋业冷藏公司沿革史(修正稿)》，上海市档案馆藏，档案号：Q229-118)

4月初，新成立的上海食品公司接管茂昌。“四月底的某天，源兴接到通知，上海食品公司来接管茂昌一切事务。这新公司四月由政府设立，专责支配上海所有奶类和家禽产品。”(郑爱青、戴丽荣、郑美珠：《华人大班郑源兴(1891—1955)》，第270页)

4月12日，上海《解放日报》报道了茂昌公司实行公私合营的消息。报道说：

目前我国规模最大、设备最好的制蛋、冷藏公司——茂昌蛋业冷藏股份有限公司已于四月一日改为公私合营。

茂昌公司包括上海总厂、北厂、南厂、沪东栈和青岛分公司、宁波制蛋厂、高邮制蛋厂等单位，其中以上海总厂规模最大，机器间里有大大小小的各种氨压缩机，经过这氨压缩机制成的冷气，通过近廿万尺的阿母尼亚管供应总厂北厂的冷却间、速冻间、冷藏间应用。总厂的设备制造规模也是国内数一数二的。单一个敲蛋间就有四百多个女工穿着白衣，戴着白帽、口罩，日日夜夜娴熟地忙碌着。每天从早上六时起最晚到晚上十一时，都有川流不息的冷藏车、卡车、榻厂、三轮货车运来刚宰好的鲜猪和鲜鸡蛋，并从这里(总厂、北厂)运走冻得像玉石一样的鲜猪和制成的各种蛋品。

……去年八月，经过公司董事会讨论，决定申请公私合营。经过上海市人民政府工业局的批准，该公司即自一九五四年四月一日起公私合营。公司人事组织亦已作了妥善安排，私股代表都感满意。

四月四日，该厂开了庆祝公私合营的大会，全厂职工纷纷提出保证，一致表示决心改造旧企业，克服一切困难，完成合营后第一个月——四月份的生产任务。"(《茂昌蛋业冷藏股份有限公司改为公私合营》，《解放日报》1954年4月12日)

4月底，患严重中风，不能行动，不能言语，直至去世。

迟暮之年的郑源兴

7 月，茂昌公司成立清资委员会，进行清产核资。12 月 31 日经市局核准，公股资金为新币 5,351,345 元，私股资金为新币 2,489,602 元，资产总额在全国各私营企业中名列前茅。（袁恒通：《茂昌蛋业冷藏公司沿革史（修正稿）》，上海市档案馆藏，档案号：Q229－118）

1955 年　65 岁

1 月，青岛分公司变更为独立性质，归青岛市局领导。（袁恒通：《茂昌蛋业冷藏公司沿革史（修正稿）》，上海市档案馆藏，档案号：Q229－118）

5 月 20 日，在家中逝世，享年 65 岁。

在上海"举行佛教仪式后，蕉影把源兴的遗体运回故乡，回到源兴在中风前每年都回去的慈林村。蕉影想要一处又宁静又可以避免骚扰的地方。村中父老说，整个山头都让你拣选，我们保证坟墓必定会受保护，我们会守护它比保护自己性命还要尽力。

村中父老的诺言真的不假。"文化大革命"时期，全国许多坟墓在破除祭祀旧习运动中都被掘起，包括源兴及行山的先祖和其他爱青认识的人士墓地，但源兴的墓地却大致无恙。[郑爱青、戴丽荣、郑美珠：《华人大班郑源兴（1891—1955）》，第 271—273 页]

谱后

1980 年　卒后 25 年

1 月，外孙戴自海作为美国华人著名科学家在北京受到邓小平接见。[郑爱青、戴丽荣、郑美珠：《华人大班郑源兴（1891—1955）》，第 294 页]

2000 年　卒后 45 年

4 月，妻子冯蕉影去世，享年 100 岁，“她的骨灰和源兴一起葬在慈林”。[郑爱青、戴丽荣、郑美珠：《华人大班郑源兴（1891—1955）》，第 295 页]

2001 年　卒后 46 年

是年，家乡慈林盖了一座牌坊纪念郑源兴。[郑爱青、戴丽荣、郑美珠：《华人大班郑源兴（1891—1955）》，第 295 页]

郑氏后人与亲友在郑源兴牌坊前合影

2004 年　卒后 49 年

是年，慈林盖了一座凉亭纪念冯蕉影。［郑爱青、戴丽荣、郑美珠：《华人大班郑源兴(1891—1955)》，第 295 页］

郑氏后人在蕉影亭前合影

2011 年　卒后 56 年

是年，郑学俊与戴文英夫妇骨灰归葬家乡慈林，“葬在源兴和蕉影旁边的一座新坟。参加葬礼和送殡行列的人超过七百。慈林热烈地欢迎学俊夫妇回来，而郑氏家人阔别六十多年亦终于团聚了”。［郑爱青、戴丽荣、郑美珠：《华人大班郑源兴(1891—1955)》，第 295 页］

同年，由郑源兴后人郑爱青、郑美珠与戴丽荣合作进行的记述郑源兴生平事迹的《华人大班郑源兴(1891—1955)》一书编纂完成，并于次年印制成册。

2018年　卒后63年

是年，由戴丽荣与郑美珠合作编纂的《中国人的企业家——郑源兴(1891—1955)》一书完成，并印制成册。

2020年　卒后65年

是年，系统记录郑源兴一生经历与事业的《郑源兴年谱长编》正式出版。

附　录

一、 文献辑录

(一) 郑源兴著述

1. 对于工厂法之意见

郑源兴

对于工厂法意见，显分两派，一则以为工厂法，已详加斟酌，兼筹并顾，推行可无问题；一则以为工厂法，于我国幼稚时代之工厂，极不相宜，殊感困难。源兴不敏，以为政府颁行工厂法原期保护劳工，用意至善，厂方应行谅解者也。而在工厂方面，以为能勉维现状已属不易，一旦工厂法施行，势必增加负担，有相率倒闭，以致破产之虞。本会原为政府与人民合作之机关，各会员无论在政府地位，抑在厂商地位，应虚怀若谷，和衷共济，并希将各员意见编成提案，而复将表决之提案，由本会汇集呈请实业部转呈立法院核办。

查工厂法施行条例之订立，其目的欲使劳资双方，得一准绳，共谋福利也，然我国工业尚在极幼稚时代，欲期事事合法合理，追踪欧美，亦犹孩提之童，开始学步，而骤欲令其奔驰于寻丈之间，未有不踣仆者也。爰贡一得之愚，聊备采择，付诸公决，如果认为不违情理，敬祈呈请实业部转呈立法院，赐予酌量通融。

(原文)工厂法第七条，关于童工女工不得从事之工作，共分七款。鄙见其中有童工女工，绝对不能从事工作者，有不得不变通者，似宜请求政府附加条文：关于特殊情形工厂，经备具理由书声请主管官署核准备案者，不在此限。

（理由）倘依原文第七条第一款之规定，则火柴厂完全不能雇用童工女工，即原雇者亦将全部失业，惟女工心细，担任轻便工作，亦未始不可，不幸事件，系偶然发生，并不在于男女之分别，在乎管理得宜，支配合法，故宜稍有变通。

（原文）工厂法第十三条，女工不得在午后十时至翌晨六时之时间内工作。鄙见拟请政府附加条文（如上条所述）。

（理由）如工厂有时，因特殊情形，必须延长工作时间，或开夜工，受此拘束，窒碍殊多。又如纱布等厂，多日夜轮班工作，若此法实行，夜班工人即受失业之痛苦，工厂之预算，其出货均以双倍计算，因此亦将减少，增重成本，发生困难也。

（原文）工厂法第十五、十六、十七、十八条，如七日中应有一日之休息，政府法令规定，应放假之纪念日，均应休息，工人在厂继续工作满一定时间者，每年七日，三年以上未满五年者，每年十日，五年以上未满十年者，每年十四日；十年以上者，休假期每年加给一日，但不得超过三十日。如工人不愿特别休假者，应加给该假期内之工资。鄙见请求政府附加条文：以上四条以长工为限，短工临时等得由各工厂另行规定，呈请主管官署公布施行之。有特殊情形之工厂，经备具理由书，呈请主管官署核准备案者，不在此限。

（理由）工厂法第十五至十八条四条系指长工而设，虽无明文规定，实施方面，最感困难，如蛋厂来货旺时，赶做尚忧不及，缺货时停工无限，因来源出自内地，火车轮船，无七日一休息及法定纪念之规例。倘遇天时闷热，或霉雨连绵，星期或纪念日，鲜蛋到埠不提，亦不工作，坐使其变坏，营业前途，将不堪设想，宜予以通融。

（原文）第三十六条工厂对于童工学徒，应使补充教育，并担负其费用，每星期至少须有十小时，对其他失学工人，亦当酌量补助其教育，教育时间，须在工作时间以外。鄙见请求政府附加条文：以长工为限，按照原文于可能范围内酌量行之。

（理由）短工、临时工等，每兼数厂工作，本月在甲厂，下月即在乙厂，今日在丙厂，明日在丁厂，似不便施行。

（原文）第三十七条女工分娩后，应停止工作八星期，工资照给。鄙见请求政府：以女工在厂继续工作一年以上者为限。

（理由）如依原文进厂数月，即获此项权利，似乎太不平均，应分别予以更正。

（原文）第四十条工厂每营业年度终了结算，如有盈余，除提股息公积金外，对于全年工作并无过失之工人，应给以奖金，或分配盈余。鄙见请求政府附加条文：以长工为限，短工临时工等，由工厂另行规定，呈请主管官署核准公布施行之。

（理由）倘照原文不分长短临时工等性质，一律办理，不特难于计算，且多纠纷，不得不有此规定。

（原文）第四十七条工人婚丧大故，急需用款时，得向工厂请求预支一个月以内之工资，或发还储金之全部。鄙见请求政府附加条文：以长工为限。

（理由）短工、临时工等，原无工资之存储，预支殊属不便，倘同此规定，将不堪纠纷矣。

（原文）第五十条工厂会议之职务，如研究效率，增进改善关系，调解纠纷，协助工作契约，及厂规之实行，协商延长工作时间之办法，改进安全与卫生之设备，建议工厂或工厂之改良，筹划工人福利事项七款。鄙见请求政府修改本条规定，筹划工人福利事项一则，改为：筹划工厂及工人之双方福利为原则。

（理由）因工厂会议，原属双方组织，谋双方之利益，查第七款所指系专就工人单独方面而言，并未顾及工厂，若不予以修正，恐多争执，是宜兼筹并顾。

（原文）工厂法施行条例第十七条，工厂平时雇用工人，在三百人以上者，应于厂内设置药室，储备救急药品，并延医生每日到厂担任工厂医药及卫生事宜。鄙见请求政府附加条文：工厂于可能范围内酌量行之。

（《国货新声》第 34 期，1931 年）

2. 各国蛋业之调查

郑源兴　张元龙

三年以来各国蛋类贸易情形多有更张，其影响于吾国蛋业之出口者自非浅鲜，爰将调查所得分述如次，以供留心斯业者之参研。

英国：英国为蛋及蛋制品之最大市场，据去年六月统计，英国本国鸡蛋自一九三零年至一九三二年之增加率甚速，约增百分之一九·二，即英国蛋产较前增六万万只。

英国在一九三二年份之进口蛋量较前二年大为减少，可于下列统计中见之。

年份	进口蛋数	价值
1930	3,200,000,000 只	16,400,000 镑
1931	3,100,000,000 只	13,800,000 镑
1932	2,400,000,000 只	9,000,000 镑

在下列统计表中中国蛋占有量如下表

年份	中国进口蛋数	价值
1930	205,000,000 只	870,000 镑
1931	180,000,000 只	650,000 镑
1932	95,000,000 只	350,000 镑

英国在一九三二年外国蛋进口如是之减少，其最大原因，因英政府加重异国蛋之纳税，同时英国本国因政府与帝国工商部（Empire Marketing Board）之鼓励，而致生产增加，是亦与外国蛋进口以一大打击焉。

中英将来在鲜蛋上之贸易若何？此固甚难预料，然关税问题，苟能在世界经济会议中满意解决，则中英鲜蛋贸易，仍能保持原状。

近来英国外国蛋进口，虽大为减少，而同时属地蛋之进口反见增加，可于末附英国贸易局统计中见之。

英国贸易局统计表（鲜蛋入口）

	入口（每一百二十只为单位）			价值（金镑）		
	1932 年	1931 年	1930 年	1932 年	1931 年	1930 年
俄	84,930	257,164	84,842	22,853	80,916	31,191
瑞典	347,733	325,041	458,160	163,447	174,722	299,208
丹麦	6,153,969	7,040,325	6,066,265	2,835,534	4,008,214	4,123,127

续　表

	入口(每一百二十只为单位)			价值(金镑)		
	1932 年	1931 年	1930 年	1932 年	1931 年	1930 年
波兰(旦泽在内)	1,831,405	2,524,989	3,527,204	607,810	946,048	1,533,837
荷兰	1,378,971	3,622,543	3,390,100	637,847	2,102,535	2,379,103
比利时	1,566,376	1,906,535	2,136,633	727,587	1,040,629	1,387,885
法国	18,653	94,196	654,122	9,698	50,514	386,838
埃及	177,472	189,707	399,324	53,931	61,455	135,099
中国	623,368	1,297,920	1,465,245	239,082	558,935	760,739
爱尔兰自由邦	3,896,417	4,483,608	4,634,551	1,676,870	2,199,351	2,588,407
英属南非	419,784	450,480	328,955	276,827	314,093	273,949
澳大利亚	1,087,945	536,925	348,065	652,021	327,382	271,330
他国	1,055,725	1,167,490	842,607	438,999	557,356	493,454
总计	18,642,748	23,896,883	24,296,067	8,338,506	2,422,150	14,664,167

德国:德国在一九三二年前亦为一大鲜蛋市场,迨一九三二年之新税则施行后外国鲜蛋排除殆尽,高税则外复有通货限制(Currency Quota)。是项通货限制,极自然地限制德国进口商业。

高税则与通货限制之活动,可谓非常收效。

法国:法国为鲜蛋自给之国;复有生产剩余,是项生产剩余销售与英德二国。

法国在最近三年中销售与英国者如下表:

1930 年	79,000,000 只	值 390,000 镑
1931 年	2,500,000 只	值 52,500 镑
1932 年	2,500,000 只	值 10,000 镑

瑞典、丹麦、荷兰、比利时以上四国为鲜蛋之大量生产者,彼等大部分生产运销与英德二国。英德二国,虽重税外国蛋,然四国贸易未受甚多影响,因彼等政府予蛋业经济上以极大补助,并近来复有与英国修订新商约。

在近三年中,英国由以上四国进口鲜蛋,其数额与价值,见下统计:

	数额(单位以百万计)			价值(单位以一千镑计)		
	1930年	1931年	1932年	1930年	1931年	1932年
瑞典	60	40	40	330	185	170
丹麦	800	900	700	4,780	4,400	2,900
荷兰	440	460	170	2,630	2,270	650
比利时	280	250	180	1,550	1,150	750

俄国：俄国在欧战前出口大量鲜蛋，其大部分销英。

欧战时与战后直至一九三零年，俄国鲜蛋可谓无出口。俄国鲜蛋之销英，见下统计：

1930年	10,000,000只	值32,000镑
1931年	31,000,000只	值84,000镑
1932年	10,000,000只	值23,000镑

米格氏(J. C. Pincus)在美国蛋及养鸡领志中(United 杂 States Egg & Poultry Magazines)着有一文，名苏维埃养鸡计划(Soviet Poultry Husbandry Program)，甚有兴味，令摘录数段如下：

苏俄养鸡五年计划之大要：

现一九三一年，苏俄成立二十五所新纯种鸡场，与旧有五鸡场并计之，共有三十所。应有二百处孵卵所，每处孵卵所须有容量自1,700至100,000只蛋，其中百分之八十二为集团农场。在三四年中，俄国可有550所鸡场，其中365所在集团农场，内30为其他合作鸡场，55为国家经营，同时可有1,500孵卵所，其容量为2,000只者、4,000只者，并600只者。规定5,200,000卢布，为购办一切器械之用。此外苏俄农业部复拨八百万卢布，为造屋、宣传等之用。

俄国提倡畜养高生产率之纯种鸡，亦曾计及。拟散发650,000(标准)纯种鸡及纯种鸡蛋二百万个。预料在一九三三年，苏俄之纯种鸡约可占有全国鸡数中之百分之五，并希望百分之二十五可配与纯种公鸡，同时能有百分之三十为改良或复良种，即四千五百万只。

拟新造307所蛋储藏所，并改良原有260旧蛋储藏所，合计之共有567所。

为肥鸡用拟造新屋227所，并改良150所旧屋，可共有377所。除贸易局管辖下之冷藏外，拟新造冷藏79所，专供蛋业用。

拟造碎蛋厂为装罐及干蛋之用，并造五厂专供干蛋用。

是五年计划苟能成功，则在第五年年底，苏俄可有22,400万只鸡，内中四成属于合作社，每年可出蛋13,600,000,000只；内中百分之八属于国家农场，百分之二十七属于集团农场。是项出产，不仅足够国内需要，且有大量剩余，为出口推销。

大多数苏俄官吏，料生产可超过预定计划，且彼等预料大多数农业生产，均可超过预定计划也。

五年计划苟成功，则俄国可产蛋一百三十六万万个，若定俄国人口为一万万，并每人每年食蛋一百个，则俄国可有生产剩余三十六万只出口。俄国蛋与中国蛋属于同一等级，若五年计划一旦成功，则中国不免受影响焉。

波兰：波兰为大量蛋产出口之国，波俄二国，为我国在英德二国市场中之劲敌。

波兰在最近三年中销售与英国之数量计约如下：

1930年	43,000万	值160万镑
1931年	32,000万	值102万镑
1932年	23,000万	值65万镑

埃及：埃及亦为我国蛋销之大敌，然较俄波二国为贵。

最近三年内销售与英国之数额如下：

1930年	5,400万	值17万镑
1931年	2,650万	值72,000镑
1932年	2,200万	值6万镑

澳大利亚：英国澳蛋进口逐渐增加，因彼等无须纳税也，与我国蛋类竞争甚力。

近三年中澳蛋入口数额如下：

1930 年	6,500 万	值 42 万镑
1931 年	11,000 万	值 57 万镑
1932 年	18,000 万	值 90 万镑

南非洲：英国对南非蛋进口亦无税。

近三年中南非洲蛋入口之数额如下：

1930 年	600 万	值 40 万镑
1931 年	700 万	值 42 万镑
1932 年	525 万	值 30 万镑

爱尔兰（自由邦）：爱尔兰蛋出口之对象为英，近年二国政治上虽不十分融洽，出口因受影响，然爱尔兰仍有大量蛋产输英，不为关税所困。

在最近三年中自由邦之出口蛋额如下：

1930 年	58,000 万	值 27 万万镑
1931 年	55,000 万	值 22 万 7 千万镑
1932 年	48,000 万	值 17 万万镑

美国：美国为蛋量最大出产国，然所产只抵销费，无生产剩余。

数年前中国亦曾售蛋与美，迨后因关税太高，渐至绝迹。

美国对于养鸡、蛋业，甚为研究。利用科学方法，选取最优良鸡种，构造卫生鸡屋。

蛋之出卖为合作社所经营，合作社之最大者为太平洋产蛋合作社。此合作社经营加利福尼亚、俄勒冈、华盛顿三州蛋之买卖。

美蛋出口，前二年已大衰，几等于零。

最近三年内美国出口蛋数量如下：

1930 年	22,300 万只
1931 年	9,200 万只
1932 年	2,700 万只

日本：近年日本得政府奖励养鸡之结果，鸡卵生产量大增，输入激增。兹将其最近五年间，输出入数量与价额列表明之。

	输入		输出		输(出)入超过	
	数量	价额	数量	价额	数量	价额
	千斤	千圆	斤	千元	千斤	千圆
1928年	18,302	6,939	30	1	18,298	6,957
1929年	11,423	3,983	10	5	11,413	3,977
1930年	9,261	2,817	79	28	9,181	2,788
1931年	13,768	2,959	545	117	13,222	2,842
1932年	2,183	43	1,036	273(出)	853(出)	203

又一九三二年日本鸡卵输出如下表（平均价格一斤二十六钱）

	数量（斤）	价格（圆）
中国东三省	338,965	90,936
中国其他地区	4,800	1,219
“南满”	9,381	2,202
露领亚细亚	25,651	7,422
菲律宾	482,611	118,624
兰领印度	219	50
佛领印度	219	50
海峡殖民地	3,922	1,042
布哇	23,648	7,095
濠洲	15,938	5,925
英国	110,310	34,392
共计	1,036,111	273,544

菲律宾：菲律宾于一九二九年及一九三零年进口鸡鸭蛋数目及价值再表如下：

一九二九年		
中国	鸡鸭蛋 7,218,770 打	约值菲洋 2,505,759 元
美国	鸡蛋 7,996 打	约值菲洋 7,014 元
印度	鸡蛋 10,156 打	约值菲洋 1,239 元
加拿大	鸡蛋 21 打	约值菲洋 80 元
日本	鸡蛋 33 打	约值菲洋 80 元
一九三〇年		
中国	鸡鸭蛋 6,942,685 打	约值菲洋 1,983,134 元
印度	鸡蛋 7,966 打	约值菲洋 6,653 元
美国	鸡蛋 6,691 打	约值菲洋 5,502 元
日本	鸡蛋 510 打	约值菲洋 194 元

中国：左自江海关监督报告书中摘录，论及中国蛋出口之复兴。

三十年前在一九零二年，中国蛋及蛋产品之出口估价为一百四十万海关两，此后，蛋业逐日兴盛，十年后，估价为四百四十万海关两，又十年后，其估价升至三千万两；至一九二九年，值价五千一百七十万海关两。此后因国际市场不景气之故，今年(民国二十一年)只卖二千八百四十万两，较一九二二年为低。然出口虽减，仍占出口中之第三位，中国为农业国，蛋业为一重大且广遍之商业，在可能范围内，应予以鼓励。今年蛋之生产复盛，因一九三一年大水，大受影响，然蛋业尚有其他困难甚多。其小困难，即在一·二八沪战时，输蛋不能至沪，又内地金融转移甚难，春天时，火车载货，不易多得，船载则复须付水脚税。其最大困难为国外市场，需要减少，外国人民节俭费用，本国货跌价，盛行高税，则限制外货入口。美、德、法、意均增蛋类入口税率，英国亦有新税，英国为华蛋之最大购买者，自中国出口之二千八百四十万海关两中，英国购买一千五百八十万海关两，即百分之五十六，欲知各国购买华蛋额，可自下表见之：

国家/地区	1931 年(海关两)	1932 年
比利时	774,427	934,575
法国	2,215,064	1,513,188

续　表

国家/地区	1931 年(海关两)	1932 年
德国	3,036,491	3,482,083
英国	19,846,582	15,775,461
中国香港	1,699,476	1,622,170
日本	2,897,361	258,000
荷兰	1,975,334	1,092,310
菲律宾	1,051,421	589,895
美国	3,273,662	2,346,330
他国	987,726	28,408,915

英国蛋价较一九三一年为低,其理由有二:(一)英人近来节省费用。(二)国产蛋大增,英国于一九三二年产蛋能超过一九三零年六万万只。英国人民所用之鲜蛋购自丹麦、爱尔兰自由邦、波兰、比利时、澳大利亚、荷兰、中国等国,蛋制品,中国销英者;一九三一年占百分之九十九点二;在一九三二年占百分之九十六点二。英国在一九三二年买进二十四万万只鲜蛋,约 92,701,920 只蛋制品。在英国本国蛋产增加,属地与外国货极力竞争之时,中国欲在此最大市场保持第一位,须留意生产成本,并使价格特别低廉。

中国在一九三零至一九三二间之出口鲜蛋及蛋制品数量如下:

名称	1930 年	1931 年	1932 年
干蛋白	56,886 担	47,506 担	43,142 担
冻蛋白	74,912 担	77,323 担	60,342 担
干蛋黄	69,922 担	56,389 担	39,648 担
湿冻蛋黄	194,266 担	173,719 担	153,247 担
干蛋品	17,365 担	10,272 担	10,313 担
湿冻蛋品	736,430 担	629,337 担	588,514 担
鲜蛋	602,311 担	594,391 担	341,797 担
皮蛋腌蛋	14,008 担	16,935 担	14,090 担

(《国际贸易导报》第 5 卷第 9 号,1933 年 9 月)

3. 吾国蛋业兴替之主因与今后发展之办法

郑源兴

吾国蛋类对外贸易，在逊清末叶，已经逐渐推销，初只鲜蛋、皮蛋、咸蛋三种，此后渐有蛋黄白、干货输出，逐年数额虽增，尚无显著之进步。迨欧战爆发，各国需要食品倍殷，而原有生产能力，泰半消耗于战事，如丹麦、波兰、埃及及俄国等，其于鸡蛋之需要，均仰给于我国。我国遂乘此机会，一跃而为世界主要鲜蛋及蛋品供给国家，亦即我国蛋类出口增加之主要原因也。

迨乎欧战告终，各国逐渐回复其生产力，且原有产蛋国，政府多奖励养鸡，因此蛋产大增。各国政府，为保护其本国土产推销起见，乃增加进口蛋税，外洋蛋商复竭力竞销，致吾国蛋及蛋产品，输出数量，乃见大减。而本国政府，非特不能仿照各国免除出口蛋税，以维持其生路，反于二十年六月一日起，大增出口税，较原税率增加三四倍之多。又如主要产蛋地之皖省，厘金死而复活，各方压迫敲剥，蛋业竟一落千丈。预计本年（民国二十二年）输出额，不足民国十八年销数之半，开十余年来未有之新低价，而价格步低，销路愈滞。此即吾国蛋类出口衰落之主要原因也。

今后欲谋蛋业之发展，必先祛除当前窒碍。查各国出口商品，政府无不免税奖励，保护备至。日本政府对鲜蛋输出，除免税外，且贴补运费之半，以激励推销。故日本原为鲜蛋及蛋品之输入国，兹已一变而为输出国矣。我国政府则不然。即蛋税一项，非特不能减免，反而提高，在此蛋类出口衰落之时，政府此举，无异致蛋业之死命。又如安徽、山东等处，类似厘金之捐税，尚未完全撤除，而山东益都、博山两县，甚有假借牙行名义，仿照厘金办法，拦路强征，以摧残蛋业者。故为蛋业前途计而深望政府者：（一）免除出口蛋税，以减轻成本，利于推销。（二）严厉制止各地类似厘金之复活，并设法保护以解除纠纷，利于货运。（三）迅速订定同业必须加入同业公会之法律条文，俾现有之同业，得全体切实合作，增加对外力量。（四）为奖励出口蛋商，计在相当时期内，似应准许现有之出口蛋商，专利营业，庶于蛋业衰落之时，不因同业之越轨行动而同归于尽。至于同业方面，苟能全体加入同业公会为会员，切实合作，自于进货销货及其他关于业务上之改良与发展，均能顺利进行，并得相当之保障，进而共谋成本之减轻，货质之提高。对外宣传吾国蛋及蛋产品之优点，以纠正外洋顾客之观念，对内宣传蛋业与农民关系之密切，使乡民咸知养鸡之重要与有利，同时保护蛋贩之利益，使彼等于工农之暇，得贩蛋以谋生，则风雨飘摇中之蛋业，再求发展，庶有望耳。

更望世界需蛋各国，自动减低其蛋及蛋品进口税，使物价提高，货物流通，则中国蛋类输出之增加，于焉卜之，否则关税壁垒依然，我国受害最烈。政府似应仿照各国用关税报复手段，查某国对我货进口轻征者，亦轻征之，重征者，亦重征之，于相互利益之下，以保护本国土产之出口焉。

（《国际贸易导报》第5卷第9号，1933年9月）

4. 中国蛋业史略

郑源兴

吾国蛋业已有数十年之历史。逊清末叶，营业式微，光宣之际，始渐出口，初只少数之鲜、皮、咸蛋三种，而无其他制品，此后逐年推广发展，大概兴于民初，盛于欧战以后，民十八十九两年，为全盛时代。同时遭逢全世界生产过剩，物价大跌，国内又增加出口关税，皖省类似厘金未除，以及种种原因，顿呈不振。兹特分述之如次：

一、蛋之略历及其功用

中国自伏羲氏教民畜牧，养牺牲以充庖厨，其后始有豢及鸡鸭类者，名曰家禽，其卵曰蛋，可充食品，可佐烹饪。考蛋类之中，以鸡卵最富蛋白质，大抵系碳、氧、氢、氮、硫质所构成，足为滋养之品，中国数千年来，只知鸡卵可作食品，而不知其有种种功用。自欧美文化东渐，科学知识，日益昌明，于是效法欧美，分其质为蛋黄、蛋白，加人工以制造之，其经人工所制之蛋品，有干全蛋、干全蛋粉、干全蛋片、飞全蛋、飞蛋黄、飞蛋白粉、干蛋白、咸蛋黄、淡蛋黄、冻蛋等数种。咸蛋黄以化学品所制成者，又分两种，一用硼酸制成，一用安息酸钠所制成。淡蛋黄亦用硼酸制之，不过去其盐质耳。以上各种蛋制品，大抵无盐者多充食品，有盐者多为工艺上之料品。近年来对于用化学品所制成者，一概作为工用，不充食品，至蛋白则多数充作食用，少数充作工用。近二三十年间中国蛋产品，营销于国外者，数量亦属不少，近因种种关系，未能发展。

二、中国之鲜蛋出口贸易

中国鲜蛋出口，在一九一一年以前，专销于日本，其后渐销于英、美及海参崴与南洋群岛等处。

当一九一二年，鲜蛋之销于美国者，数量骤增，超过英日之上，盖彼时美无进口税，故去货成本较轻，销数较巨。至一九二一年，美国始税进口之蛋，每打计金洋三分，越年，又加为六分，税率既重，货价遂高，自不能与其本国货相竞争，从此中国鲜蛋，不能营销于美矣。

鲜蛋之销于海参崴者，大约在一九一一年至二十年间，后因受卢卜票之影响，销路遂告断绝。

英国之有中蛋输入，亦在一九一一年之后，其逐年销数，有时忽增，有时忽减，初无一定之标准。现查蛋业统计，所列出口鲜蛋，输于英国者，似觉有增无减，然此实系货价提高之关系，并非实际上大加其数量，即使稍有起色，其为数亦属有限，试比较其国产之销路，固大相径庭也。考其所以不能推广销场者，其原因有二：（一）中国产蛋之区，多在穷乡僻壤，收罗既属不便，而从前关卡林立，处处须加查验，实属多费时间，大有碍于实业之发展。盖是项鲜蛋，均须收自内地，交通不便，运输迟缓，且每过一卡，又须静候验讫，方可开行。蛋为鲜货，受日光之晒炙，或因气候之变化，耽误时间，最易损腐，故老于运蛋者，每在夜间，以避日光，惟关吏对此鲜货，又未能体恤商情，其在夜间，不肯查验放行，固无论矣，即在日中，尚且有留难等情，一关如此，他卡复然，及货运到，损坏之数已占过半矣。挑选其新鲜完好者，则十无四五，有此原因，以致成本较昂，收罗为难。自裁厘后，上项困难，似已解除，而各地市侩，勾串土劣，剥削摧残，层出不穷，此种障碍未去，即蛋业之桎梏未除，业务不能发展。（二）受国外抵制，以致中蛋未能畅销。盖英人见中蛋纷纷输入，恐利源外溢，影响国内之经济，于是要求政府提倡国货，一方鼓励养鸡，一方劝用国产，并作种种宣传，以相抵制。谓中国养鸡，既不考究卫生，而所出之蛋，极其龌龊，发为论调，刊登报端，一倡百和，咸将视中国鲜蛋为低劣之品矣。又对于中蛋之输入，必盖以（Foreign）字样，以表明其为他国货，对于其本产之蛋，则盖以产生处之地名，俾其国人易于识别，一望而知为本产与外产之分，是以中蛋之价值，必须低于其国产，而货质实系高尚者，方有销路，否则无人顾问矣。

至销于日本者，近年以来，亦已绝迹。（一）因日本近年逐加其进口蛋税，每箱蛋三百只须纳日银一元五角，近又增至二元一角。（二）日本政府洞悉蛋为食品与工用之要质，于是购种于美，竭力奖励其养鸡者，凡养鸡之资本，可由政府借给，如将来确为养鸡所亏蚀者，并由政府为其清理之。（三）日本自鼓励养鸡后，其所出蛋额，逐渐加增。一九二八年上海之三并洋行，有蛋样百余箱，曾向中国蛋厂抖售。可见其国内产额益富，自给有余，更可供给他国，无怪乎中蛋之销路，日就退步。

至南洋群岛之销路，其在一九二零年以前，香港稍销中蛋，一九二零年后，渐销于南洋群岛及小吕宋等处。惟是项去货，多系爱国之华侨所购买者，故其销数亦属微细。

此中国鲜蛋出口销于国外之逐年情形也。

三、人工蛋制品之名目及中国仿造之起源

蛋类营销于国外者，除如上所述之鲜蛋外，尚有加人工所制造者，曰干全蛋，曰干全蛋粉，曰干全蛋片，曰飞全蛋，曰飞蛋黄，曰飞蛋白粉，曰干蛋白，曰咸蛋黄，曰淡蛋黄，曰冻蛋。一九零一年，我国内地始有土法蛋厂，仿效德人所发明者，制造蛋黄蛋白，销售于欧美。一九一一年至二零年间，因欧战关系，各国所需要之蛋品，咸仰给于中国，于是中国蛋业，顿形发达。查一九一一年以前，内地蛋厂，不及三十家，至一九一七年，蛋厂林立，多至百余家，彼时出产既丰，销路又广，可称中国蛋业之发展时代。至冻蛋之法，发明于美，为最完备最精良之制成，用冷气以冻之，可保藏久而不坏，又名曰冰蛋。一九一一年，汉口和记蛋厂，始仿造之，一九一二年，和记又在南京设立分厂，及一九一四年后，上海之班达、海宁、茂昌各厂，均先后效法制造，迄今各蛋品之销路，以冻蛋为最。

四、中国蛋制品之国外市场

（甲）干黄、飞黄、蛋片及无铅质能打之蛋白，营销于美国，自美国进口税提高为每磅一角八分后，销数已减至十分之七八，嗣又减至十分之二三，而近年来美人振兴其国产，对于中国蛋品，种种苛求阻压，虽中国蛋品逐渐改良，无瑕疵可指，旋美国之蛋商，又提议中蛋加税为三角六分，卒加为二角七分，中国蛋品之输美，遂每况愈下矣。

（乙）蛋黄向营销于欧洲诸国，当一九一七年，欧人用其竞争商业之手段，谋抵制外货之输入，取缔业内用硼酸粉，谓此粉有碍卫生，求其政府出禁令，限制用此，其前所制蛋黄和以硼酸粉百分之二者，特减为百分之一五，盖制造蛋黄须和以此粉，以防臭腐，少和之，即失其效力。中商不察盲从，以致货遭损坏，虽其间亦有因选料精良，制造合法，少和硼酸亦属不妨者，然究竟因此而遭臭腐者为多，损失不少。一九二四年，又下令完全禁绝硼酸所制之蛋黄，彼时虽有禁令，尚可稍为通融，及至一九二六年，始完全禁绝之。中商经此磨折，又设法以期挽救，乃效英人所发明者，改造蜜黄，始准进口，但与前之水黄相比较，其销数不及十分之三四矣。近来虽仍有用硼酸所制之蛋黄运输国外，系用碱质硼酸粉所制成，为工艺上用料，并非充作食品也。

（丙）飞黄营销于美，现在销数大约尚有十分之一二。飞白前虽略有销处，然如昙花一现，久已绝迹矣。

（丁）干全蛋、干全蛋片、干蛋白三种，以干蛋白销路较广，惟因各国就地鲜蛋产额亦多，价格亦廉，故中货未能畅销，如中货价能较廉，货能较高，则尚可销行，至干全蛋亦如飞白一度销行，今略有营销者，仅全蛋片而已。

（戊）冻蛋又名冰蛋，系美国所发明，一九零六年，中国始自制冻蛋，于国外，其销路以英国为多。是项制法，确系精良，既无杂质之掺和，又能经久不变，故为用者所欢迎。彼外商亦无瑕疵之可寻，当然不能作无理之反对，然则冻蛋之销路以恒情而论，当可大为发达，今未能大增其销数者，亦有种种原因：国内增加出口税甚巨，蛋商成本过高，不易推销，一也。装运出口须仰赖外轮，水脚奇昂，二也。各国蛋产逐渐增加，或竟自用有余，不需要外货，三也。各国就地既均有蛋产，运输既便，质又新鲜，当然为其国人所欢迎，又一般外商，近来皆注意于其国产，政府复能扶助奖励，人民注意养鸡，政府为之保障，增加关税壁垒，中国蛋商何能与之争衡哉？

五、中国蛋产品失败之原因

（甲）受保货赔款之影响。当欧战时，各国致其全力于军事，无暇兼顾实业，其所需要之蛋品，均仰给于中国，故彼时中国蛋业，极为发达。及欧战告终，各国始注意国产蛋品，设法提倡以图摈绝外货，以挽利权，于是中蛋之销路，即有呆滞之象。而一般定货之外商，刁诈异常，见其国产丰足，对于所定之蛋品，吹毛求疵，纷纷藉端退货，盖以中商定出蛋品，售与外商，向有担保其货四个月不致腐坏之旧例；如所保期内，货有损坏者，则剔而退之。出定者，应即赔还其损失，名曰保货赔款矣。至其货物装运到境，是否期内损坏，向凭外商片面之论据，以作证明，并无双方可以对证之确据。故奸诈外商得以上下其手，见其定货便宜而质又高尚者，即收之而无异言，万一货稍参差，价又不廉（即定货吃亏者），即多方设法，藉端以退，此中损失甚巨，华商已久受其痛苦矣。又因先令之影响，当赔款时，往往复受汇兑意外之损失，痛苦更难胜言。例如定货之时，金价贱而银价贵，八九先令，始可合银一两，及退货之时，则反之，市面为金贵银贱，四五先令即可合银一两，倘一批定货，须退半数，照此先令合算，则须返还其定货时所付之全价，而送去其半数之蛋品矣。虽先令之涨跌，故听之于大市，然定货之外商，得以看先令之涨跌，以作收货退货之伸缩，商战失败，莫此为甚。故自欧战告终后，中国蛋厂多以破产闻者，职是故也。嗣后华商已觉悟其失败之要点，公议一致要去取消保货赔款之旧例，外店方面已经承认，于销货方面，可以免除意外损失矣。

（乙）近年各国增加关税，亦为吾国蛋业不振之大原因，再分述之。

（一）关于美国者。查美国一九一三年税则，鲜蛋入口，完全免税，冰冻蛋每磅税美金二分，干蛋品每磅税美金六分，嗣后陆续增加，鲜蛋增至每打税美金乙角（约合值百征百以上），冰冻蛋增至每磅税美金一角一分（约合值百征百以上），干蛋品增至每磅税美金二角七分（约合值百征百以上），自增税以来，我国鲜蛋输美，已断绝十余年，最近冰蛋减十之九，干蛋减十之七八。

（二）关于日本者。日本最早对鲜蛋进口亦属免税，嗣后每箱鲜蛋（约三百只），征日金一元五角（约合从价百分之三十），华蛋输日，即陆续减少，迄已断绝三年余矣，近年来税率又增至二元一角。

（三）关于英国者。英国对鲜蛋及蛋品输入，需要甚殷，往者，上项物品进口，完全免税。去年澳大利亚及加拿大有鲜蛋及蛋品运英，兼之英国本地亦有少数出产，始征收他国鲜蛋及蛋品进口税百分之十，于是华蛋输英，亦受相当影响。

（四）关于德国者。德国去年增加关税奇重，如冰全蛋、冰蛋黄，每百启罗

(二百公斤)征六十五马克(约合从价百分之九十),冰蛋白每百启罗征五十马克(约合从价百分之八十),干蛋白每百启罗征七十五马克(约合从价百分之二十),水黄每百启罗征六十五马克(合值百征百),飞黄每百启罗征六十五马克(约合从价百分之五十),鲜蛋每百启罗原征五马克,现改征七十马克(合值百征百),华蛋对德贸易,因此大减特减。

(五) 关于法国者。我国鲜蛋对法贸易,因价格不合,并无运销,惟干蛋白、水黄等,原征百分之十五者,今改征百分之二十五。而冰冻蛋品,自一九三二年起,除自原税百分之二增至百分之四外,现又另加进口执照税,每百启罗四百法郎(约合从价百分之五十)。因此与输德蛋品,受同样之打击。

(六) 关于意大利者。意国于去年仿照各国同样加赠蛋品入口税,冰全蛋、冰蛋白,每百启罗征一百四十五利来意币(约合从价百分之四十),冰蛋黄、水蛋黄,每百启罗征三百利来(合值百征百)。其税率与德法同一苛重,华蛋输意,亦受相当影响。

(七) 关于菲律宾者。菲岛对鲜蛋进口,每百启罗原征菲金二元者。去年新税改征菲金十六元,增加七倍之多,实予吾国鲜蛋出口以一大打击。故今年输菲华蛋,已减少五成以上。

以上所列各国,除英国外,对吾鲜蛋及蛋品进口税无不异常苛重,致吾国方兴之蛋业,日趋衰落。

(丙) 不明供求大势并受汇兑上之损失。

中国商人一味贪做生意,既不能详细考察各处之销路,又不愿改良其旧习,只知外商销场颇大,应多备货物,广罗原料,以扩充其营业,不知欧战告终,各国均有出产,可以自给,彼不察大势,不谋出路,贸然多备货物,以致供过于求,货遭搁置,销路既钝,则多存货色者不得不设法抖售,或则大削其价,以期脱手,至将来保货赔款,亦无暇计及矣,或向洋行先做押款,托其寄售,而其结果,往往被先令之影响。又须大受意外之损失,例如做押款时金洋一百四十元,合银一百两,照此市价,受其押款十分之八,及至实在脱售时,则金贵银贱,金洋七十元,合银一百两,两相比较,相差已至半数之巨,则其所得之价,非特不敷抵还其前之押款,尚须大找特找,方可了此纠葛,岂仅完全送去其货物而已哉?此因中外商人金银本位不一，中商欲与外商贸易，自不能不就其范围耳。然中商诚能刻意经营，熟察大势，以定营业之方针，视销路如何以备货物之多寡，亦何至坐失机宜，常受制于外商乎？

（丁）受国内出口蛋税之增加也。查政府所颁新税则中税率，对蛋类增加甚巨，冰湿蛋品，竟加至三倍半之多，该税自二十年六月一日实行后，蛋类出口，自蒙重大影响，迭经上海蛋业公会请求免加，未蒙核准。兹将新旧税率，列表如下。

类别	旧税则	新税则	增加率
（甲）干蛋白干蛋黄黄白不分之干蛋	每担（附税）关银二两二钱五分	每担关银四两五钱	增加一倍
（乙）冰湿蛋白冰湿蛋黄黄白不分之冰湿蛋（蜜制蛋品在内）	每担（附税）关银三钱三分七五	每担关银一两五钱	增加三倍半
（丙）（鲜冻蛋在内）	每千只（正附税）关银四钱二分	从价百分之七点五	约增加二倍
（丁）皮蛋咸蛋	每千只（正附税）关银五钱二分五	每千只关银六千六分	增加百分之二十六

（戊）内地厘金复活，无端苛扰也。同业对请求免加出口蛋税，既已无望，尚冀内地厘金，能撤除净尽，则免除苛扰，利便运输，亦可差强人意。讵皖省厘金复活，初以厘金时代之蛋税，改为特种营业税，嗣又改为蛋业营业税。去年六月，经上海蛋业公会、蛋厂公会，竭力反对并发宣言，兹录之如下：

吾国蛋业，勃兴于欧战之际，阅十余年而至今日，各国蛋产迅增，海外华蛋地位，渐被摈夺，敝业挣扎图存，不自沮丧，方期更图奋发，角逐海外。乃为蛋产中心之皖省，违反国家政令，重征厘金，变本加厉。若不速谋制止，蛋业惨败，即在目前，国计民生，所关甚大，用将敝业受内外压迫情形，并盼政府如何救济之处，胪陈如下：

（一）曰皖省厘金复活，不胜苛扰也。政府鉴于厘金秕政，病商害民，乃排除万难，通令全国，毅然裁厘。讵意安徽省变相厘金，又告复活，李瑞云、李祥林、骆荣卿等蒙蔽财政厅，冒用蛋业全体名义，承包蛋税，横征暴敛，甚于厘金。财政厅只知有包额可收，至如何违法，能否照额收到，概置不问，而蛋税局所收税款，是否如数缴厅，亦属疑问。论其违法之点有四，查营业税法第九条规定，营业税应由纳税者向征收机关直接缴纳，不得由他人承揽包办。今李祥林、骆荣卿承揽包办安徽全省蛋税，违法一。又营业税法第四条规定课税标准三种：（甲）以营业总收入为标准，（乙）以营业资本额为标准，（丙）以营业纯收益额为标准，又安徽省营业税条例第七条规定，本省营业税分四月十月两期征收，而蛋税局全仿厘金办法，沿途设局，对货征收，明明货款，强名之曰流动资本，违法二。又财政部规定蛋厂制造业营业税，照资本额征收千分之五，只买不卖之蛋庄，无营业收入者免税。今蛋税局随意增订税率，每千鸡蛋，自征税三角增至三角七分半，近又增至五角，鸭蛋每千税六角，照目前当地蛋价计之，征税达千分之三十以上，超过皖省营业税条例规定税率，竟有十四倍之多，而蛋厂在收买鲜蛋时，被迫缴上项苛税之外，制造蛋品运输在途，仍须重征干蛋黄、水黄每桶二元五角，干蛋白每箱五元，如此重迭苛征，直置商民于死地，违法三。又安徽省营业税条例施行细则第十七条规定，各征收机关，应遵照营业税大纲第六条规定，按期将所征税款，印刷公告。该局所收税款，从未印刷公告，违法四。虽迭经敝会等呈请皖财厅制止，而该厅指为越境干涉，置之不理，嗣蒙财政部令饬纠正，该厅又置若罔闻。查敝会等会员，在皖或设蛋厂，制造蛋黄白，或设分庄，采办鲜蛋，运申制造，所有蛋品，均经上海出口。故皖省蛋产，什九为敝会会员等所收买，是则皖省蛋税，什九为敝会会员等所缴纳。财政厅以地界观念，误认李骆等可以代表全皖蛋商，而对吾正式纳税蛋商，反欲钳其口，结其舌，使无置喙余地，岂得事理之平。同业中自出口蛋税增加以来，已觉不胜负担，何堪再受非法苛捐，且该局自由增税，使营业无从预算，盈亏毫无把握，此苛税横征，足以摇动蛋业根本，能不寒心。

（二）曰国外竞争，备受压迫也。敝业经营出口，与各国蛋商角逐海外者，垂十余年，近因各国蛋产增多，竞争愈烈。彼藉政府保护，豁免出口蛋税，以奖励勉其输出，复加进口蛋税，以阻吾收入。美国一再加税后，吾国蛋品输美，已完全断绝。英国需蛋，向不征税，今为奖勉其属地澳大利亚等处蛋产输入计，乃免其进口税，而对其他蛋品进口一律征税。他如苏俄、波兰、丹麦、荷兰等国，蛋产莫不过剩，政府既不征出口税，复保护其在国际市场，立足稳固。昔者日本蛋品，仰给吾国，不数年间，一变而为输出，今在国际市场竞争地得一席地，恃其政府财力，贬价推销，与吾孤立无援之同业较，相去何啻天壤？今年吾国蛋品输出，较去年约减三成以上，现查全国所有蛋厂，无论土法、老法、新法、特法，均在陆续停厂或减少工作之中，大有江河日下不可收拾之势。

（三）曰丝茶前车可鉴，应请政府从速救济也。欲维持垂败之蛋业，一方固须努力改良制造，节省消费，一方有待乎政府之救济。希望政府，立即通令各省军警，对于蛋品过境，及内地蛋厂蛋税，切实保护以利运输，以安营业，严禁苛捐杂税剥削蛋商，以轻成本；仿照各国成例，豁免出口蛋税，以资激励。惟关于出口税一项，或减或免，政府方面，或须加以考虑，而对于其他两项救济办法，不难立刻办到。最近财政部虽令饬皖财厅撤销蛋税局，而蛋税局依然存在，扣货勒征，实所不解，愈逼愈紧，不得不望财政部更用有效方法，切实制止，并严禁再有类此非法税局复活，以自维威信，则该局裁撤之后，同业等当照部定税率，依法纳税，即蛋庄虽蒙财部批准免税，为顾念地方收入计，亦可依照部定税率，与各业同样缴付，并望省政府通令布告，对各地税收机关，如有违法舞弊，浮收留难等情，及地方不法之徒，擅立各自，借此敛钱者，概准商民随时交付有司，按律治罪，勿稍宽假，则税款自可涓滴归公，商人纳税，亦可免被中饱，以期吏治清明，官商同趋法治，否则蛋业环境恶劣，竟随丝茶之后，一蹶不振，非仅蛋业自身之困危，即政府税收、农村经济，胥受莫大打击，而国内平添数十万失业职工，又将如何措置而今不图，噬脐何及。窃愿政府外察国际商战之酷烈，内维国家政令之尊严，惩处贪污，解救倒悬，若再因循优容，纵恶殃民，是置商民于绝地，亦自绝于商民，谨此宣言，诸维公鉴。

（《国际贸易导报》第 5 卷第 9 号，1933 年 9 月）

5. 一年来蛋业之回顾

郑源兴

一、引言

不景气笼罩着全世界，蛋业当然不能例外，翻阅近几年海关册，蛋类出口总值数字的逐步下降，是一个很明显的例证。本年各地水旱灾患，对于鲜蛋的产量，虽略受影响，但是，全年蛋类输出数量，反见增加。如冰湿蛋对英国、荷兰、意大利等国略有增进，其余均呈减缩。干蛋品对美输出，略有增加，其余亦呈减退。

鲜蛋及其他蛋品，运往新加坡等处者，略有增加，其他各地亦见减少。以全部计算，数量方面，固然略见增加，可惜海外市价，一再惨跌，输出总值，反较二十二年份减少六百余万元之巨。估计本年我国蛋类出口，全部损失当在一千万元以上，此种损失，不仅蛋业本身的打击，实在是农村经济的一大打击。本年我国鲜蛋的产量，并不增加，海外的销胃，亦极平淡，只因同业中添造新厂，增出制品，向外竞销，以致造成此种严重而恶劣的结果。同业既无利可图，政府当然减少税收，而受损失最重者，还在养鸡的农民。幸亏政府已于本年五月减税，又自平沪联输通车后，皖北、徐州、鲁豫各地的鲜蛋，从津浦南运，得到不少的便利。铁道部为奖励土货出口，令各路局将鲜蛋及蛋品运价，减等收费，农民和蛋商均得实惠。但是，此后市价如何平定，僵局如何打开，还在同业的觉悟，有诚意的合作，同时，希望政府设法保障，以冀桑榆之收。兹将本地蛋业大概情形追述一番，作过去的检讨。

二、本年产销状况

鲜蛋的来源，大都从江、浙、皖、赣、鄂、豫、鲁等省产地运到沪、汉、津、青等埠销售，或由当地销售食户，或由蛋厂装箱或制造后，转运出口。还有一部分，给产区的内地蛋厂改制干蛋品，运到国内各埠出口的。每年全国各地的产数，虽没有确切的统计，拿本年出口数量推算起来，估计出口数，及国内各地销售数，在二百万担以上(每担合一百市斤)。其中出口者约占八成，国内各地销售者，约占二成。本年夏季亢旱之后，内地农作物，受到很大的影响，鸡鸭食料，同时发生了问题，所以一到秋后，沿长江各地着名产蛋区，如芜湖、大通、安庆等处的鲜蛋来源，顿见稀少。所以本年春夏两季的产数和往年差不多，秋冬两季产量，要比往年减少三四成。幸本年鲜蛋外销，受各国限制后，已见清淡，对外抛货不多，否则不堪设想了。兹将本年我国蛋类外销情形分别统计，列表于后：

二十三年上海蛋类出品统计

鲜鸡蛋	91,424,877 个
鲜鸭蛋	18,327,892 个
皮蛋	3,905,526 个
咸蛋	6,100 个
冻蛋	18,325 个

续　表

湿蛋	591 个
湿蛋黄	1,376 个
蜜蛋	215 个

二十三年汉口蛋类出口统计

鲜蛋	3,284,000 个
冰全蛋	4,467 吨
冰蛋黄	341 吨
冰蛋白	499 吨
干全蛋	114 吨
干蛋黄	489 吨
干蛋白	685 吨
湿蛋黄	2,064 吨
湿蛋白	5 吨
蜜蛋黄	554 吨
蜜蛋白	6 吨
干飞蛋黄	128 吨
干蜜蛋黄	2 吨

二十三年天津蛋类出口统计

鲜蛋	92,418,95 吨
冰全蛋	5,304 吨
冰蛋黄	105 吨
冰蛋白	195 吨
干全蛋	28 吨
干蛋黄	1,648 吨
干蛋白	1,487 吨
湿蛋黄	1,897 吨
飞蛋黄	935 吨

二十三年青岛蛋类出口统计

鲜蛋	39,121,000 个
冰蛋	7,723 吨
干蛋	18 吨
湿蛋	15 吨

二十三年五月至十二月南京蛋类转由上海出口者统计如下

冰全蛋	1,082 吨
冰蛋白	15 吨

最近两年我国蛋类出口数量与总值之比较

年份	水湿蛋品	干蛋品	鲜皮咸蛋	总值
二十二年	41,269 吨	6,046 吨	354,662,000 吨	36,479,624 元
二十三年	43,138 吨	6,336 吨	319,545,000 吨	30,243,526 元

最近两年我国蛋类出口运销地点

二十二年

	比	丹	法	德	英	荷	美	义	日	其他	总数
干蛋(吨)	783	47	570	1,080	1,106	743	1,091				231
冰湿蛋(吨)	835		2,088	4,031	30,662	956	176	842	1,264	416	41,270

	德	英	日	中国香港	中国澳门	菲律宾	新加坡等处	其他	总数
鲜蛋(千个)	26,093	154,217	842	117,374	3,453	27,181	5,891	4,214	329,267
其他(国币)	76,725	481,684		238,169			86,205	83,139	965,886

二十三年

	比	丹	法	德	英	荷	美	义	日	其他	总数
干蛋(吨)	722	8	351	1,458	1,090	783	1,377			303	6,047
冰湿蛋(吨)	716		834	2,665	35,264	1,146	105	1,049	1,134	225	43,138

	德	英	日	中国香港	中国澳门	菲律宾	新加坡等处	关东租借地	其他	总值
鲜蛋(吨)	2,799	149,851	201	119,174	2,981	18,479	8,068	1,922	1,562	305,307
冰鸡蛋(吨)	91,141	218,585		193,742			96,256	18,301	133,209	751,434

最近五年我国蛋类出口总值的下降

年份	出口总值
十九年	关银 51,160,972 两合银币 79,710,940 元
二十年	关银 37,757,544 两合银币 58,827,838 元
二十一年	银币 44,301,413 元
二十二年	银币 36,479,624 元
二十三年	银币 30,243,526 元

三、跌价损失

今年内地鲜蛋市价，跌到无可再跌。往年内地鲜蛋价：春季自二十元左右至十七八元，夏季自十七八元至十五六元，秋冬两季自二十元至二十七八元左右。但是，今年内地蛋价，春季只十四五元，夏季十一二元，最低价只八九元，秋冬两季，自十五六元至二十一二元，统年平均计算，农民每担鲜蛋（一百市斤），至少较往年少售五六元。今年海外市价，如此惨跌，其原因，上面已经说过，本年国内鲜蛋产量，并不增多，海外销胃，也极平淡，只因同业中情形复杂，在世界不景气潮流，正在冲激振荡的时候，还有同业添造新厂，增加制品，向外竞销的把戏，国际市场中疑惑华蛋含有倾销性质，于是蛋价一再惨跌，同业都受了极大的影响，实在是一件很可痛心的事。

讲到损失，依据本年出口统计，冰湿蛋品四万三千一百三十八吨，每吨合鲜蛋二十六担，每担一百市斤，照农民每担少售五元计，即每吨冰湿蛋农民损失一百三十元，共计损失五百六十万元。干蛋品出口六千三百三十六吨，每吨合鲜蛋七十八担，每担农民损失三百九十元，共计损失二百四十七万元。鲜皮咸蛋出口三万一千九百五十四万五千个，每千个损失五元，共计损失一百六十万元。以上总共损失九百六十七万元。此仅指农民在市价跌落上之损失，如果再加政府税收上的损失，蛋商受跌价上的损失，估计本年全部损失，皆在一千万元以上。

四、英国限制鲜蛋进口

我国蛋类出口，向来以英国的销路为最大，德、美、法、意、南洋等次之。英国对各国蛋类的进口，向不征税，自一九三二年起，为奖励其本国及属地澳大利亚等鲜蛋输入起见，乃开始征收他国蛋类进口税百分之十，我国亦受到相当影响。不料一九三四年，英政府有限制他国鲜蛋进口的拟议，自一九三四年三月十五日起，至同年九月十四日止。试办六个月，后来展期到九月底，期内限制各国鲜蛋进口，须依照一九三三年间时期进口数量，不许超过。自十月一日起，减少和去年同时期进口总额百分之五，一九三五年春季，按照一九三四年春季减少百分之十。他们要拿本年和去年同时期进口的鲜蛋数量，每隔三个月做一期，定下一个标准，期前期后到货，不准扯算，如此我国的鲜蛋运英，受了极大的困难。因为中英远隔重洋，鲜蛋运送到英，事前要有准备，和经过许多的手续，三个月时间极短促，如何来得及？我们当然没有欧洲各国蛋货运往英国的便利，此种办法，明明要阻止我们鲜蛋的输入。甚望英政府改善待遇，以维持中英商务上的友好精神。

五、国内运输与捐税

运输方面，铁道部为奖励出口土货起见，于二十三年五月十一日起，将货物分等表内禽畜门第五类蛋，新鲜者改列四等，蛋黄干者、粉者，装箱改列三等，湿装桶者改列四等，蛋白干者、粉者，装箱改列三等，蛋装桶者改列四等。另加蛋粉一项，列为三等。运费减等收取，即减轻蛋商成本。又平沪联运通车后津浦车南下鲜蛋，减省时间与经济不少。以上办法，自然与蛋类外销上，绝对有利。

捐税方面，财政部于二十三年五月二十五日起减低出口蛋税如下：

干蛋黄、干蛋白、黄白不分之干蛋及冰湿蛋黄、冰湿蛋白、黄白不分之冰湿黄等，改按值百抽五从价征税。鲜蛋冰蛋，减按值百抽五从价征税。皮蛋、咸蛋减为每千只征国币乙元。自财政部减税后，蛋类输出，在数量上，比较涌旺向国际市场竞争，增加助力不少。又安徽蛋业营业税，自从二十一年九月，由同业认办后，续办至二十三年十月为止，均遵照安徽省财政厅营业税章程办理，同业中感到便利不少。本年十月后，由安徽财政厅将该税并归皖省各县地方税局接征，闻尚能遵章办理云。

（《国际贸易导报》第 7 卷第 2 期，1935 年 2 月）

6. 我国蛋业之前途

郑源兴

我国蛋业之历史，虽无丝茶之久远，但自欧战以来，蛋类外销，日新月盛，民国十七八年几与丝茶出口，并驾齐驱，在欧美市场，亦有相当地位。最近虽受世界不景气影响，售价跌落，而输出数量，尚未大减。现将我国蛋类外销情形及蛋业之地位，与将来之展望，分述如次：

我国蛋类外销，大概可分三种：一鲜蛋，二干湿蛋品，三冰冻蛋品。

鲜蛋

在一九一一年以前，我国鲜蛋，专销日本、海参崴、（中国）香港，后逐渐推销至南洋群岛及英美各国。销售日本及海参崴之鲜蛋，约自一九一一年起至一九一五年止，此五年之中，销额最大。日本方面自一九一五年至一九二零年销数尚大，后因日政府一方面奖励养鸡，积极增加国内蛋产，另方面加重华蛋进口税，使不能与日蛋竞争，自一九二零年以后，我鲜蛋输日逐年减少。一九二五年以后，销数极微。海参崴方面，自一九一五年后我蛋商受卢布票影响，鲜蛋贸易不得不停止。

鲜蛋之输往南洋群岛在一九二零年以前，类皆由香港转往，后则直接来华采办，数额殊为可观。自一九三二年菲政府增进鲜蛋进口税后，我鲜蛋运菲锐减；其税约每百公斤自菲币二元，加至十六元，较前增加达七倍。

一九一二年我鲜蛋之销售美国，为数颇大；因当时美国之对鲜蛋进口，不征进口税，故成本较轻而易于推销。至一九一七年美开始征收鲜蛋进口税，每打由二分，络续增之八分，一面更行各种抵制之法；如用华蛋店铺之橱窗内，标明用“中国鸡蛋”字样，使我国鲜蛋，渐为美国人士所摈弃，未及数年，遂告绝迹。

英国之销售华蛋，亦在一九一一年以后，历年之销数甚大，增减不一；前年加拿大、澳大利亚，皆有鲜蛋运英，英本国为属地关系，免税进口，同时对别国之鲜蛋征收百分之十进口税，并加以限制，凡鲜蛋进口数量不能超过一九三三年之记录；于是华蛋之输英，亦略受影响。

干湿蛋品

约在一九零五年为德商始创。我国此种蛋品，欧战时销售于欧美各国最盛。当时国内蛋商，见有机可乘，争先开办，内地蛋厂，制造干蛋品与土法湿蛋品。一九一七年全国蛋厂林立，自数十家增至百数十家，为内地蛋厂全盛时代。及至大战告终，各国提倡养鸡，注意生产，鲜蛋产量既增，又皆设法自制蛋品，增加关税，抵制外货，致我国干湿蛋品外销，年少一年。现因各国视此种蛋品为必需品，除自给外，尚有少量需向我国采购，约当我全盛时代十分之一二。

冰冻蛋品

为近代蛋品中制法之最精良者，在一九一一年，英美商人在我国最先创装。自一九一七年以后，我国干湿蛋品外销，逐渐减少，幸有冰冻蛋品继起代替。此种蛋品原销英、美、德、法、意等国，而以英国之销数为最大。在昔我冰蛋之销英，可以免税进口，自一九三二年起英国开征百之十进口税；我国冰蛋出口，虽略受影响，但英国所征税率，较诸他国尚属轻微。美国征收冰冻蛋品进口税，逐年增高，现合值百征百以上，其苛重无以复加。他如德、法、意等国，则征收百分之四五十至八九十不等。幸销数不大，影响较小。

兹将最近五年我国蛋类出口总值数字，列表如次，以兹参考：（单位：元）

年份	出口总值
十九年	79,710,940
二十年	58,827,838
二十一年	44,302,413
二十二年	36,479,624
二十三年	30,243,526

以上为我国历年鲜蛋和蛋制品外销情形，至于我蛋业现在所处之地位，以国内出口业比较，常居第三四位，或第五六位；如以国际市场之蛋业比较，我国冰蛋占全欧市场百分之九十二，鲜蛋占百分之二十三，干湿蛋品约占百分之五十；更就推销国别比较，冰冻蛋与鲜蛋销售英国为第一，干蛋品销售美国最多，湿蛋品则销德国居多数。

最近国内蛋产，因受水旱匪灾之影响，产额减少；兼之已往外汇之不能稳定，及新兴同业之不顾产销预算，致有少数同业，不能立足。实际上，我蛋类出口数，并未减少；但售价收入，则较二年前减少颇多。似此情形，直接影响于农民及蛋商，间接影响于国际收支之平衡。

自政府改革币制以来，汇市当可稳定；出口蛋税，业经政府公布减轻（其实土货出口税，应一律豁免）。希望蛋业同人能诚意合作，莫作无谓之竞争。又我国冰冻蛋品之制法精良，向受各国买主欢迎，设同业能维持固有声誉，不粗制滥造，蛋业当能立足而不至失败；然而一方面固在同业之自励，一方尚有赖于政府之督促。第一，政府倘能实行蛋类出口统制，此后华蛋业之在国际地位，当更能稳固；第二，政府倘能仿效德国，统制对外贸易，采用限额进口许可制度，物物交换，一面奖励养鸡，使国内增加蛋产，则蛋业前途，将更可发展也。

兹将近五年中蛋市之升降比较列表于后，以供参考：

最近五年中蛋市之升降表

（以元为单位，每百磅为标准合九十市斤）

	十九年	二十年	二十一年	二十二年	二十三年
一月	36.00	24.50	28.50	21.00	18.00
二月	31.00	23.00	26.50	20.50	15.00
三月	35.00	22.00	20.50	18.00	13.00
四月	23.00	21.00	20.00	16.00	11.50
五月	22.50	20.50	19.50	15.00	11.50
六月	22.50	20.50	18.00	15.50	11.50
七月	22.00	20.00	18.00	14.50	10.50
八月	21.00	19.00	17.00	15.00	11.00
九月	22.00	27.00	21.00	17.00	14.50
十月	24.00	29.00	20.00	19.50	14.50
十一月	29.00	27.50	20.50	23.50	17.50
十二月	32.00	27.50	22.00	21.00	18.50

（《青岛工商季刊》第3卷第4号，1935年12月）

7. 我国农村的鸡和蛋

上海市蛋业同业公会主席郑源兴

我国农民，向来是喜欢养鸡的，他们当它是一种副业，农村中每家农户，养了几只鸡，让它们在田野间四出觅食；自然界有不少的东西，鸡所喜欢吃的，它们见了，都会利用锐利的嘴爪，去寻来果腹，尤其是在麦季和秋收的时候，农民收获了麦和稻，田埂间遗下了不少的麦粒和稻子，鸡类更得到了丰富的食料；还有麦子、稻谷，农民收到了家里，到了掼稻或打麦的时候，总有颗粒散在地上，也被鸡类寻做食料。所以农村里的养鸡，除了平时酌量给些鸡食外，天气和暖的时候，它们终日在外自己觅食，简直不要喂养，并且鸡类游散在田野间，不但可以得到天然的食料，还能疏散活泼，容易发育长成，所以农村中养鸡，自然格外相宜。各地鸡种虽没有统一，可是鸡的健康和活泼，大概是差不多的。鸡肉是一种很高尚的食品，因为鸡肉对于人体的营养，是很有益处的。家家户户，到了节日、年夜，或祭神祭祖，或邀宴亲朋的时候，都拿鸡肉当作上等的食品，人家也没有一个不欢迎的。尤其在农村中，鸡是现成的养在家里，用不着再花钱去购买，并且杀了一只，可配置几样不同的肴馔，亲朋见了杀鸡饷客，多么郑重见情。除了鲜鸡外，鸡多的人家，平时制就咸蛋、糟鸡，或风鸡，都可以藏置数月，不会变坏；如宴亲朋，或拿来送礼，这种高贵的物品，没有不受人欢迎的。鸡粪是一种很好的磷酸肥料，农民也很重视它。

蛋是高贵滋养的食品，已被世人所公认了，我国鸡蛋出口，帮助农村经济活动，是很显著的。所以近年来蛋在农村中，成为一种重要的商品。每家养了十多只鸡，所产下的鸡蛋，换了现钱，维持一家数口的蔬菜油盐零用，绰乎有余。好在鸡能自己觅食，我国农民的生活程度还低，很有不少的地方——像皖北长江一带——农民的生活，在年岁荒歉的时候，靠出售鸡蛋来维持他们一部分的支出。二十年大水，武汉一带，都成了泽国，听说当时有人目睹灾民，不顾家私什物，仅抱了一只鸡逃命的，可见农民和鸡相依为命的状况了。他们以为没有了鸡，就没有了蛋，身体即使逃出，生命也难延续了。农村中有些老农、老农妇，年纪大了，不能做事了，教他们养几只鸡，是很可能的，不但有出息，还能伴伴他们的寂寞。还有小儿女在未出嫁的时候，养了几只鸡，除家境贫寒的要拿卖蛋的钱完全贴补家用外，稍微宽裕的就可自己积储起来，做他们的学费，或备嫁时需用。鸡蛋在丰裕的农家，也当作敬客惟一的食品，有时送给亲朋，当作礼物，最受人欢迎。

现在经济恐慌，农村破产，惟一的救济方法，就是要使农村增加生产，而成本最轻，收效最速的，只有养鸡一法。所以养鸡事业在我国农村，应当格外提倡，特别重视。现在政府也曾注意到养鸡事业的重要，正在提倡改良，但是还少一种奖励办法。日本国内奖励养鸡，已得到很好的成绩，就是以往数十年，日本国内所需要的鸡蛋，完全仰给外来，现在居然自给自足了，并且也能够出口了，这是何等令人惊叹的一回事！我国幅员辽阔，农民占大多数，倘积极提倡养鸡，定可得到极大的收获，这事应由政府奖励指导，譬如规定每种田一亩，应至少养鸡五只，以此类推，多养更好。指导农民和其他养鸡的，每年五月一日起至九月底止，期内，留种公鸡，应该和母鸡隔离，不能做种的公鸡，可以出售。售鸡应限于不做种的公鸡，不得已要出售母鸡时，也应该于不生蛋的和只产小蛋的母鸡，能生大蛋的母鸡，应该保留。

（《鸡与蛋》第1卷第1期，1936年1月）

8. 复兴工商业意见

郑源兴

近来金融恐慌，引起通货紧缩，工商界顿受严重打击。市商会有鉴于此，乃有工商业复兴委员会之组织，着手调查、研究、统计、训练。以上诸端，虽属不可少之可工作，而目前工商界最感困难者，为筹码之缺少。故复兴工商业最重要一点，即如何设法增加筹码，其次为政府应有相当之保障。兹略陈拙见如下：

一、关于增加筹码者

近来世界用金各国已多数改为用银，我国向来用银。当此白银外流之时，可以尽量使用钞券，况近年以来，事实上流通市面者，无分中外，已多用钞券，硬币使用者极少。钞券已成为举世最通行、最普遍之货币。倘钞券而由国家发行，其信用当更佳。我国中央银行负有国家银行之使命，大可于此时增发钞券，贷放工商界。或虑准备无着，则于原发行钞券之外，另发一种流通券，流通市面，与前发行之钞券效用相同，以之贷放工商，作为救济之用。不过发行准备，前者为现金，后者为工商界之财产。凡经营工商业者，一律向主管机关申请登记。政府应在各地多设工商业登记处，中央银行及各地分支行，设工商业财产估价委员会。该委员会估计工商业财产时，应照市公平估计，不能照目前金融界以拍卖式之估价为之。各业向主管机关登记后，如缺少流动资金，即可将财产送请中央银行工商业财产估价委员会估定价格，声请中央银行抵借。中央银行依法估定价值八折，借给之。其抵借利息为长年六厘，其借给金融界者，利息减为四厘，金融界借给工商业，亦为六厘。如此金融界得二厘之余润，各业商号厂家，不问抵借款项与否，概须于每六个月报告账略一次，送请主管机关查核。

二、关于政府之保障者

政府应订定法律，凡工商业声请主管机关登记时，必造送营业预算。营业预算之原则，须规定资本、借款之利息及全部开支。倘有不顾成本，含有倾销性质，经同业或他人报告主管机关，并经主管机关查明属实后，得取缔之。惟关店抵货必须贱价脱售时，得预先声叙原由，声请主管机关核准后举行之。

（《鸡与蛋》第1卷第2期，1936年2月）

9. 救济蛋行业意见

郑源兴

蛋行业不振原因有六：(一)同业竞争，(二)销路减少，(三)资金不敷，(四)利息太高，(五)开支太巨，(六)呆账难收。兹分言之：

（一）同业竞争

同业中因近年蛋厂蛋行营业清淡，裁减员工，失业者竞开蛋行，而新行营业，为招徕计，跌价竞争，售价因此紊乱。蛋行利益本极微薄，自售价紊乱后，大都无利可图，甚或不顾成本，跌价竞销。

（二）销路减少

从前蛋行营业，除本街零销外，大宗去路藉日本、菲律宾等处收买。近来日本方面毫无去路，菲岛自前年增税后，销数大减。本街零销亦受不景气影响而减色。

（三）资金不敷

同业中完全自资经营，不需外来资金者极少，多数同业赖银钱业之透支，以为活动。自金融紧缩后，透支数或减少或取销，顿呈枯窘之象。

（四）利息太高

无论金融界借款或普通借款，利息均感过高，以蛋行营利之微薄，每不能抵付借款之息金。

（五）开支太巨

近年蛋行营业既减，开支亦应照减，但虽经竭力设法减省开支，事实上所省无几，致收支相抵，每不能平衡。

（六）呆账难收

依照产地收货习惯，皆放客账。近来农村破产，内地金融枯竭，欲不放账收货，更觉为难。倘通融放款，则又难于收回，久之便成呆账。又蛋行售货，亦有账款放出，自一二八后均成呆账，极难收回。有此二因，蛋行资金无形减短。

就以上六项观之，除第二项暂无办法、第五项应由各行自行设法外，第三、第四二项，参照鄙拟复兴工商业意见，希望政府设法救济。至目前认为最严重问题，即属第一项同业竞争，设此项有解决办法，即第六项中之客户呆账此后亦可

免除,姑拟救济办法如下:

全体同业应向主管机关申请登记,不登记者不得营同样之营业。登记后,全体同业设一合作进销机关,为有限公司性质。凡性质相同之蛋号,经登记后,均可入股。股份之分配标准,依靠(一)资本额,(二)使用人数,(三)最近三年平均营业额,(四)全年开支。入股行号以原开设之各行号为限,同时如有业中或业外投机开设新行号,或其他取巧方法,营同样营业者,应由主管机关予以取缔,并不得加入公司股份。公司成立后,多数行号,能获双官利时,不再限制新行号之增设。惟须预算合核,得原有行号过半数之同意,并经主管机关登记,始得加入公司股份。股份之分给,视其资本额、使用人数及开支多寡定之。

各行号批货,随时向公司接洽,惟求过于供时,由公司按股份多寡分配货额。各行号售货价格概依公会公议定价,不得私自增减,其余均依业规各条款办理之。

上项办法,如蛋行号可用,别业亦可仿行。

(《鸡与蛋》第 1 卷第 2 期,1936 年 2 月)

10. 蛋业出口统制办法

郑源兴

一、组织中国冰鲜蛋业产销合作股份有限公司。

二、本公司为中外合资性质。

三、入股者以现有国内冰蛋厂营直接出口者为限。

四、股份及营业额之分配,依各厂最近三年中直接出口数量之成数为标准。

五、国内现有冰蛋厂制造能力,每年能制冰蛋七万吨,装鲜蛋二十万大箱。惟最近三年中实销数,只冰蛋四万吨、鲜蛋十万大箱,可见货品之供过于求。故在冰蛋销额七万吨以下及鲜蛋销额二十万大箱以下,政府应给公司以专利权。

六、政府通令各处商品检验局,遇冰鲜蛋出口请求检验时,须凭中国冰鲜蛋合作股份有限公司之证书证明,方准检验。合格者给以检验证,准予报关出口。

七、本公司各厂制造冰蛋及装箱鲜蛋,须一律标准化,其细则另订之。

八、本公司每年产销额随欧美各国市场之需要而定,市场需要变动,得随时增减之。

九、本公司营业期及专利期，暂定十年，期满后，经股东会议决，呈请政府核准，得延长之。

本公司俟呈请政府核准后设立之。

（《鸡与蛋》第1卷第2期，1936年2月）

11. 我国蛋类出口的沿革和近况

郑源兴

我国蛋业的历史，已有数十年的悠久，在民元以前，营业甚微，鲜蛋仅销日本、海参崴、（中国）香港，后来逐渐推广到南洋群岛。迨乎欧战爆发，各国对于生产事业，大都无暇顾及，而食品需要十分殷切，于是鲜蛋与蛋品的供给，我国占了重要地位。我国鲜蛋，直到那个时候方始推销到欧洲，当时除掉鲜蛋之外，尚有内地蛋厂，即土法蛋厂，创自清朝时期，由中外商人所办，制造干湿蛋品。惟华商蛋厂出品，售与出口洋商，专装出口，在欧战时，获利甚厚，其后内地蛋厂，风起云涌，相继设立，真如雨后春笋。结果，不免彼此竞争，粗制滥造，加以买主又吹毛求疵，因之一般资本薄弱的厂家，便告停业，不在少数。

冰蛋制法，在清朝末世，由洋商发明创办，以后相率仿造，年有增加。到了民国十二年，华商亦仿制冰蛋，并经营鲜蛋等直接出口，此为华商直接运蛋出口的嚆矢。到民国十七八年，蛋价高昂，销路畅旺，此为蛋业全盛时代。据海关出口贸易数字，由第七位跃居第三位，几与丝茶并驾齐驱。后因各国关税壁垒的高筑，世界不景气的影响，国内外市场的抑价竞销，渐呈衰落，国际收支与夫同业影响，为数不鲜，惟其销数，则迄未减退。查我国出口蛋品，销售英法德意等国，为数甚巨。兹以国际市场的蛋业来讲，我冰蛋占全欧市场百分之九十二，鲜蛋占百分之二点三，干湿蛋品约占全数。再以推销的国别来讲，冰蛋和鲜蛋，销售英国占多数，干蛋品销售美国居多数，湿蛋品销售德国居多数。欧洲市场，除我国蛋类占一部分势力外，尚有波兰、丹麦、荷兰等国足为我的劲敌，因其国境临近，交通便利，成本低廉也。再者澳大利亚、日本等国，对于蛋类生产事业，都在积极推进中，将来各国争夺欧洲蛋类市场，势必愈形剧烈，殊不可忽视。兹将我国最近五年蛋类输出数量暨总值逐年表列于后：

二十一年各种蛋品数量暨总值

品名	数量	货值
干蛋白	43,142 担	5,414,883 关平两
干蛋黄	39,648 担	1,919,718 关平两
黄白不分之干蛋	60,342 担	438,916 关平两
冰湿蛋白	10,313 担	1,224,855 关平两
冰湿蛋黄	153,247 担	3,403,338 关平两
黄白不分之冰湿蛋	588,514 担	12,019,956 关平两
鲜蛋	341,797 千个	3,771,325 关平两
皮蛋咸蛋	14,090 千个	216,924 关平两
总值 28,408,915 关平两,合国币 44,302,413 元		

二十二年各种蛋品数量暨总值

品名	数量	货值
干蛋白	23,398 公担	国币 8,320,141 元
干蛋黄	34,013 公担	国币 1,974,921 元
黄白不分之干蛋	4,024 公担	国币 595,215 元
冰湿蛋白	28,043 公担	国币 1,898,501 元
冰湿蛋黄	88,731 公担	国币 3,517,535 元
黄白不分之冰湿蛋	292,516 公担	国币 14,186,293 元
鲜蛋	339,267 千个	国币 5,616,476 元
皮蛋咸蛋	15,395 千个	国币 370,542 元
总值国币 36,479,624 元		

二十三年各种蛋品数量暨总值

品名	数量	货值
干蛋白	25,682 公担	国币 7,619,131 元
干蛋黄	35,744 公担	国币 1,617,789 元
黄白不分之干蛋	2,953 公担	国币 423,859 元
冰湿蛋白	22,940 公担	国币 8,622,239 元
冰湿蛋黄	77,035 公担	国币 2,286,231 元
黄白不分之冰湿蛋	338,303 公担	国币 12,872,231 元
鲜蛋	304,903 千个	国币 4,233,770 元
皮蛋咸蛋	14,642 千个	国币 327,575 元
总值国币 30,243,526 元		

二十四年各种蛋品数量暨总值

品名	数量	货值
干蛋白	33,638 公担	国币 8,162,962 元
干蛋黄	47,804 公担	国币 2,939,257 元
黄白不分之干蛋	6,766 公担	国币 817,287 元
冰湿蛋白	27,130 公担	国币 953,147 元
冰湿蛋黄	77,510 公担	国币 2,476,415 元
黄白不分之冰湿蛋	368,038 公担	国币 12,683,655 元
鲜蛋	286,601 千个	国币 3,805,172 元
皮蛋咸蛋	12,189 千个	国币 231,567 元
总值国币 32,069,462 元		

二十五年各种蛋品数量暨总值

品名	数量	货值
干蛋白	29,173 公担	国币 7,750,096 元
干蛋黄	40,176 公担	国币 3,460,241 元
黄白不分之干蛋	8,144 公担	国币 1,167,838 元
冰湿蛋白	20,992 公担	国币 773,475 元
冰湿蛋黄	78,255 公担	国币 2,965,312 元
黄白不分之冰湿蛋	319,468 公担	国币 11,515,455 元
鲜蛋	252,759 千个	国币 3,682,566 元
皮蛋咸蛋	12,559 千个	国币 231,408 元
总值国币 31,546,391 元		

自从去岁政府改革币制，稳定国外汇市后，出口事业，对于汇兑上的危险，无形减除，我蛋业亦受惠不浅。最近又因各国需要蛋品，或作食品，或供化学工业之用，尚可维持原状。至于价格方面，亦因汇市稳定而比较上涨。所以，我国蛋类出口，实是去年下半年起，始化险为夷。现在制造的厂家众多，而需要的买主有限，大有供过于求的情势，以致同业的竞争，在所难免，殊有一触即发的忧虑；至于蛋产方面，有时多，有时少，平均起来，则无甚差别，销数呢？也差不多。参观右表，可知大概。自后同业如能精诚合作，保持我在国际市场间的固有信誉，勿去粗制滥造，或互相倾轧，抑价竞销，则原有华蛋市场，不致断送他国了。

（《国货年刊》，1936 年，第 37—41 页）

12. 一年来之蛋业

郑源兴

鸡蛋,是农村的副产,农民不费多大的本钱,养鸡生蛋,除掉自用及送礼外,把余剩的鸡只和蛋出售,转买其他日用必需品,在我国内地是很普通的,也是很常见的。所以,鸡蛋一项,拿狭义来讲,可以帮助农村的经济。由内地贩户收集起来,转售于各处内地的采办处及蛋厂,制作各种蛋产品,运至各通商口岸的行厂,经改制改装后,转输出口,推销到欧美各国。这笔收入,不在少数,最多的时候,约有七千余万元,最少的时候,也在三千万元以上(据最近十年中而说),占了海关贸易数字重要地位。所以,就广义来讲,可以抵补国家的入超,它的关系,如此重大,焉得勿令人注意呢!

在最近过去三年因为受着世界不景气的影响,国内外存货的堆积,以及国内外同业的抑价竞销,以致我国的蛋业,感受空前的困难,资本薄弱的行厂,遂相继停业,几乎和丝茶同样的崩溃。幸而去岁政府改革币制,同时平衡了国外汇市,顿使我蛋业减免了外汇上巨大的风险,又因蛋产品是食物的必需品,也是化学工业用途上必需品,更因汇市稳定而蛋价逐渐上涨,于是我垂绝的蛋业,方始化险为夷,转危为安了。

今年(二十五年)的蛋业,无论蛋行蛋厂,无论土法新法,虽不能说一定赚钱,也不致蚀本。除有特殊情形者例外,其余多数行厂,总可稍占微利,敷衍过去。现在综计各厂的出品,已有供过于求的趋势,如若同业不顾事实,盲目竞争,或抑价推销,势必影响到欧美各国本国市场的蛋价,则各国为保护本国蛋业计,对于我国蛋品的输入,将更严厉的加以限制,我国已臻稳固的蛋业,反而又要掀起危险的风浪,岂不可惜吗?我国的蛋产品,在目前各国皆认为货真价实,所以,往后只要求其精益求精,而不愿其产量无限制的增加,因为,欧美各国的销路,在最近三五年并无巨数的上下,且俟将来碰到能够扩充的机会,再谋增加产量,未为晚也;否则,徒增其纷扰而已。

现在先以国际市场的蛋业情形来说,我冰蛋占全欧市场百分之九十二,鲜蛋占百分之二十三,干湿蛋品约占全数。再以推销的国别来说,冰冻蛋和鲜蛋,销售英国占多数,干蛋品销售美国居多数,湿蛋品销售德国居多数。

最近五年中，蛋类出口数量与总值的比较要以民国二十三年的总值为最低，但是，那年的实在销数，反而比较二十二年为多，足见当时蛋价的跌落程度，去年较二十三年增加一百余万元，今年九个月，已与去年的总值相近，则年底结数，总可较去年更好。兹特分别表列于后：

二十一年各种蛋品数量暨总值

品名	数量	货值
干蛋白	43,142 担	5,414,883 关平两
干蛋黄	39,648 担	1,919,718 关平两
黄白不分之干蛋	10,313 担	437,916 关平两
冰湿蛋白	60,341 担	1,224,855 关平两
冰湿蛋黄	153,247 担	3,403,338 关平两
黄白不分之冰湿蛋	588,514 担	12,019,956 关平两
鲜蛋	341,797 千个	3,771,325 关平两
皮蛋咸蛋	14,090 千个	216,924 关平两
总值关平两 28,408,915，合国币 44,302,413 元		

二十二年各种蛋品数量暨总值

品名	数量	货值
干蛋白	23,398 公担	国币 8,330,141 元
干蛋黄	34,013 公担	国币 1,974,921 元
黄白部分之干蛋	4,024 公担	国币 595,215 元
冰湿蛋白	38,043 公担	国币 1,898,501 元
冰湿蛋黄	88,731 公担	国币 3,517,535 元
黄白不分之冰湿蛋	292,516 公担	国币 14,186,293 元
鲜蛋	339,267 千个	国币 5,616,476 元
皮蛋咸蛋	15,395 千个	国币 370,542 元
总值国币 36,479,624 元		

二十三年各种蛋品数量暨总值

品名	数量	货值
干蛋白	25,682 公担	国币 7,619,131 元
干蛋黄	35,744 公担	国币 1,617,789 元
黄白部分之干蛋	2,953 公担	国币 423,859 元

续 表

品名	数量	货值
冰湿蛋白	22,940 公担	国币 862,239 元
冰湿蛋黄	77,035 公担	国币 2,286,932 元
黄白不分之冰湿蛋	338,303 公担	国币 12,872,231 元
鲜蛋	304,903 千个	国币 4,233,770 元
皮蛋咸蛋	14,642 千个	国币 327,575 元
总值国币 30,243,526 元		

二十四年各种蛋品数量暨总值

品名	数量	货值
干蛋白	33,638 公担	国币 8,162,962 元
干蛋黄	47,804 公担	国币 2,939,257 元
黄白部分之干蛋	6,766 公担	国币 817,287 元
冰湿蛋白	27,130 公担	国币 953,147 元
冰湿蛋黄	77,510 公担	国币 2,476,415 元
黄白不分之冰湿蛋	368,038 公担	国币 12,683,655 元
鲜蛋	286,601 千个	国币 3,805,172 元
皮蛋咸蛋	12,189 千个	国币 231,567 元
总值国币 32,069,462 元		

二十五年各种蛋品数量暨总值

品名	数量	货值
干蛋白	29,173 公担	国币 7,750,096 元
干蛋黄	40,176 公担	国币 3,460,241 元
黄白部分之干蛋	8,144 公担	国币 1,167,838 元
冰湿蛋白	20,992 公担	国币 773,475 元
冰湿蛋黄	78,255 公担	国币 2,965,312 元
黄白不分之冰湿蛋	319,468 公担	国币 11,515,455 元
鲜蛋	252,759 千个	国币 3,682,566 元
皮蛋咸蛋	12,559 千个	国币 231,408 元
总值(九个月)国币 31,546,391 元		

以后蛋业最重要的关键，约可分为二点，就是同业须精诚合作，对于蛋质及其制法，务必求其良好与精密，以保持我蛋业在国际市场上的固有信誉，勿作无

谓的竞争，以免国外同业的恶意摧残，这是第一点。希望政府，仿照各国先列，豁免转口和出口税，以资激励，在国家税收未充裕前，敝业决不坚持，惟海关对于蛋类估价问题，时起纠纷，除具呈财部补叙外，更盼财部体恤商艰，迅谋解决，这是第二点。以上二点，如果完全办到，则原有华蛋市场，决不会断送他国。

（《国际贸易导报》第 9 卷第 1 号，1937 年 1 月）

13. 1947 年向国民政府递交茂昌蛋品及冷藏有限公司报告书

郑源兴

推广蛋类输出之意见

一、蛋业简史

吾国蛋品之输出，运在逊清末叶初，只有鲜蛋、皮蛋、卤蛋三种出口。西洋一九〇三年，土法蛋厂应运而生，全国约计五六厂，专制干湿蛋黄及干蛋白，销售海外。嗣值第一次欧战爆发，销路激增，土法蛋厂乃如雨后春笋，气象万千，飞跃达一百余厂之多。至若冰蛋厂始创于公历一九〇八年，降至一九二三年，全国共有十余厂，其中属于英商者最多，美商次之，华商又其次也。

抗战之前，冰蛋厂仍有十余厂，而土法厂则仅存二三十厂矣，且开工者不足半数，其中属于华商者居多，德商数少。其时每年输往欧洲各国之蛋类，约计冰蛋四五万吨，箱蛋四五十万箱，其他蛋品五千吨，而销售于英国一国者占十分之八九，总值年达法币四千万元以上（合现在币值四千亿以上）。依据海关报告册，蛋类出口之数额占全国出口物第二、三位，其重要可知。迨至太平洋战起，海道阻断，货运不通，于是冰蛋厂与土法蛋厂相继停业，陷于绝境。

二、目今蛋厂之概况

土法蛋厂现散布于我国各省内地者，约计仍有二三十厂，其中设于上海者仅三厂，均各停顿已久，等候出口有日，以备复工。

冰蛋厂有英商、美商、华商八家，总共十六家，计在汉口者二厂，南京者一厂，天津者一厂，青岛者三厂，上海者九厂，亦均停顿日久，且各厂之制造力甚为庞大，在战前已供应有余，今后尤有增无减。

三、蛋业现状

胜利之后，蛋业中人满望上年春间可以复业，无如国内物价涨无止境，所需成本非但不能与国际市场之价格相吻合，且相差达一倍以上，实属无法着手。洎乎本年春，因英国粮食部有向我国购买冰蛋九千吨之□意，蛋业厂商认为机不可失，力图再起，经由输出推广委员会之协助，上海冰蛋业公会获于本年四月四日与中央信托局订立协议，因而本年四月中有一部分之冰蛋厂相继复工。

四、困难之点

抗战之前，我国蛋类之出口，冰蛋一项年达四五万吨，其他蛋品如干蛋白、飞黄、飞全蛋片、蜜黄、咸鸡黄等，年约五千吨，鲜蛋年约二三万吨。以本年英国订购冰蛋九千吨计算，只合战前输出之总额八分之一，如以冰蛋一项计算，亦只合战前五分之一而已。且此区区九千吨之冰蛋，能否交足尚无把握。其困难之点约略如下：

甲、蛋业向例于国历一月底前（即废历十二月底前）决定全年营业之计划，所有采办人员在废历正月初五日起即须派往内地从事采办，并与各乡镇作种种联络，借资宣传。其以贩卖鲜蛋为业者，亦于其时决定其贩卖鲜蛋之业务矣。本年蛋业虽亦照往例开始发动，奈格于种种阻碍，无法进行。迨至上海冰蛋业公会与中央信托局订立协定，已逾蛋产旺季时令之半，而经营蛋业者亦泰半因对于本年营业认为无望早改他业，不复再回归本行矣。

乙、蛋业之输出，虽荷输出推广委员会之尽力协助，中央信托局之通融办理，然蛋价及其他物价依然狂跳，总属望尘莫及也。

丙、输出推广委员会及中央信托局对于蛋业之维护协助，固已尽其能事矣，惜乎法定手续不无繁复，诸多费时，终不若抗战前自由出口、自由结汇之便利。

五、推广蛋类输出之建议

甲、蛋类输出所获之外汇全部依法定汇率，由委托银行售于中央银行，同时由中央银行准以该外汇之五成至九成，由委托银行原价购回，归委托银行自由买卖，作为购货进口物资之用。至于五成至九成数额之核定，应依其进口之物价，为必需品或非必需品之种类，由政府分别规定之。

乙、关于政府规定英美外汇之汇率应依据英国与美国之汇率为标准以利输出

上开建议倘蒙采纳施行，则明年蛋类之输出当可一跃而达战前百分之五十，

至少亦必在百分之三十以上。若此能行之于蛋类，亦可行之于他种物资，其利于出口者岂有涯矣。总之有输出始有输入，无输出应无输入，倘政府能付诸实施，非但进出口交易均可发展，抑且依照估计，政府除可取得外汇百分之十五以上外，并可收入进口关税百分之十五以上，其于国计民生当获益匪浅也。

问：我国蛋类出口事目前有无进展，其细情如何？

答：我国出口之蛋品计分三种：

一、冰蛋，英国粮食部拟向我国定购九千吨，价为每吨英金二百镑，由冰蛋公会承办。该公会因成本关系，迭向输出推广委员会请求转商中央信托局赐予协助，恳由该局负责收购，其制造及销售之责则归冰蛋业公会负之。结果冰蛋业公会与中信局已于本月四日签订合同，制造冰蛋五千吨，每吨价为法币九百万元，分五次支付，第一次已于本月七日办竣，嗣后依次办理。现冰蛋业公会各会员正筹划收购鲜蛋及布置开工事宜。

二、为干全蛋片，其数量二百五十吨，价为每吨英金七百廿镑，现在商洽中，办法同上。

三、为干蛋白一百吨、蛋黄四百吨，现由远东蛋品制造厂联营公司与出口商，会同请求输出推广委员会转商中信局协助，不日可望定议。

所有上列蛋品三种，英国粮食部亦拟承购。

问：现下蛋价如何，有无变动？

答：目前蛋价尚称平常，当不致有何变动，惟盼米价及其他物价亦能平稳。

问：此次贵公司堆栈失慎所损失之蛋几何？

答：计损失鲜蛋一万二千八百三十一件。

问：于蛋价有无影响？

答：并无影响，因损失之蛋系在冰蛋业公会与中信局签订合同之前，由敝公司购进而作额外之准备者，故所遭损失乃属额外之准备。

问：上项事件对于与中信局签订之订货合同有无影响？

答：无。

问：对于贵厂制造蛋品之数量方面有无影响？

答：无，敝公司系于上月二十日起准备复工，本月五日起正式开工，虽于八日夜遭遇不幸，以致照蛋间与堆蛋间全部焚毁，然敝公司可将原为冷藏及照蛋间、堆蛋间而现作普通客货堆栈者，设法恢复原状，仍作照蛋间与堆蛋间之用。至于厂内其他制造处所并无损害，故敝公司不日即可复工，故对于制蛋数量毫无问题。

问：贵公司因此次火灾全部损失几何？

答：鲜蛋部分约计损失成本国币二十四亿元，包装材料方面，约计损失国币八九亿元，房屋及设备方面约计损失国币二十亿元。

问：曾否保险？

答：鲜蛋及包装材料均经保险，房屋及设备未保。

问：鲜蛋与包装材料保额几何？

答：英金六万镑。

问：向何家所保？

答：英商太古公司。

问：赔偿方面有无问题？

答：毫无问题。

问：此次贵公司堆栈被焚究竟有无如外传之奇特事情？

答：无法查明，据报敝公司南浔路六十号出租栈房部分之二楼窗门先有浓烟冒出，经邻人、路人以及敝公司之更夫守门人相继发觉，比即分别向消防队及警务当局求援。承蒙火政及警务当局立即到场施救，并维持秩序，终获援救，至深感激。

问：今后贵公司堆栈业务是否照常？

答：敝公司除冷气堆栈业务照常办理外，其普通堆栈方面自即日起从事逐步结束，所堆普通客货一律催令出清，即出租部分亦拟商请租户迁让收回自用，免多枝节。

茂昌股份有限公司上海总公司

敬复者，奉本年二月廿七日 58 字第 460 号大函，以准汉口工商辅导处请为查复各蛋类蛋品在纽约、伦敦等地售价及销场情形，特派协致远技士惠临垂询等因，弥深□感。查民国廿五六年间，我国蛋品输往纽约（包括全美国）者为干蛋白、飞黄、冰蛋三种，其数量不大，至于鲜蛋则已停运该国，于兹十五年有奇矣。若夫蛋品输往伦敦(包括全英国)者，为鲜蛋每年四五十万箱，冰蛋四五万吨，蛋黄、干蛋白一二千吨。而输往其他欧洲各国者约为冰蛋、卤蛋黄、飞黄、干蛋白等二三千吨。总计我国蛋品全年之输出为鲜蛋四五十万箱，冰蛋四五万吨，其他蛋品五千吨，其货价约如下列：

美国

干蛋白：每磅约美金五角

飞黄：每磅约美金三角

英国

鲜蛋：每箱约英金一镑

冰蛋：每吨约英金五十五镑

蛋黄：每吨约英金一百镑

干蛋白：每磅约英金二先令

其他欧洲国家

干蛋白：每磅约英金二先令

飞黄：每磅约英金一先令二便士

以上价格均以货物送到买受国之船傍交货为准，即 CIF 是也。

民国廿五年敝公司蛋品出口数量如下：

一、冰蛋：运往英国者计一万四千一百吨，运往其他欧洲国家者计一千三百吨。

二、鲜蛋：运往英国者计十六二千九百箱，运往其他欧洲国家者计十三万七千三百箱，运往非列滨者计一万三千八百箱。

三、干蛋白：运往英国者计七吨；运往澳洲者计四吨。

民国廿六年

一、冰蛋

运往英国者计一万三千三百吨

运往其他欧洲国家者计一千八百吨

运往美国者计二百五十吨。

二、鲜蛋

运往英国者计六万二千七百箱

运往其他欧洲国家者计二十万零七千二百箱。

三、干蛋白

运往英国者计九十吨。

综上数量，敝公司之输出约占全中国蛋品出口数量百分之三十以上。

抗战之后，蛋品出口陷于停顿，计历六年以上，胜利以还，同业咸积极进行，希图恢复。上年春间，即开始与英国谈判，函电往还，赓续数月。只以我国蛋品成本与国外市价相差倍余，致无成议。其他欧洲各国其情形亦类似。迨至上年冬间，英国考察团来华调查关于蛋品输英问题，由敝公司总经理与该国代表磋商接洽。该团概允在谋恢复中英贸易前提之下，返国报告，竭力促进。敝公司总经理为重振我国蛋类输英，表示愿于上年十二月间往英会商，比经英方同意，协议准在本年一月间图□方在英协议之期，共认一九四七年为蛋类贸易最好机会，否则恐有追悔莫及之虞。嗣敝公司总经理因办理护照及其他出国手续，极为繁复，致延行期。比经敝公司驻英代表来电查询起程及到达英伦日期，当复以船期路线以及到达日期均难确定。旋又接来电，谓英当局之意行期既难确定，为急须商讨购办冰蛋事宜，□以暂缓离申，俾便电洽，而免差池为宜云云。自此双方往返电商十余次。英国初拟承购冰蛋一万五千吨，继而改为九千吨，出价至多比上年增加一倍，即每吨英金二百镑。但按诸国内物价及外汇汇率，仍难适合。之后虽经政府公布出口津贴办法，并积极调整外汇，以资鼓励。无如国内物价随之波动仍甚剧，兼之英汇由每镑合国币四万八千元改为四万元，以致原可接近之价格，复现若干之差价，且同业鉴于国内物价未趋稳定，蛋价无有准绳，殊不敢轻予销售。经同业迭与输出推广委员会及中央信托局协商，拟依据□政府代制代销之原则，办理出口，同业仅取合法之利润，一切盈亏概归政府承受。会议再四，其原则业已接受，细则尚待协商。所有同业之困难约略如下

一、春季为产蛋时期，通常各蛋厂商于一月间布置，二月中开办，二月半后进货，自三月份起至六月底止均属蛋产旺月，七月起为淡月。如一月内不克布置

就绪，与产量极有影响。

二、英国承购冰蛋向例一年一次，凡其全年需要统须在二三月内购定。

三、同业因国内物价汇率及环境关系，不敢接受订单，预定输出。

四、同业与政府机关商谈已久，虽原则业已接受，细则尚未妥洽，殊恐失去蛋产旺期。

五、同业希望于政府者为给予同业以相当保障，决定以由厂商代制代销之原则办理出口，否则由政府给予大量之生产贷款，俾资进行，惟必须速决速行。倘政府厂商确能推诚合作，蛋类出口当无不克实现之理也。相应据情奉复，至祈查照转达为荷。此上

经济部上海工商辅导处

三十六年三月十日

窃属公司于本年一月十八日附呈送奉钧局审核之呼请政府协助蛋类出口之意见书内第六项“恢复蛋类出口之建议”以及第七项“付款办法”，因敝同业方面不能一致赞同，特重行会合并修订陈明如后：

甲、所有售出冰蛋之交易仍照往例，由国内冰蛋业同业公会各会员自行负责，继续承办。关于外汇价格应如何从优规定，以资协助，并其他关连事项，由冰蛋业同业公会集体向政府机关声请协商订定之。

乙、由中央银行依法据预算之□□及货价，规定购买外汇之金额，其货价之计算，应根据上年十二月份及本年一月一日起十日止之米价及其他货价为标准，待至蛋类采购制造包装时期，如米价及其他物价剧涨暴跌，因而冰蛋之成本增高，则所规定之外汇价格亦当比例提升，惟其成本之增高，须超过百分之五以上（在百分之五以内不计），始得就其超过部分核算提升之数额，并按月结算一次。如□□清由中央银行委托或指定其他银行办理之。

丙、包装放款应由中央银行依据冰蛋业同业之预算及由该同业与该银行协议之金额，并按其实际之需要，委托或指定其他银行办理之。

此呈

中央信托局

中华民国三十六年一月

最近蛋业状况及此后之发展

今秋上海鸡蛋到货每日约计三四百件，其货多数来自长江一带，江北则因国共大战，局势迄今未安靖，来源极稀。温州、海门所产一部分直装小吕宋，最近因申价上涨，始全数装申，但为数不巨。

蛋价以七月份为最低，每百斤十三万元，最近为最高，每百斤廿三万元。以目下蛋价与米价相比例（米价照战前涨五千倍，蛋价则较战前涨万倍），是故市价不可谓不高，而其货少，原因则不外下列数端：

（一）收办力薄弱，行家资本欠缺，无力大量购办，客贩一再亏本，无意继续经营。

（二）采办处不普及，当公司开办期间，江北、长江、津浦路等处，每隔二三十里设有采办处，乡贩早出晚归，食宿不费，每于农事告华，皆以收蛋为副业。现在只有寥寥几处，城市行家收买、乡贩长途跋涉，费用浩大，多数不乐于此。

（三）市价不安定，从前公司办法有包期之制，今日随市结价，乡贩无所保障，视为畏途。

（四）高利贷之影响，昔日对于乡贩多数予以放款，不必自备资本。

凡此种种，实足以阻碍来源，以是今秋到货之稀少，决不能认为就地产源之缺乏也。

至于明春到货与价格，当视收购技术如何为消长，如能采办机构组织完美，则以石米之值以买担蛋，每日到货可望达到贰千件之谱。反之不加改革，一如行家之简陋办法，则虽抬高收价，而货源不充，每日到申五六百件足矣。

抑又有进者，到货与销路又宜趋于平衡，若到货既多，而去销呆滞（如无外销，申销每天只三五百件），势必不断跌价与时时停办，亦足以妨害来源，是又不可不加意焉。

预算明春产源

具有完美收购机构之产额：

安庆、大通、芜湖、南京每日产源五百件

汉口、九江每日产源三百件

江北每日产源五百件

温州、海门每日产源一百件

沪杭浙赣路每日产源一百件

其他每日产源五百件

合计二千件。

不健全收购组织之产额：

安庆、大通、芜湖、南京每日产源一百五十件

汉口、九江每日产源一百件

江北每日产源一百五十件

温州、海门每日产源五十件

沪杭浙赣路每日产源五十件

其他每日产源一百件

合计六百件。

（上海市档案馆藏，档案号：Q229－229）

14. 茂昌股份有限公司创始经过暨业务情况以及目前危急待援之报告书

郑源兴

窃查属公司（茂昌股份有限公司）蛋厂部分，成立于一九二三年，对于产品（冰蛋、干蛋、鲜蛋）质量及设备规模等，在全国蛋业中，敢称占首要地位，历来与国外同业竞争，以争取国际市场地位，已有显著的成绩。

现劳资双方，不幸的发生了纠纷，一直纠纷了十个月。根据目前情况，很可能使得属公司蒙受了严重的损失，而至于倒闭。这不仅使劳资两方的损失，同时亦能影响了国家的经济，国家的生产建设，违背了政府的建国政策，并且更会使那些了解不够、觉悟不高的其他行业，对现行政策发生了误解和顾虑，而阻碍了生产上的积极性，尤其对于有益于国计民生的行业，在新民主主义的经济建设原则上，受到了损害。

为了挽救这样的损害，及解决属公司劳资纠纷不合理的情况，谨将事实经过，详细分述如下，并希望在劳资两利的原则下，速赐予合理解决的方针。

一、公司业务概况：

属公司分主营业务与兼营业务：

主营业务：目的是鼓励和发展农业副产品，收购各地鲜蛋，以输出国外，争取外汇。

产品分：(1)冰冻蛋。(2)干蛋(蛋粉)。(3)鲜蛋装箱出口。

兼营业务：(1)冷藏库：便利冷餐藏储客货。(2)制造机器冰：供给市内需要。(3)普通堆栈：便利一般货物之存储。

二、过去简历与成绩：

(1) 公司在国内，所以能占据首要地位的因素，是有着一部奋斗史实。源兴个人于十三岁时(一九〇四年)起，即在蛋行服务，彼时在外埠各地购买鲜蛋，售与上海各洋行，在当时国内蛋业，可以说是完全操纵在外人之手。

(2) 至一九一八年开始创办蛋厂，制造干蛋，当时仍然是售与上海各洋行，由各洋行运销国外。

(3) 一九二三年属公司成立后，方始直接出口。彼时属公司设立的出发点，是由于发起人等见到了国内的工商业，几十年来蒙受帝国主义国家的经济侵略和压迫，他们掠夺了我们大批的廉价蛋品，来满足他们的需要，同时在这块半殖民地的国家，倾销我们各种商品和过剩的物资，以便进行他们的剥削方式，以致使得我国成为工业落后的国家。所以我们要向他们斗争，所以决定了开发这个企业(蛋厂)，因为蛋业是有力的输出工业。

(4) 成立初时，经过了惨淡的经营和奋斗，在当时我国国内的蛋业市场，百分之百是把持在欧美人手中。属公司创立后，他们用种种的卑鄙手段，设法来消灭我们，并企图吞并我们。以上的事实是难以尽述，尤其是创立后在一九二八年间，竞争最为剧烈，可是他们并没有阻止了我们前进的勇气，亦没有使我们倒台。

(5) 一九三〇年，属公司对质量上复又逐渐改善，所以在全国制蛋业中，属公司出口的数量占了第一位。彼时适值世界经济恐慌爆发以后，他们不得不将对属公司的倾轧手段，改为拉拢协商(走向了“卡台尔”的方式)。在彼时属公司认识清楚，如果想要发展民族工业，必须与外国资本主义者相抗衡。当时国内八家蛋业(共计十四个蛋厂)，除去本公司(三厂)之外，尚有五家是英商，二家是美商。

(6) 一九三九年，属公司上海虹口厂及青岛厂，被日寇强占，日寇把虹口厂改为扬子冷藏株式会社，青岛厂改为东亚蛋业冷藏株式会社，属公司在这样的环境下，仍勉力维持。

(7) 迨至日寇降服(一九四六年)两厂发还，然当时蛋品业在国际市场的销路，已完全丧失。

(8) 一九四七年，经努力向国外推销，然其输出额仅占战前全国输出总数的百分之八(计输出冰蛋四千吨)。

(9) 源兴基于我国蛋品生产的情况，和属公司过去的成绩，故决定赴英国谋求恢复战前的销售量，即向英国顾主及其粮食部再四洽商、宣传，并以种种事实强调了需和我们交易的必要。结果在当年(一九四八年)蛋品贸易总额由百分之八，恢复到百分之卅(计售出冰蛋一万五千吨，总值三百十五万英镑)，尤其售价较其他各国售与英国的价目为高(当时澳大利亚售价每吨一百四十镑，加拿大一百七十镑，波兰一百八十镑，我国则为二百一十镑)。

(10) 源兴于一九四八年三月四日返国，即会同同业，积极生产，于是年年底，将定货全部交齐。

(11) 综合以上事实，我们不是“自以为能”夸大其辞，事实上属公司在国际市场中，确有优越的信誉和地位。同时源兴个人亦在协助国内同业，合力同英美蛋商竞争，在英美的蛋业中，亦深知道我们的不屈不折的奋斗精神和在国际市场中的威信。

三、香港设厂：根据源兴在国外看到的情形，我国蛋业，若想在国际市场站稳脚步，要奋斗，要另谋补救办法。因为订立合同后，极需收集原料，而后生产，然当时上海和青岛厂，常常受了环境的限制，不敢确保在接受定货单后，准时生产交货，这样会影响了我们国际市场的销路和信誉，失掉外汇。在战前，我们运销英国一国的冰蛋数量，达五万吨，合成英镑九百五十万镑(折合人民币达九千余亿元)。我们不能坐视失去国际市场，所以在一九四八年十二月廿二日我公司董监事联席会议，决定设立香港分厂。源兴于会议后第四日(廿六日)被派往香港，遵照决议，进行设厂，并购买了厂基，建造厂房，定购冷气机器，以及各项设备。现在香港厂，因为资金不足，生产设备没有完成，仍未开工，且负着九十多万港币外债，若要开工，须负到一百二十万港币的外债，根据现在香港厂的困窘情形实较甚于上海厂。

四、解放前后时期：在旧社会里，属公司确实存在着一个最大的错误观点，这错误的观点是未能透彻地了解新民主主义的政策，亦是因为受了国民党反动派恶意宣传的毒素，反动政府紧紧地给我们戴上了有色眼镜，所以在解放初期，对于人民政府领导下发展工商业的政策，还存在着顾虑。

一九四九年九月，源兴返抵天津，经华北对外贸易公司负责同志的明确指示，及中央贸易部姚部长的鼓励和嘉勉，增长了源兴恢复生产的信心。现在不但消除了一切的顾虑，并且更积极的致力于增加生产，以挽回战前的销路，发扬我国蛋品在国际市场的地位（目前全国出口物资，蛋品占第一位，按现在蛋品出口数量，尚不抵战前百分之三十）。这完全是由于毛主席伟大的领导，和政府当局贤明的措施，使我们认识了新民主主义施政的方针，及共同纲领的经济政策，同时经过学习和了解政府各级负责同志的言行，并确实的认识了发展生产，繁荣经济，公私兼顾，劳资两利的原则性。

由于思想改造，进而为行动的表现，遂积极准备复工，以求发展生产，争取外汇，换取外国有用的建设器材，来建设我们新中国。我们认清了我们的责任，这重大的责任，要我们有历史悠久、质量优良的茂昌公司来担负起来。

我们处在新民主主义国家里，是正面向着光明的大道上迈进，这一艰巨的工作，必须尽着属公司最大的力量来推进，这是我们应该作的事，亦是我们愿意作的事，在可能范围内，我们必须完成这项任务。

但是海口在顽敌残余匪帮封锁的情形下，属公司在上海主要部分的业务（制造冰蛋）无法出口。冰蛋出口必须由冷藏库迅速的装运到有冷藏设备的车辆上，输往国外。如果在没有冷藏设备的天津口岸转口，是不可能的。属公司迫于无奈，只有等待上海方面，有可能生产冰蛋条件时，再行复工制造。我们为了克服当前的困难，只有转向华北方面，设法恢复生产之一途。

五、劳资纠纷经过：上海市在解放以前，市内工厂大部分停工，属公司亦不能例外。于一九四九年五月，经职员、长工、季节性男女工等工友的要求，由公司发给所谓“应变费”，同时经过了劳资双方协议，其发付办法如下：

职员、长工：每人发付银圆五十元。

季节性男工：每人发付银圆二十元。

季节性女工：每人发付银圆十五元。

在当时约定作为暂时借款的性质，待工厂复工时，须于各人工资项下扣除，及至我英勇人民解放军攻入上海，在上海庆获解放后的第三日，一部分季节性男女工三十九人，来厂要求复工。本来蛋品出口，惟一的销路是在国外，国内并无销路，上海解放初期，国外销路及运输情况尚未恢复之种种条件下，属公司实难开工生产。即将上述暂时不能开工的理由，详细向工友们解释，并请工友们忍耐等待时机，有可能开工的条件时即行复工。谁知工友们竟以个人利益为立场，并不顾及公司的全局，以为是解放了，工人已是领导阶级，可以主持一切，误解了政策。所以在当时即将公司负责人包围，不准进出公司。公司负责人对政府的政策，亦未认识清楚，遂报向上海市公安局虹口分局，请求设法调解，以免发生不幸事件。公安局认为对于劳资纠纷，应由劳资双方协议，局方不能处理。公司方面因为对政策了解的不够，亦不知应向政府有关机构反映情况，只得向工友们解说允加考虑，翌日（廿八日）再行答复，以解当时的僵局。及至次日清晨，工友们复来包围，经公司负责人再三解说不能复工制造冰蛋或干蛋的原因，无奈工友们并不谅解公司不能复工之苦衷，势非达到即日复工之目的为止，并提出条件，在解放前停工期之工资，亦须照常补发。公司在无可奈何的情形下，认为工人亦算是工厂的主人，只得一一应允，对于当时的纠纷方始告一段落。岂知于次日（廿九日）全体男女季节工共计四百余人皆来厂要求全体复工，经过了数日的会谈，结果由公司方面暂时借给男工每人每月食米八斗七升五，女工每人每月食米七斗二升五，待日后开工时由工资项下扣除。然当时因缺乏现金，只得将公司所有物资变卖，分期发付，就这样的维持到七月底。

属公司因为业务实在无法继续，如果常此下去，必致走到不可收拾的地步，况亦无力再行担负，即向男女工等洽商停发，奈工友等坚持不允，公司逼于无奈，即呈请上海市劳动局调解，结果成立协议，其条件为八月份全月仍照常发给（注明暂借），另外再发给男女工每人二十五天的工资为遣散费，调解纪录上注明在公司未能恢复开工以前，劳方不得再提出任何要求。

至九月中旬，源兴由京返申，男女工友等复来要求复工。源兴为谋求继续生产，以维持职工的生活，曾一再努力与华东区贸易总公司接洽，计划办法，但因上海海口封锁甚严，贸总亦确难协助，所以属公司为了响应政府生产号召，始终计划着如何能克服困难，如何能恢复生产，今既不能制造冰蛋，只得计划着恢复一小部分干蛋，以维持一部分工友的生活。因此想尽了种种方法，与各往来银行求借打包贷款，以便恢复开工。经过了长时间的商讨，始由银行允准贷款，遂立即开始向外埠各地收购鲜蛋（一部分季节工在一九四九年十一月下半月复工，一部分在一九五〇年一月三日复工）制造干蛋，至二月十日因业务上季节性的关系，遂行停工。

在计划制造干蛋时期（十一月中旬），季节性男工借口以在公司工作多年为词，要求公司应先提升为基本工（基本工按月发薪，季节工按日发薪）。公司向彼等解释“现在仅恢复了一部分干蛋工作，不需要全数工友，如果全部工友无工作而支取工资，亦违反政府政策的规定”。工友等坚持先将男工升为基本工，至于无工作领工资的问题，须候他们自行检讨后，再行答复。属公司在无可奈何中，即勉强应允始于十二月一日起升为基本工。岂料他们升为基本工后，把“无工作领工资问题”已置于不顾，并未答复公司，延迟到现在已有四个月之久，仍未解决，且在三月初旬变本加厉，竟向公司要求供给饭食，公司方面确无应允的理由，工友们竟将职员的饭食强迫食用，经上海总工会同志的调解，方停止了这种无理的举动。

按目前上海方面，冰蛋既不能制造，同时干蛋亦因国外销路滞涩，政府曾一再指示不能盲目生产，在事实上不能继续开工。公司通告所有工友，将前借之银元及米粮等，作为停工期间之工资，并于三月十日通知工会，计划商谈全部份职工先行停薪、留职，谁知职工等非但不允许商谈，且采取紧急行为，将公司前后门看守，不准公司负责人外出，并强制将公司所有物资及董监事私人存公司内之物资，一概不准移动或出售，复将由天津汇申之现款四亿元冻结（按该款系在天津筹借者，以备缴胜利公债、房地产税、货物税等之用）。工友等将该款只许备作支付工资之用，在这样情况之下，公司已无经营管理之权，常此以往公司势必瓦解。

为了照顾到职工的生活，过去已竟在无工作的状态下，公司方面勉强为难的发了九个月的工资，现在财力已尽，借贷无门，迫不得已，方采取了停薪、留职的办法。如果照此僵持下去，会使得整个的生产事业，蒙受了莫大的损失。

源兴为谋求青岛厂计划，亲身奔走京津筹备，不料工友等竟违反了劳动纪律，不以长远的利益为出发点，复派代表十三人来津，坚持命源兴返沪处理，经源兴恳切的邀请代表等商谈和解释，约有十数余次，并答应上海公司负责人六人来津，以便会同商谈，不意竟遭工会阻止，代表等仍坚持原议，并要求于青岛厂复工时，上海厂的工人，须调至青岛工作。公司方面对此项要求，亦表同意，遂立即电知青岛厂，电文如下："上海工会代表到津，为解决申厂困难，要求来青工作，能受雇男女工若干，电复，源。"但是该办法不幸不能圆满解决，因为青岛市人民政府，对介绍工人工作，已有全盘计划。据青岛厂复电，电文如下："悉，青厂除去年老工人外，新招工人二百五十名，十五日由劳动局政令，为生产救灾，照顾军工烈属，统筹办妥，无法安置，请谅解，祖。"同时上海公司负责人、副总经理唐鼎臣，亦因在上海无法办公，时受威胁，故来天津以求解决办法。源兴本人亦极欲回申厂解决各项纠纷，惟因连日忙于与中国蛋品公司商讨进行我政府向英国政府销售冰蛋合同的工作，尚未竣事。这项工作关系着国家的经济，国内的生产，对公司全体职工的生活，及属公司的存在问题，势难中断。但属公司现在已呈混乱状态，将到不可收拾的情况。源兴除加紧进行青岛厂复工问题外，一方面与代表等恳切商谈，一方面电上海市劳动局、上海总工会，请予以正义的主持。现在我政府与英政府冰蛋交易合同已经成立，源兴俟青岛厂布置就绪后，即行返回上海听候调解或仲裁。

六、属公司的意见：

(1) 按以往我们在这半殖民地国家里，工业普遍的遭受到那些帝国主义、资本主义国家的侵略、压迫、掠夺，致使我们自己的民族工商业不能充分的发展，以致陷于贫困落后的状态。现在帝国主义、资本主义的恶势力已被我们打倒了，我们应该自主的、迅速的联合各阶层，同一目标来建设我们的新中国。我国蛋业过去都是操于外人的资本统制下，属公司是国人惟一的企业，对未来的蛋业复兴，我公司是责无旁贷的。我们劳资两方应当认清目标，立即肩负起来这伟大的使命。属公司决不抱个人主义，或主观观点，我们已经认清了当前劳资两方应该负的重要任务，同时亦切望职工同志等亦须深刻了解现行的政策，遵守劳动纪律，从长远利益为出发点，来完成我们未来的光荣任务。

(2) 根据过去劳方的要求过高，激烈行动，及工人觉悟不够的情况，属公司已感到恐慌和威胁，然公司方面，仍愿以最诚恳的意志，并且虚心接受各方批评和检讨，希望早日合理解决纠纷。

(3) 希望劳方不要破坏有国计民生性的企业，不要吃垮公司，公司虽已担负了九个月的不合理工资，并且已经作了多次的让步，现在已到岌岌待毙的时候，希望劳方认清目标，共同渡过当前的困难，在公司为恢复开工前，要求全部职工留职、停薪。

(4) 希望政府根据发展生产、劳资两利的原则，用说服、协商、调解或仲裁，无论何种方式，迅速解决。公司愿在政府的领导下，努力发展生产计划，争取国外市场的销路，针对政府一切政策措施企图发展。

茂昌股份有限公司总经理郑源兴谨启

公元一九五〇年四月

(上海市档案馆藏，档案号：Q229－213)

(二) 茂昌股份有限公司重要会议记录

1. 茂昌股份有限公司创立会

中华民国十九年二月十八日下午六时，茂昌股份有限公司在上海大东酒楼开创立会，到会股东共计四十六人，计一八六五权，均足法定数目，爰即宣告开会，公推郑源兴为主席。议决事项如左：

一、发起人郑芳桢君报告公司创立经过情形及设立费用。无异议，通过。

二、主席提议选举董事监察人，公推唐鼎臣、姚均和为监察员。经众投票毕，开票结果当场发表，当选人姓名及当选权数分别表列如下：

计开董事共计五人：郑奎元一六七零权、刘泉皋一四七零权、郑芳桢一七九七权、楼其梁八四八权、郑源兴一五九零权。

监察人共计二人：郑星炎一三九七权、朱金水一三一一权。

各董事监察人郑奎元等依照公司条例等一一四条之规定，应调查各条款，提出报告书，通过。

议毕，主席宣告散会，创立会完结，公司成立。

附茂昌股份有限公司调查报告书

茂昌股份有限公司（董事、监察人、检查人）调查报告书（如为股份两合公司则改为监察人调查报告书），兹遵照公司条例第一百十四条之规定，依据本公司发起人所报告之创立经过情形及账略，对于股份财产详细调查其结果如下：

一、股份二千股，已如数招足。

二、各股东当缴之股银已按股缴足金数缴清。

三、依照本公司章程所规定，发起人之特别利益及其姓名住址、职业如下，发起人并无特别利益。

四、股东有以银钱以外之财产抵充股银者，其姓名并其财产之种类折价及公司核给之股数如下，并无银钱以外之财产抵充股银者。

五、应归公司负担开支之设立费银，无元。

发起人不受报酬。

发起人每人一次酬劳银　元，共计银　元。

以上各款核查均属确实，并无冒滥，特此报告，此致创立会。

董事郑奎元、刘泉皋、楼其梁、郑源兴、郑芳桢

监察人郑星炎、朱金水报告

中华民国十九年二月日

（《茂昌股份有限公司调查报告及复兴计划》，《茂昌股份有限公司创立会决议录》，上海市档案馆藏，档案号：Q229－1－183－1）

2. 茂昌股份有限公司股东会

本公司于民国十九年二月十八日，由现任董事部召集股东大会，借大东酒楼为会场，当到股东四十六人，占本公司股份总额之过半数，当公推郑源兴君为主席、韩茂棠为书记。其开会之程序及决议如下：

主席宣告开会；

主席恭读总理遗嘱，全体肃立，静默三分钟。

主席报告董事部提议本公司虽居公司之名，仍是商号性质，迄未依法登记，殊有未妥。经本公司董事部磋商再四，决议本公司改为股份有限公司，宣名茂昌

股份有限公司。郑芳桢股东赞成，依照董事部决议办理，当由主席付表决，全体起立通过。

主席宣读现任董事部草订之茂昌股份有限公司章程，请众讨论。各股东均无讨论。由唐鼎臣股东提议，既无讨论，请付表决。朱金水股东附议，当由主席付表决，全体起立通过。

股东郑芳桢提议，本公司应即日依照股份有限公司章程，呈请官厅注册。股东应佐卿附议，当付表决，全体举手通过。

以投票法选举董事，每股有一权，主席指派唐鼎臣、姚均和检票，结果：郑奎元得一千六百七十权；刘泉皋得一千四百七十权；楼其梁得八百四十八权；郑源兴君得一千五百九十权；郑芳桢得一千七百九十七权；以上五君当选为董事。

次以投票法选举监察，仍由唐鼎臣、姚均和检票，结果：郑星炎得一千三百九十七权；朱金水得一千三百一十一权；以上二君当选为监察。

主席宣告散会。

郑源兴

[《茂昌股份有限公司董事会决议录》(第一册)，上海市档案馆藏，档案号：Q229－1－183－25]

3. 茂昌股份有限公司第一次董事会

日期：十九年二月二十二日上午十时。

地点：本公司董事室。

列席董事：郑奎元到，楼其梁到，刘泉皋到，郑芳桢到，共四人。

公推刘泉皋君为主，委胡祖坤为书记。

开会如仪，其决议如下：

董事郑芳桢提议，依章程所规定，公推郑源兴君为代表公司董事，当付表决，全体一致赞同，起立通过。

主席宣告，本会应依章程规定，互选董事长一人。以投票法选举之，结果郑奎元君得三票，楼其梁君得一票，郑奎元君被选为董事长。

右列决议确实无讹，令由书记宣读并无更正之处，由主席盖印于后。

主席刘泉皋

[《茂昌股份有限公司董事会决议录》(第一册),上海市档案馆藏,档案号:Q229-1-183-25]

4. 茂昌股份有限公司第二次董事监察联席会

日期:十九年十二月二十三日下午三时。

地址:本公司董事室。

列席董事监察:郑奎元到,刘泉皋到,楼其梁到,郑方正代到奎,郑钟莹到,朱金水到,共计六人。

开会如仪,委韩茂棠为书记,其报告提议如下:

总经理郑源兴君报告,自本年八月间往欧美查察实地推销情形,至十二月间回申经过大略。自八月间,由上海趁东洋轮前往,先到美国,次到英国,其他德法等国,调查各该国形势仿佛,皆因大局关系,消数颇不如前,兼内外同业竞争,市价紊乱,又遭金贵银贱之风,营是业者,无不异常棘手,暗亏甚伙,实有种种困难,片言难尽,欲谋振兴,实难易易。现拟整顿办法,此后同业如遇采消两难之际,应具有全体联络感想,会议统一宗旨,秉公维护,或可稍减暗亏,洋商主任亦有同意,合并声明。

又报告本公司去年与各顾客预约冰蛋生意,被史惠夫照额减去二千吨,洛士利减去一千五百吨。因被美大局影响及先令步缩,扩本难当而减。本公司遵重交谊顾全后交,只好认亏作罢。但去年预约时先令照市揭落,今年冰蛋减出,所揭先令不能抵直,现在将揭欠缺额先令按数情商银行,作为暂挂,嗣后陆续分期抵直。董事监察全体通过。

又提议本公司以今日止,约该各钱庄活期银五十万两左右,因遭同业谣风骤起,钱庄疑议,纷来催讨,势难缓颊。决议旧历年底为止,提早陆续解清,适有不敷,请董事部转为设法调济。

董事长郑奎元君提议,现在蛋货出口获利尤难,本公司采办人员众多,开缴浩大。现总经理郑源兴君筹备减省,如遇局僻不便地点,无大宗采办蛋货,兹可加以裁并裁处,则人员开支两可节省,应或不无补。决议由总经理命监察朱金水君分类起草计划单,俾可填择减之,全签。

[《茂昌股份有限公司董事会决议录》(第一册),上海市档案馆藏,档案号:

Q229－1－183－25]

5. 茂昌股份有限公司第三次董事监察联席会

日期：二十年一月十八日。

列席董事监察：郑奎元到，刘泉皋到，郑源兴到，楼其梁到，朱金水到，郑星炎到。

开会如仪：仍委韩茂棠、胡祖坤为记录，所有董事监察会议各项事端次第决议录下：

本公司股东常会照章每年举行一次，今因本公司改为股份有限公司名义呈请注册后未足一年，对于内部新旧交替事项尚未舒齐，由董事监察会议决议股东会期后召集之。

本公司分发同人奖励金照去年公司营业状况不能发给，因董事部顾全同人起见，决议仍照旧额定于二月一日给付，对于股东股息亦定于二月一日给发。

本公司凡有先令旧存及新结并络续用去之数目，决议按月摘账报告董事部备查。

本公司营业上各款售出先令者，仍照旧留，须先请董事部议决方可进行，唯小数不计公本公司凡遇大批抛货，须照向例，邀同董事部讨论价目，再行成交。本公司董事监察联席会议决议以后，按月开会一次，规定每月十五日为开会之期。

本公司对于冰蛋出口先令价目到一先令三便士可结者，在抛货未挠成之前，应照今年生意数目核算，结脱三成。如见先令市价上升者，即刻结脱八成半。再各抛货成交者，即将全年生意数目核计先令结脱八成半为限，唯装箱蛋之先令不在此例，结否下期再议。

第二次会议中报告揭欠缺额先令数目如下：高价汇票先令除定货抵消外，二十年三月底止，净数四十万另三千九百六十五镑，又中价先令七万镑正，全签。

[《茂昌股份有限公司董事会决议录》(第一册)，上海市档案馆藏，档案号：Q229－1－183－25]

6. 茂昌股份有限公司第四次董事监察联席会

日期：本年三月十七日午后

地址：仝前

列席董事监察：楼其梁到，刘泉皋到，郑源兴到，郑芳桢到，朱金水到，郑星炎到，郑奎元桢代。

开会如仪，委韩茂棠为记录，所有监察董事会议报告各事录后：

报告本公司全年出口冰蛋生意对各主客经已成交，兹向所有先令亦已揭出，通扯先令揭价以一先令四便士三计算，共揭总数计三十七万镑。

本公司开股东大会之期，由董事监察会议决议于四月十五日，应先书出通告，邀请各股东届期莅会集议，会场备具茶点以供赏饮。全签。

[《茂昌股份有限公司董事会决议录》(第一册)，上海市档案馆藏，档案号：Q229－1－183－25]

7. 茂昌股份有限公司第一次股东会

开会日期：中华民国二十年四月十五日。

地点：四马路大观楼。

股东共五十七户，股权共一千五百二十五权。

主席公推郑源兴君，记录公推胡祖坤君。

开会程序：

一、开会如仪。

二、主席报告本公司十九年度营业状况。

三、监察人朱金水君报告账略，并分发资产负债表、财产目录印刷品与各股东。

四、主席代表董事会报告十九年度股息，经董事会议决照一分分派，并推公积金十分之一计洋三万元，酬劳奖励金洋三万五千元，业经照办在案，请求各股东追加承认。当经主席、各股东一致举手赞成通过。

五、选举监察人，分发选举票，由主席指定唐鼎臣股东、姚均和股东为检票人，选举结果：朱金水君约一千三百五十一权，郑麟诗君约一千三百十九权，应佐卿君约二百三十四权，刘颐云君约九十三权，伊立君约四十一权，郑星炎君约十二权。主席宣布朱金水君、郑麟诗君当选为监察人。

郑源兴

[《茂昌股份有限公司股东会议记录(1931—1939)》，《第一次股东会》，上海

市档案馆藏，档案号：Q229－1－186]

8. 茂昌股份有限公司第五次董事监察联席会

日期：二十年十月六日。

地址：仝前。

列席董事监察：刘泉皋签，郑源兴签，郑芳桢签，朱金水签，郑麟诗签。

开会如仪，原委韩茂棠为记录，所有董事监察报告决议录后：

总经理郑源兴君报告，本公司自上年移来揭定之先令，除今陆续用去外，至明年三月底止，大约尚有积余先令三十万之谱，在汇丰、有利两银行约计各半。现为英国有取销现金出口之试行六个月章程消息传来，以致上海先令价格转涨，由汇丰大班鉴此先令价格转机，劝本公司揭余先令正好乘此涨市，揭脱半数，庶几亏耗限定，减轻负担，尚有半数留看后市。听其言意甚善，本公司理当遵行。为此设法对付，将先令作脱之银，仍须另立本公司名户，作为长期备款，利息长年七厘计算，不拘年月久暂。以明年一月起，本公司有出口生意，将每吨货价中提出一点归还此银，双方各守信用，照此办法，则可蒙汇丰大班完全答允照行，如是本公司亦当遵从。当由董事监察均各同意赞成。又董事监察决议先令作价书后：

本公司名下由上年移来揭定未用先令，约有三十万之谱，系汇丰、有利两银行所揭。决议今日起三星期为限，至少照今市一先令七便士五之价目，先行见机揭脱十五万，如能照此价涨出之外作脱更好，适或另有变更风潮，照此价跌进之内，必须再行邀集会议定行。

源

[《茂昌股份有限公司董事会决议录》(第一册)，上海档案馆藏，档案号：Q229－1－183－25]

9. 茂昌股份有限公司第六次董事监察联席会

日期：二十年十一月十四日。

地址：仝前。

列席董事监察：郑奎元签，刘泉皋签，郑源兴到，郑芳桢签，朱金水签，郑麟诗到。

公推郑源兴君为主席，原委韩茂棠为书记，追认卖买本公司厂基房屋事及报告经过情形，由董事监察联席会议追认照行，决议录下：

主席报告本公司厂基房屋，昔年向产主沙逊洋行租进，由五昌公司承租，立有承租合同。至届满限期，只有四年矣。近因该产主发生欲将该房产估价出售之意。当由董事刘泉皋君闻知是项消息，遂命郑源兴君前往商议，始则相商承租展期，继则相请平价卖买，而产主答复果然展租之说坚决不允，如欲买卖必须高价可成，由此暂搁进行。迨至本月二日为董事长郑奎元君六秩寿辰，在宁波天童寺设席，咸往偕宴。待宴毕，遂由董事监察假寺内开一度讨论会议，佥以本厂建筑设备殊属匪易，不如准照产主价格，斟酌成之，以免届期迁移无涉，均为赞同。是以郑源兴君回沪后积极从事，一再与该产主磋商成功，共计绝买实价银一百万两，已于本月十二日先行付去银十万两，收条亦已取来，其余价银至明年国历三月一日成契付清。成契后，是产完全归本公司所有。乃因财力不及，将是产仍向原产主言明做押款，计押银七十万两，言明利息按年八厘，至一周年对月还押款本银一成，至第二周年对月如数还清，照此办理。今日董事监察联席会议决议通过追认照行。全签。

[《茂昌股份有限公司董事会决议录》(第一册)，上海档案馆藏，档案号：Q229-1-183-25]

10. 茂昌股份有限公司第八次董事监察联席会

日期：二十年十二月七日。

地点：仝前。

列席董事监察：刘泉皋到，郑源兴到，郑方正到，朱金水到，郑麟诗到。

开会如仪，公推郑源兴君为主席，委韩茂棠为书记，会议冷气栈主顾要求本公司作押款事报告情形，决议限额照行，录后。

冷气部张绪铭先生报告，现在本栈堆货之主顾，内有三四位欲将所栈之货要求本公司作为押款以资，如若不允，其货势必转栈别号，无可挽留，如是本栈生意恐遭坐视减色，殊属可惜等云。

董事监察联席会议，佥以顾全主顾接济利便起见，理当设法变通，以经主顾之周转而利双方之营生，暂定押款数目以二万元至五万元为止，利率暂定按月一分五厘计算。决议如能合格之货先行试做，二万元为限，凭张绪铭先生负责办理，慎重行之，如货多续做三万元者，必须征得董事或监察一人许可则行之，否则中止。如再欲多做，另行再议。又决议押款之货，公估价目均估六折押款以及货之好坏能合格可作押款与否，一切手续全凭张绪铭先生负责，精明仔细检理，以专责任。惟以上押款支取时，凭单上须经以上董事或监察一人签字后方可照付，以后付还押款、取赎货物等手续，皆由以上董事监察及总账房并有关系者诸君互商办理。又以上押款之各货暂定由本公司自行保险，以作保障。惟保险事宜，请诸君与伊立君接洽办理，所有保险数目照公估价格实足为标准，庶几稳妥。

［《茂昌股份有限公司董事会决议录》(第一册)，上海档案馆藏，档案号：Q229－1－183－25］

11. 茂昌股份有限公司第九次董事监察联席会

日期：二十年十二月十七日。

地址：仝前。

列席董事监察：郑奎元到，刘泉皋到，郑源兴到，郑方正到，朱金水到，郑麟诗(郑星炎代表)。

公推郑源兴君为主席，委韩茂棠为书记，会议维护稳当生意起见，预揭先令限价，决议录下：

本公司制造冰蛋出口生意，向由外洋主顾预先成交，然后继续运往，每年于十二月一日起，将国内鲜蛋市面估计冰蛋价格，报告主顾核夺，至次年大约二月间左右订约成交，一年一度，历来如是。目今市价皆已按时报出，预料明年冰蛋生意约可售出一万吨之谱，约计价值金镑六十万镑之则。因近来先令市面上落较巨，危险异常，致鲜蛋价格亦时有变动，为经护稳当之计，决议将此项预约金镑以三分之一计二十万镑之先令先行向银行络续见机揭定，庶几照所报出之货价相符，以免意外风险。尚有余额，待生意确实成交后，随时照市揭定之。惟先令揭价，现市电汇一先令十一便士二五，即出口市二先令二〇，现限定揭价二先令之内，至多二先令为限，设遇市面必须超过现价之外，须再另议，但往后所揭先令之总数，连以上决议先行揭定二十万镑在内，以全年生意总额核算为标准，不得逾额，合并提明。

［《茂昌股份有限公司董事会决议录》(第一册)，上海档案馆藏，档案号：

Q229－1－183－25]

12. 茂昌股份有限公司第十次董事监察联席会

日期：二十年十二月二十一日。

地址：仝前。

列席董事监察：郑奎元到，刘泉皋到，郑源兴到，郑方正到，郑麟诗到。

开会如仪，推郑奎元君为主席，委韩茂棠为书记，所有决议录后：

上次本月十七日会议之预约金镑，先向银行揭定二十万镑，定价至多以二先令为限，今因市价照所限不符，重行决议，改限为二先令一便士，揭定十万镑，其余十万镑仍照前议有效。

前第六次会议向沙逊洋行买成本公司厂基房屋及其他栈房、市房等，计总价银共计一百万两，原定至明年国历三月一日成契结价，今双方言定改早，为年内交割成契，至开年一月一日起完全改本公司自行管理，所有做押款之期亦改早，于同日为拾，唯数目及其他手续仍照前议办理，一致议决同意照办。

[《茂昌股份有限公司董事会决议录》(第一册)，上海档案馆藏，档案号：Q229－1－183－25]

13. 茂昌股份有限公司第二次股东会临时股东会

开会日期：中华民国二十一年一月三日。

开会地点：南京路东亚酒楼。

到会股东共五十户；到会股权共一千一百八十权。

主席：公推郑源兴君；记录：公推胡祖坤君。

开会程序：

一、开会事仪。

二、主席宣布开会。

三、书记宣读第一次股东会记录，经全体股东举手通过无误。

四、书记宣读照公司法更正之公司章程各条，业经二十年十二月呈请社会局转部备案，请各股东追认，经到会全体各股东一致举手通过。

五、主席报告二十年度营业状况，略云二十年度营业平平，官利勉强可发，呈之于应给请各股东表决，经各股东全体举手表决通过。

郑源兴 民国二十一年十月十九日

备考：全体股东总户数共计七十七户，全体股东股权总数共计一千六百三十九权，本届到会股东户数、权数均超过总数二分之一以上。

[《茂昌股份有限公司股东会议记录(1931—1939)》，《第二次股东会临时股东会》，上海市档案馆藏，档案号：Q229-1-186]

14. 茂昌股份有限公司第三次股东会临时股东会

开会日期：中华民国二十一年十月二十九日。

开会地点：南京路大东酒楼。

到会股东共六十二户；到会股权共一千五百十三权。

主席：公推郑源兴君；记录：公推胡祖坤君。

开会程序：

(一) 由董事郑源兴君宣告开会，公推郑源兴君为主席，一致通过，公推胡祖坤君为记录，一致通过。

(二) 主席报告开会宗旨，大致称因中日战争，上半年未及开股东常会，特行补开，除报告二十年度账略外，并须推举二十一年度监察人二位，又须补选董事二位，因董事楼其梁君、刘全高君均因病作古。

(三) 主席读上次记录，全体无异议，一致举手通过。

(四) 主席报告二十年度经济状况，并分发决算报告书，经全体股东认为满意，一致举手通过。

(五) 主席指定姚均和张绪铭二君为检票员，分发选举董事、监察人之选举票。

(六) 主席报告选举结果，董事票郑星炎君得一千三百零八权，朱金水君约一千二百八十五权，右二位当选为董事；次多数郑麟诗得一百四十四权、刘颐云约七十一权为候补。

监察人选举票：应佐卿君得一千四百十六权，楼文治君得一千三百五十二权，右二位当选为监察人；次多数郑麟诗君约一百六十权、刘颐云君约六十四权为候补。

(七) 主席宣布散会

郑源兴 民国二十二年一月十五

[《茂昌股份有限公司股东会议记录(1931—1939)》,《第三次股东会临时股东会》,上海市档案馆藏,档案号:Q229－1－186]

15. 茂昌股份有限公司第十一次董事监察联席会

日期:二十二年一月十四日。

列席董事、监察:郑奎元到,郑源兴到,郑星炎到,郑方正到,楼文治到,应佐卿到。

推郑源兴君为主席,委胡祖坤为书记。

决议事项如下:

一、欧洲蛋业情形固疲,同业电请郑源兴君前往商洽并资团结,看现在情形,须请郑君前往,为顾全本公司营业计,议决即请郑源兴君前往欧洲商洽进行。

二、二十一年度决算,刻试算初稿已成,候会计师查核后报告股东会。

三、股息问题视试算情形应可发给,惟须待会计师查核后,再正式股东会承认后,再行发表,给发日期大约在四五月之间。

四、决议于一月十五日举行临时股东会,报告营业状况等事。

查现在出口营业大势似渐衰弱,蛋业亦随之而衰颓,对于山东省土产出产生米为大宗,本公司营业原以推广国产为宗旨,对于青岛分公司范围生米出产之营业,极合本公司营业之时期及范围,查此项营业应列入本公司副业范围之内。决议请代表公司董事郑源兴君主裁,慎重进行办理。

源

[《茂昌股份有限公司董事会决议录》(第一册),上海市档案馆藏,档案号:Q229－1－183－25]

16. 茂昌股份有限公司第四次股东会临时会

开会日期:中华民国二十二年一月十五日。

开会地点:南京路东亚酒楼。

到会股东共三十六户;到会股权八百十三权。

主席郑源兴君,记录胡祖坤君。

开会程序:

(一)由代表公司董事郑源兴君宣告开会。

（二）公推郑源兴君为主席，由主席指定胡祖坤为记录。

（三）由记录宣读上次会议记录，各股东无异议，一致举手通过。

（四）由主席报告营业状况，略谓二十一年度决算试算已成就，盈余与去年相仿，股息勉强可发，惟须候会计师查核后，经正式股东会承认后发给。惟各同事之酬劳奖励金，以有困难情形，先行特别通融，以后照章办理。经各股东一致举手通过。

（五）主席宣告散会。

郑源兴

备考：全体股东总户数计八十一户，全体股东股权总数计一千六百四十三权，本届到会户数、权数均过三分之一以上。

[《茂昌股份有限公司股东会议记录（1931—1939）》，《第四次股东会临时会》，上海市档案馆藏，档案号：Q229－1－186]

17. 茂昌股份有限公司第十二次董事监察联席会议

日期：二十二年五月二十五日。

列席董事、监察人：郑奎元到，郑源兴到，郑方正到，朱金水到，郑星炎到，应佐卿到，楼文治到。

推郑源兴君为主席，委胡祖坤为书记。

一、宣读上次记录，无异议一致通过。

二、为增资事议决提交股东会讨论，并草就敬告各股东书，及议决悬拟增资招股办法详下：

（一）本公司拟招新二千股（每股一千元，合计二百万元）；

（二）新股拟于本年七月一日起开始招募，新股对于公司之权利于明年一月一日起开始，在本年内照其缴款日起给予长年一分之利息；

（三）本公司财产本年度终聘请公正之估价专员估计为准，账目请会计师审查合格为凭。以本年度终为止，资产负债相抵后（公积金仍照常保留），所有盈余除依法提公积金十分之一外，所余概发给余利票，凡余利票满洋一千元即改发新股一股，其不满一千元者，除少出席股东会之权利外，其余权利与股票同。

（四）招募新股之程序。

(1)由旧股东认购(不论余利票或现金);(2)由旧股东认募;(3)由公司招募。

(1)(2)两项于本届股东会先由出席各股东自行认购或认募,签名盖章,并酌留若干股为未出席股东之认额,所剩余数额即由公司另行招募。

本公司以本年七月一日至本年年终为招股期间,如招不足额,每即照所招得者为增资之数额。将来是否继续招募,由董事会决议决办理。以上悬拟增资招股办法各条,逐条均经列席各董事检查人全体一致通过,提出股东会讨论决议后执行。

[《茂昌股份有限公司董事会决议录》(第一册),上海市档案馆藏,档案号:Q229-1-183-25]

18. 茂昌股份有限公司第五次股东会

开会日期:中华民国二十二年五月二十八日。

开会地点:南京路大东酒楼。

到会股东共三十六户;到会股权共一千六百三十权。

主席:郑源兴君;记录:胡祖坤君。

开会程序:

(一)宣告开会。

(二)郑奎元君推举郑源兴君为主席,唐鼎臣君附议,各股东一致举手通过。

(三)主席委胡祖坤君为记录。

(四)主席宣读上届股东会议记录,各股东均无异议,一致举手通过。

(五)董事会报告之二十一年度营业报告书、资产负债表、财产目录、损益计算书,业已合订成册,分给各股东请求承认。各股东并无异议,一致举手承认。

(六)董事会提议之二十一年度公积金及股息等分派之议案,请各股东讨论。各股东并无异议,一致举手通过。

(七)董事会提议增加资本一案,已由董事会详述理由于敬告各股东书,并附悬拟增资招股办法。各股东讨论结果,决议用投票表决法,由各股东投票表决并委姚均和君、张绪铭君、袁恒通君、袁光行君为检票人。投票结果如下:赞成增资者计一千四百八十六权,否决者计十权。按本届到会股东总权数计一千六百二十权,今投票表决结果,赞成增资者计一千四百八十六权,已超过到会股东总权数三分之二以上，已成正式合法通过。

（八）选举董事监察人一案，委姚均和君、张绪铭君、袁恒通君、袁光行君为检票员，分发选举票检于各股东，由各股东投票选举，其结果如下：

（甲）董事选举票，被选举得权数最多数者为郑源兴君、郑奎元君、郑方正君、朱金水君、郑星炎君五人，当选为董事；被选举人得权数次多数者为刘颐云君、姚均和君二人，被选为候补董事。

（乙）监察人选举票，被选人得权多者为应佐卿君、楼文治君二人，当选为监察人；次多数为郑麟诗君，备选为候补监察人。

（九）鉴定增资办法案，董事会采议之增资原则已正式通过（载略第七条），惟招股等之具体计划，议决由董事会拟具后，召集临时股东会通过后进行办法。

郑源兴

备考：全体股东总户数计八十一户，全体股东股权总数计一千六百五十一权。

［《茂昌股份有限公司股东会议记录（1931—1939）》，《第五次股东会》，上海市档案馆藏，档案号：Q229－1－186］

19. 茂昌股份有限公司第二届第一次董事会

日期：二十二年五月三十日。

列席董事：郑奎元到，郑源兴到，郑方正到，朱金水到，郑星炎到。

推郑源兴君为主席，委胡祖坤为记录。

一、宣读上次记录，各位无异议一致通过；

二、本届各董事系由五月二十七日第五次股东大会产生，所有董事长一席照章应由各董事互选，兹推选郑源兴先生为董事长。

本公司代表公司董事，由各董事公推郑源兴君兼任。

［《茂昌股份有限公司董事会决议录》（第一册），上海市档案馆藏，档案号：Q229－1－183－25］

20. 茂昌股份有限公司第二届第二次董事监察联席会

日期：二十二年六月九日。

到会董事、监察人：郑源兴到，郑方正到，朱金水到，郑星炎到，应佐卿到，楼文治到。

一、宣读上次议决录，各位无异议通过。

本公司增资问题已由第五次股东会依法通过，决议增资二百万元。惟前拟之各项增资招股办法似有窒碍之处，兹议决定本年六月三十日为止结算账目，俾将来有所标准。招股章程由各董事随时经详讨论，俟确定后再以会议资产账务，议决以八月中完成手续。

源

[《茂昌股份有限公司董事会决议录》(第一册)，上海市档案馆藏，档案号：Q229-1-183-25]

21. 茂昌股份有限公司第二届第三次董事监察联席会

日期：十一月二日。

到会董事、监察人：郑源兴到，郑奎元到，郑方正到，郑星炎到，朱金水到，应佐卿到，楼文治到。

一、主席郑源兴君，委胡祖坤记录。

二、宣读上次议决录，各位无异议通过。

本公司上次董事监察人联席会议决，对于增资问题，以"六月三十日为止结算账目，招股章程，由各董事随时经详讨论"等情后，因时间不及，账目恐难周全，现论自十二月一日起，开始招股，就股东账目之结算，以本年底为止，悬拟招股章程，一切手续，先行筹备，各董事先行向各方接洽，至期如接洽得有眉目，即行召集股东会通过后举行之。

源

[《茂昌股份有限公司董事会决议录》(第一册)，上海市档案馆藏，档案号：Q229-1-183-25]

22. 茂昌股份有限公司第二届第四次董事监察联席会

地点：本公司会议室。

日期：二十三年三月二十八日上午。

到会董事、监察人：郑源兴到，郑奎元到，郑星炎到，朱金水到，应佐卿到，楼文治到。

推郑源兴君为主席，委胡祖坤记录。

一、宣读上次议决案，无异议通过。

二、二十二年度决算案、二十三年度资产负债表、损益计算书等各草案，业已造具，经各董事监察人一致通过。股东常会日期，俟会计师于账务查竣后，由下次董事会规定召集之。

三、增资招股案，上次董事会监察人联席会议议决，由各董事向各方接洽。因时势关系，似未便急进，兹议决仍由各董事继续进行，俟有眉目，再行讨论正式进行。

源

[《茂昌股份有限公司董事会决议录》(第一册)，上海市档案馆藏，档案号：Q229－1－183－25]

23. 茂昌股份有限公司第二届第五次董事监察联席会

地点：本公司会议室。

日期：民国二十三年五月二十七日上午。

到会董事、监察人：郑奎元到，应佐卿到，郑星炎到，郑方正到，楼文治到，郑源兴到，朱金水到。

推郑源兴君为主席，委胡祖坤为书记。

一、通过上次决议案

主席郑源兴君宣读上次决议录，各董事无异议通过。

二、对于外行营业案

董事郑奎元君提议，本公司营业除本业外，其他外行生意以后是否应行一律不做，请予决议。郑源兴君报告冷气堆栈部已进鱼类一万余元，还在续进。经各董事议决，鱼类进货即以二万元之为限，此外外行生意议决一律不做。

三、年底箱蛋出口案

董事郑奎元君提议，出口装箱鲜蛋十一月一日起，应行停止出口是否有当，请予公议。兹经董事议决，以十二月一日起除定货照常装交出口外，其他寄售箱蛋概不续装。

四、股东会日期案

主席郑源兴君报告资产负债表、财产目录，各账目已均由会计师查核完竣，应议定股东常会日期。经各董事议决，本年股东常会日期定六月二十四日。

五、股东会提议案

主席郑源兴君提议在本年股东常会，董事会应提议之事项，应先行议定。兹经各董事讨论议决如下：

（一）报告筹备增资经过；

（二）通过决算报告书；

（三）选举监察人。

源

［《茂昌股份有限公司股东会议记录（1931—1939）》，《第六次股东会》，上海档案馆藏，档案号：Q229－1－186］

24. 茂昌股份有限公司第六次股东会

开会日期：中华民国二十三年六月二十四日。

开会地点：南京路东亚酒楼。

到会股东共五十六户；到会股权共一千六百四十八权。

主席郑源兴君，记录胡祖坤君。

开会程序：

由代表公司董事郑源兴君宣告开会。

（一）公推主席记录

由各股东推郑源兴君为主席，胡祖坤君为记录。

（二）宣读上届记录

由记录胡祖坤君宣读上届股东会议记录，各股东无异议，一致举手通过。

（三）报告增资经过

主席郑源兴君代表董事报告筹备增资经过，略谓因时局关系及社会不景气之影响，对于筹备增资事宜一时尚未能有圆满之结果，深望各股东一致勉力，候有相当机会继续进行。

（四）通过决算案

主席郑源兴君报称：董事会请求通过承认之二十二年度决算一案，已由董事会汇合上海总公司、青岛分公司之各种决算表册，依法编制营业报告书、资产负债表、财产目录损益计算书，经第四届监察人查核属实副署后，并经会计师查核证明，付印装订成册，分给各股东请求承认。各股东并无异议，一致举手通过。

（五）选举监察人

主席报称本公司第四届监察人业已满任，照章应行另选，将被选资格之股东名单及选举票分给各股东，并委姚均和君、张绪铭君、袁光行君、袁恒通君为检票员。选举结果，得权数最多者为应佐卿君，计得一千二百六十权；次多数为陈仁涛君，计得一千一百八十三权；再次为郑麟诗君，得一百五十权。当由主席郑源兴君宣布应佐卿君、陈仁涛君当选为第五届监察人，郑麟诗君备选为第五届候补监察人。

议案完毕，由主席郑源兴君宣告散会。

郑源兴

［《茂昌股份有限公司股东会议记录（1931—1939）》，《第六次股东会》，上海档案馆藏，档案号：Q229－1－186］

25. 茂昌股份有限公司第二届第六次董事监察联席会

地点：本公司会议室。

日期：民国二十三年八月二十五日。

到会董事、监察人：朱金水到，郑星炎到，郑源兴到，应佐卿到。

推郑源兴君为主席，委胡祖坤为书记。

一、通过上次决议案

主席郑源兴君宣读上次决议录，各董事无异议通过。

二、川沙养鸡场基地诉愿案

本公司川沙养鸡场，以部令谓公司杂有外资，不准在内地购置民地，迭经多方诉愿，最后于六月二十八日，由江苏省建设厅决定仍照原处分执行。兹议决不再上诉，准将该鸡场基地房屋等出售，并将鸡场一并出盘。

三、川沙养鸡场出售限价案

查川沙养鸡场，该总公司往来洋 33,925.55，内应除去二十二年度亏耗 2,456.52、二十二年七月底止亏耗 3,488.79，净计 27,977.84。再查川沙养鸡场七月底止，资产总数洋 27,977.84，与上述相符。惟该数额未经折旧，兹将该鸡场地皮、房屋、生财、种植等全部财产，公议决定最少限价洋二万元，由各董事监察人物色受主，以俾于一星期内售脱，依限报县消案。

源

［《茂昌股份有限公司董事会决议录》(第一册)，上海档案馆藏，档案号：Q229-1-183-25］

26. 茂昌股份有限公司第二届第七次董事监察联席会

地点：本公司会议室。

日期：民国二十四年一月三十一日。

到会董事：郑奎元到，朱金水到，郑方正到，郑星炎到，郑源兴到。

一、通过上次决议案

主席郑源兴君宣读上次决议录，各董事无异议通过。

二、二十三年度账略案

总经理报告二十三年度全年营业账略，其电子表格，经各董事阅过，决算报告各表册，由各董事赶造草案，俟草案成就后，再请监察人审查。

三、对于金融调度案

二十二年底，本公司结欠承余顺洋八十余万元，承余顺该各钱庄款一月底止约三十余万，调度为难。本公司对于金融款项欠缺尚巨，已向多数董事临时商定向中国银行借款二十五万元，以上海本厂冷气设备机器等及小轮、铁驳、汉口地产作担保品，定期六个月后，分期拨还，以一年内清净，现请全体董事追认。经各董事一致通过。

源

(《茂昌股份有限公司董事会决议录》(第一册)，上海档案馆藏，档案号：Q229-1-183-25)

27. 茂昌股份有限公司第二届第八次董事监察联席会

地点：本公司会议室。

日期：二十四年二月二十日。

到会董事、监察人：郑源兴君、郑星炎君、朱金水君、应佐卿君、陈仁涛君。

公推郑源兴君为主席，委胡祖坤记录。

一、通过上次决议案

上次决议录由各董事披阅一过，各无异议通过。

二、二十三年度决算案

二十三年度决算已由各董事造成草案，由监察人查核副署，俟会计师查核后，再行召集股东会议。

源

[《茂昌股份有限公司董事会决议录》(第一册)，上海市档案馆藏，档案号：Q229-1-183-25]

28. 茂昌股份有限公司第二届第九次董事会

地点：本公司会议室。

日期：二十四年二月二十三日。

到会董事：郑源兴君、郑星炎君、朱金水君、郑方正君。

推郑源兴君为主席，委胡祖坤记录。

一、通过上次决议案

主席郑源兴君宣读上次决议录，各董事无异议一致通过。

二、通过股东会日期案

主席郑源兴君提议，决算各项表册已经会计师查核完毕，决算报告书现已付印，应议定股东常会日期，以便通告举行。经各董事商议决定四月二十四日举行股东常会，一致通过。

三、本公司金融问题及增资案

主席郑源兴君提议，本公司所该承余顺记款项，最好四月底以前归清。惟是查本公司情形，现时仅得勉强维持营业，暂时碍难归还，如筹有相当眉目，再定归还办法，照目前情形，治本办法，非添资本不可，拟添资三百万元。经各董事通过议决，向股东会提议，经股东会议决后施行。

四、请求政府帮助案

董事郑星炎君提议，现在市面萧条，招股恐难如愿，查本公司为国产出口事业，关系于农业经济与国际贸易至深且巨，可请求政府投资援助。经各董事议决呈请财政、实业两部，请求拨助国币三百万元为本公司股份。由代表公司董事郑源兴君拟稿呈请，以官商合办为原则，如能进行有眉目，再请股东会追认之。

五、股东常会提议案

主席郑源兴君提议，本届股东常会董事会，应行提议之事项，应行议决。兹经各董事讨论通过提案如下：

报告营业状况，请求通过决算案，续议增加资本案，选举第六届监察人案。

［《茂昌股份有限公司董事会决议录》(第一册)，上海市档案馆藏，档案号：Q229－1－183－25］

29. 茂昌股份有限公司第七次股东会

开会日期：中华民国二十四年四月二十四日。

开会地点：南京路大东酒楼。

到会股东共五十六户，到会股权共一千四百九十三权。

主席：郑源兴君；记录：胡祖坤君。

开会程序：

由代表公司董事郑源兴君宣告开会。

(一) 公推主席、记录

由各股东公推郑源兴君为主席，胡祖坤君为记录，一致通过。

(二) 通过上届决议案

由记录胡祖坤君宣读上届决议录，各股东无异议，一致举手通过。

(三) 报告营业状况

主席郑源兴君代表董事会报告本公司营业状况，略谓去年因商市不景气，略事亏折，殊为抱歉，希望本年能够获利，用慰各股东之雅意，详细情形已具载报告书，兹不多赘。

(四) 通过二十三年度决算案

主席郑源兴君询问对于二十三年份决算书有无异议，各股东并无异议，一致举手通过。

(五) 通过公司债案

主席代表董事会提议，公司为偿还旧债，充实流动资金，应发行公司债以资补救，一切均照公司法及公司章程授权董事会办理，请求各股东讨论。各股东并无异议，一致举手照董事会提案通过。

(六) 选举监察人案

主席报告改选监察人，指定姚均和君、张绪铭君、袁恒通君、袁光行君为检票员，选举结果：应佐卿君得一千三百三十四权，陈仁涛君得一千二百五十六权，当选为第六届监察人；郑麟诗君得一百三十八权，备选为候补监察人。

(七) 续议增资案

主席代表董事会提议，略谓前年股东会对于增资原则，虽经通过，但未规定详细办法，现董事会议定拟增资三百万元，但以招得之数额为限，一切增资办法请股东会授权董事会全权办理。又为招得新股，则所有老股一股改为十股，每股票面洋一百元云云。股东均无异议，一致举手照提案通过。主席询问各股东有无临时提案，众股东并无提案，主席宣告散会。

(备注)本公司全体股东共八十二户，全体股东所有股权共一千六百四十六权，本届到会股东户数及所有股权，均超过全体股东户数及总权数半数以上，核与公司法第一百七十六条及一百八十六条第一次相符。

郑源兴

[《茂昌股份有限公司股东会议记录》(1931—1939)，《第七次股东会》，上海市档案馆藏，档案号：Q229-1-186]

30. 茂昌股份有限公司第二届第十一次董事监察联席会

日期：二十四年六月二十九日。

地点：本公司会议室。

到会董事监察人：郑源兴到，郑奎元到，郑星炎到，朱金水到，应佐卿到。

一、推举主席

公推郑源兴君为主席，并委胡祖坤记录。

二、宣读上届议决录案

主席宣读上届议决录，各董事无异议一致通过。

三、报告公司债接洽经过案

主席报称，自股东会通过发行公司债后，即积极进行，向各银行接洽，刻尚未得眉目。所有对于公司债之各项办法，应由董事会议定之，以利进行。

四、议决对于发行公司债之各项办法案

（甲）公司债总额暂定一百二十万，如果不能达到此目的，至少限度六十万元，各董事一致通过。

（乙）公司债草章，经各董事过目，一致通过。该草章如须斟酌修改之时，得由总经理逢善酌夺修改之，各董事一致通过。

（丙）公司债经理发行各银行之合同，由总经理酌量订立之，各董事一致通过。

五、议决裁员减薪案

主席报告公司营业状况，难以获利，欲保全公司大局起见，惟有节省开支，拟先从裁员减薪着手。各董事一致通过。对于详细细则，由总经理酌量办理之。

源

［《茂昌股份有限公司1935年董事会议决议录（1935—1939）》，第二册，二十四年四月起二十六年五月止，上海市档案馆藏，档案号：Q229－1－187］

31. 茂昌股份有限公司第二届第十二次董事会

日期：二十四年九月十四日。

地点：本公司会议室。

到会董事：郑源兴到，郑星炎到，朱金水到。

一、推举主席

公推郑源兴君为主席，并委胡祖坤为记录。

二、通过上届议决录案

主席宣读上届议决录，各董事一致通过。

三、追认公司债合同章程案

主席报告公司债合同，业已签定，主席、各董事均已过目。公司债总额为六十万元，合同、章程及担保员、细单一切所载，各董事均无异议，一致通过。

四、报告发行公司债情形

主席报告公司债事，经一再向银行商洽，以市面不景气，只能发行六十万元。其担保员即以业经抵押与中国银行之财产为限，由中国银行承受二十五万元抵还该银行押款，上海商业储蓄银行承受五万元，抵偿承余顺名下所欠该行往来款项,交通银行承受三十万元,其中二十万元为承余顺委托交通出面承受者,其余十万元为交通自行承受,此其经过之大概情形也。

源

[《茂昌股份有限公司1935年董事会议决议录(1935—1939)》,第二册,二十四年四月起二十六年五月止,上海市档案馆藏,档案号:Q229-1-187]

32. 茂昌股份有限公司第二届第十三次董事会

日期:二十五年一月二日。

地点:本公司会议室。

到会董事:郑源兴到,朱金水到,郑奎元到,郑星炎到,郑方正到。

一、推举主席

推郑源兴君为主席,委胡祖坤为记录。

二、通过上次决议案

主席宣读上届决议录,一致通过。

三、报告营业大概情形

总经理郑源兴君报告二十四年度决算之大约情形,因账目尚未结算,尚无精确数额,大约除折旧外约亏二十万元之谱。

四、追录修正公司债章程案

公司债呈请登记去后,于二十四年十二月奉部令于公司债章程第十三条应加“惟债权人得随时请求改为记名式”一语,业已遵令改正,由各董事盖印呈报,兹特追录补记之。

五、青冷栈担保客货案

驻青董事郑方正君报告,青岛冷气堆栈各客户要求客货向银行做押款,惟银行须要公司担保。此事关系冷气营业,若不担保,恐营业不能扩充。若予担保,须负相当责任,是否,请各董事公决。兹由各董事议决担保洋额以二万元为限,押款限六折为标准,由郑董事负责指令冷气部办理。

六、职工待遇服务新规则案

本公司为保障公司稳固及职工之幸福为宗旨,于二十五年一月一日另订职工待遇及服务新规则草案,各董事均已通过。大则谓职工如遇无过,公司解除时，本公司发给退职金，每年每人以两个月计算，以二十五年一月一日起为有效，自动解职者一概无效。如实时解除者在本公司已继续工作，按工作时间计算，如工作已过五年者，亦以五年为限。以前待遇、服务各章程一概作废，其他详细章程之修改等情，授权总经理办理。各董事一律通过。

[《茂昌股份有限公司1935年董事会议决议录(1935—1939)》，第二册，二十四年四月起二十六年五月止，上海档案馆藏，档案号：Q229-1-187]

33. 茂昌股份有限公司第二届第十四次董事会

日期：二十五年一月四日。

地点：本公司会议室。

到会董事：郑源兴到，郑奎元到，郑星炎到，郑方正到，朱金水到。

一、推举主席

公推郑奎元君为主席，委胡祖坤为记录。

二、通过上次决议录

上次决议录经各董事过目，并无异议通过。

三、追认沙逊押款案

总经理郑源兴君报告，本公司向沙逊银公司地产押款事，于二十四年十二月三十一日到期，迭经商请该公司展期三年或二年，于二十四年十二月二十八日与该公司经理双方议定最后结果，展期一年，息改为长年九厘，付息办法照旧。本年六月三十日付还本国币三万元，九月三十日付还本国币三万元，两共六万元。本公司有优先权，期内取赎，惟在每逢付息期时为限，须在三十天前用正式函关照该公司方可有效，请各董事追认。经各董事并无异议，一致通过。

主席郑源兴

[《茂昌股份有限公司1935年董事会议决议录(1935—1939)》，第二册，二十四年四月起二十六年五月止，上海市档案馆藏，档案号：Q229-1-187]

34. 茂昌股份有限公司第二届第十五次董事会

日期：二十五年五月二十日。

地点：本公司会议室。

到会董事：郑源兴到，郑奎元到，郑星炎到，朱金水到，郑方正到。

一、推举主席

公推郑奎元君为主席，并委胡祖坤记录。

二、通过上届决议录

宣读上届决议录，经各董事通过。

三、追认组织汇尔信托有限公司案

代表公司董事郑源兴君为推广本公司营业接洽事项，于本年一月二十一日首途赴欧，至本月十九日回国。在英国伦敦时代表公司投资于汇尔信托有限公司，购买股份二百六十九股，计英镑二百六十九镑，系由本公司名义；又购买股份四十股，计英镑四十磅，系由伦敦葛林夏君名义，并委托葛林夏君代表办理该股份权利事宜，得该公司当选董事亦委葛林夏君代理，负责办理，请追认案。经各董事一致追认。

四、本公司会同同业与汇尔信托公司订立合同案

本公司会同同业与汇尔信托有限公司，于一九三六年三月　日在伦敦签订合同关于冰蛋推销事宜请追认案。各董事议决一致通过追认。

五、二十四年度决算案

二十四年度决算造就后已经会计师查核舒齐，兹经各董事议决，于六月二十日召集股东常会一致通过。

六、股东常会之提案

本届股东常会开会时，董事会应提议之议案，议决如下：

提出二十四年度决算请予通过案、第二届董事任期已满请予选举案、第六届监察人任期已满请予选举案（附注，汇尔信托有限公司，英文名称 Weal Trust Co. Ltd；葛林夏，英文名称 ad. Greenall）。

郑奎元

［《茂昌股份有限公司 1935 年董事会议决议录（1935—1939）》，第二册，二十四年四月起二十六年五月止，上海市档案馆藏，档案号：Q229－1－187］

35. 茂昌股份有限公司第八次股东会

开会日期：中华民国二十五年六月二十日。

开会地点：上海南京路大东酒楼。

到会股东共七十户；到会股权共一千五百另六权

主席郑源兴君，记录胡祖坤君。

开会程序：

总经理郑源兴君宣称，本公司股东总户数共一百另四户，股东股权总数一千六百七十八权，今查本届到会股东户数计七十户，到会股东股权统计一千五百另六权，均已超过法定人数，应宣告正式开会。

（一）推举主席记录

各股东公推郑源兴君为主席，胡祖坤君为记录，一致通过。

（二）通过上届决议案

主席宣读上届决议录，各股东无异议，一致通过。

（三）通过二十四年度决算案

总经理报告二十四年度营业状况后，宣称二十四年度资产负债表、财产目录、损益计算书造具后，经监察人查核属实副署后，并经会计师查核证明，付印装订成册，分给各股东请予承认，各股东无异议，一致举手通过。

（四）选举董监案

董事会提议本公司第二届董事及第六届监察人任期已满，应予选举，当由各股东填具选举董事及监察人选举票，由主席委派张绪铭君、袁光行君、袁恒通君、李性根君为检票员，选举结果由检票员核算记录后，由主席宣报郑源兴君、郑奎元君、郑方正君、朱金水君、郑星炎君，当选为第三届董事，应佐卿君、刘颐云君为候补董事；应佐卿君、楼文治君，当选为第七届监察人，陈仁涛君、郑麟诗君，为候补监察人。

（五）主席声请各股东提议事项，各股东并无提议，主席略报告今春亲赴欧洲推销经过之方略情形后，宣告散会。

[《茂昌股份有限公司股东会议记录(1931—1939)》,《第八次股东会》，上海市档案馆藏，档案号：Q229－1－186]

36. 茂昌股份有限公司第三届第一次董事监察联席会

日期：六月二十一日。

地点：本公司会议室。

到会董事监察人：郑奎元到，郑星炎到，郑方正到，朱金水到，郑源兴到，楼文治到。

一、公推主席

公推郑源兴君为主席，委胡祖坤记录。

二、通过上次决议录

主席宣读上次决议录，各董事无异议通过。

三、推选董事长

本公司章程第十八条规定应推选一人为董事长，兹由各董事推选郑源兴君为董事长，一致通过。

四、公推代表公司董事

本公司章程第十六条规定应公推代表公司董事一人，兹公推郑源兴君兼任代表公司董事，一致通过。

五、通过买卖鱼类案

本公司南市冷气堆栈部，因南市鱼行迁移至鱼市场，客户生意受其影响，此部同时亦被波及。兹为本公司维持冷气营业之计，只能向鱼市场自行购买鱼类存栈，后再行设法出售。现存货数量约计十万元之则，倘有变更，由总副经理酌量办理之。此项营业似超出本公司营业范围之外，惟为维持本公司冷气堆栈副业起见，不能不授权办理，请各董事准予通融追认。经各董事讨论后，一致通过。

六、通过买卖水果等类堆存冷栈案

为提倡本公司之冷气堆栈副业起见，关于各种水果及其他物品，认为有必要购买时，准予购买，由总副经理酌量办理，各董事一致通过。

源

[《茂昌股份有限公司1935年董事会议决议录(1935—1939)》，第二册，二十四年四月起二十六年五月止，上海市档案馆藏，档案号：Q229-1-187]

37. 茂昌股份有限公司第三届第二次董事会

日期：二十五年十二月七日。

地点：本公司会议室。

到会董事：郑源兴到，郑奎元到，郑星炎到，郑方正到，朱金水到。

一、推举主席

公推郑源兴君为主席，委胡祖坤记录。

二、通过上次决议录

主席宣读上次决议录，各董事无异议通过。

三、通过购买川沙鸡场案

公司为蛋产之广告作用及宣传起见，不能不有完备之养鸡场之设备，兹议决将郑源兴君自置川沙暮紫桥中国农场之某地房屋及全部之养鸡设备由公司接买，其契据仍由郑源兴君出面，另由郑源兴君出立转卖证书，交公司一并存执为凭，价照郑君购入时原价。各董事一致通过。

四、通过购买亳县蛋厂案

本公司股东唐鼎臣君，在亳县所有福兴蛋厂（即前鼎记蛋厂）专营机制干湿蛋品，兹拟让与本公司，议决将该蛋厂厂基房屋及其全部生财机器材料等一概在内，由本公司承买，价十万元。经各董事一致通过。

五、续发公司债案

本年七月底，公司为补助充足流动资金起见，拟续发公司债八十万元。经推销预约券，觉事实困难，募集预约数额极微，应如何解决？兹经各董事议决，所有此项计划作为取消，已销之第二次公司债，预约券候络续收回注销，以清手续。

源

［《茂昌股份有限公司1935年董事会议决议录（1935—1939）》，第二册，二十四年四月起二十六年五月止，上海市档案馆藏，档案号：Q229－1－187］

38. 茂昌股份有限公司第三届第三次董事会

日期：二十五年十二月十一日。

地点：本公司会议室。

到会董事：郑源兴到，郑奎元到，郑星炎到，郑方正到，朱金水到。

一、推举主席

公推郑奎元君为主席，委胡祖坤为记录。

二、宣读上届记录

上届记录经郑源兴君宣读后，各董事无异议通过。

郑源兴君报告关于公司地产房屋抵押与沙逊洋行，业将到期事，公决推举代表公司董事郑源兴君，与沙逊洋行或其他银行等继续商洽全权办理。经出席董事一致通过。

主席郑奎元

[《茂昌股份有限公司1935年董事会议决议录(1935—1939)》，第二册，二十四年四月起二十六年五月止，上海市档案馆藏，档案号：Q229-1-187]

39. 茂昌股份有限公司第三届第四次董事会

日期：二十五年十二月二十二日。

地点：本公司会议室。

到会董事：郑源兴到，朱金水到，郑星炎到。

一、公推郑源兴君为主席，委胡祖坤为记录。

二、上次会议录经主席朗诵通过。

三、董事长兼总经理郑源兴提议。

称本公司前于民国二十二年十二月三十日，向新沙逊银行抵押借款洋九十万元，又于二十五年一月七日展延到本年十二月三十日到期。该款本金项下已还过六万元，除利息外，现欠本金八十四万元，该押款已不能再展期，惟香港方面可设法借港币八十万元，年息八厘，每三个月付息一次，至民国二十六年十二月三十一日到期。但本公司须于二十六年三月三十一日、六月三十日及九月三十日，各先偿还港币三万元，抵押品与二十二年十二月三十日合同内所定者同，并为办理，该押款手续应委任香港 Victoria Investment Company Ltd 为本公司代理人，权限见授权书(提出授权书)。董事朱金水附议，全体出席董事决议通过照办。

主席郑源兴

[《茂昌股份有限公司1935年董事会议决议录(1935—1939)》，第二册，二十四年四月起二十六年五月止，上海市档案馆藏，档案号：Q229-1-187]

40. 茂昌股份有限公司第三届第五次董事会

日期：一月二十三日。

地点：本公司会议室。

到会董事：郑源兴到，朱金水到，郑奎元到，郑星炎到，郑方正到。

一、推举主席

公推郑源兴君为主席，委胡祖坤记录。

二、宣读上次决议

主席郑源兴君宣读上次决议录，各董事一致通过。

三、清偿公司债案

主席郑源兴君报告本公司债券，已于本月间络续备款收回，业已向经理银行声称取消经理合同，并向实业部呈请清偿公司债之登记，请董事会追认。各董事一致通过。

四、冷气部鱼款押款案

本公司冷气部兼营买卖鱼类，已于二十五年六月一日第三届第一次董事会通过，存货数量约计十万元之则，倘有变更，由总副经理酌量办理之云云。但本年度应酌加限额，仍由总副经理酌核办理之。又冷气部应客户之要求，为求营业之发展起见兼营本栈客货，押款限额沪南、沪北，合计约十万元之则，遇有增加必要时，由总经理核定之。各董事一致通过。

五、报告赴欧

主席郑源兴君报告为国外经营关系，必须亲往办理，已定明日赴欧，各董事一致赞同。

主席源

［《茂昌股份有限公司1935年董事会议决议录(1935—1939)》，第二册，二十四年四月起二十六年五月止，上海市档案馆藏，档案号：Q229-1-187］

41. 茂昌股份有限公司第三届第六次董事监察联席会

地点：本公司会议室。

到会董事监察人：郑源兴到，郑奎元到，郑方正到，朱金水到，郑星炎到，楼文治到，应佐卿(正代)。

一、推举主席

公推郑源兴君为主席，委胡祖坤记录。

二、通过上次决议

主席宣读上次决议，一致通过。

三、报告赴欧接洽情形

主席郑源兴君报告，此次本人赴欧接洽主要事项约略报告如下：旧年欧洲冰蛋销售照同业合同比例摊派，尚应找出之数，经接洽再三，最后以英金大约三千数百镑解决。其细账英庄当有详细报告。本年度欧洲冰蛋同业联络，合同仍行继续一年，至明年三月三十一日止，同业摊派比例仍与去年一律，售出价目大概与旧年相同，稍为减让。推销数今年比去年略为减少，固去年其他同业尚未销足，今年中国成本较去年贵，本年利益不如旧年耳。

四、二十五年度决算案

二十五年度决算已经会计师查核完竣，其报告书已经各董事监察人过目，认为无讹，决议照旧例摘录付印，提交股东会通过。

五、盈余分派议案

二十五年度盈余，共计六十九万一千余元。兹议拟分派如下：

法定公积金（照本年纯益一成），计国币十二万元；

酬劳及奖励金（照职员俸金二个月），计国币四万元；

股息（照本年分），计国币二十万元；

各股准备，计国币十万元；

股东红利，计国币二十万元；

盈余滚存，计国币三万一千余元；

由上暂拟议案提交股东会通过后行之。

六、股东会日期及事项

七、议决六月二十日举行股东会，其开会事项如下：

（一）推举主席

（二）通过上次议案

（三）报告营业状况

（四）通过二十五年度决算

（五）通过二十五年度盈余分派议案

（六）追认清偿公司债案

（七）报告第二次公司债之经过

选举监察人。

郑源兴

［《茂昌股份有限公司1935年董事会议决议录(1935—1939)》，第二册，二十四年四月起二十六年五月止，上海市档案馆藏，档案号：Q229－1－187］

42. 茂昌股份有限公司第九次股东会

开会日期：中华民国二十六年六月三十日。

开会地点：上海宁波路邓脱摩饭店。

到会股东共九十五户，到会股权共一千五九十三权。

主席郑源兴君，记录胡祖坤君。

开会程序：

总经理郑源兴君宣称，今日为第九次股东会，到会股东九十五户，股权一千五百九十三权。查本公司全体股东共一百十七户，股权一千六百八十二权，本届到会股东户数权数，均超过法定数额，应宣告开会。

一、推举主席记录

各股东公推郑源兴君为主席，胡祖坤为记录一致通过。

二、通过上届决议案

主席宣读上届决议录，各股东无异议，一致通过。

三、报告营业状况并通过股息红利移作存款案

总经理郑源兴君报告略称，凡营业有胜有败，有大败亦有大胜，本公司营业状况，从民国二十四年讲起，国内经济恐慌，本公司亦受极大影响，亏耗甚巨，同业中亦大都如此，且甚至有因而倒闭者。及这年年底，观察大概情形，及同业状况，觉二十五年度有前进之机会，倘措置得当，大有转败为胜之希望，因而种种设法，积极前进，终算得到相当之效果。在二十五年度账上结有盈余，此种效果，并非蛋业正式的转机，实为乘机取巧、出奇制胜，只可偶一为之。比方说买跑马票，依过去的经验，看来是冷门，即多买冷门，果然冷门得着，此种冷门，须候机会而得，不能常有，故不能继续有望。至于二十五年度帐上，虽结有盈余，惟流动资金

仍不富裕，本公司上海、青岛房地产、机器抵押于外，尚未取赎。论公司经济状况，账上虽有盈余，尚谈不到发给股息及红利，然而董事会拟具发给股息及红利者，有二个困难原因，不能不拟具此种办法：一、二十四年本公司职工减薪，曾有如在三年内得有盈余照数补给购买股票之宣言，本公司账上结有盈余，上项减薪，应当补给，如不拟具股东股息、红利议案，对于股东有向隅之歉。二、本公司系有限性质，我国金融家多墨守旧法，对于有限公司金融之调济，多生阻碍。本公司金融，向来大都部份由承余顺接济，从二十三、四年以来，国内发生经济恐慌，承余顺各股东，几乎个个破产，本公司亦将同归于尽，幸赖本公司素来信用卓著、上下合作，经力调度，始得过此难关。本公司向来是该承余顺巨款，至今承余顺该本公司巨款，承余现拟办理结束。因以上二个原因之关系，不能不拟具股息、红利之办法。惟如发给现金，实不可能，为充实公司流动资金起见，须请股东通过不发现金转入存款，即转账不支现为原则，如能此种原则通过，对于董事会提议股息一分红利一分均可发给，请各股东先行公决，各股东股息、红利移作存款，不支现金为原则，如有急用，通融现金。各股东一致举手通过。

四、通过二十五年度决算案

董事会提议二十五年度资产负债表、财产目录、损益计算书，经会计师查核证明无讹，装订成册，分给各股东请予承认，各股东无异议一致举手通过。

五、通过二十五年度盈余分派议案

董事会提议二十五年度盈余分派议案，业由董事会拟就，并附印于决算书后面，请各股东通过，惟公司为充实流动资金起见，所有股息、红利、酬劳奖励金等，均须移作公司存款，如有急用，通融现金，各股东一致举手通过。

六、追认清偿公司债案

总经理宣称本公司公司债，于二十四年九月发行，原订定分十年偿清，惟是本公司因公司债实受种种束缚，二十六年一月间本公司为解除束缚计，业已将全部公司债提早清偿，应请各股东追认，各股东一致举手通过。

七、报告第二次公司债发行之经过

总经理报称本公司二十五年度内，因谋充实流动资金起见，拟发行第二次公司债八十万元，并经发行预约券，惟因种种困难，逐渐将预约券收回，停止进行，已完全作罢。

八、选举监察人

主席宣告本公司第七届监察人任期已满，应予选举，当由各股东投票选举，派姚均和、袁光行、袁恒通、李性根为检票员，选举结果由检票员核算记录，并由主席宣告，刘颐云君、应佐卿君当选为第八届监察人，郑麟诗君、楼文治君为候补监察人。

九、主席询问各股东有无提议事项，各股东并无提案，主席宣告散会。

郑源兴

[《茂昌股份有限公司股东会议记录(1931—1939)》,《第九次股东会》,上海市档案馆藏，档案号：Q229-1-186]

43. 茂昌股份有限公司临时第一次即第三届第七次董事会

开会日期：二十六年十一月十四日。

开会地点：本公司临时办公处。

到会董事：郑源兴到，朱金水到，郑星炎到。

一、公推主席

公推郑源兴君为主席，委胡祖坤记录，一致通过。

二、通过投资茂兴公司案

主席提议，兴化汉兴祥蛋厂因资金不敷，拟请本公司投资改组为茂兴股份有限公司，该厂业务与本公司营业直接有关，应否投资，请公决。经主席、各董事讨论结果，准与合资组织，推定全体董事并姚均和君六人为本公司股份之代表人，一致通过。

源

[《茂昌股份有限公司1937年董监会会议记录(1937—1941)》,第三册，二十六年十一月起，上海市档案馆藏，档案号：Q229-1-186]

44. 茂昌股份有限公司临时第二次即第三届第八次董事会

开会日期：二十六年十二月三日。

开会地点：本公司临时办公处。

到会董事：郑源兴到，朱金水到，郑星炎到。

一、公推主席

推举朱金水君为主席，委胡祖坤记录，一致通过。

二、通过上次决议案

主席宣读上次决议录，一致通过。

三、通过出让拖轮及铁驳案

总经理报告，本公司长昌拖轮一艘及昌发第一号、第二号之冷气铁驳两艘，现因受环境关系，并为管理及行驶上发生阻碍，拟欲出让，已与赉赐洋行迭次接洽。经相当磋商议定，卖价国币六万七千五百元，以上三艘全部在内。本公司出卖之后，除保险外之其他责任继续负担，同时本公司给该行相当保障，均以二十七年三月三十一日为止，该时收回保障以卸责任。至于本公司需用该船舶时，可向该行随时雇用，照该行章程计算，惟铁驳备定期租用，每月租金一千五百元云。以上情形，请各董事公决。经各董事讨论之下，议决，准将上述拖轮及铁驳出让与赉赐洋行(Mallers Limited)，一切条件手续由总经理全权办理，各董事一致通过。

四、附录撤销投资案

上月十四日，上次董事会通过之投资组织茂兴股份有限公司一案，因该公司之其他股东条件不能融洽，已将该公司之组织撤销作罢。各董事一致赞同，并无异议。

朱金水

[《茂昌股份有限公司1937年董监会会议记录(1937—1941)》，第三册，二十六年十一月起，上海市档案馆藏，档案号：Q229-1-188]

45. 茂昌股份有限公司临时第三次即第三届第九次董事会

开会日期：二十六年十二月二十七日。

开会地点：本公司临时办公处。

到会董事：郑源兴到，朱金水到，郑星炎到。

一、公推朱金水为主席，委胡祖坤为记录。

二、上次会议录由主席朗诵通过。

三、董事长兼总经理郑源兴提议，称本公司于一九三六年十二月三十一日，与香港新沙逊银行签订抵押合同，押款港币八十万元，即将于本月三十一日到期。除已付还本金港币九万元外，兹出借人愿展期一年至一九三八年十二月三十一日到期，其条件为本月三十一日办公室应付清利息，并先还本金港币七万元，如是押款减为港币六十四万元，并须于一九三八年三月三十一日、六月三十日、九月三十日各还本金港币二万元，到期日如数还清。一年期内利息周年八厘，每三个月付息一次。本公司除依上开条件还本外，并须按期付息，担保物与一九三六年十二月三十一日签订之抵押合同内所载者相同。依现在情形只得照上述条件展期，应由本公司函托香港 Victoria Investment Co. Ltd. 代表本公司签立展期合同，其条件详委托函附件展期合同之抄本。

上项提议由董事郑星炎附议后，经全体出席董事一致通过，决议照办。

董事长兼总经理郑源兴提议，致香港 Victoria Investment Co. Ltd. 英文委托函，授权代签展期合同，并英文展期合同内之条件应予认可，并将委托函及展期合同翻译朗诵后，既由董事郑星炎附议，经全体出席董事一致通过决议认定之。

主席朱金水

[《茂昌股份有限公司 1937 年董监会会议记录(1937—1941)》，第三册，二十六年十一月起，上海市档案馆藏，档案号：Q229-1-188]

46. 茂昌股份有限公司第三届第十次董事会

开会地点：本公司临时办公处。

到会董事：郑源兴到，朱金水到，郑星炎到。

一、推举主席

公推郑源兴君为主席，委胡祖坤记录。

二、通过决议录

第三届第六次董事会举行以后，适值事变，厥后举行董事会时，该决议录因在虹口，迄未宣读。兹由主席将该决议录补读通过，又上届决议录业已在上届决议后当场宣读，毋庸重读。

三、二十六年度决算案

二十六年度资产负债表、财产目录、损益计算书，业经会计师查核，已将竣事议决照旧例摘录付印，以备提交股东会通过。

四、二十六年度盈余分派议案

二十六年度盈余，共计四十七万九千六百八十四元八角一分。二十五年度滚存盈余，三万一千二百三十五元九角八分。兹经一致公议，拟定分派办法如下：

法定公积金一成，计四万七千九百六十八元四角八分。

所得税8%，计三万四千五百三十七元以下。

酬劳奖励金，二万元。

二十六年度股息，二十万元。

各种准备金，十五万元。

分配后，计滚存盈余，五万八千四百十五元。

五、股东会日期及开会事项

本届股东会为第十次股东常会，兹经议定七月二十四日（星期日）下午举行，其开会事项决议如下：

报告营业状况；

通过二十六年度决算案；

通过二十六年度盈余分派议案；

选举监察人。

郑源兴

[《茂昌股份有限公司1937年董监会会议记录(1937—1941)》，第三册，二十六年十一月起，上海档案馆藏，档案号：Q229-1-188]

47. 茂昌股份有限公司第十次股东会

开会日期：中华民国二十七年七月二十四日。

开会地点：上海宁波路邓脱摩饭店。

到会股东：共九十九户，到会股权：共一千六百二十九权。

主席：郑源兴君。

记录：杜谦君。

开会程序：

总经理郑源兴君宣称，本公司全体股东一百二十二户，全体股权计一千六百九十一权，本届到会股东计九十九户，股权一千六百二十九权，均已超过法定数额，应宣告开会。

一、推举主席记录

公推郑源兴君为主席，杜谦君为记录，一致通过。

二、通过上届决议录

主席宣读上届决议录，一致通过。

三、主席报告营业状况

自去年卢沟桥事起，本公司即作种种准备，迨至八一三沪战发生，各方均以本公司为虑。当时办法只有二种：一、将公司结束，二、努力前行。本公司董事会为顾全股东权益及同人生计，决定继续前进，力渡难关，以保持股东及同人之生存为原则。幸全体中外员司咸明斯旨，共济时艰，获将虹口本栈所存各货陆续搬至安全区域，装运出口。该时表面上虽损失正巨，然就全部而论，事实上之损害并不过大。惟尚有一点不能不注意者，即该时沪人均在避难之中，本公司货物上不能例外，嗣经竭力设法，得以装船逃出，然该货物至今犹在国外收容所中而未得出路也。本公司主要货物为冰蛋、鲜蛋两种，此两种货物因该时种种困难，质量当然与平时不同，欧洲客户自不免借口质量较低而有割价退货之举。所幸本公司对于鲜蛋已有相当之解决，惟冰蛋至今尚未有妥善之处置，恐难免有退回上海之变故。好在本公司账上已由相当之准备，诸股东查阅本届决算报告书中之资产负债表，即可明了。查本公司危险虽已经过多次，但因时局关系，尚未安然脱离，缘本厂一在虹口、一在青岛，处于目前环境之下，殊难谓可乐观。然惟本公司各股东各董事暨中外员司同舟共济，合力进行，当不致有着何特殊之危艰而无可克服也，应请各股东毋为过虑，是所深幸云云。

四、通过二十六年度决算案

董事会采议二十六年度资产负债表、财产目录、损益计算书，经会计师查核证明无讹，装订成册，分派各股东请予承认。各股东无异议，一致举手通过。

五、通过二十六年度盈余分派议案

董事会提议二十六年度盈余分派议案，业由董事会拟就并附印提决算书后，请各股东讨论。各股东并无异议，照原提议案一致举手通过。

六、选举监察人

主席宣告本公司第八届监察人任期已满，应行改选，当由各股东投票选举指派姚均和、袁光行、袁恒通、李性根为检票员。选举结果：应佐卿君约一千四百八十四权、刘颐云君约一千四百五十三权，当选为第九届监察人，次多数郑麟诗君约一百四十权、唐鼎臣君约七十权，为候补监察人。

七、主席询问各股东有无提议事项，各股东并无提案，主席宣告散会。

郑源兴

[《茂昌股份有限公司股东会议记录(1931—1939)》,《第十次股东会》，上海市档案馆藏，档案号：Q229-1-188]

48. 茂昌股份有限公司第三届第十一次董事会

开会地点：本公司临时办事处。

到会董事：郑源兴到，郑奎元到，郑方正到，郑星炎到，朱金水到。

一、公推主席

公推郑源兴君为主席，委胡祖坤为记录。

二、通过上届决议录

上届决议录各董事均已过目，认为无误。

三、追认清江浦宿迁租厂制造案

总经理报告：今年上春，本公司在江北各庄所办鲜蛋计数万件，因在特殊情形之下，该货沿途阻碍，不能运申。虽向各方设法力谋通运，终未能达到完全目的。该时有土法厂同业汪君新斋与唐君鼎臣等提议，渠在清江浦有自营增新祥蛋厂及宿迁经理之友成蛋厂，该时均在开工，但在此环境之中亦有种种困难。明人不必细说，汪君欲兜揽本公司外庄在途之货，在上述二厂制造蛋品，以免变坏而得减轻损失。如能合作，即得两全其美。经鄙人与朱君金水数度考虑，决定照办。当与汪君订立契约合同，并委唐君鼎臣主持办理，立即开工制造，制成蛋品，陆续运申，大部分已经售脱，结果成绩尚可。该契约上月底已经满期，现时照该契约，无须继续办理，对于该事，应请董事会追认。各董事对于上述各项，一致赞同，决议通过追认。

四、讨论明年租厂问题

总经理报称，对于清江浦、宿迁二厂不久即将停工，在相当时间内准备结束。兹该厂主汪君新斋又提及清江浦厂系属己产，宿迁一厂为友人之厂，意欲明年放弃宿迁，对于清江浦一厂仍请本公司继续。又有济宁自营一厂替代宿迁继续办理，请本公司合作，租用一切条件，再行另议。照此，即今年所做，为清江浦、宿迁二厂，明年则为清江浦、济宁二厂。是项营业仍属本公司范围内之副业，明年是否再做，请各董事议决。当由各董事决议，请总经理酌夺，全权办理。

五、决议设立肥皂厂案

总经理报告，近年因特殊情形，各外庄采办鲜蛋到申，坏蛋甚多，损失很大。据闻，坏蛋可作肥皂之原料，即可作制造肥皂之用。本公司已聘请肥皂工程师试验及格，认为确可作肥皂之一部分原料。照此即可挽回若干损失。但投资不可即就，最小范围计算，生财、设备、器具等，应需国币数千元，以后购置原料等（即流动资金）尚非十万元不可。故此事业即即有十万元之危险性。此项额外副业是否应行创办，还请各董事公决。由各董事议决，准予创办。亏损额以十万元为限，请总经理主裁办理。

六、讨论沙逊借款案

总经理报告本公司对于虹口房地产抵押与沙逊洋行，历有年所，至本年年底又届满期，须前去商洽明年如何办理，应请公决。经各董事讨论后，决议请总经理商请继续全权办理。

郑源兴

［《茂昌股份有限公司1937年董监会会议记录（1937—1941）》，第三册，二十六年十一月起，上海市档案馆藏，档案号：Q229-1-188］

49. 茂昌股份有限公司第三届第十二次董事会

开会日期：廿七年十二月一日。

开会地点：法租界公馆马路四十一号本公司临事办事处。

到会董事：郑源兴，朱金水，郑星炎到。

一、公推朱金水为主席，委胡祖坤记录。

二、上次会议录由主席朗诵通过。

三、董事长兼总经理郑源兴，提议称本公司于一九三七年十二月三十一日，与香港新沙逊银行签订抵押合同，借款本金港币六十四万元及利息，即将于本年十二月三十一日到期，除已付过本金港币六万元外，香港新沙逊银行已表示，若本公司于本年十二月三十一日付清利息再偿还本金港币八万元，则赊欠港币五十万元。原放借与该数相等之英金定期两年，至一九四〇年十二月三十一日到期。是项港币五十万元，应依双方预先约定之汇兑率换算英金，嗣后本公司对于该英金借款付息还本，均须用香港新沙逊银行认可之香港英商银行开出伦敦见票，即付之汇票，是项英金借款利率为周息六厘，每三个月即每年之三月三十一日、六月三十日、九月三十日及十二月三十一日付息一次，担保物仍与前同。本公司既无力于本年十二月三十一日清偿全部借款，上项条件不能再有进步，只得接受。手续方面仍由本公司具函委托香港 Victoria International Company. Ltd 代表本公司签立展期合同，其条件详英文展期合同底本。

上项提议由董事郑星炎附议，后经全体出席董事一致通过，决议照办。

四、董事长郑源兴提议英文展期合同底本内之条件，并致香港 Victoria International Company. Ltd 英文委托函授权代签展期合同，应予认可。经主席将展期合同及委托函翻译朗诵后，即由董事郑星炎附议，经全体出席董事一致通过，决议认可。

[《茂昌股份有限公司 1937 年董监会会议记录(1937—1941)》，第四册，二十六年十一月起，上海市档案馆藏，档案号：Q229－1－188]

50. 茂昌股份有限公司第三届第十三次董事会

开会日期：廿八年七月一日。

开会地点：本公司临时办公处。

到会董事：郑源兴到，朱金水到，郑星炎到。

一、推选主席

公推郑源兴君为主席，委胡祖坤记录。

二、上届决议录

主席宣称上届决议录，业已于上届决议后宣读签印，无庸重读。

三、青岛分厂及虹口厂事

主席报告青岛分厂及虹口厂最近之特殊情形，经各董事讨论决议，召集临时股东会决议之。

四、临时股东会日期

各董事决议于七月十六日下午五时召集临时股东会。

五、廿七年度决算案

本公司廿七年度资产、负债表、财产目录损益计算书，业已全部编制完竣，并经会计师查核，经各董事过目，决议照旧例摘录付印，以备提交股东常会通过之。

六、廿七年度盈余分派案

本公司廿七年度盈余计国币柒拾式万五千一百八十三元八分，除依法提法定公积金及所得税外，议拟发酬劳奖励金肆万元，发股息一分，红利一分，提交股东常会决议行之。

七、股东常会日期及事项

各董事决议于八月六日下午四时召开股东常会，其开会事项约举如下：

一、报告营业状况；二、通过廿七年度决算案；三、通过廿七年度盈余分派议案；四、选举第四届董事及第十届监察人；五、各项提案。

八、各董事并无其他提案，宣告散会

[《茂昌股份有限公司1937年董监会会议记录(1937—1941)》，二十六年十一月起，第四册，上海市档案馆藏，档案号：Q229-1-188]

51. 茂昌股份有限公司第十一次股东会第三次临时股东会

开会日期：中华民国二十八年七月十六日。

开会地点：上海香港路五十九号银行俱乐部。

到会股东共七十五户；到会股权共一千四百零六权。

主席：郑源兴君；记录：胡祖坤君。

开会程序：

一、宣告开会

总经理郑源兴君宣称，本届股东会照股东会次数为第十一次，如单就临时股东会次数为第三次。本公司全体股东最近为一百三十户，股东总数为一千七百六十三权，本届到会权户数已有七十五户，占总户数半数以上，到会权数已占一千四百零六权，占总全数四分之三以上，均已超过法定数额，应宣告开会。

二、推举主席记录

朱金水君提议郑源兴君为主席，胡祖坤君为记录，唐鼎臣君附议，一致通过。

三、通过上年股东常会决议录

主席宣读上年股东会议议录，股东并无异议，一致举手通过。

四、报告青岛分厂及虹口厂之特殊情形并讨论公决

主席郑源兴君报告，谓今天是开的临时股东会，本公司因受环境的支配，迫不得已才决定召集的。至于议案，是关于本公司青岛分厂及虹口厂两件重大问题。在提付讨论之前，鄙人理应将经过情形约略报告一下，在去年一月间本公司接到青岛分公司一月二十六日报告“青厂突被日本海军特务部查封，前后门各贴有该特务部第191号封条一张，厂内职员尚准由边门进出，但货物一概不准搬运，青厂屋顶早已悬挂英国国旗，今忽查封，系因日方由中国银行账册内，查明青厂之真实国籍的缘故，迭经交涉，毫无效果”等语。待至去年二月七日前后，本公司又获青岛报告，“青厂大有被没收之可能，且有提拿郑方正之传说”。鄙人认为事机急迫，对于本公司影响至巨，稍有疏虞，即将不堪设想。故鄙人当即购定船位，于同年二月十日前往青岛，向日方剖明事实，从事力争。结果，该地当局稍为谅解，委派日人石桥代表管理，并于该封条上加钉木牌，上书“日本海军特务部管理”字样，并令将青厂冷气堆栈之一部出租于石桥，作为堆存客货之用，准许青厂照常营业。上项交涉是于同年二月二十日结束，鄙人即于该日正午，离青返申，直至同年五月间，青厂仍能继续营业，相安无事。以上经过，鄙人已于去年开股东会时报告诸位，并声明本公司尚未脱离危险境地，谅诸位总还记得。嗣至去年六月间，该日人石桥计划统制等办法，发起组织一种国际公司，包括英美商人在内，由青岛当局核准，后经多方商讨，并各种周折种种困难，未成事实。以后青厂虽经历风浪，饱受虚惊，总算托天之福，安渡难关，幸告无恙。延至本年一月十五日，当局忽将前核准石桥之计划撤销，转令三井经营本公司青厂之营业。此项不利消息，在鄙人由伦敦回国途中已经闻知，抵申后，又据各方报告，青岛三井急欲与本公司接洽接收事宜，此其一。又上海本公司由江北办事处来之鸡蛋七百五十五件，已被日本当局认为敌产，令予没收，迭经交涉，未见效果，此其二。又本公司进货发生阻碍，因日本当局已组织公会，凡往内地办货者，须请由该公会代领派司，而具领派司者，以该公会会员为限，以后本公司能否进货，毫无把握，此其三。又青厂不能开工营业，此其四。又传闻青岛当局蓄意，如本公司不遵劝

谕，即不予保障，如有转卖与洋商等情事，即以敌产而论，予以没收，此其五。其时鄙人得报之余，认为上海、青岛两厂，均在风雨欲来风满楼之中，前途似漆，深抱杞忧，大有山雨欲来风满楼之概，似除停业牺牲外，别无他路。但就鄙人在本公司所任董事兼总经理地位而论，上面对于国家，次之对于股东，再次之对于职工，均有委曲求全、责无旁贷之苦。再四思维，青厂如果没收，虹口厂必然波及，因而本公司全部崩溃，在源兴个人之牺牲并不足惜，其如股东血本、职工生计、债务信用、国际市场，完全断送何。于是鄙人下一结论，即必须尽力保全公司之生存，从而股东之血本、职工之生计以及债务之信用、国际之市场，始可保全。以故鄙人毅然于本年三月十日前往青岛，为求保全公司生存之努力，此时日方提出种种之条件，定须立刻接收，经鄙人坚持保全之原则，据理争辩，始准本公司暂可自由营业，移转问题，从缓计议，如是延至本年五月间，日方又迭次催令解决，急如星火，鄙人万不得已，复于本年六月四日，再往青岛，抱定原则，多方折冲，其结果如下：

（一）青厂基地连同厂屋机器冷气设备等，作价一百三十八万元，鄙人原欲对方如数支付现款，对方拒绝，后经再三力争，始由对方拨付现款二十五万五千元作为价金支付之一，以便本公司偿还中国银行押款之用，其余价金一百十二万五千元由对方给予股份，此项股份是否有相当价值，刻下尚无把握，不过比毫无所获，总觉稍胜一筹耳。

（二）本公司牌号商标商誉，并不在上开条件之列，因牌号等我方有权拒绝移转，而厂基则无法求全也。

（三）本公司原有职工对方有继续雇用之义务，但职工愿否受雇，悉听自由，毫无勉强。

（四）青厂于本年六月三十日移交对方新立公司，该公司命名东亚蛋业股份有限公司，额定资本二百五十万元，定于七月一日开办，所有六月底以前青岛存货，仍旧本公司装运出口，但青厂负有债务二百五十万元之多。

（五）上海虹口厂环境所迫，亦同样办理，无法避免，磋商结果，作价二百七十五万五千元，内七十五万五千元给付现款，以之偿还押款，尚感不敷，其余给予股份，对方拟就该厂组织扬子蛋业冷藏股份有限公司，资本总额五百万元。

以上关于青岛分厂、虹口分厂经过情形，虽不十分详细，主要问题已包括无遗。现在应请在座各股东讨论，讨论方式约分二种：

甲、本公司应停业牺牲。

乙、本公司应尽量设法保持生存。

如果讨论结果应照甲种办理，则本公司当完全放弃青岛厂、虹口厂，听凭对方处理。倘照乙种办理，则请各股东对于上面报告关于两厂接洽条款赐予追认，并请授权本公司董事会与总经理相机应付、全权办理云云。主席并谓各股东对于上述报告，为有不明或疑问之处，请尽量询问，并请各股东详细考虑讨论，尽量发表意见后，再请公决。

继由金宗城君发表意见，略谓刻聆主席报告，十分痛心，惟是在此特殊环境之下，即为英国厂商，亦须设法力谋保障，本公司实属无法可施。但为保全股东血本、同人生计及其他种种困难起见，对于主席所提甲种办法，当然谈不到，惟有就乙种设法办理，所以本席主张提议照乙种办法，即本公司应尽量设法保持生存，并授权与董事会及总经理相机应付、全权办理云云。继由朱金水君附议，主席请各股东公决，全体到会股东一致举手通过。

五、宣告闭会

主席询问各股东有无提议事项，各股东并无提议，主席宣告散会。

［《茂昌股份有限公司股东会议记录（1931—1939）》，《第十一次股东会第三次临时股东会》，上海市档案馆藏，档案号：Q229－1－186］

52. 茂昌股份有限公司第十二次股东常会

开会日期：中华民国二十八年八月六日。

开会地点：上海香港路五十九号银行俱乐部。

一、宣告开会

总经理郑源兴君宣称，本届股东常会照股东会次数为第二次，照常会次数为第九届。查本公司全体股东户数共计一百三十户，本届到会已有八十七户，全体股东总权数为一千七百六十三权，本届到会股东已占一千五百四十四权，均已超过法定数额，应即宣告开会。

二、推举主席及记录

股东朱金水君推郑源兴君为主席，胡祖坤君为记录，郑方正君附议，各股东一致举手通过。

三、通过上届临时股东会决议录

主席宣读上届临时股东会决议录，各股东并无异议，一致举手通过。

四、报告营业状况

主席郑源兴君报称本公司二十七年度营业尚可，因有同业团结，销货较为顺利，惟自二十六年事变之后，所有出口货物退回甚多，此种情形至深痛心，惟此种不能避免之损失，亦在预算之列，故在二十七年七月开股东常会时亦曾报告。在二十六年底之资产负债表中，所提各项损失准备一户，大半即为预备抵补此项损失之用。在二十七年度报告书对于该准备户之数字已减少一半以上，各股东翻阅参看，即可明了，然该项损失尚未完全清楚，即在二十八年度，亦尚有继续发现，故对于所剩余之各项损失准备，亦尚有支出之可能，请各股东注意是幸。

本公司在今年（二十八年）上春时，看起来本公司正在风雨飘摇之中，因同业既不能团结，国内国外又发生种种阻碍、种种摧残，使前不能进、后不能退，大有进退两难之概，至营业之不利，犹其余事。厥后各种危险情形，愈益鲜明，经过情形，在上届临时股东会报告之时曾已略为说过。鄙人承各股东以全权相委，经过多方折冲之下，现在情形似已好转，不如上春时之恶劣矣。

至于外汇变迁，在表面上观察，对于本公司当然有益。但实际上是利害并行，其利显而易见，无庸赘述，而其害处亦非仅一端，兹为各股东申述之：本公司在国内存货、途中存货、以及国外存货，尚属从实，但均为高价外汇所结定，成本甚高，如后做之货，以外币计算则其成本大可减轻，各同业均有贱价倾销之企图，此后外国市价难免倾跌之危机，本公司高价结定之存货，难免相当之损失，此其一也。将来敉平金融稳定之时，外汇回跌自在意中，当此之时，出口事业自必大受打击，我业当然亦无幸免，此其二也。凡事有利则必有害，利之所在最易触目，而害之所生往往亦有相当数额，不能不预为顾及，想各股东早在洞鉴之中，对于上述鄙见谅荷同情也。

至于二十七年度总结账目，照以上各种情形而论，二十七年度分派股息一分似最为适宜。但现在所提二十七年度盈余分派议案，所拟为股息二十万元，股东红利二十万元酬劳奖励四万元，即股息一分，股东红利一分，同事酬劳奖励金两个。在事实上似不应该，惟以特别缘由，因在讨论该问题时，奎元先生尚在。就该时而论，稳固公司之金融实在第一要义，所有盈余，理应积储滚存。然各股东个人受环境上影响，大都需款颇急，在此时局未靖之时，更不能不稍事准备，以防不虞。故由董事会最后议决，拟发股息一分、股东红利一分，股息理所应发，至于股东红利一分，其意即备各股东不时之需。鄙人还有附带说几句，各位股东有不少是本公司同事，对于同业酬劳奖励金（即赏俸），其中一个月或抵用，或储蓄，另一个月无论如何，应须积储，以备不时之需。尚望在座同事各股东，对于鄙意转告各同事是荷。

五、提议二十七年度决算案

主席宣称二十七年度营业报告书、资产负债表、财产目录、损益计算书，经会计师查核后，并经本公司监察人查核副署，合印成册，业已分给各位股东。想各位已经过目，对于该项决算，如有异议尽可提出讨论。各股东并无异议，主席即付表决，列席各股东全体举手通过。

六、提议二十七年度盈余分派案

主席宣称，董事会所拟具二十七年度盈余分派数目，已附刊于决算报告书后面，各股东对于所提分派办法，有无异议。各股东并无异议，一致举手通过。

七、选举第四届董事及第十届监察人

主席宣称，本公司第三届董事照章三年任期已满，第九届监察人任期一年，亦已满期，应照章重行改选，所有选举票，已分给各位股东，请照章填选。兹委派姚均和、袁光行、张绪铭、袁恒通、周五明五位为检票员，继由检票员捡得选举结果。当由主席宣读如下：

董事选举票：郑源兴君得一千五百二十二权，朱金水君得一千四百四十八权，郑方正君得一千四百三十七权，郑星炎君得一千三百七十四权，刘颐云君得一千三百零一权，以上五人当选第四届董事。

次多数郑麟诗君得三百七十四权、唐鼎臣君得九十一权，为候补董事。

监察人选举票：应佐卿君得一千三百八十七权，楼文治君得一千二百二十二权，以上二人当选为第十届监察人。

次多数郑麟诗君得一百三十三权、唐鼎臣君得七十一权，为候补监察人。

八、宣告散会

主席询问各股东如有提议事项请尽量提出讨论，各股东并无提议，主席宣告散会。

[《茂昌股份有限公司股东会议记录(1931—1939 年)》，《第十二次股东常会》，上海市档案馆藏，档案号：Q229－1－186]

53. 茂昌股份有限公司第四届第一次董事监察联席会

开会日期：廿八年八月九日。

开会地点：本公司办公室。

到会董事监察人：郑源兴到，朱金水到，刘颐云到，郑星炎到，郑方正到，楼文治、应佐卿。

一、公推主席

公推郑源兴君为主席，委胡祖坤为记录。

二、通过二次决议录

主席宣读上次决议录，各董事并异议，一致通过。

三、推举董事长及代表公司董事

主席宣称，本届董事监察人于本年八月六日第十二次股东会选任，现已全体莅会就职。兹遵本公司章程第十六条及第十八条之规定，应公推董事长及代表公司董事，爰由各董事公推郑源兴君为董事长兼代表公司董事，各董事一致通过。

四、主席询问各董事有无其他提案，各董事并无提议，主席宣告散会

[《茂昌股份有限公司 1937 年董监会会议记录(1937—1941)》，第四册，二十六年十一月起，上海市档案馆藏，档案号：Q229－1－188]

54. 茂昌股份有限公司第四届第三次董事监察联席会

开会日期：廿九年二月十九日。

开会地点：本公司办公室。

到会董事监察人：郑源兴到，郑方正到，郑星炎到，刘颐云到，应佐卿到，朱金水到，楼文治到。

一、推举主席

公推郑源兴君为主席，委胡祖坤为记录。

二、通过上届决议案

上届决议录经各董事监察人过目并无异议，一致通过。

三、过去盈余重行结算案

本公司过去数年决算为求公司之稳固起见，存货、沽价，照普通商人习惯，向甚低微。兹为欲明了公司逐年之真实状况起见，决议将过去历年存底盈余及最近数年度之盈余，依照实价重行结算后，附带报告于廿八年度决算报告册内，经股东会通过后分配之，一致通过。

四、公司增资案

本公司资本数额，尚为国币贰百万元，实际资本产净值，应不止此数，公司流动资金之需用，事实上亦不止此数，虽有盈余，亦不能分派股东。就事实论，现在百物腾贵，资本如不雄厚，难免危险，只有增加资本数额之一法，以符实际，而维公司之稳固。假定公司资增本总额增至陆百万元，如盈余抵过不足，则或仍由各股东分认之。决议授权董事长郑源兴君，视历年成绩及决算情形酌量拟定增资数额，并拟定办法修改章程草案，交股东会通过行之，一致通过。

五、报告廿八年度营业案

总经理报告本公司廿八年度决算，正在编制之中，营业尚属平顺，约计大概情形，股息、红利继续各有一分可派之希望云。

六、购买藏东路土地案

总经理报告本人五年前向朱慎昌买进藏东路一方，计地壹亩壹分玖厘捌毫，拟买于本公司为业，各董事如欲接受，请公决估价。经各董事议决，出价国币三万圆买，另立买契为凭，过户手续候相当时机再办，一致通过。

[《茂昌股份有限公司1937年董监会会议记录(1937—1941)》，第四册，二十六年十一月起，上海市档案馆藏，档案号：Q229-1-188]

55. 茂昌股份有限公司第四届第四次董事监察联席会

开会日期：廿九年五月二十五日。

开会地点：本公司办公室。

到会董事监察人：郑源兴到，应佐卿到，郑星炎到，朱金水到，楼文治到，刘颐云到。

一、推举主席

公推郑源兴君为主席，委胡祖坤记录。

二、通过上届记录

主席宣读上届记录，各董事并无异议，一致通过。

三、廿五至廿七年盈余调整廿八年决算及分派盈余案

主席报告廿五年至廿七年盈余重行结算一案，业已结算完竣，连同二十八年度决算一同交由会计师查核，行将完毕。兹造具下列表册，请各董事暨监察人查核后再行提交股东会通过行之。

（一）二十五年至二十七年盈余调整表

（二）二十五年至二十七年盈余调整后之提公积及分派红利表

（三）二十八年资产负债表

（四）二十六年营业计算书

（五）二十八年财产目录

（六）二十八年盈余分配表

上列各项表册经各董事监察人过目并无异议，一致通过。

四、主席宣称公司增资一案经上届董事会决议，资本总额假定改为国币陆百万元，兹照二十五年至二十七年份之股东红利分发后移入作增资之用，尚不足八十万元之数，仍由各股东按股设法筹缴，应由股东大会通过行之。各董事一致通过。

五、股东会日期经各董事公决六月二十五日举行

六、变更章程案由董事长拟修草章后提交，股东大会通过行之

七、股东会开会事项经各董事议决如下：

（一）二十五年至二十七年盈余调整案

（二）二十五年至二十七年盈余调整后分派案

（三）二十八年决算案

（四）二十八年盈余分派案

（五）公司增资案

（六）变更章程案

（七）选举监察人

（八）其他提案

[《茂昌股份有限公司1937年董监会会议记录(1937—1941)》,第四册,二十六年十一月起,上海市档案馆藏,档案号：Q229-1-188]

56. 茂昌股份有限公司第四届第五次董事监察联席会

开会日期：廿九年六月廿二日。

开会地点：西爱咸斯路郑宅。

到会董事监察人：郑源兴到、朱圣水到、郑星炎到、应佐卿到、刘颐云到、楼文治到。

一、推举主席

公推郑源兴君为主席,委胡祖坤记录。

二、通过上届记录

主席宣读上届决议录文,董监无异议,一致通过。

三、修订章程草案

董事长所拟订之修改章程草案,经各董事监察人研究讨论后,认为备极妥善,决议照该草案提交,股东会通过行之。

四、酬劳奖励金分配案

主席报告本公司增资计划以及补发红利移作增资股款,业经上届董事会拟定纲要在案,关于拾酬劳奖励金之分配案,请众讨论后决议如下：

（一）董事长每年国币三千元,董事每人每年国币二千元,监察每人每年国币一千元,均作四年计算。

（二）职工在本公司及上海青岛厂内服务而受有职员、长工同等待遇者一应在内。凡在民国廿五年一月一日起至民国廿八年十二月三十一日止之期间内,在职服务者依据其实在服务之日期计算,每年给以等十五个月薪金之酬劳奖励金,但至多以廿个月为限,其服务不足之日期照扣之。至于月薪之计算,统以廿八年度所支薪额为标准,但已脱离本公司职务者,依其离职时所支薪额计算之。

上列酬劳奖励金以购买本公司股份为原则，但如有支现之必要者，得通融办理。

[《茂昌股份有限公司1937年董监会会议记录(1937—1941)》，第四册，二十六年十一月起，上海市档案馆藏，档案号：Q229-1-188]

57. 茂昌股份有限公司第十三次股东常会

开会日期：二十九年六月二十五日。

开会地点：香港路银行俱乐部。

一、宣告开会

董事长郑源兴君宣称，本届股东会为本公司第十届股东常会。本公司全体股东计一百三十三户，本届到会股东已占九十四户，本公司全体股东总权数计一千七百七十一权，本届到会股东权数已有一千五百二十九权，户数权数均已超过法定人数，应即宣告开会。

二、推举主席及记录

股东朱金水君推举郑源兴君为主席、胡祖坤为记录，郑星炎君附议，一致通过。

三、宣读上届股东会决议录

主席宣读上届决议录，各股东并无异议，一致通过。

四、报告营业状况

主席郑源兴君报告，本公司二十八年度营业已由董事会造具决算报告书，分交各股东。所有公司内容及大概情形已详载营业报告书，见报告书第一页。查报告书种各项账目，表面上似可乐观，但就事实论则非常悲观。因现在困难情形日有增加，开支数额逐渐浩大，而营业范围反日形减削，其中苦况一言难尽，殊无乐观之可言，应请各股东注意。

五、议二十五年至二十七年盈亏调整案

主席宣称，本公司董监联席会议因鉴于本公司历年存货之作价，照普通惯例计算，估计较低，而各种准备则力求稳健。先宜根据事实予以调整，以期历年之盈亏，获有准备之数字。兹特编制二十五年至二十七年盈亏调整表，经由会计师查核在案，附刊于决算报告书第二十四、五页内，谅各股东均已寓目。对于此项盈亏调整,各股东有无异议,请众讨论。各股东均无异议,主席宣付表决,各股东一致举手通过。

六、议二十五年至二十七年盈亏调整后分配案

主席宣称,本公司董监联席会对于二十五年至二十七年盈亏调整案,已如上述。按所得盈余既有增加,则法定公积金及所得税均应依法补提,各股东应得红利以及职工酬劳奖励金亦应补给,重予分配。爰经监联席会议所拟具之二十五年至二十七年盈亏调整后分配之议案,附刊于决算报告书第二十七页内,应请各股东研究讨论。再本公司因所需运用之资金日益庞大,所有补发之股东红利,经董监联席会决议,如数移作增资股款,放于应补发股东红利项下加以注明,各股东对于本议案有无异议请予表决。各股东并无异议,一致举手通过。

七、二十八年度决算案

主席宣称,本公司二十八年度营业报告书、资产负债表、财产目录、损益计算书,经监察人查核副署,并经会计师查核证明,业已编印成册,分发各股东,应请各股东讨论。各股东并无异议,一致举手通过。

八、二十八年度盈余分配案

主席宣称,董事会造具之二十八年度盈余分配议案,附刊于报告册后面,请各股东讨论。各股东并无异议,当付表决,一致举手通过。

九、本公司增资案

主席宣称,董事会提议本公司因近年来百物腾贵,成本增高数倍,所需运用之资金数额庞大,且至殷切,原有资本殊不敷用,为谋公司稳固计,殊非迅图增资不可。爰由本公司董事会议决拟增资四百万元,由旧股东按股份认,如认不足额,再添招新股,是否有当,应请各股东加以讨论,并予表决。各股东一致赞同,当付表决,全体举手通过。

十、修订公司章程案

主席宣称,本公司既经决议增资,原有章程应加修正,业经董监联席会议修订在案。当由主席逐条宣读,请各股东讨论,各股东并无异议,一致举手通过。

十一、选举第十一届监察人

主席宣称,本公司第十届监察人任期已满,应行改选,经各股东投票选举,由

股东姚均和君、袁光行君、袁恒通君、张绪铭君为检票员。选举结果如下：

应佐卿君得一千三百八十五权，楼文治君得一千一百五十五权，以上二人当选为第十一届监察人。

此多数郑麟诗君得二百六十四权，唐鼎臣君得一百九十二权，为候补监察人。

十二、宣告散会

主席询问各股东有无其他提案，各股东并无提案，主席宣告散会。

（《茂昌股份有限公司股东会议记录》，《第十三次股东常会》，上海市档案馆藏，档案号：Q229－1－188）

58. 茂昌股份有限公司第四届第六次董事会

开会日期：廿九年十月廿五日。

开会地点：本公司办事处。

到会董事：郑源兴到，郑星炎到，刘颐云到，朱圣水到。

一、推举主席

公推郑源兴君为主席，委胡祖坤记录。

二、通过上届决议案

主席宣读上届决议录，各董事无异议，一致通过。

三、议决置产案

主席报告本公司金融状况，略谓公司资本现在大多数为存货，看目下情形，进货机会甚少，存货销清后，资产多为现款。照现在上海经济情形，贮存现款未必善策。兹为求公司将来稳固计，拟购英册道契 CAD. LOT6013B. C. 8500 空地中之一部分。该地面积总计有贰百七十亩另，每亩国币四万五千元。该地用途甚多，该项计划是否适当，请各董事公决。

经各董事讨论后，决议如下：倘该产购入后能做金镑押款期限五年者，决议购置约全地十分之五左右，连原有楼房屋在内。如不能做押款者，决议购买约十分之二五左右，由各董事授权总经理依据上述原则随机酌量情形办理之。

［《茂昌股份有限公司 1937 年董监会会议记录（1937—1941）》，第四册，二十六年十一月起，上海市档案馆藏，档案号：Q229－1－188］

59. 茂昌股份有限公司第四届第七次董事会

开会日期：廿九年十一月二日。

开会地点：本公司办事处。

到会董事：郑源兴到、朱圣水到、郑星炎到、刘颐云到。

一、推举主席

公推郑源兴君为主席，委胡祖坤记录。

二、通过上届记录

上届决议录经到会各董事过目，并无异议，一致通过。

三、通过购产案

主席报告上届所决议购买地产一案，业经购成四分之一，约计六十二亩另，每亩地价国币四万五千元，由泰利公司经手，外加佣金一厘二毫半，先付定银二成半，其余至十二月底以前办妥手续后付清。此外尚欲再购买四分之一，连洋房阔二百十五英尺、深一百二十英尺在内，计地七十五亩另，与卖方直接谈判，不付佣金。惟押款问题，本公司所提条件，对方碍难接受，表示不欲出卖之意。后经讨论，不做押款，价目略可便宜，最后商妥每亩英金七百磅(照当时汇率，合国币每亩四万二千五百元)。论本公司经济状况，虽不做押款，经济问题尚有办法，为公司稳固计已经买成，请各董事追认。经各董事讨论之后，与上届决议案原则并无抵触，对于押款条件，就事实上论，对方当然不可能，本公司经济既有办法，公决准照追认，一致通过。以上地产之确实亩分以公证人勘定量准为凭。

四、主席宣称本公司增资股款业已于七月一日如数收齐，照公司法规定，应召集股东会报告经过。决议定十一月二十日在银行俱乐部举行临时股东会，一致通过。

五、报告组织救济会事

主席报告本公司因进货中断、厂中工作停顿，男女短工势必失业，生活上难免受严重打击。爰组织茂昌公司男女短工失业临时互助救济会，已于前日正式成立。其款由职工认捐外，不足之数由公司捐助之。当将章程交各董事参阅，各董事深表赞同。

[《茂昌股份有限公司1937年董监会会议记录(1937—1941)》，第四册，二十

六年十一月起，上海市档案馆藏，档案号：Q229－1－188]

60. 茂昌股份有限公司第十四次股东会临时会

日期：民国二十九年十一月二十日。

地点：上海香港路银行俱乐部。

到会股东共一百零五户，计四千九百二十股，合三千九百零七权，股东总数一百六十二户，六千股，四千九百八十九权。

一、公推郑源兴董事长为主席，委胡祖坤记录。

二、主席报告本日到会股东人数、股数、权数均已足法定数额，宣告正式开会。

三、主席报告，本公司资本原额国币二百万元，嗣经上次股东会议决增加资本国币四百万元，共计资本国币六百万元，分为六千股，每股国币一千元，一次缴足，所有新增各股份，俱已由新旧股东认购足额股款，于本年七月一日全数收齐。

四、主席宣称，公司章程经增加资本后其有关各条应加修正。当由主席逐条宣读，请各股东讨论。经众逐条讨论，略加修改后，无异议一致通过。

五、主席继称本公司董事经于民国二十八年度股东常会选任，监察人亦经于本年度股东常会选任，现经增资后，有新股东关系，是否应行改选，请各股东公决。

股东金宗城君提议，本公司董事监察人任期未满，增资认股者大多数又为原有股东，新股东居极少数，应毋庸改选。唐鼎臣君附议。全体股东一致同意，举手通过。

六、公推监察人应佐卿、楼文治两君为增资检查人。当场调查增加资本账目，出具调查报告书，当众宣读，众无异议通过。

议毕散会。

（《茂昌股份有限公司股东会议记录》，《第十四次股东会临时会》，上海档案市馆藏，档案号：Q229－1－186）

61. 茂昌股份有限公司第四届第八次董事监察联席会

开会日期：三十年七月十二日。

开会地点：本公司办事处。

到会董事监察人：郑源兴到，朱圣水到，刘颐云到，应佐卿到，楼文治到，郑星炎到。

一、推举主席

公推郑源兴君为主席，委胡祖坤记录。

二、通过上次决议录

主席宣读上次决议录，各董事监察无异议，一致通过。

三、查阅二十九度决算案

主席将二十九度资产负债表、财产目录、损益计算书分给各董监查阅，经各董监查阅，公认无讹，俟会计师查核完毕后付印，一致通过。

四、拟二十九年度盈余分派案

主席宣告二十九年盈余计国币一百四十六万三千二百三十五元五角二分，除提法定公积及所得税等外，拟提各种准备金五十万元、酬劳奖励金六万元、股东红利六十万元。各董监一致通过，俟提交股东会决议行之。

五、拟修正章程案

主席提议本公司章程似有应行修正之处，经各董监决议如下：

本公司总决算所得盈余，其分配之程序如左，其数额则逐年由董事会提请，股东常会通过之。

（一）法定公积金十分之一；

（二）政府规定之应纳各税；

（三）各种准备金；

（四）股东红利；

（五）结余滚存金。

各董监一致通过，议决将修正之章程草案提交本届股东常会，通过行之。

六、股东会日期及事项

各董监决议于八月十四日召集股东常会，其开会事项除照例报告营业状况、讨论二十九年度决算案、二十九年度盈余分派案及选举监察人外，应加修改章程一案，一致通过。

[《茂昌股份有限公司1937年董监会会议记录(1937—1941)》，第四册，二十

六年十一月起，上海市档案馆藏，档案号：Q229－1－188]

62. 茂昌股份有限公司第十五次股东会股东常会

日期：民国三十年八月十四日。

地点：上海香港路银行公会俱乐部。

到会股东：共一百零三户计五千一百二十八股，合四千二百四十一权，全体股东共一百七十户，计六千股、四千九百九十七权。

主席：董事长郑源兴君；记录：股东胡祖坤君。

一、主席宣称本届到会股东人数、股数、权数均已足法定数额，宣告正式开会。

二、主席宣读前二届股东会决议录，众无异议，一致通过。

三、主席报告，二十九年营业情形已详报告书中，毋庸赘述，惟查本公司主要业务（即蛋业）之实际情况，殊为减色，幸赖各种副业及代销等之利益合并计算，获使盈余之数字差强人意而已。倘只就本公司主要业务而言，二十九年度尚不及二十八年度者之半，而三十年度者犹不及二十九年度者之半，其情形之不容乐观可以概见。今后惟有力谋副业之发展，以维开支而渡难关，期于将来情形好转之时，再图主业之复兴也。

四、主席宣告，二十九年度营业报告书、资产负债表、财产目录、损益计算书经会计师查核后，并经监察人查核副署，合印决算报告书一册，分给各股东。想各股东已经过目，对于该项决算如有异议，请提出讨论。又二十九年度盈余分派案，印附报告书后面，各股东对于该项分配有无异议，请为讨论。各股东对于上述报告书及盈余分派均表赞同，一致举手通过。

五、主席宣称董事会提议，本公司章程第三条及第二十八条拟略行修改，经主席将董事会修改之章程草案宣读，各股东讨论。各股东并无异议，主席宣付表决，到会各股东全体举手一致通过。

六、主席宣称本公司第十一届监察人任期已满，应行改选。经各股东投票选举，由股东袁光行、胡祖坤、张绪铭、袁恒通为检票员。选举结果如下：

应佐卿君得三千七百五十五权，楼文治君得二千七百一十七权，以上两股东连选为第十二届监察人。次多数郑麟诗君得五百六十四权，姚均和君得一百五十五权，为候补监察人。

上述选举结果，由主席当场宣告。

主席询问各股东有无其他提案，各股东并无提议，主席宣告散会。

(《茂昌股份有限公司股东会议记录》,《第十五次股东会股东常会》，上海市档案馆藏，档案号：Q229－1－186)

63. 茂昌股份有限公司第四届第九次董事会

开会日期：三十年十二月二十七日。

开会地点：本公司办事处。

到会董事：郑源兴到，朱金水到，郑星炎到。

一、推举主席

公推郑源兴君主席，委胡祖坤记录。

二、通过上次决议录

上次决议录经各董事过目通过。

三、本公司会计单位案

主席报告，自本公年一月二十日中央储备银行在上海正式成立后，政府迭次通令工商各业均一律改用新法币，惟旧法币仍得等价使用云云。本公司对于新法币已早经使用，中央储备银行亦已开立往来户，新旧法币已相副使用，但对于本公司会计单位是否应改为新法币为本位，应请公决。

经各董事决议，本公司会计除人欠欠人之旧法币往来户仍照旧法币记账外，其余均一律等价改为新法币，一致通过。

四、房地产进出案

主席报告本公司房地产进出事宜，本年度计出让云飞路云飞市场、塘山路润德里及施高塔路花园里三处，新置者计有福履理路屋后毗连地、延平路地、其美路地及国富门路房地产云云。各董事决议对于房地产进出事宜，仍授权总经理见机全权办理。

[《茂昌股份有限公司1941年董事会议记录(1941—1946)》，第四册，三十年十二月起，《茂昌股份有限公司董事会决议录》，上海市档案馆藏，档案号：Q229－1－194]

64. 茂昌股份有限公司第四届第十次董事监察联席会

开会日期：三十一年六月二十九日。

开会地点：本公司办事处。

到会董事监察人：郑源兴到，朱金水到，郑星炎到，应佐卿到，楼文治到。

一、推举主席

推郑源兴君为主席，委胡祖坤记录。

二、通过上次决议案

上次决议录经主席宣读通过。

三、三十年度决算案

主席报告，本公司三十年度资产负债表、财产目录、损益计算书，业已全部编制完成，会计师查核已将竣事，各项表册各董监会同核准，并决议照旧例摘录付印，以备提交股东会承认之。

四、盈余分派案

主席宣称三十年度盈余，计新法币八十一万七千八百七十五元四角五分，如何分派？应先拟提案以备提交股东会通过。兹决议除依法先提公积金一成，及提应纳所得税外，股东红利照资本总额分计算，其余作为盈余滚存及各种准备金，俟提交股东会决议行之。

五、公司登记案

主席宣称国府还都后对于公司注册事项，因案卷疏失，曾屡催令补登登记，现在实业部设立驻沪办事处，催促之令愈为急切。本公司是否应补行呈请登记，请各董事公决。决议遵令向实业部补行呈请登记，一致通过。

六、股东会开会事项

主席提议本公司本年度股东常会日期、地点及开会事项，请公议。

决议股东日期定八月八日，地点香港路银行公会俱乐部。开会事项：

（一）报告营业状况

（二）报告追认本公司资本遵令改用新法币案

（三）提议三十年度决算案

（四）提议三十年度盈余分派案

（五）选举董事

（六）选举监察人

源

[《茂昌股份有限公司1941年董事会议记录（1941—1946）》，第四册，三十年十二月起，《茂昌股份有限公司董事会决议录》，上海市档案馆藏，档案号：Q229-1-194]

65. 茂昌股份有限公司第十六次股东会股东常会

日期：民国三十一年八月八日。

地点：上海香港路银行俱乐部。

到会股东共一百二十九户，计五千一百七十二股，合四千七百零六权，股东总数共二百零七户，计六千股，合五千四百八十四权。

主席：董事长郑源兴君；记录：股东胡祖坤君。

会议事项：

一、宣告开会

主席报告本届到会股东户数、股数、权数均已足法定数额，宣告正式开会。

二、通过上次记录

主席委胡祖坤股东宣读上次决议录毕，主席询问有无异议，各股东并无异议通过。

三、报告营业状况

主席宣称，本公司民国三十年度营业，因受环境支配，来源缺乏，以致制造方面已呈停顿状态，不得已积极整顿副业，以谋补救，制造厂所大部份已改为堆栈，藉谋微利，勉图支持云云。

四、报告追认本公司资本改用新法币案

主席宣称，自去年一月二十日中央储备银行在上海正式成立后，政府迭次通告工商各业，均一律改用新法币，惟旧法币仍得等价使用云云。本公司对于新法币，因实际上之需要已早与旧法币相副并用。至去年十二月二十七日，董事会决议本公司会计除人欠、欠人之旧法币往来户仍照旧法币记账外，其余均一律等价改为新法币。放本公司之资本额以及公积金、盈余滚存等，去年年底决算之时，均已一律改新法币为标准。虽属遵令办理之事，惟是有关资本总额，应请追认以符定章。

各股东并无异议，一致举手追认。

五、提议三十年度决算案

主席宣称本公司三十年度资产负债表、财产目录、损益计算书，经会计师查核后，合印成册，已分给各股东。想各股东已经寓目，所载各节是否有异议。

各股东并无异议一致举手通过。

六、提议三十年度盈余分派案

主席宣称董事会所拟三十年度盈余分派之议案载报告书后面，所拟各项各股东是否有异议。各股东并无异议，一致通过。

七、选举董事监察人案

主席宣告本公司第四届董事及第十二届监察人任期均已满，应行改选。到会各股东投票选举后，主席委姚均和、袁光行、张绪铭、袁恒通四位股东为检查员，检点选举票。权数占多数五人为后：

郑源兴股东约三千六百一十四权，朱金水股东约三千六百八十五权，郑方正股东约三千七百四十七权，郑星炎股东约三千五百七十三权，唐鼎臣股东约三千四百零八权，以上五位股东当选为第五届董事。

次多数郑麟诗股东约六百一十一权、姚均和股东约四百三十七权，为候补董事，余经略。

监察人选举票权数占多数二人为后：应佐卿股东约三千零四十三权，楼文治股东约二千九百八十二权，以上二位股东当选为第十三届监察人。

次多数郑麟诗股东约四百四十九权，姚均和股东约三百六十八权，为候补监察人，余经略。

上述选举结果，由主席当场宣告。

八、宣告散会

主席询问各股东有无其他提案，各股东并无提议，主席宣告散会。

（《茂昌股份有限公司股东会议记录》，《第十六次股东会股东常会》，上海市档案馆藏，档案号：Q229－1－186）

66. 茂昌股份有限公司第五届第一次董事监察联席会

开会日期：三十年八月十一日。

地点：本公司办事处。

到会董事监察人：郑源兴到，郑方正到，朱金水到，郑星炎到，唐鼎臣到，楼文治到。

一、推举主席

推举郑源兴君为主席，委胡祖坤记录。

二、宣读上次决议录

主席宣读上次决议录，众无异议通过。

三、公推第五届董事长案

公推郑源兴君仍行继任董事长职，一致通过。

四、报告沪东杨树浦地产经过

主席报告沪东杨树浦地产经当局暂用，现已发还归本公司收回自用，并确认产权等事，兹已设立沪东堆栈部，并附带农业。该两项营业现在尚无把握，同人等尽力办理之。

五、营业方针

决议在可能范围内能营者，授权总经理酌夺办理之，一致通过。

六、其他副业

决议房地产进出卖买及投资等事业，授权总经理相机办理之，一致通过。

[《茂昌股份有限公司 1941 年董事会议记录(1941—1946)》，第四册，三十年十二月起，《茂昌股份有限公司董事会决议录》，上海档案馆藏，档案号：Q229-1-194]

67. 茂昌股份有限公司第五届第二次董事监察联席会

开会时间：三十一年十一月十一日。

地点：本公司办事处。

到会董事监察人：郑源兴到，朱金水到，郑星炎到，唐鼎臣到，应佐卿到，楼文治到。

会议事项：

一、推举主席

公推郑源兴君为主席，委胡祖坤记录。

二、读上次记录

主席宣读上次记录，各董监无异议通过。

三、报告公司登记完成

主席报告第四届第十次董事会决议本公司应重行登记事，已于十月三日备文呈请实业部重行登记去后，于十月二十日接奉实业部核准批示，并颁给重字第十七号登记执照一纸，又于十一月二日接奉上海特别市社会局核准备案之社字第一九四九号通知书一纸，均收存在案，对于本公司登记事项，已告完成云。

四、外籍股东事

查本公司股东中有葛林夏一户，该股东为英籍，该股东加入股份时为本厂出品推销英国谋联络关系以助发展，请他加入股东地位以便推销，现下环境特殊，该项股权是否继续，祈请各董事讨论。

董事唐鼎臣君提议，该股东之股票向由郑总经理保管，现为谋本公司全体股东均为中华民国国民为限之原则，将该股份以最高市价代为出售，将该股款由本公司代为保管之。

朱金水董事附议，各董监一致通过。

[《茂昌股份有限公司1941年董事会议记录(1941—1946)》，第四册，三十年十二月起，《茂昌股份有限公司董事会决议录》，上海档案馆藏，档案号：Q229-1-194]

68. 茂昌股份有限公司第五届第二次董事会议(董事监察联席会)

开会日期：三十二年一月八日。

地点：本公司办事处。

到会董事监察人：郑源兴到，郑方正到，朱金水到，唐鼎臣到，应佐卿到，郑星炎到。

会议事项：

一、推郑源兴君为主席，委胡祖坤记录。

二、主席宣读上届决议录，通过。

三、讨论职工酬劳奖励金事。

议决本公司三十一年总账，虽未结算完毕，兹为体念同人起见，该项奖励金准备预约二个月计算支付之。

[《茂昌股份有限公司1941年董事会议记录(1941—1946)》，第四册，三十年十二月起，《茂昌股份有限公司董事会决议录》，上海市档案馆藏，档案号：Q229-1-194]

69. 茂昌股份有限公司第五届第三次董事监察联席会

开会日期：三十二年三月十八日。

地点：本公司办事处。

到会董事监察人：郑源兴到，朱金水到，郑星炎到，唐鼎臣到，应佐卿到，楼文治到。

会议事项：

一、推郑源兴君主席，委胡祖坤记录

二、主席宣读上届决议录，无异议通过

三、主席报告三十一年度账目结算业已完竣，所有资产负债表、财产目录、损益计算书，各董监会同核准，俟会计查竣后付印以备提交股东承认之

四、盈余分派案

主席宣称三十一年度盈余三百三十八万七千余元，应如何分派。决议除依法先提公积金十分之一及提应缴所得税外，股东红利照资本发给二分，其余作为盈余滚存，俟提交股东会通过行之。

五、公司增资案

主席宣称本公司三十一年度营业蛋品制造全告停顿，仅将存货出售而已，故对于账上盈余数字，确为历年所未有。然实际情形，如以货值相比，则反大亏血本。即就本公司资本一项而论，亦是如此。在廿九年增资之时，本公司资本尚可购鲜蛋六万篰，截至今日，则只能购六千篰耳。去年因蛋厂停顿，尚无法考虑金融运用之为要。今年蛋业似有经营之可能，金融周转难免困难，若非增加资本不足以资周转。故不能先行绸缪，从事增资，以待时机，请各董监讨论。

经各董监讨论，结果如下：

（一）增资一千八百万元，每股仍为一千元。

（二）旧股东每股得认新股二股半，内由公司各种准备金、历年盈余滚存及资本增值准备换作新股，每旧股一股换新股六分，计六百元，其余一股九分，计一千九百元，由现资认购之。

（三）董监及职员得依照特别酬奖金得认购新股，如不愿认购者，得通融支现。

（四）各股东或职员及其亲友与本公司往来之余款额，去年十二月底为根据，如本年二月底该数仍继续余额存在者，得照十二月底余数认购新股，新股如缺照减，不愿认购者听便。以上，如遇另五百元以上者，得凑足现资并成整股。

上述增资办法总则俟提交股东会通过行之。

六、特别酬劳奖励金之分配案

主席宣称，公司增资职员应依照向例，发给酬劳奖励金，经各董监决议如下：

（一）各董监特别酬劳，根据三年夫马费平均折算一年又十分之二计算之。

（二）各职员特别酬劳奖励金，依照股东一分、职员一个月之向例计算，根据民国廿九年、三十年、三十一年三年所得，计平均计算，其米贴、津贴、旷职等之计算，均根据该年度二个月酬劳奖励金同样方法办理之。

七、修正章程案

主席宣称，公司增加资本，公司章程中对于资本有关各条应行修正。

决议公司章程第五条修正为下："本公司资本总额国币二千四百万元，分为两万四千股，每股国币一千元，一次缴呈。"

又第二十一条修正为下："本公司设董事五人，凡占本公司股份七十股以上者，均有被选权；监察人二人，凡占本公司股份二十股以上者，均有被选权，由股东会选任之。"

上述修正条文交股东会通过行之。

八、股东会开会事项

决议日期定四月廿四日下午五时半举行，地点：新都饭店。开会事项为下：

报告营业状况，三十一年度决算案，三十一年度盈余分派案，公司增资案，修正公司章程案，选举监察人案。

［《茂昌股份有限公司1941年董事会议记录(1941—1946)》，第四册，三十年

十二月起，《茂昌股份有限公司董事会决议录》，上海市档案馆藏，档案号：Q229－1－194］

70. 茂昌股份有限公司第十七次股东会股东常会

日期：民国三十二年四月二十四日。

地点：南京路新都饭店。

到会股东共一百二十户，计五千二百三十四股，合四千七百六十四权；股东总数共二百零七户，计六千股，合五千四百八十二权。

主席：董事长郑源兴；记录：股东胡祖坤。

一、主席报告到会股东户数、股数均已足法定数额，宣告正式开会。

二、主席委胡祖坤股东宣读上届记录，众无异议通过。

三、主席报告营业状况，略谓本公司三十一年度营业情形已详决算报告书中，主要营业已呈停顿状态，惟将存货销售及各项副业之经营稍得微利，账上虽有盈余，实际尚未可乐观云。

四、主席宣称，本公司三十一年度营业报告书、资产负债表、财产目录、损益计算书，经会计师查核证明并经监察人查核副署。兹已编印成册，分给各股东，想各位均已过目，请予讨论，各股东并无异议，主席宣付表决，各股东一致举手通过。

五、主席宣称，董事会造具之三十一年度盈余分派议案，附刊于报告书后面，各股东如有异议，请提出讨论。各股东并无提议，一致举手通过。

六、主席宣称，董事会提议本公司三十一年度营业主要业务已呈停顿状态，尚无增添资金之必要。今年蛋业似稍有转机之可能，资金周旋难免发生困难，因物价高涨，原有六百万元资本，有六万篰蛋可购，现在只有六千篰蛋可购，殊非增加资本不可，经董事会决议，拟增加资本一千八百万元，连原有资本六百万元，合计资本总额为二千四百万元。即以此资本总额而论，亦只有二万四千篰蛋可购，在此产销均未恢复原状之前，勉强尚可敷延。上述增资原则，请诸位讨论，各股东均表赞同。主席宣付表决，全体举手通过。

七、主席宣称，公司增资一千八百万元，既已议决，其增资方案应请讨论。董事会曾拟增资部份以一千五百万元归原有股东认购，其余三百万元归同人等认购之。以上如有不足，由董事会另行筹募足额，是否有当，应请公决。

股东徐仰乔提议本席赞同董事会所拟原则，并拟授权董事会全权办理。股东乐楚廷附议。主席当付表决，各股东一致举手通过。

八、主席宣称，公司既经增资，公司章程中有关资本各点应予更正。当由主席将拟更正各点宣读，询问各股东有无异议，各股东并无异议，一致举手通过。

九、主席宣称，本年度监察人照例应行改选，由各股东投票选举，并推张绪铭、袁光行、袁恒通、周正长四股东为检票员。其结果如下：

应佐卿股东得四千二百四十二权，楼文治股东得三千五百七十权，以上二股东当选为第十四届监察人。

次多数郑麟诗股东得五百八十八权，姚均和股东得一百八十一权，为候补监察人。

主席询问各股东有无提议，各股东并无提案，主席宣告散会。

(《茂昌股份有限公司股东会议记录》,《第十七次股东会股东常会》，上海市档案馆藏，档案号：Q229-1-186)

71. 茂昌股份有限公司第五届第四次董事监察联席会

开会日期：三十二年六月十八日。

地点：十六铺，本公司总经理室。

到会董事、监察人：郑源兴、朱金水、郑星炎、唐鼎臣、应佐卿、楼文治。

会议事项：

一、推郑源兴君为主席，委胡祖坤记录。

二、主席宣读上届记录，众无异议。

三、主席嘱将增资收款及股东名簿交与监察人检查。当由监察人详细查阅无讹，出具检查报告书，提交股东会通过之。

四、临时股东会开会事项决议如下：

日期：七月三日下午二时；地点：青年会九楼西厅；总经理报告增资经过、监察人报告增资认股足额、股款收足证明事宜，讨论公司章程，其他提案。

[《茂昌股份有限公司1941年董事会议记录(1941—1946)》，第四册，三十年十二月起，《茂昌股份有限公司董事会决议录》，上海档案馆藏，档案号：Q229-

1-194]

72. 茂昌股份有限公司第十八次股东会临时股东会

日期：民国三十二年七月三日。

地点：敏体尼荫路青年会。

到会股东共三百八十户，计一万八千五百二十九股，股东总数，共五百二十三户计二万四千股。

主席：董事长郑源兴；记录：股东胡祖坤。

监会：中央员警署政治部杜喜林、马家桴。

一、主席报告到会股东户数、股数均已足法定数额，宣告正式开会。

二、主席委胡祖坤股东宣读上届记录，众无异议通过。

三、主席报告增资经过，略谓本公司此次增加资本，承各位股东各位同人认股踊跃，交款迅速，足征各股东各同人拥护公司之热忱，至深感佩，此种印象即足表现公司前途之乐观，亦即同人生计之保障，均有赖于各股东之福泽也，所有增资股款收入调查情形，应请监察人报告。

四、监察人报告调查结果，由应佐卿君宣读报告书如下：

具报告书茂昌股份有限公司监察人应佐卿、楼文治，兹将茂昌股份有限公司各项簿据银钱资产等经详细调查所得结果报告如下：

（一）新增股份一万八千股，每股国币一千元计国一千八百万元，确已如数认足。

（二）新增股款国币一千八百万元，确已于四月三十日上如数现款收足。

（三）并无银钱外之财产抵作股款者。

以上各款具属确实，特为报告如上。

五、主席宣称，本公司章程应行修改，将所拟修正之章程逐条宣读，请各股东讨论。各股东并无异议，主席宣付表决，一致举手通过。

六、主席宣称，本公司原有董事监察人任期均未满期，上述董事监察人系由旧股东所产生，应请新股东加以追认。各股东一致举手，赞同追认。

七、主席询问各股东有否其他提案，各股东并无提议，主席宣告散会。

[《茂昌股份有限公司股东会议记录(1931—1939年)》,《第十八次股东会临

时股东会》，上海市档案馆藏，档案号：Q229－1－186]

73. 茂昌股份有限公司第五届第五次董事监察联席会

开会日期：三十三年三月十一日；

地点：本公司董事室；

到会董事、监察人：郑源兴，郑星炎，唐鼎臣，朱金水，应佐卿，楼文治。

会议事项：

一、推郑源兴君为主席，委胡祖坤记录。

二、主席宣读上次记录，各董事无异议通过。

三、主席宣称本公司章程对于股息未曾规定，照事实上股息之规定似不可少，请各董事讨论是否有更正之必要。各董事公认应予更正，决议拟将本公司章程第廿八、廿九两条修正如下，俟提交股东常会通过后行之：第二十八条，本公司总决算所得盈余，其分配之程序为左，其数额则逐年由董事会提请股东常会通过之：(一)法定公积金十分之一；(二)政府规定之应纳各税；(三)股息周年七厘；(四)各种准备金；(五)股东红利；(六)结余滚存金。第二十九条，本公司股东会所议决关于股息及红利之分配应依据开股东会时股东名簿上载明之股东分配之。

四、主席宣称本公司三十二年账目业已由会计师查核，所有各项账册，各董监均经详细披阅，各无异议，所编各项决算表册俟提交股东会通过行之。

五、主席宣称本公司三十二年度盈余三百零二万七千余元，连上年滚存盈余四十七万余元，合计三百四十九万七千余元，如何分配，应先行排定提案。经各董事公决，拟照章先提公积金及所得税外，再提股息七厘、红利三厘，余依盈余滚存，俟提交股东会通过行之。

六、主席宣称股东常会之开会日期、地点及开会事项，应请公决，经各董事公决如下：

股东常会日期：四月十日下午五时；开会地点：香港路银行公会俱乐部；开会事项：

(一) 报告营业状况

(二) 修正章程

（三）三十二年度决算案

（四）三十二年度盈余分派案

（五）选举监察人

七、主席询问各董事有否提议，各董事并无提案，主席宣告散会。

[《茂昌股份有限公司1941年董事会议记录(1941—1946)》，第四册，三十年十二月起，《茂昌股份有限公司董事会决议录》，上海市档案馆藏，档案号：Q229-1-194]

74. 茂昌股份有限公司第十九次股东会股东常会

日期：三十三年四月十五日下午五时。

地点：上海香港路银行公会俱乐部。

到会股东三百零七户，一万九千二百三十一股，合一万五千七百七十一权；股东总数四百九十四户，二万四千股，合一万九千七百二十六权。

主席：董事长郑源兴；记录：股东胡祖坤。

监会：上海黄浦警察分局特高股陈希鑫。

一、主席报告到会股东户数股数均已超过法定人数，应即宣告正式开会。

二、主席委记录胡祖坤股东宣读上届决议，众无异议通过。

三、主席报告营业状况，略谓本公司去年度营业其主要业务蛋及蛋品之采办制造出口之营业，可称停顿，仅有采办贩卖掮客性质，虽取佣金，所得甚微，并赖副业冷藏堆栈机冰及冷藏食品等之收入，勉强维持开缴，在三十二年度终算得以勉强过去。关于本公司业务前途，殊堪悲观，希望能够维持，已是上策云云。

四、主席宣称本公司董事会提议，本公司章程对于股息未有规定，拟定股息周年七厘，是否有当请予公决。

经各股东讨论，佥以公司股息殊有规定之必要，股息周年七厘，亦极适当，议将公司章程第二十八条加“股息周年七厘”一项，第二十九条“关于红利之分配”改为“关于股息及红利之分配”。经主席宣读更正条文，宣付表决。各股东一致举手通过。

五、主席宣称本公司三十二年度决算，经会计师查核并经监察人查核副署，编印成册，分给各股东，各股东对于所载资产负债表、财产目录、损益计算书等有无异议。各股东并无异议，主席宣付表决，各股东一致举手通过。

六、主席宣称三十二决算既已通过，对于三十二年度盈余，应予以分配。董事会所拟具三十二年度盈余分配之议案，刊载于决算报告书末，想各股东已经寓目，各股东如有异议，请提出讨论。

各股东并无异议，主席宣付表决，一致举手通过。

七、主席宣称本公司监察人任期已满，应行改选，委周正长、胡周纲、郑钟祺、史永年四位股东为检票员。经检票核算后，所得结果，由主席当场宣告如下：

应佐卿股东得一万二千九百三十一权，楼文治股东得一万一千二百八十三权，以上二位股东当选为监察人。

次多数郑麟诗股东得一千九百一十八权，姚均和股东得六百三十四权，为候补监察人。

主席询问各股东有无其他提案，各股东并无其他提议，主席宣告散会。

(《茂昌股份有限公司股东会议记录》，《第十九次股东会股东常会》，上海市档案馆藏，档案号：Q229-1-186)

75. 茂昌股份有限公司第五届第六次董事监察联席会

开会日期：三十四年二月二八日。

地点：本公司董事室。

到会董事、监察人：郑源兴，朱金水，唐鼎臣，郑星炎，郑方正，楼文治，应佐卿。

会议事项：

一、董事长郑源兴君主席委胡祖坤记录。

二、主席委胡祖坤宣读上届记录，各董监无异议通过。

三、主席宣请本公司章程对于盈余分配项现在应有更正之必要，请各董事讨论。经各董监议决，将章程第廿八条予以修改，并将拟定修正条文记录如下："本公司总决算所得盈余除法定公积金十分之一及政府规定之应纳各税，并股息一分外，其余作百分数分配为下：股东红利——百分之六十；董事监察人酬劳——百分之十；经理及职员长工奖励金——百分之三十。"上述所拟修改章程条文一案备提交股东大会讨论通过行之。

四、主席报告今年因种种关系，三十三年度股息红利有提先发给之必要。查三十三年度盈余大概股息一分及红利一分可能，请各董事讨论。经各董事决议，提早发给股息一分、红利一分，于三月十日起开始凭股票及所留下印鉴发给之，俟开股东常会时再提请追认之。

[《茂昌股份有限公司1941年董事会议记录(1941—1946)》，第四册，三十年十二月起，《茂昌股份有限公司董事会决议录》，上海市档案馆藏，档案号：Q229-1-194]

76. 茂昌股份有限公司第五届第七次董事监察联席会

开会日期：三十四年五月二日；

地点：本公司董事室；

到会董事、监察人：郑源兴，朱金水，郑星炎，应佐卿，楼文治。

会议事项：

一、公推郑源兴君主席，委胡祖坤记录。

二、主席宣读上次记录，各董监无异议通过。

三、主席宣称本公司三十三年账目业已汇总结算，所有各种决算表册均经各董监过目，认为无讹，俟提交股东会通过之。

四、本公司三十三年度盈余分派，兹决议照上次董事会所议定方案分派，所有股东股息红利业已提早分发，俟提交股东会追认之。

五、本公司本年度股东常会日期及地点应行公议，议决股东会开会日期定六月七日星期四下午五时；地点定香港路银行公会俱乐部。

六、主席宣称本届股东会之开会事项及提案应行拟定，经各董事检讨后拟定开会事项如下：

(一) 报告营业状况。

(二) 修正公司章程。

(三) 三十三年度决算案。

(四) 三十三年度盈余分派案。

(五) 选举董事监察人案。

(六) 其他提案。

七、总经理报告查本公司同人因在此非常时期为帮助同人个人生活问题，有永茂、泰昌二号之组织，如与本公司业务无抵触者，本公司不加反对并拟量力协助之，是否有当请为讨论。经各董监讨论，既属帮助同人生活关系一致赞同，但至非必要时应令取消，以重职责。

[《茂昌股份有限公司1941年董事会议记录(1941—1946)》，第四册，三十年十二月起，《茂昌股份有限公司董事会决议录》，上海市档案馆藏，档案号：Q229-1-194]

77. 茂昌股份有限公司第二十次股东会股东常会

日期：三十四年六月七日下午五时。

地点：上海香港路银行公会。

到会股东二百七十二户，计一万九千六百二十九股合一万六千另三十五权；股东总数五百十户，计二万四千股，合一万九千七百七十权。

主席：董事长郑源兴；记录：股东胡祖坤。

一、主席宣告到会股东户数权数均已超过法定人数，应即宣告开会。

二、主席报告营业状况，略谓本公司三十三年度营业，主要业务几属停顿，现在环境愈不如前，外庄及分厂均已停办，此后情形殊为悲观，希望得能勉渡时艰，已属幸甚。

三、主席宣称本公司三十三年度决算结果，各股东均早已知悉，对于三十三年度盈余，亦已提前分配。其分配成数即股东六成，董监一成，职工三成，请各股东一并讨论，各股并无异议，主席宣付表决，各股东一致举手通过。

四、主席宣称本公司现任董事、监察人均已满期，应请改选。

股东金宗城君提议，请原任董事监察人连任以资熟手。股东杜谦君附议。主席宣付表决，各股东一致赞成，举手通过。

五、股东郑钟榆君提议，现因百物昂贵，生活艰难，前发官红利各股东不能维持，应请公司当局于行货材料及房地产项下提出一部份照市出售，分发各股东作为特别红利，以资救济，请予公决。

股东金宗城君提议关于该项提案，本主提议，应由董事会讨论是否能行授权董事会办理之。股东杜谦君赞同附议金股东提案。

主席宣付表决，各股东一致举手通过。

六、主席询问各股东有无其他提议，各股东并无提案，主席宣告散会。

郑源兴

（《茂昌股份有限公司股东会议记录》，《第二十次股东会股东常会》，上海市档案馆藏，档案号：Q229－1－186）

78. 茂昌股份有限公司第六届第一次董事监察联席会

开会日期：三十四年六月九日。

地点：本公司董事室。

到会董事、监察人：郑源兴，朱金水，应佐卿，楼文治，郑星炎，唐鼎臣。

会议事项：

一、公推郑源兴君主席。

二、主席宣读上届决议录，各董监无异议通过。

三、本公司第六届董事既已就职，应推举董事长。朱金永君提议请郑源兴君连任董事长，唐鼎臣君复议，各董监一致通过。公议总经理一职，仍请董事长继续兼任之。

四、总经理报告鲜蛋买卖业务因环境特殊运输困难，无法维持，已令各庄各厂部从事结束，除主要人员予以津贴并行管理外，其余一律解散。将来如有机会，再行恢复。上海总公司职工，除认为必须解除及停薪留职外，其余以保留为原则。公议既因环境特殊，一切均由总经理全权办理之。

五、总经理报告职工为生活困难，拟将廿五年起至三十三年止之职工养老退职金发还以资维持并轻公司负担。决议下次开董事会再行讨论。

六、主席报告股东会开会时郑钟榆股东提议拟将公司房地产提出一部分变卖派给各股东，请为急急进行，经股东会决议授权于董事会办理，应如何办理请各董事讨论。经讨论，结果事关重大，且有种种困难，尚须慎重考虑，由各董事积极设法研究，在最近期内重开董事会讨论之。

[《茂昌股份有限公司1941年董事会议记录(1941—1946)》，第四册，三十年十二月起，《茂昌股份有限公司董事会决议录》，上海市档案馆藏，档案号：Q229－1－194]

79. 茂昌股份有限公司第六届第二次董事监察联席会

日期：三十四年六月十八日；

地点：本公司董事室；

到会董事监察人：郑源兴，唐鼎臣，应佐卿，楼文治，郑星炎。

会议事项：

一、公推郑源兴君为主席；

二、主席宣读上届记录，各董监无异议通过；

三、职工养老退职金，因上次会议未曾决议，兹经各董监讨论结果，决议自廿五年初起至卅三年底止，准予按照历年提存原额发给之；

四、主席宣称，对于郑钟榆股东在股东会所提于存货材料及房地产变卖分给各股东一案，金宗城股东补充提议，该案应由董事会讨论是否可行，授权董事会办理之。曾经上届董事会讨论，因有种种困难，须由各董事设法研究后再行继续讨论。兹请各董事续议。经各董事讨论，结果认为此事不特有关公司声誉且有碍事业前途，并影响股东权利，为公司计，为事业计，为股东计，均所不宜，对于郑钟榆提案，碍难照办。

[《茂昌股份有限公司 1941 年董事会议记录(1941—1946)》，第四册，三十年十二月起，《茂昌股份有限公司董事会决议录》，上海市档案馆藏，档案号：Q229-1-194]

80. 茂昌股份有限公司第六届第三次董事监察联席会

日期：三十四年八月三十日；

地点：本公司会议室；

出席董事监察人：郑源兴、应佐卿、郑星炎、郑方正、楼文治、唐鼎臣。

会议事项：

一、董事长郑源兴主席委胡祖坤记录。

二、主席宣读上次记录，各董事监察人并无异义。

三、董事长宣称，现因我们联合国已得到完全胜利，我国国际地位得列入世界四大国之中，并得收复失地，一洗百数年来之耻辱，自应举国欢腾。本公司暨同人惨淡经营坚苦已经八年，今日重见光明，欢心快慰，自不待言。为庆祝胜利及慰劳将士等事宜，组织庆祝委员会，已推定委员七人，办理筹备庆祝及慰劳事宜。庆祝日期俟政府规定后举行之，届期请在座各位董监驾临参加庆祝典礼，各董监均极兴奋参加。

四、郑董事方正报告，朱董事金水患病已久，曾于廿七日前往探访，谈及医药费及本月上半月物价之贵，实所骇闻。想各股东及各职工之生活难免发生困难，因议及上次董事会关于郑钟榆股东在股东会所提议，将本公司存货材料、房地产变卖分给各股东一事，经上次董事会讨论，因有种种困难未决照办。鄙意依照上述情形，本届董事会有重行讨论之必要。经各董监讨论决议，因环境关系，本公司准先设法筹垫中储券十万万元，备垫发三十四年度股东红利及同人酬劳，依照公司章程及本年股东会所决议之分配成数，即股东得六成，董监得一成，职工得三成分配之。照此分配，各股东每股份一股可得中储券二万五千元，即系垫发民国三十四年份之股东红利，定九月十五日开始发给，如可能范围内，提早发给之，以上所求决议垫发红利酬劳事项经各董监一致赞成通过，俟下次股东常会开会时提请各股东追认之。

[《茂昌股份有限公司1941年董事会议记录(1941—1946)》，第四册，三十年十二月起，《茂昌股份有限公司董事会决议录》，上海市档案馆藏，档案号：Q229-1-194]

81. 茂昌股份有限公司第六届第四次董事监察联席会

日期：民国三十五年二月十四日。

地点：本公司会议室。

出席董事监察人：郑源兴，朱金水，唐鼎臣，郑星炎，郑方正，应佐卿，楼文治。

会议事项：

一、董事长郑源兴主席，胡祖坤记录。

二、董事长宣读上届决议录，各董监并无异议通过。

三、董事长报告为办理收复虹口总厂及青岛分厂经过详情如下：(1)本公司上海总厂及青岛分厂被日寇强迫占领，逼令合办，现将各项证件呈请上海市党政接收委员会、全国性接收委员会、经济部特派员办公处，又呈请经济部行政院国府主席、上海市政府工商接收委员会、上海区敌伪产业处理局，请求发还在案。(2)上海总厂之请求发还本于最近数星期中处理局调查已毕，于本月八日该局开审议会，嘱源兴至该局审议会审议。经审问一小时后，源兴退出，该局经讨论内容详情未明。大概原则决定确认为强迫合办无疑，理应发还，惟须出相当代价云云。后闻于十日又开会议，内容亦未明。十二日，经审定，本厂在民国廿八沦陷之时，曾收过七十五万五千元，须按照全价折合，应交付政府法币二亿四千万元，限一个月交清，候行政院核准有效。

四、董事长提议上项对于缴付处理局法币二亿四千万元，应如何处理。经各董事讨论议决如下：(一)请总经理向处理局请求分期六个月拨付，本公司备增添资本，候资本收入时缴付；(二)倘若甲项不可能时，授权与总经理向各行庄及私人等借或抵押，俟增资后偿还借款；(三)各董监本人筹垫外，并向各股东或各董监私人亲友垫借，各董监及各股东之垫款或借款，本公司未偿还前，如决议增资时得优先认股之权利。

五、总经理报告本公司三十四年决算正在编制中，对于资本之处理，本公司已于三十四年十一月一日将资本数额一比一收为法币，存款项下在前老法币存入于折合法币后，并无进出者，依照银钱业办法，仍恢复原有老币数额。至于房地产建筑设备等项，仍保存前法币原数，物料等亦依法估值调整。各董监一致追认。

[《茂昌股份有限公司1941年董事会议记录(1941—1946)》，第四册，三十年十二月起，《茂昌股份有限公司董事会决议录》，上海市档案馆藏，档案号：Q229-1-194]

82. 茂昌股份有限公司第六届第五次董事监察联席会

日期：民国三十五年四月九日。

地点：本公司会议室。

出席董事监察人：郑源兴，朱金水，唐鼎臣，郑星炎，郑方正，应佐卿，楼文治。

会议事项：

一、推郑源兴君主席，委胡祖坤记录。

二、主席宣读上次决议录，各董监无异议通过。

三、总经理报告关于处理局应交付款项，源兴与刘局长恳商数次，分期六个月拨付事实不可拒不接受。该款项承蒙各方协助，现已筹足，于上月十四日十五、十六三天内缴付清楚，于本月二日，由经济部特派员办公处召集原接收人员并处理局代表及本公司人员，会同洽办接收手续。惟全部接收极为繁琐，至今尚未竣事，大约于最近日内当可完成接收手续。

四、总经理报告青岛分厂请求发还事已呈请青岛处理局，请求发还。不日，源兴即往青办理收回青厂事宜。

五、总经理报告依照政府公布收复区各种公司登记处理办法之规定，对于本公司资本，上次议决尚须依法调整。本公司对于三十年一月呈准经济部校准登记之资本国币六百万元，仍以一比一做国币计算，其后于三十二年，增添资本伪币一千八百万元，遵照同办法第七条之规定，依照收换比率二百比一折合国币玖万元。原有增资后购置之财产计彭浦区地产、亨利路房地产、杨树浦码头三项，依照专家估计，在三十四年底应值国币一亿五千四百九十一万元。兹增（遵）照规定限额□计，照原值增加一千七百九十一万元，遵照新旧股份股数摊算，其属于新股东所摊得者，计国币一千三百四十三万二千五百元，分配于新股东作为股款。其属于老股东所摊得者，计四百四十七万七千五百元，作为公积金，合计股本国币一千九百五十二万二千五百元。照增资后资本总额二千四百万元，尚少四百四十七万七千五百元，是否应行补足，请各董事讨论。经各董事讨论，结果决议，按照资本总额，不足之四百四十七万七千五百元，依照股份比例之原则，由各股东补缴足额，俟开股东会时再行提请追认之。各董监一致赞同通过。

六、总经理宣称本公司三十四年度资产负债表、财产目录损益计算书，均已编成，请各董监讨论复核。各董监经审核后认为无讹，俟提交股东会通过之。

七、总经理又称三十四年盈余分派事，请各董监讨论。经讨论结果，所有三十四年度盈余，除提公积金及所得税外，再照章提股息一分及去年已垫发之红利及酬奖金，其余作为盈余滚存，俟提请股东会通过之。

八、本届股东常会日期及地点议定如下：日期五月廿一日下午五时；地点八仙楼青年会酒楼东厅。

九、本届股东常会之开会事项议定如下：（一）报告营业状况；（二）调整新旧股款案；（三）三十四年度决算；（四）三十四年度盈余分派案；（五）修改章程；（六）改选董事案；（七）讨论增资案；（八）其他提案。

［《茂昌股份有限公司1941年董事会议记录（1941—1946）》，第四册，三十年十二月起，《茂昌股份有限公司董事会决议录》，上海市档案馆藏，档案号：Q229－1－194］

83. 茂昌股份有限公司第六届第六次董事监察联席会

日期：民国三十五年五月十八日。

地点：本公司会议室。

出席董事监察人：郑源兴，朱金水，郑方正，唐鼎臣，郑星炎，楼文治。

会议事项：

一、公推郑源兴君为主席，胡祖坤记录。

二、主席宣读上次记录，各董事无异议。

三、主席将修正公司章程草案，请各董事查阅，各董事并无异议，俟提请股东会通过行之。

四、主席宣称本公司自调整资本后资本总额仍为国币二千四百万元，照目前情形，绝对不敷运用，非增资不可。请各董事拟定增资办法，以备提交股东会讨论。经各董事决议拟定增资办法如下：（一）增募新股五十七万六千股，每股国币一千元，连同老股二万四千股，每股国币一千元，合为股份六十万股，共计国币六万万元；（二）上项之增资部分提出七万二千股，由董监及本公司职工认购外，其余五十万另四千股，由各股东照所占之股数比例，即每老股一股得认购新股念一股，照票面每股国币一千元缴纳；（三）另行增募溢价股十二万股，每股票面仍为国币一千元，但每股实收国币五千元，余照票面金额收作资本外，其余溢价四千元收入公积金项下，如是连同老股及第一项增资股款，合计资本总额为国币七万万二千万元；（四）上项溢价股由老股东每老股一股得认购溢价股五股，每股实缴国币五千元。于通知日起十五天内一天缴足，逾期即作放弃论。不足之数，由董事会负责募集之。上述四项增资办法，各董监一致通过，俟提交股东会通过行之，公开招募之，但额满即止。凡有意应募者，希迅至本市中心东二路一九六号本公司服务处接洽认购，以免向隅是荷。茂昌股份有限公司董事会启。

五、主席继谓，溢价股如果至廿五日未认齐时应如何。经决议为至六月廿五日，未认齐时，公开招募至六月三十日终止，但额满即止。

六、主席提告本公司招募溢价股应拟定章程，兹依照公司法、公司章程及股东会、董事会决议录，拟定招募溢价股章程草案请讨论。各董事无异议，一致通过。

（《茂昌股份有限公司1941年董事会议记录（1941—1946）》，第四册，三十年十二月起，《茂昌股份有限公司董事会决议录》，上海市档案馆藏，档案号：Q229－1－194）

84. 茂昌股份有限公司第二十一次股东会股东常会

日期：三十五年五月二十一日下午五时。

地点：上海西藏南路青年会。

到会股东：三百三十四户，计二万一千一百二十四股，合一万七千四百三十六权。

股东总数四百另六户（五二六），计二万四千股，合二万四千权（一九七七九）。

主席郑源兴，记录胡祖坤。

上海市社会局监督官员计鹤鸣先生莅会监督指导。

一、行礼如仪。

二、公推郑源兴君主席，胡祖坤记录。

三、主席报告本届出席股东户数、股数、权数均已超过法定额，宣布正式开会。

四、股东刘祖赉宣读上届记录，各股东无异议一致举手通过。

总经理报告本公司三十四年度营业对于蛋品及鲜蛋出口之正宗业务尚未恢复，仍在停顿状态之中，惟所经营之副业，如冷气堆栈、普通堆栈以及鱼类买卖等，进行未懈。依据决算，账面虽差强人意，事实上实未可乐观。又自从我国胜利之后至今已半载有余，本公司所有各厂还是不能开工，蛋品及鲜蛋之出口业务，依然无法进行，因为欧洲物价比较战前变动甚微，而我国物价则高涨数千倍之巨，以致两相悬殊，陷于僵局。就目前趋势观察，本年内蛋品及鲜蛋出口大概已无希望，仅有副业可以经营，但支出日见庞大，资本不敷运用，深为可虑，故本年度营业亦绝难乐观。此外应须附带报告者，即本公司虹口厂及青岛分厂于民国二十八年间相继陷入敌人之手，现虹口总厂已蒙苏浙皖区敌伪产业处理局及经济部特派员办公处查明实情，呈经行政院核准后发还在案。除案奉局处批示，着令缴纳应归国库之款项法币二万万四千万元，尚须筹备资金一万万元，以作承购该厂内敌商增加部份及所遗物料之之代价存加。青岛分厂正在呈请发还之中，预计亦需两万万元，综计需款在五万万元以上。除已遵缴纳两万万四千万元外，其余之款均待续筹以备应用。奈本公司资本有限，不敷甚巨，如向银钱业商借，不但利息太高，负担不起，且手续极繁，诸感困难。用是本公司董事会拟定增资办法以资补救，该项增资办法当另案向贵股东提出，兹不赘陈。又虹口总厂业于本月八日正式接收，厂内冷气堆栈，部分现已复业制造，一时难望开工，并此陈明。

五、主席报告本公司三十四年度决算账目已经编印，报告书由监察人查核副署，并经立信会计师查对证明在册。是项报告书已分交出席各股东，为节省时间，不再逐项报告，各股东对于上开决算，如无异议，即请举手通过。

各股东并无异议，一致举手通过。

六、主席宣称董事会所拟之三十四年度盈余分配案，载明于决算报告书第九页，各股东想已寓目，所有该分配案内，关于股东红利、董监酬劳及同人奖励金三项统已于上年如数垫发，分别具领在案，但照法律手续，应由股东会追认，为特提出请求各股东举手追认。

各股东并无异议，一致举手通过。

七、主席报告，本公司资本原额法币六百万元，分为六千股，每股法币一千元收足，曾呈准登记，领有新字第二三三号执照。沪市沦陷后，伪组织勒令以伪币为通用货币，只得将资本原额法币六百万元，以一对一之比率，折为伪币六百万元，复经陆续增加伪币一千八百万元，资本总额共为伪币二千四百万元，分为二万四千股，每股伪币一千元，一次收足，并领到伪执照业字第七六号一纸，经呈送社会局缴清。兹已遵照收复区各种公司登记处理办法之规定，将本公司法币资本六百万元恢复原额外，所有增加之伪币资本一千八百万元，照规定收换比率折成法币九万元，同时将增资后所购置或增置之财产，酌按法币估价，总计增值法币一千七百九十一万元，以新旧股摊算，计旧股六千股，共得法币四百四十七万七千五百元，如数作为公积外，新股一万八千股，共得法币一千三百四十三万二千五百元，连增资伪币折成法币九万元，总计法币一千三百五十二万二千五百元，其所缺法币四百四十七万七千五百元，经征求旧股东同意，已由新股东如数以现金补缴足额。本公司资本总额经整理后，共计为法币二千四百万元，分为二万四千股，每股法币一千元，一次收足，业经董事监察人调查估价竣事，出具调查股价报告书，当众宣读，请各股东讨论。

监察人宣读报告书。

主席询问各股东有无异议，各股东并无异议，一致举手通过。

八、主席宣称本公司章程，经董事会讨论，应略为删改，兹得所拟定之修改章程分给各股东，并请股东刘祖赉逐条宣读，请各股东讨论。

股东金宗城附议赞同各条原则，惟文字尚须请董事会修正之。各股东一致举手通过。

九、选举董事监察人

推周正长、戴行山、郑钟浩、张勉新、郑莲卿、朱继祥、周正盛七人为检票员。

郑源兴君得二万另九百三十九权，朱金水君得二万另九百另二权，郑星炎君得二万另六百权，唐鼎臣君得二万另四百另四权，郑方正君得一万八千五百另一权。以上股东当选为董事。次多数郑麟诗君，得一千三百一十九权，刘祖赉得一千另八十二权，为候补董事。

应佐卿君得二万另四百六十四权，楼文治君得一万八千二百五十一权，以上二股东当选为监察人。次多数郑麟诗约一千七百六十六权，金绍南得二百二十四权，为候补监察人。

十、主席报告，本公司自调整资本后，资本总额为法币二千四百万元，照目前情形，绝对不敷运用，为是本公司董事会于本月十九日拟宣增资办法决议，提交股东会讨论施行。其办法扼要之点为增募普通新股五十七万六千股，每股法币一千元，连同老股二万四千股，每股一千元，合为股份六十万股，共计股款法币六万万元。此外另行增募溢价股十二万股，每股票面仍为一千元，但每股实收五千元，除照票面金额收作资本外，其余溢价四千元收入公积金项下。如是本公司股份总共增为七十二万股，资本总额增为七万万二千万元，均须一次收足。关于普通新股部分，除提出七万二千股由本公司职工认购外，其余五十万另四千股由各股东照所占之股数比例，即每一老股得认购普通新股二十一股，照每股票面一千元缴纳，同时每一老股得优先承购溢价股，每股须实缴五千元，并须于通知日起十五天内一次缴足，逾期即作放弃论。所有认购不足之股额，统由董事会负责募集之。上项办法请各股东讨论以资表决。

经各股东讨论，多表赞同，主席宣付表决，各股东全体举手通过。

主席郑源兴

上海市社会局监督员计鹤鸣

（《茂昌股份有限公司股东会议记录》，《第二十一次股东会股东常会》，上海市档案馆藏，档案号：Q229－1－186）

85. 茂昌股份有限公司第七届第一次董事会

日期：三十五年六月一日。

地点：本公司会议室。

出席：郑源兴，朱金水，唐鼎臣，郑方正，郑星炎。

列席：应佐卿，楼文治。

会议事项：

一、推郑源兴君主席，胡祖坤君记录。

二、主席宣称本届董事监察人新由股东会选任，依照章程规定应推定一人为董事长，请各董事推选。

董事朱金水提议仍推郑源兴君为董事长，董事郑方正、郑星炎附议，一致赞同通过。

三、主席宣称，本公司董事会照章应聘任总经理、副总经理，请公议。经各董事决议聘任郑源兴君为总经理，聘任郑方正、朱金水、唐鼎臣、郑学俊四君为副总经理，各董监一致赞同通过。

四、主席报告，本届股东会决议增加资本六十九万六千股（内溢价股十二万股),兹对于增资认购起讫日期应请公议。

经各董事决议,自六月十日至六月廿五日止为老股东尽先认购之期,逾期作放弃论,并议定各股东于办理增资手续及领取股息时,对于溢价股之认购与否,应即认定;如认购者即须填具认股书,否则填具声明放弃书,以便随时招募,由各董事议定登报,通告其文如下:

茂昌股份有限公司为增资加股通告

本公司经本年五月二十一日股东会决议增加资本国币六亿九千六百万元分,为六十九万六千股(包括溢价股十二万股在内),每股国币一千元,每老股一股得尽先认购,照票面金额发行之新股二十一股,及超过票面金额四千元发行之溢价股五股,并限自本年六月十日起至本年六月二十五日止为老股东尽先认购之期间,逾期作放弃论。除已函知各股东外,特再登报通告,以昭郑重。又上开发行之溢价股已有一部份经老股东声明放弃,定自即日起公开招募之,但额满即止。凡有意应募者,希迅至本市中山东二路196号本公司服务处接洽认购,以免向隅是荷。茂昌股份有限公司董事会启。

五、主席继谓溢价股如至廿五日未认齐时应如何?

经议决,如至六月廿五日未认齐时,公开招募至六月三十日终止,但额满即止。

[《茂昌股份有限公司1946年董事会议记录(1946)》,第五册,民国三十五年,上海市档案馆藏,档案号:Q229-1-204]

86. 茂昌股份有限公司第七届第二次董事会

日期:三十五年六月廿六日。

地点:本公司会议室。

出席:郑源兴,朱金水,唐鼎臣,郑星炎;列席:应佐卿,楼文治。

会议事项:

一、董事长主席,胡祖坤记录。

二、主席宣读上届决议录,各董事无异议。

三、主席报告增资经过情形,略谓票面股已由老股东认足,溢价股亦由老股东认购一部分,但一部分老股东已将尽先认购权利声明放弃,随时由新股东认购填补。尽先认购限期已满，依照股东会决议，逾期放弃论。所有未认之溢价股，应登报公开招募。照章以三十日为止，但额满即止。是否请讨论。各董事并无异议，一致通过。

四、主席报告本届增资所收集之增资股款，最近于主要业务无从发展，除抵补筹垫之欠款外，余款应如何处置。经各董事决议，现在房地产价值较低，如有价值低廉者或其他投资等尚可酌购。委请总经理全权办理之，一致通过。

五、主席提议本公司应股东之请求，拟将一部分股票用无记名式，是否可行，请讨论。经各董事讨论后，决议发行无记名股票，但以股份总额八分之一为限，以后无记名股票如有改为记名式之可能时，随时改为记名式。各董事一致通过，俟临时股东会开会时再提请追认之。

［《茂昌股份有限公司 1946 年董事会议记录（1946）》，第五册，民国三十五年，上海市档案馆藏，档案号：Q229－1－204］

87. 茂昌股份有限公司第七届第三次董事会

日期：三十五年七月六日。

地点：本公司会议室。

出席：郑源兴，朱金水，唐鼎臣，郑星炎，郑方正；列席：应佐卿，楼文治。

会议事项：

一、董事长郑源兴君主席，秘书胡祖坤君记录。

二、主席宣读上届决议录，各董事无异议。

三、主席报告增资情形，略谓本届增资股款业已于六月廿九日如数收足，应请监察人查核，报告于股东会。

四、主席宣称本公司章程，经此次增资后应重行修正，请讨论。经各董事决议，主要各点应修正如下：（一）资本总额，除应照本届增资后总额更正并应载明溢价股。（二）董监人数前订招募溢价股章程规定为董事十五人、监察三人。兹议监察增加二人，即董事十五人监察、五人。（三）无记名股票之发行章程中应行载明之，其他有关于无记名股票依法应行改正各条均须一律更正之。（四）授权董事长根据修正公司法及原订章程，并本会逐次议决案，参酌习惯情形，逐条研究修正之，以便提交股东会讨论之。（五）主席报告依照公司法规定增资股款收足后，董事应即召集股东临时会，对于开会日期等事项请公决。

经各董事决议，股东临时会开会日期定七月廿七日正午二时，地点定八仙桥青年会九楼西厅，并拟定开会事项如下：

（一）推举临时主席，报告到会人数、股数、权数。

（二）宣读上次股东会记录。

（三）报告增资经过，监察人宣读检查报告书。

（四）追认发行无记名股票。

（五）修正章程。

（六）选举董监。

（七）董事长报告依照上次决议购置房地产经过，并将细单逐笔报告后，并报告本公司投资细账。

各董监无异议一致通过。

[《茂昌股份有限公司 1946 年董事会议记录（1946）》，第五册，民国三十五年，上海市档案馆藏，档案号：Q229－1－204]

88. 茂昌股份有限公司第七届第四次董事会

日期：三十五年七月廿六日。

地点：本公司会议室。

出席：郑源兴，朱金水，唐鼎臣，郑星炎。

列席：应佐卿，楼文治。

会议事项：

一、董事长郑源兴主席，秘书胡祖坤记录。

二、主席宣读上届记录各董事无异议。

三、主席宣称本公司董事监人数，上次董事会规定尚有增添之必要，经出席各董事决议，董事名额增至二十一人，监察仍为五人，一致通过。

四、主席将修正之公司章程请各董监研究，各董监认为已臻完备，除董事名额增添为二十一人予以改正外，其余别无更动，一直通过，提交股东会通过行之。

[《茂昌股份有限公司 1946 年董事会议记录（1946）》，第五册，民国三十五年，上海档案馆藏，档案号：Q229－1－204]

89. 茂昌股份有限公司第二十二次股东会股东临时会

日期：三十五年七月二十七日下午。

地点：上海西藏南路青年会。

到会股东：四百三十七户、六十三万二千另二股，六十三万二千另二权；股东总数八百另八户、七十二万股、七十二万权。

主席：郑源兴；记录：胡祖坤。

一、公推郑源兴君为主席，委胡祖坤君为记录。

二、主席报告本届到会股东计四百三十七户，计六十三万二千另另二股，即六十三万二千另另二权，本公司股东总户数八百另八户，股份总数七十二万股，即七十二万权，本届到会股东股数已达股份总额三分之二以上，超过法定数额，应即宣告开会。

三、主席宣读上次决议录，众无异议。

四、主席报告增资经过，略谓本公司此次增资自六月十日起至二十五日止，为老股东认购股份之期，公开招募以六月三十日为限，但额满即止，至六月二十九日，已认缴足额，足见各股东及各界拥护本公司之热忱，深为感荷，所有股款收入账目情形应请监察人报告。

五、监察人应佐卿宣读检查报告书如下：

具检查报告书茂昌股份有限公司监察人应佐卿、楼文治，兹将茂昌股份有限公司各项簿据、银钱、资产等经详细检查所得结果报告如下：

（一）新增股份六十九万六千股，计股款国币六亿九千六百万元，内十二万股以超过票面四千元发行，计溢价额四亿八千万元，上开股份均已如数认足。

（二）新增股款六亿九千六百万元，连超票面之溢价额国币四亿八千万元，均确已于六月二十九日止如数现款收足。

（三）并无以银钱外置财产抵作股款者。

（四）超过票面发行之溢额，计国币四亿八千万元，已依法全部作为公积金。

以上各款俱属确实，特为报告如上。

六、主席将董事会修改之章程当众逐条宣读，请各股东讨论，各股东略加修正，当由记录胡祖坤将原稿改正后，主席询问各股东对于修正之章程是否尚有异议，各股东并无异议，一致通过。

七、选举董事监察人。

主席派郑钟浩、戴行山、郑钟祺、王心立、陈显祖、王克鉴等二十余股东分组检票。

经检票员检点董事选举票，核算结果如下：

郑源兴股东得六十一万四千八百五十一权

郑方正股东得六十一万三千三百十六权

唐鼎臣股东得六十一万二千四百八十三权

刘祖赉股东得五十八万七千七百七十权

朱金水股东得五十八万五千八百七十七权

姚均和股东得五十八万二千三百三十六权

郑学俊股东得五十七万九千八百七十一权

金绍南股东得五十七万八千六百五十一权

胡祖坤股东得五十六万五千七百十权

张绪铭股东得五十六万四千另五十四权

袁光行股东得五十六万一千九百七十九权

郑钟榆股东得五十五万一千七百三十九权

郑星炎股东得五十三万八千九百十九权

袁恒通股东得五十三万另七百五十一权

金宗城股东得五十三万另四百九十一权

王仰先股东得五十一万九千六百四十二权

邹秉文股东得五十一万七千六百四十七权

陈伟如股东得五十一万二千四百四十九权

江辅亨股东得四十八万六千三百四十六权

刘铁臣股东得四十八万四千另五十八权

孙性之股东得四十六万四千七百十一权

以上二十一位股东当选为董事。

次多数：

郑麟诗股东得十四万三千六百三十九权

郑钟祺股东得六万六千六百二十四权

杜秋声股东约四万八千一百五十五权

李性根股东约四万五千六百九十九权

郑翼珍股东约三万八千七百九十三权

监察人选举票核算结果如下：

楼文治股东约六十万另一千另三十八权

应佐卿股东约五十九万八千一百七十三权

林荣生股东约五十万另七百五十三权

葛子香股东约四十九万六千八百四十六权

毛楷民股东约四十九万六千一百九十二权

以上五位股东当选为监察人。

次多数：

王心立股东约五万八千五百二十二权

费丰年股东约二万二千五百十二权

郑麟诗股东约二万另六百七十六权

主席询问各股东是否其他提案，各股东并无提议，主席宣告散会。主席郑源兴。

（《茂昌股份有限公司股东会议记录》，《第二十二次股东会股东临时会》，上海市档案馆藏，档案号：Q229－1－186）

90. 茂昌股份有限公司董事监察联席会第一次会议

日期：三十五年七月三十一日下午六时。

地点：香港路银行俱乐部。

郑源兴、金宗城、唐鼎臣、陈伟如、朱金水、毛楷民、郑方正、孙性之、袁恒通、郑星炎、金绍南、张绪铭、江辅亨、刘孟承、袁光行、楼文治、郑钟榆、葛子香、胡祖坤、林荣生、应佐卿。

会议记录：

一、金董事宗城推郑董事源兴为本届主席，各董事一致赞同。

二、主席宣称本会照章应公推董事长一人，金董事宗城提议推郑董事源兴仍为董事长，以资驾轻就熟。朱董事金水附议，全体董监一致赞同通过。

主席继称本会应推秘书一人，兹推胡董事祖坤兼任本会秘书，各董事一致赞同通过。

三、总经理报告本公司大略情形，略谓关于虹口厂已于五月一日正式收复，沪东栈房不久亦可接收。业务方面，本公司正业之蛋品出口现尚难复业，对于副业冷气堆栈、普通堆栈及机冰等正在积极谋发展中。收支方面，本年一月至五月收支不能相抵，六七两月收支相抵有余，八九月份大概相去不远，此收入难免减少。本人拟赴青办理接收青厂，俟青厂收复后，预备出国一行，以谋正业蛋品出口之计划云云。

四、陈董事伟如提议本公司股票应行上市并详述理由。

主席询问对于该项提案是否适当，请各董事发表高见。

经各董监讨论结果，由金董事宗城补充提议，谓陈董事所提不无相当理由，惟现在证券交易所尚未正式成立，揆诸公司情形，股票上市尚非急务，将陈董事提案暂予保留，俟下届董事会讨论之。

主席询问照金董事所议，各董事是否同意，请予表决。经多数董事表示同意，决将本案保留，俟下届再行讨论之。

五、主席宣称本公司章程第十二条股票过户之手续费及印纸费，并未规定数额，应予规定。

经各董事决议，小过户（即在原股据背面批注者）每张收手续费二百元，大过户（即另换新股据者）每张新股据收印纸费及手续费五百元，印花税费另加。

六、主席宣称本公司增资后应呈请变更登记，经各董事决议，委请立信会计师事务所办理之。

七、主席宣称本公司以前董监酬劳之分配比例，董事与监察人向有不同，是否应行更正。经各董事决议以后，监察人之酬劳与董事一例。

八、主席询问各董事有无其他提议，各董事并无提议，主席宣告散会。

源

（《茂昌股份有限公司董事会决议录》，三十五年七月至三十七年六月，上海市档案馆藏，档案号：Q229－1－207）

91. 茂昌股份有限公司董事监察联席会第二次会议

日期：三十五年九月十九日，下午三时。

地点：本公司沪南总办事处会议室。

到会董监：金宗城、唐鼎臣、孙性之、袁恒通、江辅亨、郑星炎、金绍南、袁光行、葛子香、陈伟如、郑钟榆、林荣生、朱金水、楼文治、崔蔚人、胡祖坤、郑源兴、郑方正、张绪铭。

会议记录：

主席：董事长郑源兴。

记录：兼秘书胡祖坤。

一、主席宣读上次决议录，各董监无异议通过。

二、郑董事长报告，略谓青岛分厂接收事，本人到青岛后，即向主管机关备文申请发还，至八月廿二日奉经济部鲁豫晋区特派员办公处批，内开"所请发还茂昌公司青厂一节，业经审查完竣，拟具发还办法，送山东青岛区敌伪产业处理局复核审议会决定后，再行通知"云云。后向各方探悉，处理局已通过将青厂原物发还，但前向日敌收入之款按照行政院规定之率计算，国币缴纳国库，日寇增加部分及现存物料由经济部估价归本公司优先承购。但批文尚未接到，本人拟不日内尚须赴青继续办理青厂复业事宜。至于本公司营业八九月份照上次报告预计相符，以后数月预算收入难免减少，惟竭力设法，最低限度使收支平衡，或能有余更好，希望明年对于正业蛋类能出口云云。

三、董事长报告本公司对于调整增资后之呈请登记，由立信会计师事务所呈请社会局转部后，尚未接部批文，此次增资登记呈文亦已送交立信转呈矣。

四、主席宣称上次董事会对于陈董事所提本公司股票上市案，决议下次讨论，本届应继续讨论，请各董事发表意见。

经各董事讨论后，郑董事星炎主张本案关系较大，应用票决法。经秘书分发表决票，由主席声明赞成上市者，书可字；不赞成上市者，书否字。经检票后可决十一票、否决二票、弃权二票，主席宣告本届到会董事十七人除本人及离席一人外计十五人，赞成者已占多数，本公司股票应决议上市。

五、主席提称本公司股票每张股数向不一律，现经决议上市非设法改换整数不可，应如何计划请讨论。经各董事决议，固定数额之股票分五十股、一百股、五百股、一千股四种，不是或超过上述数额者概填写之，一致通过。

六、主席继谓股票上署名之董事照章为五人，应请推定。经各董事议定，请原有老董事五人署名盖章，一致通过。

七、主席询问各董事有无提案，各董事并无其他提议，主席宣布散会。

（《茂昌股份有限公司董事会决议录》，三十五年七月至三十七年六月，上海市档案馆藏，档案号：Q229－1－207）

92. 茂昌股份有限公司董事监察联席会第三次会议

主席：董事长郑源兴。

记录：兼秘书胡祖坤。

一、主席宣读上次记录，各董监无异议通过。

二、主席报告本公司股票筹备上市事宜，各项手续大部均已舒齐，现因公司增资登记执照尚未发下，未曾积极进行，俟执照收到后，再行核夺。惟本公司股份每股计国币一千元，查上市各公司之股票大部分每股以十元为多数，将来亦须考虑云。

三、主席报告本公司登记事宜委托立信会计师事务所办理，调整增资为国币二千四百万元，后之执照已于十月十九日颁到，增资至七亿二千万元之登记执照大概于最近期间亦可发下。

四、主席报告青岛分公司办理收回厂产并复业经过情形各节分别逐条报告如下：

（一）报告接收时情形，将经济部鲁豫晋区特派员办公处通知书四份内述发还经过各节及该特派员办公处报上公告本公司青分公司复业登报公告均逐一摘要宣读。

（二）报告接收费用，计缴付经济部鲁豫晋区特派员办公处接管时期费用及清算查费用及各处价拨物料及美军移存物料职工津贴等，费共约支出国币一亿二千万元左右。

（三）报告前收日敌二十五万五千元，依照行政院算定应缴付国币二亿三千二百三十四万四千一百九十六元一角，分六期拨付。第一期为十一月十五日，每月一期，每期计应付国币三千八百七十万另四千另廿九元三角五分。又购买日人机器设备及器具计国币三千另四十九万三千八百五十元，分廿四个月拨付，每期应缴国币一百念九万另五百七十九元另八分，十二月十五日为第一期。

又购买日敌遗留物资，计国币三亿另一百八十四万二千八百八十元，限一次付清。

以上款项依照规定之数大致已付缴清楚，十二月份尚须应付三千八百余万元，以后每月应缴约四千万元，至明年四月份止，四月以后每月应付一百念九万另五百七十七元另八分，至民国三十七年十一月份为止。

（四）主席报告青岛分公司业务情形，略谓现在青公司业务收益极少，因经济部前与美军所订租契，条件于美军极有利，对本公司极为不利。当时政府为优待友军宗旨，该项契约本公司奉政府面谕须继续，非照原条件履行不可，以维持政府信誉。该契约仍至明年六月底为止，尚有一年同条件继续权，后得政府同意至明年六月底以后条件可以另议。青岛分公司因此在明年六月底以前每月须亏耗约五千万元，惟四五六月因有其他冷气堆栈机冰业务上市，亏耗略可减少云云。

（五）主席报告青岛分公司金融状况，略谓青公司以后每月须垫一亿元左右，拟向中国银行备借三亿元。现在转向四联总处请求中，目下已借到五千万元，其余候四联总处核准后方可领收，如四联总处不能核准，青分公司应用款须由总公司在上海各方筹划汇青一部分，其余一部分将青公司所存物资变卖，以抵付负债及开支。

（六）主席宣称本届会议预定应报告各项均已完毕，各董事有无提议事项。继由郑董事钟揄起谓，今年因各股东经济困难，本公司股息红利可否请提前支付。主席答谓本公司结账时间未到，本人离申数月，对于盈亏情形尚无把握，先要明了是否有盈余。假定账上有盈余可结，本公司之经济力量是否可能亦成问题，该案俟下次董事会再行讨论。主席询问各董事尚有其他提案否，各董事并无提议，主席宣告散会。

源

（《茂昌股份有限公司董事会决议录》，三十五年七月至三十七年六月，上海市档案馆藏，档案号：Q229－1－207）

93. 茂昌股份有限公司董事监察联席会第四次会议

主席：董事长郑源兴

记录：兼秘书长胡祖坤

一、主席宣读上次决议录，各董监无异议通过。

二、主席报告公司近况，略谓本公司对于制造冰蛋停顿已久，最近因冰蛋业公司与中央信托局签定制造冰蛋五千吨出口之合同，对于国外推销仍由各厂商自行负责。本公司派得百分之二三·九四，计冰蛋一千一百九十七吨，以可能范围内接受制造为限。近日正在购办鲜蛋，制造方面已于本月五日正式开工。不料本月八日午夜南浔路六十号栈房内出租部分之二楼突然浓烟冒出，知系失慎，当经报告消防及警务当局求援，承各机关立即派员到场施救并维持火场秩序，得于今晨完全扑灭。除客户租户损失待查外，本公司此次所遭受之损失计损毁鲜蛋一万二千八百三十一件，值国币廿四亿元，包装材料时值八九亿元，房屋设备约时值二十亿元。鲜蛋及包装材料部分经在英商太古公司保有英镑六万镑之火险，但房屋设备未曾保险。其所损失之蛋系额外准备之货，故对于中信局之交货补充尚不生问题。此次火灾制蛋处所概无损害，惟后面照蛋间、堆蛋间被毁。幸前部原有照蛋及堆蛋之处，前因制造停顿，曾改作普通堆栈者，不难修复，大约不旬日即可复工。至于虹口方面普通堆栈业务拟即结束云。

对于本公司登记事，经济部执照已于二月十一日颁发。至于本公司资金流动问题，原拟向四行联合总办事处申请贷款，现暂行搁置。

三、主席询问上次对于股票上市案每股票面是否应行改动，各董事有否讨论。经陈董事伟如声称，凡上市各公司股票票面大都以十元为多，若千元票面恐交易极不方便。主席继谓，现在有无千元票面之股票上市及千元票面有否上市之可能，请陈董事向证券交易所详为调查，再者现在币制比前不同，市上已无十元钞票股票，票面分改十元，变更登记是否成为问题，请胡董事祖坤向会计师询问。俟此二点明了后，认为必要更改时即提出股东会讨论之。

四、主席宣称三十五年度各种决算表册及盈余分派草案业经各位审阅，各位如有异议请发表高见。各董事并无异议，均表赞同，主席即将各表册移交监察人请予审核。

葛监察子香宣称对于监察人依法应行查核事务委托立信会计师事务所代行办理之。毛监察楷民、楼监察文治一致赞同。

五、主席宣称本届股东常会应行召集请予议定，经各董事议定如下：

开会日期：五月廿三日下午五时半。

地点：青年会九楼西厅。

公告：四月十二日起登报三天并发函通告之。

开会事项：推举监察人并讨论三十五年度决算及盈余分派案。

源

（《茂昌股份有限公司董事会决议录》，三十五年七月至三十七年六月，上海市档案馆藏，档案号：Q229－1－207）

94. 茂昌股份有限公司董事监察联席会第五次会议

主席：董事长郑源兴。

记录：兼秘书胡祖坤。

一、主席宣读上次决议录，各董监无异议通过。

二、主席报告政府颁发之工矿事业重估固定资产价值调整资本办法大概情形，并谓本公司之房地产及机器器械设备等依照上述办法估价，大约为一百亿左右，但该办法以本年度内办理完竣为限，故不得不早为拟定办法，以便提交本届股东常会讨论。但对于调整资本以前资本总额究应定为若干，应先予拟定。金董事宗城提议资本额应定为六十亿，陈董事伟如、郑董事钟榆主张定为七十二亿或一百亿，郑董事方正等主张拟为一百念亿，最后由各董事公同议决资本总额定为国币一百亿，全体一致通过，并拟定办法如下：

原股本计国币七亿二千万元，资产估价后升值计每股得升一万零七百元，合计国币七十七亿另四百万元三十五，年度股息红利每股三百元，拟移为增资股款，合计国币二亿一千六百万元，现金增资每股约增一千九百元，合计国币十三亿六千万元，共计资本总额国币一百亿元。上述办法业经全体董监通过俟拟交股东会决议复行之。

三、主席宣称上次会议时对于本公司股份每股由一千元改为十元尚未决定，本届应请继续讨论。继由陈董事伟如发表，谓上市股票除极少数有每股一百元外，其余各公司均为每股十元票面。胡董事祖坤谓对于票面改为十元在申请变更登记并不成问题，业经向会计师询问确实。经各董事公决本公司股份决分改为每股十元，俟提请股东会通过行之。

四、主席继谓票面每股改为十元后，对于股份过户之最低限额应有规定，请各董事讨论。经各董事讨论，结果决议如下：

甲、每次过户以一万股为最低限额，但并股及出让人全部股数不足万股者不在此限。

乙、新开股户以一万股为最低限额，但出让人全部股数不满一万股而只过入一人者不在此限。

五、主席询问各董事有无其他提议，各董事并无提议，主席宣告散会。

(《茂昌股份有限公司董事会决议录》，三十五年七月至三十七年六月，上海市档案馆藏，档案号：Q229－1－207)

95. 茂昌股份有限公司第二十三次股东会股东常会

日期：民国三十六年五月二十三日下午五时。

地点：上海西藏南路青年会九楼西厅。

到会股东：四百六十九户，五十八万六千七百十五股，五十八万六千七百十五权；股东总数九百零六户、七十二万股、七十二万权。

主席郑源兴，记录胡祖坤。

一、主席报告本届出席股东、股数已超过股份总数三分之二以上，宣告正式开会。

二、主席宣读上届决议录，各股东无异议。

三、主席报告营业状况，略谓本公司三十五年度营业，对于蛋品出口之正业仍在停顿中，仅有副业冷气堆栈及普通堆栈等强事敷衍。今年最近蛋业虽略事收办，勉强开工，但仍无利可图，不过为谋国际市场中我国蛋业不致冷落而已。诚以蛋品之出口对内扶持农村经济，对外抵补入超漏卮，抑平外汇。故本席决勉力以赴，以冀逐渐恢复战前本公司在国际市场上固有之地位，庶于国计民生两受裨益矣。又有件不幸事件须向各股东报告，四月八日午夜，本公司南浔路六十号栈房内之出租部份突然起火，计毁鲜蛋及包装材料约三十五亿，房屋设备约二十亿，共计损失五十五亿。除保险赔款三十亿外，净损失二十五亿，因房屋设备均未保险故也。附为报告。

四、主席宣称三十五年度决算报告书业已分给各股东，兹请监察人报告账略。

监察人应佐卿报告三十五年度资产负债表及盈余分派议案中各项数目毕。

主席询问各股东对于三十五年决算及盈余分派案如有异议，请提出讨论。各股东并无异议，主席宣付表决，全体一致举手通过。

五、主席报告本月二十二日董监联席会议拟定增资方案如下：

本公司之房地产及机械设备依照工矿、运输事业重估固定资产价值、调整资本办法及其补充估算方法各规定，估计可供调整之数大约为国币一百亿元左右，拟定资本总额为国币一百亿元，分为十亿股，每股国币十元，除由本公司固定资产升值项下计国币七十七亿另四万元，拨赠老股东计每老股（每股一千元）应得新股一千另七十股外，并以三十五年度每一老股应得之股息、红利国币三百元移作认购增资股份三十股，合计每一老股连原有股份应得新股一千二百股（其不愿以三十五年度股息、红利移作新股者则照除）。此外每一老股并得现金认购新股一百九十股，是否有当，请各股东讨论。经各股东讨论，结果佥认为董监联席会所提增资方案，极为适当。股东金宗城提议缴款日期应一并规定，拟定现金认购新股部份限于本年六月十六日起至同月二十二日止，为办理缴款日期，逾期不缴以自愿放弃论，由董事负责募足之。股东唐鼎臣君附议。

主席将上述增资方案及缴款日期宣付表决，全体出席股东一致举手通过。

六、主席宣称，本届常会例应改选监察人。股东金宗城君提议，本公司已议决增资，在增资后开新旧股东会时尚须改选董监，现在仍请原任监察人暂时连任，免多手续。股东郑方正君附议，主席宣付表决，各股东一致通过。

主席询问各股东有无其他提案，各股东并无提议，主席宣告散会。

（《茂昌股份有限公司股东会议记录》，《第二十三次股东会股东常会》，上海档案馆藏，档案号：Q229－1－186）

96. 茂昌股份有限公司董事监察联席会第六次会议

一、公推郑董事学俊为主席。

二、主席报告出席董事人数已超过半数以上并宣读上届记录，各董监均无异议。

三、主席报告朱董事金水于本月九日晨病故，各董事深表哀悼。金董事宗城谓于设奠之时全体董监应设公祭，以示哀忱。各董监均表同情。

四、主席报告增资经过情形，略谓新增股份九亿二千八百万股，每股十元，计国币九十二亿八千万元，内除国币七十七亿另四百万元，系由重估固定资产价值调整资本按股份比例拨给老股东外，其余均已于六月份内如数收足，业经监察人调查属实出具报告书。

五、主席宣称本公司资产重估及增资后编成之资产负债表，各董监早已寓目，该表业已经立信会计师事务所查核证明，再本公司重估资产事业已蒙经济部批准并将批示宣读一过。

六、主席宣称本公司章程对于资本一项例应更正，并将更正后之第五条宣读，又第六条无存在之必要，应予删去，以后各条递升填补之。各董监一致通过，俟提交股东会通过行之。

七、主席宣告公司增资后照例应召集新旧股东会，惟现因重估资产关系，非经经济部批准后不能举行。本公司对于重估资产事，刻既已奉部批准，则股东会应可举行，请各董事公议召集之。

经决议如下：

开会：日期十一月四日下午五时。

地点：八仙楼青年会。

开会事项：报告增资经过，修订章程，选举董事监察人等事宜，遵章于二十日前登报公告，并发函通告之。

（《茂昌股份有限公司董事会决议录》，三十五年七月至三十七年六月，上海市档案馆藏，档案号：Q229－1－207）

97. 茂昌股份有限公司第二十四次股东会股东临时会

日期：民国三十六年十一月四日下午五时。

地点：上海西藏南路青年会九楼西厅。

到会股东：五百八十七户、七亿九千另五万三千六百六十股、七亿九千另五万三千六百六十权；股东总数一千另十五户、十亿股、十亿权。

主席郑源兴，记录胡祖坤。

行礼如仪：

一、推举主席，唐股东鼎臣提议推郑股东源兴为主席，郑股东方正附议，各股东一致赞同。

二、主席报告本届出席股东五百八十七户，计七亿九千另五万三千六百六十股，即七亿九千另五万三千六百六十权。查本公司全体股东总户数一千另十五股户，计十亿股即十亿权。本届出席股东所占股份数额已超过全体股份总数三分之二以上，已合新公司法二百四十六条之规定，应即宣告开会。

三、主席宣读上届记录，各股东无异议。

四、主席报告增资经过，略谓上届股东会决议之新增股份九亿二千八百万股，每股十元，计国币九十二亿八千万元。内除国币七十七亿另四百万元系由重估固定资产价值、调整资本按股份比例拨给老股东外，其余均已于六月份如数收足，业经监察人调查属实，出具报告书。兹请监察人报告。

应监察人佐卿代表全体监察人宣读调查报告书。

五、主席报告增资后之资产负债状况，略谓本届增资并调整资本后重编之资产负债表，经会计师审核后编印，分给各股东，想各股东已经寓目，各股东如有异议请提出讨论。各股东并无异议，一致通过。

六、主席宣称本公司增资后对于章程中资本一项例应修改，业由董事会拟具修正草案，计第五条改为“本公司资本额定为国币一百亿，分为十亿股，每股国币十元，一次收足”。第六条现无保留之必要，予以删除，其他各条一律仍照原订章程未予更动，各股东如有高见，请提出讨论。各股东并无异议，一致通过。

七、选举董事监察人

由各股东投票选举，主席委派郑麟诗、郑钟榆、楼文治、周正长、胡周纲等股东为检票员。其检票结果如下：

董事选举票计得权数占多数者二十一人：

郑源兴、郑方正、袁光行、胡祖坤、郑星炎、唐鼎臣、郑学俊、陈伟如、张绪铭、袁恒通、金绍南、刘祖赉、金宗城、郑钟榆、刘铁臣、邹秉文、王仰先、孙性之、楼文治、林荣生、张东叟，以上二十一位股东当选为董事。次多数姚均和、江辅亨、郑麟诗、钟浩、李性根。

监察人选举票计得权数占多数者五人：

应佐卿、葛子香、毛楷民、陆允升、费丰年，以上五位当选为监察人；次多数郑麟诗、杜秋声、乐楚廷。

主席询问各股东有否其他提议，各股东并无提议，主席宣告散会。

（《茂昌股份有限公司股东会议记录》，《第二十四次股东会股东临时会》，上海市档案馆藏，档案号：Q229－1－186）

98. 茂昌股份有限公司董事监察联席会

一、推举主席，金董事宗城推郑董事源兴为主席，陈董事伟如附议，各董监一致赞同。

二、主席宣读上届决议录，各董监无异议。

三、推举董事长，唐董事鼎臣提议仍推原任郑董事长源兴连任，金董事宗城附议，全体董事一致赞同通过。

四、董事长报告公司近况，略谓本公司对于蛋品出口业务最近数量极微，公司实无利润可言。但对一部份工人不无少补，而国际市场上华蛋亦不致冷落而已。本人最近即拟出国调查国外蛋销情形。我政府如对于出口业务能竭力推动，设法奖励，则蛋业当然不在例外。本公司在可能范围内竭力谋恢复为宗旨，至于本公司现在业务全仗冷藏及普通堆栈等副业维持，其收支情形今年过去数月略有丈余，冬季收入难免减少，大概可以希望平衡。青岛方面上半年因美军合同关系，略有亏欠，以后收支不致有亏云云。

五、主席询问各董事有无提案，各董事并无提议，主席宣告散会。

源

（《茂昌股份有限公司董监联席会议记录》，上海市档案馆藏，档案号：Q229－1－211）

99. 茂昌股份有限公司董事监察联席会

一、主席宣读上次记录，各董监无异议。

二、主席报告去年十一月出国调查国外情形接洽业务事项，略谓现在英国蛋及蛋品均归政府收买，我华蛋去年定额为九千吨，然所缴尚不足半数。今年经本人要求，增至一万五千吨，承英政府看重接受，殊为荣幸。至于价格去年上半年度为二百镑，下半年度为二百念镑，今年则全年预计二百十镑。所有该项交易全部移交中央信托局办理，本公司利润虽不多，但害处也不致有，较之去年情形为良好云。

至于本公司冷气堆栈业务，本年春季入不敷出，五月份略见起色，此后稍有利润可图，大约全年统扯收支可以平衡。自本公司增资后之变更登记，业已经经济部核准，新执照亦已领到，股票上市事在进行中，何日可以完备，尚无把握。

再有不幸消息报告，我董监中应监察佐卿十三月十四日逝世，王董事仰先十三月十八日逝世，二位虽均年已古稀，平日精神甚健，不料先后相继仙逝，深为哀悼。

三、主席宣称董事监察缺额，是否应由次多数递补，请讨论。经讨论结果，公认董事任期尚有二年，应以得票次多数之姚均和先生递补，监察任期将满，例应改选，无需递补，一致通过。

四、主席将三十六年度资产负债表、财产目录损益表及盈余分派之议案各草案分给各董监，请审核讨论，各董监认为无讹，俟经会计师查核完竣后，付即提请股东会通过之。

五、主席报告本公司股据过户费依印刷及纸张之价值业已随时调整，其过户之股数为迎合上市关系，以十万股为单位。

六、主席宣称本届股东常会应行召集，请予议定，经议案为下：

日期：七月十五日下午六时。

地点：八仙楼青年会九楼东西二厅。

公告：六月五日起登报三天公告之并发函通告。

开会事项：改选监察人并讨论三十六年度决算及盈余分派等案。

源

（《茂昌股份有限公司董监联席会议记录》，上海市档案馆藏，档案号：Q229－1－211）

100. 茂昌股份有限公司董事监察联席会

一、主席宣读上届记录，各董监无异议。

二、主席报告今年业务比较去年略为好转，大概情形已在上次会议时报告。现为顾及各方情形起见，本公司拟在本年九月或十二月垫发三十七年度股息红利，至该时视公司经济状况决定之。查各项物价自上月一日开会后至上月廿七八日止波动甚烈，如延至九月或十二月则情形如何毫无把握。论本公司上半年度业务及经济状况，若将三十七年度股息红利提前垫发，每股可能自六元至十二元之则。故本席召集每位董监会议，以便从长讨论。然至上月底市府发表之生活指数特别提高，超过预算，因此最近数天内本公司经济情形甚为拮据，究应如何，请每位董事发表高见，提出讨论。

金董事宗城提称现在各公司预发股息红利者甚多，本公司对于三十七年度盈余现在既犹有相当把握，自应提前垫发，于发给三十六年度股息红利时同时发给之，在手续上较为便利。各股东各同人亦比较实惠。本席主张垫发三十七年度股息一分红利九分，同人酬奖比例照算，如届年底决算盈余不足此数之时，由董事会负责。郑董事学俊附议。主席宣付表决，各董监一致赞同通过。

源

(《茂昌股份有限公司董监联席会议记录》，上海市档案馆藏，档案号：Q229－1－211)

101. 茂昌股份有限公司第二十五次股东常会

日期：民国三十七年七月十五日下午六时。

地点：上海西藏南路青年会九楼。

到会股东：五百五十六户、股份计七亿四千八百六十三万五千一百八十、股权计七亿四千八百六十三万五千一百八十权，股东总数：一千另七十九户，总计十亿股即十亿权。

主席：董事长郑源兴；记录：股东胡祖坤。

一、主席报告本届股东出席户数，股数已超过法定数额，应即宣告开会。

二、主席宣读上次股东会记录，各股东无异议。

三、主席报告三十六年度营业状况，略谓本公司三十六年度营业情形已在营业报告书中大略说及。查去年蛋品出口虽名为复业，实际上出口之数量仅及战前百分之七八。其原因为国内产地产量多未恢复战前情形，并且交通不如战前之便利，成本亦过，出口方面各国外汇管制关系，种种原因使去年蛋品出口未能顺利达到预算。故仍须冷气堆栈等副业相副而行，勉渡时艰。所有决算账略于会计师查核后，已编印成册，分给各股东，现请监察人报告账略。

四、监察人陆允升君代表茂昌公司全体监察人报告茂昌公司三十六年度决算，所有资产负债表、财产目录、损益表逐项数字报告完毕，并将立信会计师查账证明书宣读后，并附带报告盈余分派议案各项数字。

五、主席宣称陆监察所报告之三十六年度决算账目及盈余分派案极为详细周到，询问各股东是否有异议，如有异议，请分别提出讨论，各股东并无异议一致通过。

六、主席报告公司近况，略谓本席去年十一月，因接洽蛋品出口业务，出国赴英接洽，结果尚称圆满。英国蛋及蛋品均归英政府收买，我国则移归中信局办理，本公司为代办代制性质，利润虽微，但无亏损之虞，故比之去年较为实惠。至于冷气堆栈，春季虽亏，全年总计尚不致亏耗。总之全盘营业上半年度已略有赢余，下半年照现在预算不致亏欠，可以平衡。七月六日本公司董监联席会议，鉴于近来物价之狂涨与各种情形及需要，决议于发给三十六年度股息红利之时，同时垫发三十七年度股息一分，红利九分，同人奖比例照算为届，年底决算盈余不足此数之时，由董事会负责。兹自七月二十二日起发给三十六年度股息、红利，同时垫发三十七年度股息、红利。请各股东届时携带股款收据及印章至黄浦路本公司服务组领取可也。

七、选举监察人

主席委派检票员检票，经核算结果，当经主席报告计约权数占多数者五人如下：

葛子香股东约六二五，三七四，六二零权

费丰年股东约六一三，三三九，四一零权

陆允升股东约五六二，三五五，一五零权

詹家忠股东约五三一，一六二，零七零权

毛楷民股东约四三七，六五七，七四零权

以上五位股东当选为监察人。

次多数：

乐楚廷股东约九四，二二零，九四零权

何平化股东约五八，七三七，五二零权

陈喜伯股东约五二，二八七，二七零权

主席询问各股东有无其他提案，各股东并无提议，主席宣告散会。

（《茂昌股份有限公司股东会议记录》，《第二十五次股东常会》，上海市档案馆藏，档案号：Q229－1－186）

102. 茂昌股份有限公司董事监察联席会

时间：十二月二十二日。

地点：香港路银行公会俱乐部四楼。

一、主席宣读上次记录，各董监无异议。

二、主席报告营业状况，略谓本公司三十七年度营业因今秋政府币制改革后之变动，暂时无法计算盈亏，大概收支可以相抵。对于资本及资产账面数字，政府虽有调整办法，但至今日又不适用。最近据闻，市商会曾召开工商法规研究会，并与会计师公会共同讨论，议照政府公布之调整资本办法五信计算等云。本公司且俟接到办法后或暂时调整之，以便编制决算。

三、主席宣称本公司三十七年度盈亏虽尚无确数，依实际而论，大概稍有盈余。上次已经垫发计金圆五千元。对于股息红利，如俟决算完成股东会通过之后发给，须在明年四五月间，股东同人均不实惠，应如何办理，请各董监讨论。

经各董监会商后公决再垫发红利，每一股发金圆券一厘，即每一千股发金圆券一元，职工等酬奖金照向例比例推算，于三十八年一月十五日起由董事会负责垫发之。

四、郑董事方正报告今年南洋群岛小吕宋一带华蛋销路极为兴旺，我国粤汉路一带蛋产颇丰，极合南销之需。本公司应在华南分设机构，以利业务，请各董事讨论。

金董事宗城提议本公司为推广业务争取外汇起见，对于广州或香港南洋等处应分设机构，得以广采粤汉路一带之蛋产，以充沛供应英国之需，兼销南洋等处，而扩充本公司业务实为必要，上述各地应否设立机构，授权董事长兼总经理郑源兴君全权办理处置之。

郑董事方正、唐董事鼎臣附议，主席宣付表决，各董事一致赞同通过。

（《茂昌股份有限公司董监联席会议记录》，上海市档案馆藏，档案号：Q229－1－211）

103. 茂昌股份有限公司董事监察联席会

时间：十一月二十八日。

地点：香港路银行公会俱乐部四楼。

一、主席宣读上次记录。

二、总经理报告宣称：

甲、鄙人自上年十二月廿一日召开董监联席会议后，即于廿六日离沪前往香港，依照董监会议决议之原则，积极执行，购买厂基，布置临时蛋厂，并建造厂房，定购冷气机器，以及各项设备等事宜。不料布置临时蛋厂之工程颇为迟缓，而局势转变，异常迅速。临时蛋厂布置完成后方可试办，开工十余天，所有原料来源之粤汉铁路，即被军事行动所阻断。虽立即停办停工，已受到相当之损失矣。并于原定一面造厂一面生产之计划，结果相反。

乙、关于郑董事兼副总经理学俊于本年五月八日离沪赴港事，鄙人询其身负重责，何得轻离职守。据答因环境所迫，万不获已，否则公司意外之损失，势必更大。至于公司业务方面，因战事关系，无法继续，早将外庄全部结束，蛋厂亦已停工，业务方面可谓完全停顿，纵留上海，亦无事可做，而来港以备往英一行，藉图本公司出口业务与英国粮食部之关系，商订更进一步之办法。此亦为上海冰蛋同业表示同情内定之计划云云。鄙人查在学俊未到港之前，上海冰蛋同业负责人，曾在港告罗士打大饭店召开会议，商谈同一事件，意欲茂昌派代表同往英国会议。其时鄙人对于所议方案原则上表示赞同，但于派代表赴英一层，未曾答允，学俊备前往。鄙人认为可行，遂予同意。又询其离沪后何人代理，据答对于公事方面，公司早经分别规定，各部负责有人，各负各责，亦无问题。虽未于行前说明，事后电报通知，似无不可等语。抵港之日，彼即发一英文电报至沪，略云学俊安抵，盼尽力保障有关之权益，嗣按上海回电，请明白指示职责。当由鄙人复电委任七人为主持公司行政委员，共同负责办理，以期周密。窃思如学俊留申，应单独负责，其他同人仅从旁协助即可。学俊去后，以致诸位董监及七位委员受到分外之麻烦及困难，尤其是唐董事历受威胁，饱经痛苦。鄙人至为抱歉。

丙、港厂大概情形，购置厂基五十万元，厂房五十万元，机器设备器具生财码头等九十万元，宿所三十万元，共计二百二十万元。除资本一百万之外，缺少一百二十万元。经将全部厂基并一应财产向银行抵借七十万元，尚少五十万元。而上海方面，解放之后，业务陷于停顿，经济来源断绝，借贷亦极困难。所定机器配件，无法付清。厂房虽已完工，建筑费犹未付讫，即厂内机器等设备，亦无法完成，处于进退两难之势。鄙人因上海总公司，事关重大，职责所在，急于返沪，港厂未了事件及未成事项，一并移交学俊继续负责办理，并嘱其继续商请银行增加贷款。如能成功，应将冷气机器设备等完成，以便生产，现进行至如何程度，未得报告。

丁、上述资本一百万元，系历年及本年之秘密公积，由英国小吕宋上海而来，共收到港币一百十五万元有另。港厂账目结至本年七月廿一日止，亏去十八万四千一百六十九元另二分，故资本虽名为一百万元，实际只有九十五六万元。现下港厂经常开支每月一万四五千元，八月至十二月收支或可相抵，即缺少亦必不多。鄙人至港时，曾做小吕宋生意，林烧蛋行所欠港公司港币约十五万元，已接来电收到该款一成，其余未知如何答复，希望不致倒账。

戊、本公司经济状况

（一）总公司结至本年五月七日止，存流动物资，估值在九万五千英镑以上，但有前中信局定制冰蛋一百四十余吨未交。该货大部分为战事关系之损失，结至八月廿一止，因物资之出卖，已减少四万九千八百八十七磅。自九月一日至十一月十五日，又因物资之出卖，再减少九千九百六十五磅。结至十一月十五日止，所存物资，只有三万六千磅之谱。是项损失，大多为开支及无形损耗，极少部分用在修理方面。现下开支浩大，实属不胜负担，业务又毫无把握，殊为焦虑。现计负债六千万元，每月支出依照本月廿二日标准约需二亿元，收入极微。

（二）沪南冷藏及堆栈部

结至本年上十一月十五日止，存现款及物资四亿二千五百万元，支出依照十一月廿二日标准，约需一亿二千万元，收入约六千万元，外加息金。

（三）洋泾仓库

结至本年十一月十五日止负债二百万元，每月支出依照十一月廿二日标准约需六百五十万元，收入约计一百余万元。

（四）沪北冷藏库

结至十一月十五日止，存物资一千七百万元，每月支出依照十一月廿二日标准约需三千万元，收入二千万元。

（五）沪东码头仓库

结至本年十一月十五日止存现一千五百万元，支出依照十一月廿二日标准约需二千万元，收入六百万元，外加利息五百万元，共计约一千一百万元。

（六）宁波高邮等各土厂之负担

己、秘密公积

（一）港厂资本一百万元，实值约港币九十五六万元，该款来源，已电港将细账抄来，不久当可寄到，与上海核对转账。

（二）英国投资八千六百廿五镑，公积二万五千八百七十五镑，盈余滚存约三四千镑，往来二百九十五镑，公会投资原有三百另九镑，已减为二百四拾镑左右。

（三）本公司现存美金二十元（中国银行美金存折），黄金十四两，银圆一千一百六十八元，银角二百二十角，郑人竹户名项下本公司股份一亿股，利众社户名项下本公司股份六百九十八万四千五百二十股，无记名项下本公司股份七千四百十五万五千股，小吕宋投资美金三千七百五十元，小吕宋呆账一万二千七百八十一元九角七分，及公司所存包装材料等项。

庚、营业方针

鄙人此次由港归来，即拟依照新民主主义所规定，发展生产繁荣经济公私兼顾劳资两利之原则，进行业务。道经天津时，曾与华北对外贸易总公司商讨，后再往北京，晋谒工商部长接洽，承部长多方指示，嘱力图发展生产云云。返沪以后，即与华东区对外贸易总公司及银行界，迭次商讨复工事宜。一方面并与职工会讨论劳资合作，以及复工生产修理厂房机器各事宜，决定上海、亳州、青岛同时进行。上海、青岛方面早经修竣，亳州方面，因停工多年，须掉换锅炉等等，大概当须一个月左右方可修理完成。无奈因环境关系，诸多掣肘，物价又波动甚烈，兼之蛋产稀少，外汇汇率与实际物价成本常相去甚远。虽经商请华东区贸总收购，只以物价及环境关系，现今未成事实。照现下情形以观，本年年内，开工无望。业务既无把握，开支复日赠无已，殊觉难于应付。一切均与鄙人原定计划完全相反，唯有希望明春好转，能否如愿要看环境如何而定。

蛋厂部份，现下暂有一小部分开工，备将本厂所存冰蛋白，约计九十顿，烘成干蛋白，计用男女季节性工人共计七十三人，预算工作一个月，即可完成。但照与工人所订之洽定，至少须负担二个月之工资。

辛、近来物价高涨，折实单位随之而高，本公司职工薪工，均照折实单位支付，委实不能负担，公司生存，大受威胁，非设法与职工会商自动减薪及部分遣散不可。

三、主席宣称：本公司之南栈及青岛分公司，是否由其独立另行组织，抑仍照常继续，应如何处理，应请讨论。金董事宗城说：南栈若完全分开独立，将后对于公司方面及同事方面，均有为难。业务情形，有好有坏，同事薪工，情形好的发得出，情形坏的发不出，公司不能统扯，难免抵触，故此条应从缓讨论。先将八月底资金调整事舒齐，以备登记之用。

四、主席宣称，三十七年决算一案已抄具多份，请各董监察阅。各董监察阅后并无异言，候会计师查核完毕后付印提交股东会通过。

（《茂昌股份有限公司董监联席会议记录》，上海市档案馆藏，档案号：Q229－1－211）

104. 茂昌股份有限公司董事监察联席会

时间：五月五日下午。

地点：香港路银行公会俱乐部四楼。

一、主席宣读上次记录。

二、主席报告在天津经过情形，略谓本人自去年十二月为运销存货，备在天津出口，北上天津，不料一星期后，风闻上海外商银行经济紧缩情形，停放打包放款。本公司大受影响后，向天津华北蛋品公司及利兴蛋厂、汇丰银行等处，多方商借。曾向华北蛋品公司借到现款五亿元，向利兴蛋厂借到蛋品合计四十万另五百九十六折实单位，终算渡过难关。现在蛋品公司所借，因照折实单位计算，合十亿元已经还清，欠利兴蛋厂尚剩十八万另之单位，因无力偿还，只得情商以亳县蛋厂全部财产，并以本公司原有保管组所存之股票一亿股，作价抵偿天津利兴债务，终算清讫。对于中国蛋品公司合同情形，从去年谈起，经过多方周折，并与国外市场多次邮电折冲，至本年四月二日，始订立合同。本公司青岛分厂，已于合同订立之前，在三月十六日开工，大概五千吨有望。

上海经济情形约略如下：欠薪年奖约计五亿元，地价税五亿元，公债十亿，另房捐一亿元，欠银行四亿元。现在职工尚有六百余人，季节工在三百五十人以上。在劳动局调解后，以疏散者发四成，留用者发六成，成立协议，季节工每月发四天。本月应发及欠薪共约需八亿左右，其他尚欠贸总即前中央信托局现为中国蛋品公司冰蛋一百四十吨，该货在解放前大部分均系战争损失，此账拟与同业向蛋品公司商讨减让，并只能在上海开工之后随时拨还，尚有香港公司欠贸总二万一千一百卅五英镑。青岛方面全年收入除过支出外，可贴补上海急用负债部分，尚不足抵补。

三、詹监察家忠宣读一九四九年十二月底各种决算表册，并调整资本方案。

四、修改章程案。经各董事详细讨论结果决议如下：

甲、名称：原名茂昌股份有限公司，兹因工商局关于工商业使用名称之指示，应授明其主要经营业务，决议改为茂昌蛋业冷藏股份有限公司。乙、股份：股份总额原为十亿股，每股十元，除库存股票八千三百九十三万二千另七十股，净计九亿一千六百另六万七千九百三十股。资产调整后除亏损净计人民币一百另三亿四千一百万另七千七百八十二元六角三分，决议资本总额改为人民币九十一亿六千另六十七万九千三百元，分九亿一千六百另六万七千九百三十股，每股人民币十元，其余作为公积并提作因定资产跌价准备之用。丙、无记名股票：本公司无记名股票，已□改为记名式，章程中关于无记名股票之规定各点，均删除之。丁、“股票须用股东真实姓名……”遵照申请登记暂行办法之规定修正之。

五、召开股东会事项，主席宣称本公司在一九四九年中，因种种关系，未曾召开股东会。此次奉令申请工商登记，于最近期内，必须召开股东临时会，所有开会日期地点及应议事项等，应请议定。经决议如下：

日期：五月廿四日下午二时；地点：黄浦路二三九号本公司拷蛋间；公告：于五月八日及十三日各登解放日报一天并发函通告。议程大概：一九四八年决算案、一九四九年决算案、调整资本方案、调整后之资本及股份分配案、修正章程案、选举董监。

（《茂昌股份有限公司董监联席会议记录》，上海市档案馆藏，档案号：Q229－1－211）

105. 茂昌股份有限公司董事监察联席会第一百次会议

时间：五月十日。

地点：香港路银行公会俱乐部四楼。

一、主席报告各部疏散人员。经各职工自行认定自愿疏散者名单，经各代表考虑后，自愿疏散名单中，翁学良、费秀英系工会正副主席，须考虑挽留在留用或轮班之列。至少挽留翁学良一人轮班，使工会负责有人。其他一概照准，名单及协议条款，另纸附入。

二、已故工人吴阿友，其养老退职金，因统盘办法尚未议定，迄未发给。兹经各代表决议，已故职工其养老退职金，至一九四九年八月底止，应予照算发给。

三、毛森、朱曙二化验员，由公司介绍至中国蛋品公司服务。在本公司应须留职停薪，不在疏散待遇之列。因未离职与疏散者之权利抵触，以作半疏散论，一次发给之。傅兴昌早已脱离公司职位，因一月起香港薪工由上海支付，且已入本公司工会，本救济困难、补助生活费之意，准予与疏散人员同有津贴，不予剔除。

四、留用人员、轮班人员、疏散人员之名单，另纸附入。

五、职工死亡时，以前曾由公司捐助其家属抚恤费照底薪五十元（即一百单位）发给，今仍照旧。

（《茂昌股份有限公司董监联席会议记录》，上海市档案馆藏，档案号：Q229－1－211）

106. 茂昌股份有限公司董事监察联席会

时间：五月十六日。

地点：香港路银行公会俱乐部四楼。

一、推举主席。

二、林董事荣生推举郑董事源兴为主席，袁董事光行复议，一致通过。

三、推举董事长。林董事荣生提议仍请郑董事长源兴连任董事长之席。郑君表示本人连任已有多次，应另举贤能。严董事长继华提称：在此新民主时代伊始，以本公司对于国家社会之需要，职责綦重，仍应请郑董事长继续努力，各董事一致拥护通过。

四、董事长报告营业方针，略谓今后蛋品出口营业，希望很少，如果国外销路好转，本公司代国营企业——中国蛋品公司加工制造，对于国家，亦不无帮助。职工生计，亦可借以维持。青岛分公司方面，现在已进行加工工作，较可安定。至于副业冷藏，收入很少，亦不敷开支，希望夏令能有起色，损失或可减少。本公司所有房地产，前由光华营业公司经理，此次拟收回自理，使一部分空闲职工，亦得有所工作，藉以减少损失云。

五、唐副总经理提议，本人请辞副总经理职责，各董事一职挽留，坚请唐副总经理勉为其难，挽请打销辞意。

六、董事长称本公司原有副总经理四人，除朱君业已去世外，而有三人，一在青岛，一在香港，在上海总公司只有一人，拟加聘副总经理一席。事关重要，鄙人拟推严董继华担任。严董事紧称本人因在天津担任利兴蛋厂经理之职，不能分身离津，请董事长改聘别人。董事长谓本公司在天津方面亦须有人协助，不论在津在沪，均须借重。继由林董事荣生提议折中办法，称严董事以董事代理副经理名义，在严董事既可不必常驻公司，对于本公司有需要借重之处，严董事亦可代理执行。郑董事星炎附议，惟严董事仍坚辞不就，继由董事长发言请严董事先行允诺，如以事实上困难不能就职，可以从缓就职视事。严董事始允予考虑，各董事亦一致通过。

（《茂昌股份有限公司董监联席会议记录》，上海市档案馆藏，档案号：Q229-1-211）

107. 茂昌股份有限公司第二十六次股东会

日期：一九五〇年五月二十四日下午二时。

地点：上海黄浦路二二九号本公司。

到会股东：二百七十四户，计五亿四千另另六万二千三百股，计五亿四千另另六万二千三百权。

股东总数计九亿一千六百另六万七千九百三十股，即九亿一千六百另六万七千九百三十权。

主席董事长郑源兴；记录股东胡祖坤。

一、主席报告到会股东，计股份五亿四千另另六万二千三百股，本公司股份总额九亿一千六百另六万七千九百三十股，本届到会股东所占股数超过二分之一，对于平常股东会，已超过限额，应即开会讨论。惟本届议提中尚有复更章程事项，应须有代表股份总数三分之二以上之股东出席与议，故对于复更章程部份之决议，仍应似重新决议。

二、主席宣读上次股东会决议，各股东无异议通过。

三、主席报告营业状况，略谓本公司在一九四八年及一九四九年营业大概情形，已具见营业报告书，想各股东早已寓目。在一九四八年本公司主要业务——蛋品出口已稍见起色，惜至一九四九年夏季，因海口被封锁，在上海无法输出，致厂中工作，又告中断，副业冷藏亦入不敷出云云。

四、詹家忠监察人报告一九四八九年度决算账略及一九四八年盈余分配案，并谓该项盈余分配，即上届（一九四八年七月）股东会所通过之垫发股息红利，业已当时发给，但决算后在手续上尚须请各股东追认。

主席询问各股东对于一九四八九年决算案及一九四九年盈余分配案有无异议，各股东并无异议，一致通过。

五、主席宣称本公司于一九四九年八月底遵政府规定调整资本，将董事会所核定之调整资本方案，并调整后之资本及股份分配案，请詹家忠监察宣读。经詹监察宣读并解释后，主席询问各股东有无异议。楼文治股东提议调整资本方案，第五项调整后之资本分配，除提资本额外，尚余十一亿余元，似应作为资本准备。詹家忠股东附议。其余各节，均无异议，各股东一致通过。

六、主席宣称本公司资本调整后，公司章程应行修正，经胡祖坤股东将董事会所修正各条逐条宣读，并申明修正理由。各股东并无异议，一致通过。

七、选举董事监察人。

董事选举票检票结果：

郑源兴、袁光行、唐鼎臣、郑方正、袁恒通、郑星炎、金绍南、刘祖赉、胡祖坤、张东叟、郑学俊、郑钟榆、姚均和、林荣生、张绪铭、楼文治、刘铁臣、陈伟如、孙性之、刘孟承、严继华，以上二十一位股东当选为董事；次多数金宗城、严逸文、邹秉文、江辅亨、费丰年、陈协贞、李性根、韩宗芸、郑麟诗。

监察人选举票检票结果：

费丰年、詹家忠、乐楚廷、陈协贞、严逸文，以上五位股东当选为监察人；次多数陆允升、严继率、郑麟诗、孙性之、何平化、楼文治、陆海民。

八、主席询问各股东有否其他提案，各股东并无提议，主席宣告散会。

郑源兴

（《茂昌股份有限公司股东会议记录》，《第二十六次股东会》，上海市档案馆藏，档案号：Q229－1－186）

108. 茂昌股份有限公司董事监察联席会

日期：一九五一年十二月二日。

地点：香港路银行公会俱乐部四楼。

到会董事监察人：郑源兴、林荣生、孙性之、唐鼎臣、陈伟如、刘孟承、金绍南、陈协贞、袁光行、郑钟榆、詹家忠、楼文治、张绪铭、张东叟、费丰年、袁恒通。

会议记录：

一、主席宣读上届决议录。

二、主席宣读香港茂昌有限公司，在香港为独立性质，另由五人出面为股东，向香港政府注册，因港政府税则关系，若算为上海总公司所分设之分公司，则税章则方面，牵连到总公司，麻烦很多，所以名称定为香港茂昌有限公司，但是资本完全归总公司所有，此种性质，是否为投资，还算分公司，请讨论。

詹监察家忠解释，此种情形因资本完全归总公司所有，在总公司账上自应列为分公司，以符事实，大概凡在香港设有分支机构之企业，在港均为独立性质，以符合港政府之法令，各董事无异议通过。

三、主席宣读一九五零年决算各项报告各董事无异议，俟提请股东会承认。

四、主席宣称一九五零年底重估财产账略已由冷藏制冰业评审分会审核无讹，现在评审总会查核中。其增值额及重估后之资产负债表，各董监有无意见。各董监并无异议，俟提请股东会通过行之。

五、主席宣称本公司一九五零年度财产重估后，依法应调整资本。本公司总分支机构，合计重估增值额为一千三百八十五亿一千一百四十一万另一万三十九元。本公司原有资本为人民币九十一亿六千另六十七万九千三百元，股份总数为九亿一千六百另六万七千九百三十股。这资本额与股份数字必须凑成整数，经各董监公议后，决定资本总额为七万念亿元，分为七十二万股，每股人民币十万元，依照所拟调整资本方案，原有资本加准备，减一九五零年亏损，计净值人民币一百另三亿另六百三十九万九千另十四元，重估增资额内应行转入资本人民币六百十六亿九千三另六十万另九百八十六元，合成七百念亿整数。重估增值总额，除上述数字转入资本后，尚余人民币七百六十八亿一千七百八十万另九千一百五十三元列入公债。

所有各股东老股换新股办法，议为每老股十万股（票面金额为人民币一百万元）改换新股七十八又百分之五十三股（票面金额为人民币七百八十五万三千元），每户总计后，共不足一股的另数凑成整股。

上述调整资本办法，提请股东会通过行之。

六、修改章程。

主席宣称本公司章程已依照私营企业暂行条例及其施行办法并照本公司调整资本方案修正，将修正后初稿逐条宣读讨论，各条略有修改，俟提请股东会通过行之。

七、拟定一九五一年营业计划：由各董事讨论拟定后，付印提请股东会通过。

八、股东会召集日期，前由董事长拟定电告后，早经登报公告，并函知各股东。兹请董监追认，各董监一致追认并拟定股东会开会议程。

九、主席询问各董事有否其他提议，各董事并无提议，主席宣告散会。

郑源兴

（《茂昌蛋业冷藏股份有限公司董监联席会议》，上海市档案馆藏，档案号：Q229－1－211）

109. 茂昌股份有限公司第二十七次股东会

日期：一九五一年十二月四日。

地点：上海南京东路七二零号新都饭店。

主席：郑源兴，记录：胡祖坤。

一、宣告开会

主席宣称：本届出席股东四百三十户，计股份六亿一千一百八十九万二千六百四十股，本公司股东总数一千另另三户，计股份总额九亿一千六百零六万七千九百三十股，本届出席股东股份已超过全体股东股份总数三分之二以上，已足法定人数，应即宣告开会。

二、报告营业状况

主席宣称：关于本公司一九五零年营业情形，已经有书面的报告，谅各位股东已经看到。现在再口头的把一九五零年本公司经济困难经过情形以及最近情况，约略补充报告一下。一九五零年，本公司青岛分厂虽有加工生产的报酬收入，无奈上海方面蛋品正业不能生产，只有仓库等一些收入，收支不能平衡，而且同时有令人痛心的解雇大批职工的事情，为着这不得已的解雇事情，本公司所支出的解雇金等款子，为数很不小。因此本公司全年收入不足抵补全年开支，结果本公司一九五零年度亏损七亿余元，并因此一九五零年度股息，并无从办理，殊深抱歉。关于本年的情形再附带报告一下，鄙人为之谋取青岛继续加工及上海复工事情，于今年一月初由香港回到青岛，先料理好一九五零年未运出的存货，而后于一月中旬晋京与国营中国蛋品公司商讨一九五一年冰蛋出口事。经协商历三个月毫无成就，因我政府既实行易货政策，英国买方借口执行困难，延宕未能协议。至四月初中国蛋品公司改组为中国畜产公司，为照顾农村经济、职工生活及我公司业务等种种困难，委托我公司先行加工制造冰蛋。无奈因国际局势政治性关系，制成品至今仍未装出，对于青岛业务，暂难乐观。幸上海冷藏副业很有进步，收支尚可敷衍。希望进步再进步，生产再生产，以维生存。

三、主席宣称：本公司一九五零年度决算，已汇编装订成册分给各股东，现请监察人报告。詹监察人家忠将一九五零年底资产负债表并一九五零年一月至十二月损益计算书报告后，主席请各股东讨论。

席祥贞股东提请会计师查账报告书，请备存公司予股东参阅。

主席答称：对于会计师查账报告书，股东当然可以到公司参阅，并询各股东对决算有无异议。各股东并无异议，一致通过。

四、主席宣称：本公司一九五零年底财产依法重估，其增值数字业经监察人查核出具报告书送评审会审核。当经詹监察人报告重估财产增值数字，并重估后之资产负债表后，主席询问各股东有无异议。各股东并无异议，一致通过。

五、主席宣称：重估财产后，即应进行调整资本、申请变更登记等事，董事会业已拟具调整资本方案，由詹监察人报告，略谓本公司一九五零年底财产重估后，依法应调整资本。本公司总分支机构，合计重估增值额为一千三百八十五亿一千一百四十一万另一百三十九元，本公司原有资本为人民币九十一亿六千另六十七万九千三百元，股份总额为九亿一千六百另六万七千九百三十股。这资本额与股份数字应须凑成一整数，经董事会拟定资本总额为人民币七百二十亿元，分为七十二万股，每股人民币十万元。本公司原有资本加资本准备，再减一九五零年亏损，计净值人民币一百另三亿另六百三十九万九千另十四元，重估增值额内应行转入资本人民币六百十六亿九千三百六十万另九百八十六元，合成人民币七百二十亿元整数。重估增值总额，除上述数字转入资本后，尚余人民币七百六十八亿一千七百八十万另九千一百五十三元列入公积，所有各股东老股换新股办法，议为每老股十万股（票面金额为人民币一百万元）改换新股七十八又百分之五十三股（票面金额为人民币七百八十五万三千元），每户总计后，其不足一股的零数，凑成整数。

主席宣称：詹监察人所报告董事会所提调整资本方案，各股东有无异议。

席祥贞股东说：对于调整资本方案，本席赞同，如评审会对于财产重估增值额如有变动时，授权新董事会办理。

翁来科股东附议，并附加提议，对于不生产之房地产应尽量出售。

主席宣付表决，各股东一致通过。

六、主席宣读董事会所拟订之一九五一年营业计划后，询问各股东有无异议。各股东并无异议，一致通过。

七、修订章程

主席宣称：本公司章程已由董事会依照私营企业暂行条例及其施行办法予以改正，兹请张勔新股东逐条宣读后，除各股东认为无须修改通过各条外，其略有更正各条如下：

第十八条：由出席董事中“公”推一人任之，翁来科股东提议应该“互”推一人，通过。

第二十一条：董事监察人任期均为三年，席祥贞股东提议，董事任期三年，监察人任期一年，通过。

第二十五条第一款：计划公司业务进行方针，席祥贞股东提议加“生产”二字，改为计划公司生产业务进行方针，通过。

第二十六条：于有盈余年度弥补亏损后“酌情”补发，席祥贞股东一再坚决提议改为“尽先”补发，通过。

章程全文宣读完毕后，主席询问各股东是否尚有应行修改之处，各股东并无异议，主席宣告章程修正任务完成，即日施行，并呈请主管机关核准。

八、主席宣称：董事监察人应行票选，当请各股东推举监票员四人。各股东请主席委派，主席委周启民、郑祖康、郑钟浩、周正长、朱继祥等为检票员，会同其他股东多人开箱检票。监察人选举票结果如下：

陈协贞 184 票、乐楚延 180 票、费丰年 174 票、詹家忠 164 票、严逸文 154 票，以上为占户数最多五人。

主席宣称：依照私营企业暂行条例之规定，监察人须有出席股东过半数之票选。本公司此次出席股东四百三十户，监察人选举票占户数最多之前五名，均不及半数。兹因会场租用时间已到，复选势所不及，请各股东讨论有何办法。经讨论后，现为争取政府限令十二月十五日前完成调整资本、变更登记事项，只得请全体股东表决，如同意占票数最多之前五名股东当选为本届监察人，即予通过。

全体股东中惟席祥贞股东表示弃权，其余股东一致赞成，举手通过。

董事选举票结果如下：

郑源兴、郑方正、刘祖赉、唐鼎臣、郑钟榆、张东叟、袁光行、姚均和、刘孟承、陈伟如、郑麟诗、胡祖坤、金绍南、严继华、林荣生、袁恒通、孙性之、崔蔚人、楼文治、郑学俊、李性根。以上二十一位股东以权数最多，当选为董事。

(《茂昌股份有限公司股东会议记录》，《第二十七次股东会》，上海市档案馆藏，档案号：Q229－1－186)

110. 茂昌股份有限公司董事监察联席会

时间：十二月七日。

地点：香港路银行公会俱乐部四楼。

一、唐董事鼎臣推郑董事源兴为主席，崔蔚人、胡祖坤为记录，一致通过。

二、主席宣读上届决议录，各董监无异议通过。

三、主席宣称本届新董事产生后，照章应推董事长，唐董事鼎臣推郑董事源兴为董事长，林董事荣生、刘董事孟承附议，各董事一致举手通过。

四、主席宣称本公司章程规定，董事会应聘任经理人厂长，请各董事讨论。

林董事荣生提议，董事会应规定经理及厂长的任免职权。本席以为总经理及副总经理应由董事会任免，至于襄理、及各分支机构各部份经理或厂长之任免，应由总经理提名，由董事会核准或追认行之。唐董事鼎臣附议，各董事一致通过。

五、总经理及副总经理之聘任

林董事荣生提议，总经理及副总经理自应原班连任，以便驾轻就熟。各董事一致赞同。续聘如下：

郑董事长源兴连任总经理，唐董事鼎臣连任副总经理，郑董事方正连任副总经理，各董事一致举手通过。

六、主席宣称总公司襄理分公司经理副理及各部份经理或厂长之聘任由总经理酌夺提名后，于下届董事会追认之。

七、楼董事文治提请辞去董事职责。胡祖坤说本人因职务上办事之种种关系，早欲辞去董事及董事会秘书职位，但此次调整资本变更登记，依法必须全体董事盖章申请，为争取登记依限完成起见必须俟登记申请后脱离职位，请楼董事勉为其难，俟申请登记过后，再行脱离董事职责。各董事均表同情，俟登记手续完成后准予楼胡二君所请。

八、林董事荣生提议，本公司董事会每隔二月应开会一次，如中途有重要事件可临时召集之，各董事均表赞同。

九、主席宣称股东会决议对于不生产之房地产应予出售，请讨论。

各董事决议授权郑总经理、唐副总经理尽量出售。

十、主席宣称本公司财产重估增值额，评审总会尚未审核完竣，如果增值额有变动时应如何调整。

经各董事议决：如评审总会对于重估增值额之改动在增值额百分之五以内时，由总副经理在公积中调整之，股东会决议录第五条所决议之调整资本总额、股份总额及每股金额均仍不变更。如遇总额百分之五以上，召集重议之。

十一、主席宣称一九五二年度公司生产业务进行方针，现在对于一九五二年中是否能出口还不可知，如不能出口，一九五二年营业计划与一九五一年相同，无所改变，故一九五一年之决算即可为一九五二年预算之蓝本云。

源

（《茂昌蛋业冷藏股份有限公司董监联席会议》，上海市档案馆藏，档案号：Q229-1-212）

（三）其他

1. 茂昌股份有限公司章程(1930)

中华民国十九年二月一日，发起人草订，中华民国十九年二月十八日创立会通过，中华民国十九年四月二十一日，奉工商部令修正。

茂昌股份有限公司章程

第一章　总则

第一条　本公司定名为茂昌股份有限公司（CHINA EGG PRODUCE CO.，LTD.）。

第二条　本公司设总公司于上海，设分公司于青岛、汉口，并于中国国内各处分设采办处，将来如须在国内外增设分公司，由董事会之议决之，并请主管官厅核准。

第三条　本公司营业以推广国产、运输出口、振兴本国实业为宗旨，采办蛋类等土产制造运输销售国外，并兼营冷气堆栈、箱罐制造及运输等之连带各业。

第四条　本公司之公告方法通常以书面通知，遇到紧要事由登载于上海通行之日报二种公告之。

第二章　股份

第五条　本公司资本总额为国币二百万圆，分为二千股，每股国币一千圆，业已全部缴足。证明于公司所备股东名簿，嗣后如须增加资本，须经股东会决议，由董事会担任招募，并另案呈请增资注册。

第六条　本公司股份转让，或照第五条增加资本、添募新股之时，外籍股东所占股份至多不能超过股份总额十分之四。

第七条　本公司外籍股东，对于公司之一切权利义务以及与公司发生纠葛时，均须依照中国之公司法及中国之法律办理。

第八条　本公司股票由本公司董事五人签字盖章。

第九条　本公司股票一律为记名式，股东有用他种记号者，得从其便，但仍须将其真实姓名、住址报告公司，登入股东名簿。

第十条　本公司股东如欲将股份出让，须先向公司挂号，欲购入者亦同，出让之股份须先尽挂号之在股股东承受，由公司换给新股票为凭；如股东欲将股票抵押，须先经本公司于股票背面签字盖印后，方为有效。

第十一条　本公司系由同业人等所组织，兹为保护本公司营业上之利益起见，无论国内国外凡本公司所设立之采办处或代理销售等处，在股各股东兼营之行号不得与其有往来采办委托兜销情事，以清界限。

第三章

第十二条　股东常会每年举行一次，于结账后由董事会于一月前通告召集之，临时会遇必要时或有股份总数二十分之一以上之股东请求时，由董事会随时召集之。

第十三条　本公司每一股东之议决权、选举权按股份计算如左。

一股至十股，每一股为一权；十一股至五十股，每十股九权；五十股以上至一百股，每十股八权；一百股以上至二百股，每十股七权；二百股以上至三百股，每十股六权；三百股以上至五百股，每十股五权；五百股以上，每十股四权。

第十四条　股东开会时，由董事会中公推一人为主席，决议方法由主席定之。

第四章

第十五条　本公司设立董事五人，凡占本公司股份五十股以上者均有被选权，监察二人，凡占本公司股份三十股以上者均有被选权。董事任期三年，得连选连任，监察任期一年，亦得连选连任，均于股东开会时选任之。

第十六条　董事中公推一人为代表公司董事，对外代表公司，对内关于营业上一切事务有办理之权。

第十七条　董事会议无定期，由董事长或代表公司董事召集举行之，其决议由董事总数过半数之列席，列席董事过半数之同意行之。

第十八条　董事会设董事长一人，由董事中互选之。

第五章　结算

第十九条　本公司每年十二月底为总结算期。

第二十条　本公司总结算时，由董事会造具资产负债表、财产目录、损益计算书及余利分派之议案，由监察人查核副署后，报告于董事会。

第二十一条　本公司总结算所得利益，除一切开支折旧外，如有盈余，其分派之程序如下：

一、法定公积金十分之一以上

二、酬劳及奖励金

三、股息

四、各种准备

五、股东红利

第六章　附则

第二十二条　本公司之商号名义、图章、戳记，无论何人概不准假借或代人担保之用。

第二十三条　本章程自呈奉工商部核准注册后实行，嗣后如有应行修改之处，由股东会依照公司条例第一百九十九条规定议决，呈部查核。

第二十四条　本章程未尽事宜，悉遵公司法股份有限公司之规定办理。

郑奎元，上海黄浦路四十四号

刘泉皋，上海百老汇路百禄坊三十八号

楼其梁，上海南市介顺鱼行

郑源兴,上海黄浦路四十四号

郑芳桢,上海天潼路郑源泰蛋行

刘颐云,上海虹口老街裕兴蛋行

郑星炎,上海百老汇路百禄坊三十八号

朱金水,上海黄浦路四十四号

朱贻松,上海法租界菜市街顺昌蛋行

杨久和,上海法租界菜市街永泰蛋行

中华民国十九年四月二十一日奉工商部令修正。

(《茂昌股份有限公司 1930 年制订的章程》,上海市档案馆藏,档案号:Q229－1－184)

2. 上海市蛋业同业公会业规

第一章 总纲

第一条 本业规由上海市蛋业公会订定之。

第二条 本业规以维持增进同业之公共福利及矫正营业之弊害为宗旨。

第三条 凡在上海市区域内经营蛋业者(性质不同者除外)无论会员非会员须一律遵守之。

第二章 议价

第四条 鲜鸡鸭蛋每七天议价一次,咸蛋每半月议价一次,彩蛋每一月议价一次,均由公会制定议价日期表,分发各会员查照。开议时不另通知,遇有特殊情形必须临时更改价目者,经会员二家以上之请求,得召集临时议价会。

第五条 本业价目由公会全体会员(每一会员行号出席代表一人)核议,主席由主席委员充任,每次开议以全体代表出席过半数行之。议决事项以出席代表过半数同意行之。

第六条 非公会会员不得列席。

第七条 议决事项除在本公会公布外并呈报社会局备案,函达市商会查照及通知全体同业遵守。

第三章 营业

第八条 同业须遵照本市工商业登记规则之规定,递呈社会局登记。

（一）新开设者须将该店牌号、地址、店主经理姓名、资本额等递呈社会局，核发工商业登记证。

（二）已开设者无论已未入会，均应于本业规核准公布后半个月内依照第一项之规定补行登记。

（三）已登记者遇有召盘换股加记等情，仍应依照（一）项规定重新登记。

第九条　（一）凡在本市设支行号经营蛋业而不遵照前条第一二三项办理者，认为有意藐视法令破坏业规，得由本会呈请社会局纠正之。

（二）倘同业不设行号私自营业或用其他取巧办法营业，藉以避免登记，以妨害同业营业而破坏本业规者，得由本会呈请社会局严厉取缔之。

第十条　鸡蛋鸭蛋买卖论斤论只随用。

第十一条　咸鸭蛋鸭彩蛋每千只净重不得少于一百市斤，每市斤不得超过九只；鸡彩蛋每千只不得少于九十市斤，每市斤不得超过十一只。

第十二条　咸蛋鸭彩蛋分甲乙丙三种，甲种每只净重十三斤半左右，乙种每百只净重十二斤左右，丙种每百只净重十一斤以上，鸡彩蛋一种每百只九斤半左右。

第十三条　客货代售分甲乙两种办法：（甲）照市代客代售九四扣佣，（乙）照市估价实银结算不折不扣。

第十四条　客货挑力依路线远近扣算，其数目由各行自行分区规定，递交公会备案，更改时同。

第十五条　客货进行过篰点只除坏蛋外，照实计算，流青对折，扣头八折。

第十六条　同业收货以不放款为原则，如遇特殊情形客户或代办人必欲借贷款者，须立据并觅妥保客户，借款利息规定按月八厘半，不得私自增减。

第十七条　同业对客户支付货款无论本埠外埠一律货到或凭提单付款。

第十八条　无论代办代售，客户拖欠同业款项而逾期不清者，该被欠同业得报告本会登记，经本会审查认为必要时即通知全体同业，以免再受累。

第十九条　同业售货以不放账为原则，遇有特殊情形必须记账时，每月分上下两期收清，上期十四下期月底（均照国历）。凡在期前取去货物不拘久暂，至期一律收清，不得拖至下期。如遇买户拖欠贷款认为必要时，该同业可报告公会通知其他同业知照，免再受累，或由公会法律顾问协助办理之。

第二十条 货款收入以现金为原则，庄票或即期本户支票照收，遇有移用别户支票抵解者，即期票经该户盖章后亦可照收，无论何种远期支票一律拒收。

第廿一条 同业中遇有货款等纠纷时得用书面声请本会调解之。

第廿二条 同业概用政府规定之度量衡器。

第廿三条 同业趸售无须装潢，所用蛋蔀照实加入货价内，或另行开帐。

第四章 处罚

第廿四条 同业如有违背本业规经调查属实者，本会得议其处罚办法，呈请社会局核准后处分之。

第廿五条 同业违背本业规，其违背部分价值不满五元者科以二十元之罚金，其违背部分超过五元者以五倍罚之。第二次违背者十倍罚之，余类推，罚金一律现付，由社会局逐案指定用途。

第五章 附则

第廿六条 同业职工进行号服务，除介绍入会外须觅妥保缮具保证书方可录用。

第廿七条 本业规遇有事实上发生窒碍时本会得呈请修改，或经由社会局令饬修改之。

第廿八条 本业规自呈奉上海市社会局核准之日施行。

（《鸡与蛋》第1卷第3期，1936年3月）

3. 郑源兴先生家传

袁康年

我国出口以丝茶为大宗，次于丝茶，厥唯鸡卵，占出口业之第三位。执牛耳者，众辄推中国冰蛋业同业公会会长、上海茂昌公司总经理郑源兴云。源兴郑氏，浙江奉化慈林村人，生于一八九零年二月初一日，卒于一九五五年五月二十日，春秋六十五岁。幼丧母，家酷贫，父母赁田力作，岁大旱，不能纳租，屋被封。十三岁随舅氏来上海，为小蛋行学徒，以忠勤笃谨见称，十八岁即聘任为郑源泰蛋行副经理，越一年，聘任为朱慎昌蛋行经理。为人智圆而志高，胆大而心细，有勇气有毅力，不畏艰难险阻，愈挫折则愈奋斗，旦夕颛于事，啬于自奉，屏除一切赌博酒食姬妾歌舞，玩饰之好不御也。茂昌上海蛋业市招之最卓著者，其之蛋驰誉海外，西人争购之，与牛乳并称为营养上品。

源兴平日于蛋贩视之为昆弟，重其来源也。重金聘用外国专家，以与欧美竞争，已则妙用材智气力，掌握商业消长情况。公司先设置冷藏间，亦上海市之首创此也，使鱼肉虾蟹鸡鸭蛋品冻之藏之，经久不腐。召集工人千百辈，简择忠敬者，致其事业日益骏发。上海有南北茂昌，青岛、香港均有分厂，而在英国伦敦亦有分公司。先是当茂昌筹办时，英商和记洋行买办罗步洲来游说，和记愿出银五万两，要求茂昌停办，并以后每月津贴一千元，各股东有所动摇，独源兴断然拒绝，以其未开厂而以厚利诱之，则将来之收获当可无限量也。茂昌于一九二二年开厂，纠合资金廿万元，到一九四九年终，则财产积累已逾巨万万矣。初源兴任中国冰蛋业同业公会会长，会员八家，美商二家，英商五家，华商一家即茂昌也。定额制造冰蛋，由会长分配，和记占百分之三十四，茂昌比和记减一分，而与六家总和则相等，各得百分之三十三。盖大权在握，会员俯首听命，源兴在蛋业中亦可称霸矣，此华商战胜英美也，此为国增光荣也，而重用外人，亦以夷制夷也。

上海华夷杂处，货物辐辏，一九三三年世界经济危机，所以金融风潮倏然排空□轰而来，弱植者行店稀有不遭灭顶者，茂昌亦因之经济失调。源兴乃发行公司债券，维持营业，未半载，即恢复原状矣。在青岛时，要知世界蛋业消息，源兴躬自拟电稿，日发数电于伦敦、汉堡等地，不得其要领不止。电报局人谓，茂昌电费为全国第一云。源兴精通英语，亦稍知俄法德日等国语言，九游欧美，考查蛋业，取长补短，昌大其业。人或问源兴在何处大学毕业，微笑曰，我乃烂泥渡家庭大学毕业生也。

一九三五年七月十三日，源兴父子乘轮赴青岛，出吴淞口，父子即被海盗掳以去。源兴曰，若辈意在金钱，我愿出巨款，但父子俱留，何人为若辈筹款，如放我回，我子仍留为人质，我当以巨款来赎之何如。盗以为然，即释放源兴。源兴抵青岛后，阳阳如平常，照常治事，不露声色，人不知其父子被海盗拘留事也，迨子赎回始言其事，其镇定也类为是。

八一三事变，抗日之战肇始也。源兴往来于申青间，安排业务，并筹划如何防日人侵占工厂，维护国家利益。一九三八年，源兴被日本宪兵司令部逮捕，要茂昌与日本三井洋行合作，其始也，坚拒，其终也，由他人名义与之合作。而源兴在法租界又独自经营，耻与日人合作也。抗战胜利方由政府发还，仍名为茂昌蛋业冷藏股份有限公司。

一九四八年冬，去香港筹设分厂，翌年，上海解放，兵火连天，道堑梗塞。源兴明晓政策，绕海道由天津回国，异乎资本家先后逃避香港者。源兴本在香港可以不来而来，故外贸部、中国蛋品公司热烈欢迎，被聘为顾问。源兴益奋发有为，一九五〇年，为国家出口冰蛋二万三千余吨，挣取外汇五千万英镑。一九五四年四月一日起，实行公私合营，被任命为董事长兼副经理，鬻伦敦分公司资金回国，特受人民政府嘉奖焉。明年当病革时，源兴念念不忘儿子在香港不能回国参预革命，为一生大憾事也。子一学俊，娶戴文英，女一爱青，适戴行山，孙三人，孙女二人。

袁孟统曰：源兴英才大略，高瞻远瞩，战胜英美，用致巨富，在民族资产阶级中可谓拔乎其萃，出乎其类，铁中铮铮，庸中佼佼者矣，时人咸称为蛋业大王云。妻冯蕉影性伉爽，乐于助人，独助十万余元于萧镇公社慈林大队，创办工厂，乡之人受其惠者当不浅矣。昔者源兴尝与余曰，予童子时，尊人曾大父光学公曾相余状貌瑰奇，执事绝伦，他日当做大事业，享大名也。知己之感，至今弥可念也。一九八零年二月初一为郑源兴先生九十冥诞纪念，同邨上海市文史馆馆员袁康年敬撰，时年八十又一。

二、郑源兴家族谱系

第一代		郑源兴 1891—1955		冯蕉影 1900—2000
第二代	子	郑学俊 1916—1979	媳	戴文英 1921—2008
	女	郑爱青 1921—2016	婿	戴行山 1919—1981

第三代　孙				
学俊子女	女	郑美珠 1942	婿	陈永柏
	女	郑丽珠 1943	婿	陈
	子	郑益初 1945	媳	温融融
	子	郑益基 1947	媳	Corrine Cheng Nee Kelly
	子	郑益强 1953	媳	吴小筱
爱青子女	女	戴丽荣 1945	婿	曾/张
	子	戴自海 1947	媳	杨碧瓘
	女	戴丽林 1948	婿	石端生
	女	戴秀龄 1954	婿	黄永昌
	子	戴自尧 1956	媳	吴美华

第四代　曾孙				
郑美珠子女	女	陈德贤 1968	婿	苏伟业
	女	陈德姿 1976	婿	胡建邦
	女	陈德柔 1980	婿	李宗鸿
郑丽珠子女	女	陈丽儿 Leah Chan 1972	婿	Adam Ribeiro
	子	陈基道 Kendall Chan 1973	媳	Chloe Li
郑益初子女	子	Chilwin Chienhan Cheng 1973	媳	Lisa Buckley
	女	Winsome Huihsin Rauch 1974	婿	Michael Gerhard Rauch
	子	Wyatt Weihan Cheng 1975	媳	Karen Loomis
	女	Aria Yinghan Cheng 1986		
郑益基子女	子	Aaron Cheng 1975	媳	Tamara Tverkutes
	子	Andrew Cheng 1977	媳	Kalin Kennedy
	女	Paula Salter nee Cheng 1980	婿	Jason Salter
戴丽荣子女	子	曾纪荣 1971	媳	李雪君
	子	曾纪华 1972	媳	邓志祺
	子	曾纪德 1976	媳	梁令怡
戴自海子女	女	戴琦 Kay Maxine Tye 1981	婿	James Patrick Wagner
	女	戴琳 Lynn Dana Tye 1988	婿	叶冠廷 Oliver Yeh
戴丽林子女	女	石之琳 Shirley Siak 1977		
	女	石之珏 Kara Siak 1980		
	子	石之豪 Andrew Siak 1986	媳	吴如盼 Pamela Wu

续 表

戴秀龄子女	女	黄子敏 Erica Wong 1978	婿	郭煜发 Vincent Quek
	女	黄子欣 Chantal Wong 1984		
戴自尧子女	子	戴光浩 1985		

第五代 曾曾孙		
陈德贤子女	子	苏应默 2007
	女	苏嫣亮 2010
陈德姿子女	子	胡津铭 2009
陈德柔子女	子	李熙和 2017
	子	李熙明 2019
Leah Chan 子女	女	Daphne Ribeiro 2002
Kendall Chan 子女	子	Lucas Chan 2010
	子	Henry Chan 2013
Chilwin Chienhan Cheng 子女	女	River Buckley Cheng 2009
	子	Kai Buckley Cheng 2011
Winsome Huihsin Rauch 子女	子	Levi Cheng Rauch 2004
	女	Charlotte Anna Min Rauch 2005
	女	Audrey Mei Rauch 2007
	子	Mathew Cheng Rauch 2010
	女	Anna Li Rauch 2013
	女	Katherine Elizabeth Yi Rauch 2015
Wyatt Weihan Cheng 子女	女	Hannah Lynn Cheng 2004
Aaron Cheng 子女	女	Alyssa Cheng 2006
	女	Julie Cheng 2008
Andrew Cheng 子女	女	Rohan Cheng 2014
	子	Yuen Cheng 2016
Paula Salter nee Cheng 子女	女	Etta Salter 2009
曾纪荣子女	女	曾广容 2001
	子	曾广俊 2005
曾纪华子女	女	曾广晴 2008
曾纪德子女	女	曾卓瑶 2017

续 表

戴琦子女	女	戴奇华 Keeva Gazelle Tye-Wagner 2013
	子	戴杰华 Jet Granite Tye-Wagner 2016
黄子敏子女	子	郭浚楷 Elliot Heron Quek 2017

资料来源：此表由郑美珠女士提供。

三、 主要引用文献资料索引

（一）档案

1.《茂昌股份有限公司调查报告及复兴计划》，上海市档案馆藏

2.《茂昌股份有限公司创立会决议录》，上海市档案馆藏

3.《茂昌股份有限公司股东会决议录》，上海市档案馆藏

4.《茂昌股份有限公司董事会决议录》，上海市档案馆藏

5.《茂昌股份有限公司董监会会议记录》，上海市档案馆藏

6.《镇海同义医院二十年纪念汇志》，1938 年，宁波市档案馆藏

（二）报刊

《申报》

《大公报》

《交通公报》

《国民政府财政部财政日刊》

《检验月报》

《国货新声》

《财政公报》

《商业月报》

《国际贸易导报》

《经济旬刊》
《国立上海商学院院务半月刊》
《青岛工商季刊》
《鸡与蛋》
《实业部公报》
《国际贸易情报》
《青岛市立女中校刊》
《国际劳工通讯》
《征信日报》
《征信所报》
《经济通讯》
《神州日报》

（三）其他

1. 徐鹤椿著：《现代工商领袖成名记》，上海新风书店 1941 年版。
2. 李云信编：《环球中国名人传略上海工商之部》，环球出版社 1944 年版。
3. 青岛市政协文史资料研究委员会编：《青岛文史资料》第 6 辑，1984 年版。
4. 政协文史与学习委员会编：《文史资料选辑》合订本第 146 期，中国文史出版社 2011 年版。
5. 刘永顺、董本来主编：《中国资本主义工商业的社会主义改造》（山东卷），中共党史出版社 1992 年版。
6. 邱嘉昌主编：《上海冷藏史》，同济大学出版社 2006 年版。
7. 郑爱青、郑美珠、戴丽荣：《华人大班郑源兴（1891—1955）》，未刊资料，2011 年印刷。
8. 奉化市档案馆编：《张泰荣日记》（1922—1957），宁波出版社 2015 年版。
9. 戴丽荣、郑美珠：《中国人的企业家——郑源兴（1891—1955）》，未刊资料，2018 年印刷。

后　记

郑源兴是20世纪三四十年代闻名海内外的蛋业大王，他对20世纪三四十年代的中国对外贸易的发展有着杰出的贡献，但自50年代中期去世以后，郑源兴这个名字在中国大陆几乎被人遗忘，即使在改革开放以后的学术界也是如此。引发本人对其关注的是2017年9月的奉化之行。记得那次在戴岳轩老师的引路下，我们前往奉化拜访与郑源兴同村并曾在其创办的上海茂昌公司就职的袁巨高先生，后又在袁先生的引领下，我们到了郑源兴的家乡——奉化萧王庙慈林村参观。一路上，说起郑源兴及其茂昌公司，已近九旬的袁老先生滔滔不绝，如数家珍，对郑源兴的尊崇与自豪溢于言表。老先生还主动向本人提供他历年积累的有关郑源兴与茂昌公司的资料与图片。就是在这次奉化之行中，我决定为近代宁波商帮的杰出代表郑源兴做一个年谱。2018、2019年春，我们先后应约与从海外返乡扫墓的郑氏后人——郑源兴孙女郑美珠女士、外甥女戴丽荣女士见面。她们深得先人遗风并努力加以传承与弘扬，克服种种困难，先后完成《华人大班郑源兴(1891—1955)》、《中国人的企业家——郑源兴(1891—1955)》两书。同时，对我们的研究计划予以大力支持与协助。其间，我们还先后走访了上海永嘉路上的郑源兴故居与茂昌公司职工及其后人，所见所闻进一步坚定了从事这一研究的决心。我们由衷地感到郑源兴是现代中国一位伟大的企业家，是一个对民族与国家有大功的历史人物。作为宁波帮研究工作者，我们有责任对此进行发掘与研究。

本书在编纂过程中还得到其他机构与友人的帮助与支持，特别是上海市档案馆为我们查阅郑源兴及其茂昌公司原始档案文献提供了很大的方便。我们研究团队成员张跃、闻文、黄凯、温跃卫以及宁波大学图书馆地方文献部的李文辉等都为本书的完成做出了贡献。在此，均表示衷心的感谢！

当然，限于水平与能力，本书还存在着诸多的不足乃至差错，在此敬请同行与读者批评指正。

孙善根于宁波大学宁波帮研究中心

2019 年 10 月

再改于 2020 年 7 月

图书在版编目(CIP)数据

郑源兴年谱长编 / 孙善根编著 .— 上海 ：上海社会科学院出版社，2020
(宁波商人研究丛书 / 李瑊主编)
ISBN 978-7-5520-3333-5

Ⅰ. ①郑… Ⅱ. ①孙… Ⅲ. ①郑源兴(1891—1955)—年谱 Ⅳ. ①K825.38

中国版本图书馆 CIP 数据核字(2020)第 199925 号

郑源兴年谱长编

编　　著：孙善根
责任编辑：蓝　天
封面设计：黄婧昉
出版发行：上海社会科学院出版社
上海顺昌路 622 号　邮编 200025
电话总机 021-63315947　销售热线 021-53063735
http://www.sassp.cn　E-mail：sassp@sassp.cn
照　　排：南京前锦排版服务有限公司
印　　刷：上海信老印刷厂
开　　本：710 毫米×1010 毫米　1/16
印　　张：27.5
字　　数：410 千字
版　　次：2020 年 11 月第 1 版　2020 年 11 月第 1 次印刷

ISBN 978-7-5520-3333-5/K·579　定价：138.00 元